2012年度教育部人文社会科学研究西部和边疆地区规划基金项目
"革命根据地票据研究"(项目批准号:12XJA710001)资助成果

基于制度变迁视角的革命根据地票据研究

（1927—1949）

何伟福 ◎ 著

中国社会科学出版社

图书在版编目（CIP）数据

基于制度变迁视角的革命根据地票据研究：1927—1949/何伟福著．—北京：中国社会科学出版社，2016.12
ISBN 978-7-5161-9433-1

Ⅰ.①基… Ⅱ.①何… Ⅲ.①革命根据地—票据—研究—中国—1927—1949 Ⅳ.①F832.96

中国版本图书馆 CIP 数据核字（2016）第 290692 号

出 版 人	赵剑英
责任编辑	刘晓红
责任校对	周晓东
责任印制	戴 宽
出 版	中国社会科学出版社
社 址	北京鼓楼西大街甲158号
邮 编	100720
网 址	http://www.csspw.cn
发 行 部	010-84083685
门 市 部	010-84029450
经 销	新华书店及其他书店
印刷装订	北京明恒达印务有限公司
版 次	2016年12月第1版
印 次	2016年12月第1次印刷
开 本	710×1000 1/16
印 张	19.5
插 页	2
字 数	312千字
定 价	72.00元

凡购买中国社会科学出版社图书，如有质量问题请与本社营销中心联系调换
电话：010-84083683
版权所有 侵权必究

目 录

第一章 绪论 ………………………………………………… 1

    一 本课题研究的价值 ………………………………… 1

    二 研究状况 …………………………………………… 2

    三 研究目标和研究内容 ……………………………… 11

    四 研究思路和研究方法 ……………………………… 12

第二章 相关概念及理论概述 ……………………………… 14

    第一节 革命根据地及根据地票据 …………………… 14

        一 革命根据地 ……………………………………… 14

        二 根据地票据 ……………………………………… 15

    第二节 制度变迁理论 ………………………………… 16

        一 制度的内涵 ……………………………………… 16

        二 制度的构成、相互关系、功能 ………………… 25

        三 制度变迁理论 …………………………………… 37

    第三节 新民主主义革命的总路线和经济纲领 ……… 71

        一 近代中国的国情及社会主要矛盾 ……………… 71

        二 新民主主义革命的总路线 ……………………… 72

        三 新民主主义经济纲领 …………………………… 73

第三章 财政压力：革命根据地票据制度变迁的直接动因（一） ………………………………………… 75

    第一节 革命根据地财政收入 ………………………… 75

        一 土地革命战争初期革命根据地财政收入 ……… 75

        二 土地革命中期革命根据地财政收入 …………… 78

第二节　革命根据地财政管理体制及机构 ·················· 80
　　一　成立财政管理机构 ································· 80
　　二　建立财政管理体制 ································· 81
第三节　革命根据地财政支出及收支状况 ·················· 82
　　一　革命根据地财政支出 ······························· 82
　　二　革命根据地财政收支状况 ··························· 84

第四章　经济封锁：革命根据地票据制度变迁的直接动因（二） ·················· 86

第一节　国民党对革命根据地的严密封锁 ·················· 86
　　一　蒋介石亲自发布训令，要求各地军政部门采取种种措施，加强对革命根据地的封锁 ································· 86
　　二　国民党政府多次专门召开会议，研究部署封锁革命根据地的问题 ································· 87
　　三　国民党反动派把封锁革命根据地，特别是封锁中央革命根据地作为消灭工农红军和根据地民主政权的重要战略 ································· 88
第二节　根据地经济的严重困难 ·························· 89
　　一　根据地军民生活极度困难 ··························· 89
　　二　根据地经济问题十分严重 ··························· 90

第五章　强制性制度变迁：成立粮食调剂局和国民经济部 ·················· 100

第一节　成立粮食调剂局 ································ 100
　　一　建立粮食调剂局和粮食合作社 ····················· 101
　　二　粮食调剂局与粮食合作社的关系 ··················· 105
第二节　粮食调剂局的工作任务和绩效 ···················· 106
　　一　粮食调剂局的工作职责和任务 ····················· 106
　　二　粮食调剂局的工作绩效 ··························· 111
第三节　成立国民经济部及相应机构 ······················ 113
　　一　建立国民经济部及相应机构 ······················· 113
　　二　国民经济部的机构设置及工作职责 ················· 114

第六章 土地革命时期根据地制度创新：发行票据 …… 116

第一节 土地革命时期根据地发行的公债 …… 117
一 土地革命时期中央革命根据地发行的公债 …… 117
二 土地革命时期湘赣革命根据地发行的公债 …… 135

第二节 土地革命时期革命根据地发行的粮食票据 …… 136
一 土地革命时期革命根据地发行的借谷票 …… 136
二 土地革命时期根据地钱粮借据 …… 153

第三节 土地革命时期苏维埃政府发行的股票 …… 159
一 消费合作社及股票 …… 159
二 粮食合作社及股票 …… 163
三 生产合作社及股票 …… 168
四 信用合作社及股票 …… 174

第七章 抗日战争时期革命根据地发行的票据 …… 178

第一节 抗日战争时期革命根据地发行的公债 …… 178
一 抗日根据地建立初期（1937—1940年年底）发行的公债 …… 178
二 抗日根据地严重困难时期（1941—1942年）发行的公债 …… 184
三 抗日根据地恢复、发展时期（1943—1945年）发行的公债 …… 191

第二节 抗日战争时期革命根据地发行的粮食票据 …… 197
一 晋察冀边区发行的粮票 …… 197
二 晋冀鲁豫边区发行的粮票 …… 198
三 华中抗日根据地发行的粮票 …… 201
四 八路军野战供给部印发的粮票 …… 203
五 山东抗日根据地印发的粮票 …… 203

第三节 抗日战争时期革命根据地发行的合作社股票 …… 205
一 合作社再度兴起的原因 …… 205
二 抗日根据地合作社的发展及股票 …… 207

第八章 解放战争时期各解放区发行的票据 ………………… 213

第一节 解放战争时期各解放区发行票据概述 ………………… 213
　　一　解放区发行票据的背景及原因 ………………………… 213
　　二　各解放区及边区政府发行的票据概述 ………………… 214

第二节 解放战争时期各解放区发行的公债 ………………… 214
　　一　晋察冀边区发行的公债 ………………………………… 214
　　二　华东解放区发行的公债 ………………………………… 217
　　三　东北解放区各级民主政府发行的公债 ………………… 223
　　四　陕甘宁边区发行征收土地公债 ………………………… 225
　　五　中原解放区发行的借粮公债 …………………………… 226
　　六　华南解放区发行的公债 ………………………………… 227

第三节 解放战争时期各解放区印发的粮食票据 ……………… 231
　　一　晋察冀边区印发的粮票 ………………………………… 231
　　二　晋冀鲁豫边区各地印发的粮柴票 ……………………… 233
　　三　华北根据地印发的粮票 ………………………………… 236
　　四　陕甘宁边区印发的粮票 ………………………………… 237
　　五　晋绥边区政府印发的粮食票据 ………………………… 238
　　六　东北解放区印发的粮票 ………………………………… 240
　　七　华东解放区印发的粮柴票 ……………………………… 241
　　八　中原解放区印发的粮票及借据 ………………………… 244

第四节 解放战争时期各解放区建立的合作社 ………………… 247
　　一　解放区建立合作社的原因 ……………………………… 247
　　二　解放区各种合作社的发展状况 ………………………… 250
　　三　几个具体的合作社 ……………………………………… 253

第九章 制度环境：革命根据地票据发行、流通与管理制度 ……… 257

第一节 革命根据地票据流通与管理制度概述 ………………… 258
　　一　中央层面的票据管理制度和规定 ……………………… 258
　　二　各根据地或地方政府的票据制度 ……………………… 263

第二节 革命根据地票据管理运行机制 ………………………… 267
　　一　票据发行管理系统的建立及运行 ……………………… 267

二　票据的发行要经过一定的审批程序 ………………………… 271

第十章　革命根据地票据制度变迁的特征与绩效分析 ……………… 274
　第一节　革命根据地票据制度变迁的特征 ……………………………… 275
　　一　革命根据地票据制度创新需求的内生性 …………………… 275
　　二　强制性制度变迁与诱致性制度变迁相结合 ………………… 276
　　三　政治制度变迁与经济制度变迁相结合 ……………………… 279
　　四　制度变迁的路径依赖性 ……………………………………… 279
　第二节　革命根据地票据制度变迁的绩效分析 ………………………… 282
　　一　革命根据地公债制度创新绩效评述 ………………………… 283
　　二　革命根据地粮食票据制度创新绩效评述 …………………… 289
　　三　革命根据地合作社及合作社股票制度
　　　　创新绩效评述 …………………………………………………… 293

第一章 绪论

一 本课题研究的价值

1. 理论价值

第一，本书具有弥补本领域研究不足的意义。

1927年大革命失败后，中国共产党领导人民在广阔的农村建立了许多农村革命根据地。敌人的军事围攻和经济封锁，给根据地的经济、红军的给养和人民群众的生活造成了极大困难。以根据地为依托进行的各项革命斗争，必须要有相应的经济基础作保障，才能打破封锁，发展根据地的经济和改善生活，筹集资金，支援革命战争。因此，党领导各根据地军民进行了大规模的土地革命和经济建设，并制定了一系列相应的经济政策和措施。各革命根据地发行的苏维埃米票、饭票、公债、借谷证、股票、纸币、税票等各种"红色票据"（本书研究中，为行文方便，革命根据地票据又称"红色票据"，下同），就是当时采取的经济措施之一。

追溯学术史，以往经济史学界对中国革命根据地钱币史的研究成果较多，对根据地经济建设的研究也取得一定的进展。关于土地革命战争、抗日战争、解放战争时期红色票据与根据地经济变迁的相互关系，尚未见专门的探讨，在目前中国经济史的研究中还是一个空白。因此，本书研究具有弥补本领域研究不足的意义。

第二，探讨红色票据与革命根据地经济变迁之间的互动关系，可以进一步深化对我国计划经济体制的研究。

在革命根据地实行供给制，是当时特殊斗争环境的需要，对于克服物质条件的困难、战胜敌人在经济上的封锁、减轻根据地人民的负担起了重大作用，也是在艰苦的革命战争环境中革命队伍内部保持团结的重要条件。革命战争时期的红色票据在平衡供给与需求之间的矛盾方面与和平建设年代的计划经济体制的凭票供应有什么异同点和渊源关系？两者都是凭票供应，它们与经济发展的互动机制和推动经济发展的绩效有什么差异？检视以往经济史的研究成果，还未发现有人从这一角度进行研究。因此，通过对这一课题进行研究，可以更深入地对计划经济体制进行反思和探讨。

2. 应用价值

本书可为研究当代有价证券、国家宏观调控与经济的发展，建设小康社会提供历史借鉴。

当前，无论是经济结构调整、企业技术创新、资产重组或投资融资、包装上市，还是国家筹资兴办公共事业都急需资金支持，都与票据或有价证券有关。如何从红色票据与革命根据地经济建设的互动关系中总结出有利于当代经济发展的经验教训，这是本课题的实际应用价值之一。

当今世界正处在大发展大变革大调整时期。我国经济建设、政治建设、文化建设、社会建设、生态文明建设和党的建设全面展开；"四个全面"战略布局正在向前推进；全面建成小康社会的各项目标任务正在落实；全面深化各项改革正进入攻坚阶段。党要适应这样的新形势，统筹国内国际两个大局，更好团结和带领全国各族人民聚精会神搞建设、一心一意谋发展，全面建成小康社会，实现党制定的第一个一百年奋斗目标，如何进一步加强和改进自身建设，如何不断提高党的凝聚力和战斗力，是我们必须认真思考的一个问题。研究革命战争年代红色票据与革命根据地经济、政治、军事、文化之间的复杂关系，无疑能为当代中国发展提供历史借鉴。这是本课题的实际应用价值之二。

在新的历史时期，回顾中国共产党面对极其复杂的环境对经济问题的思索、探讨和实践，追溯中国计划经济体制的实践源头，感受革命战争年代在党和国家存亡之际，中国共产党领导根据地人民实行军事共产主义供给制、艰苦创业的激情和艰辛，审视根据地人民不畏艰险、万众一心共同对敌的壮举，希望能对今天全面建成社会主义小康社会有所裨益。这是本课题的实际应用价值之三。

二 研究状况

最早对革命根据地票据的研究，应该说从土地革命战争时期就开始了。当时，以毛泽东同志为代表的中国共产党人发表了许多关于根据地经济建设的调查报告或文章，这些调查报告或文章都直接或间接地与根据地票据（如股票）有关。比如，毛泽东同志1933年11月写的《长冈乡调查》一文，主要论述了农村革命根据地政治、经济问题，是土地革命战争时期比较早的研究根据地经济建设的文章。关于经济问题，这篇调查报告主要论述了长冈乡农村的劳动互助合作、犁牛合作社、公债推销、合作社运动等问题。① 1933年11月，毛泽东还写了另一篇著名的调查报告《才溪乡调查》，该报告对才溪乡的劳动互助合作、消费合作社、粮食合作社、经济公债等情况进行详细调查，在掌握十分丰富、具体的第一手资料的基础上，进行客观分析和研究，总结出一些宝贵经验②，为根据地广大农村合作社的发展和经济公债的推销以及根据地经济的发展指明了方向。毛泽东同志在上述两篇著名的调查报告中研究的合作社问题，直接涉及革命根据地特殊股票——合作社股票和根据地公债。寿昌在《关于合作社》一文中，对根据地合作社的性质、地位、作用、重要性、任务，如何发展农村合作社、如何集股，党如何加强对合作社的领导等进行了探讨。③ 洛甫在《苏维埃政府怎样为粮食问题的解决而斗争》中，详细地讨论了湘鄂西、闽赣、赣东北根据地发展粮食合作社、生产与贩卖合作社、发动农民集股等问题。④ 毛泽民在《陕甘苏维埃区域的经济建设》中，对陕甘宁边区发展较好的合作社企业进行了总结，指出这些合作社按时分红，社员均发了股票。⑤

毛泽东同志1933年8月在中央革命根据地南部十七县经济建设大会上所作的报告《必须注意经济工作》全面论述了革命战争与经济建设的辩证关系，提出了党在农村革命根据地进行经济建设的理论与政策，特别强调没有正确的领导方式和工作方法，要迅速地开展经济战线上的运动是不可能的。提出在组织上动员群众发展合作社、推销经济建

---

① 《长冈乡调查》，载《毛泽东农村调查文集》，人民出版社1982年版，第309—316页。
② 《才溪乡调查》，载《毛泽东农村调查文集》，人民出版社1982年版，第342—353页。
③ 寿昌：《关于合作社》，载《革命根据地经济史料选编》（上），江西人民出版社1986年版，第122—131页。
④ 洛甫：《苏维埃政府怎样为粮食问题的解决而斗争》，载《革命根据地经济史料选编》（上），江西人民出版社1986年版，第89—100页。
⑤ 毛泽民：《陕甘苏维埃区域的经济建设》，载《革命根据地经济史料选编》（上），江西人民出版社1986年版，第183—186页。

设公债，动员的方式不能是官僚主义和强迫命令。① 毛泽东同志 1942 年在陕甘宁边区高干会上的报告《经济问题与财政问题》是一部全面论述边区经济与财政关系的论著，提出了"发展经济，保障供给"这一边区经济与财政工作的总方针；还专门论述了农村合作社的发展问题，特别是推广延安南区合作社的办社经验：南区合作社社员入社，"不一定要用现金入股，它允许人民用公债券、储蓄票入股，以扩大股金"；"当群众要求入股无钱时，它号召群众可用一切有价实物入股，如粮食、牲畜、鸡蛋、柴草等等"，它实行"民办官助"，坚持公私两利的方针，作为沟通政府与人民经济的桥梁。毛泽东指出，"南区合作社式的道路，就是边区合作社事业的道路；发展南区合作社式的合作运动，就是发展边区人民经济的重要工作之一"。② 同时，这篇论著还研究了边区发展公私合办手工业合作社的问题，为边区合作社事业的发展指明了道路。1943 年 10 月，毛泽东在陕甘宁边区高干会上作了《论合作社》的报告，全面论述了革命根据地合作社的性质和发展合作社的重大意义，为根据地合作社事业的发展进一步指明了方向。

此外，吴亮平《目前苏维埃合作运动的状况和我们的任务》、《合作社怎样工作》，邓子恢《发展粮食合作社运动来巩固苏区经济》、彭真《晋察冀边区的各种具体政策及党的建设》等著作，还有毛泽东与项英等人共同签署发布的《合作社暂行组织条例》、中央国民经济部颁布的《生产合作社标准章程》、《消费合作社标准章程》、《信用合作社标准章程》，临时中央政府《发行革命战争短期公债条例》，华中抗日根据地《华中合作社政策》以及当时中央在根据地创办的《红色中华》、边区的《解放日报》等报刊发表的大量研究性文章和新闻报道。这些论著及文章中，许多具有很重要的史料价值和史学价值，为我们研究根据地合作社股票和公债、粮票等票据提供了第一手资料和可供借鉴的研究方法。

新中国成立以来对革命根据地票据的研究，从总体上来说是相当薄弱的，不论是资料整理还是研究成果都很少。在资料整理方面，财政部

---

① 毛泽东：《必须注意经济工作》，载《毛泽东选集》第一卷，人民出版社 1991 年版，第 124 页。

② 毛泽东：《经济问题与财政问题》，载《毛泽东同志论经济问题与财政问题》，中国人民解放军政治学院训练部图书资料馆编印，1960 年，第 89—109 页。

财政科学研究所、国债金融司合编的《中国革命根据地债券文物集》是第一部全面反映土地革命时期、抗战时期和解放战争时期革命根据地公债的资料，填补了这一研究领域的空白。这部文物集涉及各根据地发行革命战争公债、经济建设公债、军粮公债、借谷公债、赈灾公债、土地公债、粮草公债、赔偿战时人民损失公债的有关条例、决定、指示等，不仅收录了各根据地发行的各种公债券，还收录了大量的临时钱粮借据和粮食柴草票证等各种有价证券。

虽然涉及根据地票据的资料很少，但经济史资料中零零星星散见一些与票据相关的史料。如中国社会科学院经济研究所中国现代经济史组编的《革命根据地经济史料选编》上、中、下册，包括土地革命时期、抗日战争时期和解放战争时期；革命根据地财政经济史组编的《革命根据地财政经济史长编》（土地革命时期）；史敬棠等编的《中国农业合作化运动史料》；陕甘宁边区财政经济史编写组、陕西省档案馆合编的《抗日战争时期陕甘宁边区财政经济史料摘编》共9编，包括总论、农业、工业、商业贸易、金融、财政、互助合作、生产自给、人民生活；湖南省财政厅编的《湘赣革命根据地财政经济史料摘编》；江苏省财政厅、江苏省档案馆、财政经济史编写组合编的《华中抗日根据地财政经济史料选编》共五卷，是一部反映华中抗日根据地经济史的大型资料集；魏宏运主编的《抗日战争时期晋察冀边区财政经济史资料选编》（1—4册）、《抗日战争时期晋冀鲁豫边区财政经济史料选编》（上下）两大部近700万字的资料集；晋绥边区财政经济史编写组、山西省档案馆合编的《晋绥边区财政经济史资料选编》共5编，分总论、农业、工业、财政、金融贸易；延安地区供销合作社、延安市供销合作社联合社编的《南区合作社史料选》等。此外，还有魏宏运主编的《晋察冀抗日根据地财政经济史稿》、财政部财政科学研究所编的《抗日根据地的财政经济》、赵效民主编的《中国革命根据地经济史（1927—1937）》、李占才主编的《中国新民主主义经济史》、黄正林著的《陕甘宁边区社会经济史（1937—1945）》等，这些资料或论著中包含一些与合作社股票、公债、粮票、米票等有关的少量史料。这些与革命根据地票据有关的少量史料，为本书的写作提供了重要的参考资料。

有关革命根据地票据研究方面的成果也很少。已有的相关论著，一方面只是在研究中国老股票或老证券中，用很少的篇幅很简单地介绍根据地票据。如席建清等主编的《中国老股票》，其中收录了叶世昌先生的文章《革命根据地的合作社和集股的银行》，介绍了土地革命时期我党领导的农村合作社和集股银行，认为建立和发展合作社，一直是中国共产党农村经济工作的一个重要方面。① 郑振龙主编的《中国证券发展简史》，对革命根据地发行的公债分三个时期（土地革命时期、抗日战争时期、解放战争时期）进行论述，认为革命根据地在财政困难时期发行过一定数量的公债，以筹集革命战争军费和经济建设费用，发行的债券数量虽然少，但是有信誉保证的；并认为，1931年湘鄂西工农民主政府发行的水利借券，是根据地最早的公债。②

另一方面，还有一些仅是票据文物收藏方面的研究成果。如洪荣昌编的《红色票证：中华苏维埃共和国票证文物收藏集锦》，主要是从收藏的方面对土地革命时期我党发行的苏维埃粮票、米票、公债券、借谷证、期票、股票、税票等进行收集整理，以展示各种类型的票证图片为主。③ 于小川《老证券》，于捷、仇振川《股票收藏》，主要也是从收藏的角度对"红色证券"和根据地的特殊股票——"合作社股票"进行了研究和图录。于小川认为，根据地发行"红色证券"的目的，有的是为了支援革命战争，有的是为了发展根据地经济建设事业和赈济灾荒，还有的是为了实现当时中国共产党的一些特定政策。④ 于捷、仇振川对革命根据地的三种形式的合作社即供销合作社、信用合作社、消费合作社的作用进行了简要介绍，并对合作社商业及"合作社股票"作了概括。⑤ 中国人民银行金融研究所、财政部财政科学研究所合编的《中国革命根据地货币》（下册），在这部书的附录中收录了一些革命根据地发行的公债、粮票、餐票、苏维埃银行股票和信用合作社股票图片；孙林祥编著的《中国粮票珍品鉴赏》虽然主要是从收藏、鉴赏的视角介绍新中国成立后，特别是计划经济时期的粮油票证，但在"附录二"中专门介绍了革命政权辖区内，即革命根据地内发行的粮票，

---

① 席建清等：《中国老股票》，复旦大学出版社1999年版，第216—217页。
② 郑振龙等：《中国证券发展简史》，经济科学出版社2000年版，第36页。
③ 洪荣昌：《红色票证：中华苏维埃共和国票证文物收藏集锦》，解放军出版社2009年版。
④ 于小川：《老证券》，辽宁画报出版社2002年版，第52页。
⑤ 于捷、仇振川：《股票收藏》，百花文艺出版社2001年版，第64—66页。

其文字资料和票证图谱互为佐证，对研究革命根据地的粮食票证史也有一定的参考价值。

研究根据地票据的论文同样很少。为数不多的研究论文涉及根据地的粮票、米票、饭票、合作社股票、公债券等方面的内容。雷玲认为，革命根据地米票的发行，对当时根据地的革命斗争、经济建设和后勤保障工作起到了极其重要的作用。第一，它保证了部队的粮食供给；第二，壮大了红军队伍；第三，推动了苏区的节省运动；第四，建立了良好的粮食供应和流通渠道；第五，对粮食集中统一管理、合理进行调拨等方面起到了积极作用。① 汤勤福认为，红军饭票是1934年起开始使用的，在赣东北根据地，从革命开始到1934年之前一直没有使用饭票，实际使用时间仅数月。根据地群众持红军饭票可到各级财政部兑换铜元，也可抵交土地税，还可到苏维埃商店购买商品，但不能在社会上流通。据汤勤福研究，在苏区某些地区还出现类似红军饭票的竹券，既可当饭票用还可以抵交土地税，是一种特殊的有价证券。②

合作社股票是革命根据地一种特殊的股票。于捷、仇振川认为，根据地合作社主要有三种形式：供销合作社、信用合作社、消费合作社。合作社商业的形式有两种，一是消费合作社，是苏区最普遍的合作社组织；二是粮食合作社。抗日战争时期，合作社商业有了很大发展，解放战争时期，合作社商业在农村城镇普遍建立起来。③ 由于农业是根据地经济的主要部门，受到学者关注相对比较多，因此，与农业合作社有关的合作社股票自然也受到学者们更多的关注。闫庆生、黄正林认为，抗日战争时期陕甘宁边区的合作社事业得到了巨大发展。这一时期边区合作社事业可分为两个阶段：一是边区创办合作社的探索阶段；二是合作社事业蓬勃发展，由单一向多类型、综合性发展阶段。他们指出，陕甘宁边区合作社在抗日战争中具有十分重要的历史地位：第一，合作社发展了边区经济，为夺取抗战胜利创造了物质条件；第二，合作社不仅改善了群众生活，还教育了广大群众，提高了群众拥军优属、救济难民的

---

① 雷玲：《浅析中央苏区发行米票的历史背景及其作用》，《四川文物》2001年第2期。
② 汤勤福：《闽浙赣根据地的有价证券研究》，《福建论坛》（文史哲版）1997年第5期。
③ 于捷、仇振川：《股票收藏》，百花文艺出版社2001年版，第64—65页。

思想觉悟；第三，合作社经济是边区公营经济的助手。① 马冀的《抗战时期陕甘宁根据地农业合作社的绩效分析》，对农业合作社的政治、经济、文化绩效进行了研究，认为合作化运动是中共创新地利用乡村互助合作生产的传统，以合作社为契机，全方位推进乡村社会政治、经济、文化等方面的变革，以实现中共政权对边区乡村社会的控制。② 涉及合作社股票的还有黄爱军的《安徽抗日根据地合作经济发展述论》、《华中抗日根据地手工业合作社的地位和作用》，王卫红的《抗日根据地合作社：历史功绩及经验启示》，邵英彪的《根据地合作社在抗日战争中的历史作用》，王俊斌的《抗日战争时期的合作农场》，徐志勇的《我国最早的农村信用合作社：黄冈县农民协会信用合作社探源》，王文举的《我国革命根据地和解放区的农民专业合作社》，钟廷豪的《解放战争时期华北解放区的合作社商业》等。

银行或信用社股票是革命根据地票据的重要组成部分，有少数几个学者关注这一研究领域。周重礼认为，1933年闽浙赣省苏维埃银行发行了银行股票，是红色政权发行股票的第一次尝试。③ 罗红认为，闽西工农银行发行的股票是中共有史以来发行最早的股票，因为当时的条件还不可能形成正规的证券交易市场，这些股票更多的还是债券的性质。中共在此后还建立了湘赣省工农银行、闽浙赣苏维埃银行等比较规范的股份制金融机构，这些银行都较为成功地向社会发行了股票。④ 汤勤福认为，从赣东北特区贫民银行开始，到闽浙赣省苏银行为止，赣东北根据地先后印制四次股票，正式发行过三次。⑤

公债的研究是革命根据地票据研究的一个主要领域。郑振龙等认为，根据地最早的公债是湘鄂西工农民主政府发行的水利借券，这种水利借券与借据性质相同，能够出售但不能购买货物。在土地革命时期，临时中央政府发行过三次公债，分为革命战争公债和经济建设公债两

---

① 闫庆生、黄正林：《论陕甘宁抗日根据地的合作社》，《甘肃理论学刊》1998年第6期。

② 马冀：《抗战时期陕甘宁根据地农业合作社的绩效分析》，《江西社会科学》2008年第2期。

③ 周重礼：《闽浙赣省苏区"红色股票"》，《湖北档案》2003年第10期。

④ 罗红：《红色根据地发行的股票和债券》，《文史杂志》1998年第4期。

⑤ 汤勤福：《闽浙赣根据地的有价证券研究》，《福建论坛》（文史哲版）1997年第5期。

类；其他根据地也发行过地区性公债，分为货币公债、实物公债、期票和凭票四种，最重要的是实物公债。抗日战争时期，皖江等革命根据地为适应当时的环境，灵活运用财政票证手段筹集军政费用，发行了代价券、本票、公债券、田赋借券、公粮券、公草券、民防券等，这些票证都可抵交公粮或税款。并对解放战争时期东北解放区发行的公债、潮梅、东北江人民行政委员会1949年胜利公债、闽粤赣边区军粮公债的发行情况作了论述。① 刘庆礼的《中华苏维埃共和国经济建设公债券考略》主要对临时中央政府1933年发行的经济建设公债券实物票证进行了介绍，并对发行经济建设公债的背景、发行目的、推销和认购情况、推销公债券的政策措施进行了论述；认为苏区政府发行公债，是当时依靠群众力量来解决经济建设中的资金问题的唯一的和可能的方法。② 唐启炎的《中央革命根据地公债问题述评》对中央革命根据地发行公债的目的、发行公债的规定、公债推销完成情况进行了论述。认为公债的发行是中央获得必要的资金来源之一；通过发行公债来弥补战时经费的不足，缓解财政压力，打破敌人的经济封锁，创建合作社经济，对根据地的经济建设发挥了很大的作用，其中也出现了一些问题，但基本上是符合当时的具体实情的。③ 张启安的《浅议中央苏区所发行的三次公债》论述了土地革命时期中央苏区发行的三次公债，认为第一次发行的公债基本上没有达到政府向公众借贷的目的。第二次公债的发行，确实缓解了苏区政府捉襟见肘的财政状况。由于财政窘迫而开展的"退还公债、不要还本运动"，这也实在是迫于无奈，这样做虽然支持了苏区政府的财政工作，但在客观上对苏区政府的金融信用也产生负作用。第三次公债采取了"分年偿还"的原则，但借贷期限规定为七年，未免过长，失之偏颇；第三次公债实际上变成为筹集军粮。④ 毛武军、毛赛蓉的《湘赣省革命战争公债券考略》考察了湘赣革命根据地的发展、公债券发行的历史背景、发行公债的原因、公债券的具体发行情况。他们认为，湘赣省革命根据地发行了两期革命战争公债，第一期公债发行

---

① 郑振龙等：《中国证券发展简史》，经济科学出版社2000年版，第36—41页。
② 刘庆礼：《中华苏维埃共和国经济建设公债券考略》，《文物春秋》2009年第5期。
③ 唐启炎：《中央革命根据地公债问题述评》，《重庆科技学院学报》（社会科学版）2008年第3期。
④ 张启安：《浅议中央苏区所发行的三次公债》，《人文杂志》2001年第3期。

顺利。第二期公债虽然只完成了推销任务的82.5%，但还是有力地支持了革命战争和根据地后期经济发展，相对减少了财政性货币的发行，对稳定币值，抑制物价发挥了重大作用。① 潘国旗认为，抗日根据地发行的公债具有新民主主义的性质和战时公债的一些特点：第一，从公债持有人面额的货币单位来看，有14种公债是以法币作为公债面额单位的，除此之外的8种则以各抗日根据地发行的货币和银元作为公债面额单位。第二，各抗日根据地发行的公债，绝大部分是由根据地各阶层群众认购的。公债的发行方式大都采取政治动员的方式进行，因此公债按债券面额十足发行，没有任何折扣，而且公债的利率较低，甚至有的是无息发行的。第三，在各抗日根据地发行的公债中还有少数是实物公债，在抗战后期法币迅速贬值的情况下，起了保护持券人利益的作用。第四，从根据地公债的偿还来看，各抗日民主政府采取了极为认真负责的态度，大都已清偿完毕。总之，抗日根据地发行的公债具有种类较多，名称不一，公债面额、单位各异，用途、利率、偿还期限等也各不相同的特点。这种差异性较大的特点，能较好地因时、因地制宜地解决各根据地所面临的财政困难。②

综上所述，对中国革命根据地票据的全面、系统研究，就学术史的视角而言，目前还是一个空白。不仅本研究领域的成果少，而且本研究领域的学者也相当少。在资料挖掘整理方面，还有大量的工作要做，目前重点要突破仅仅从收藏的角度来整理"红色票据"的局限，要挖掘整理发行这些票据的深层原因、背景、发行过程、结果、历史地位和作用等资料。就已有的少量研究成果（如公债券）来看，在研究的时空和范围方面，仅局限于某一时期某个革命根据地的某种票据进行初步探讨；这些研究成果也是零星的不成规模，缺乏一种整体、系统的研究框架和历史视角。通过对已有成果的梳理，我们发现，对根据地饭票、米票、马料票等粮食票据和股票的研究，除了少数几篇描述性的短文外，目前尚无人涉足这一研究领域。因此，首先，对革命根据地不同时期发行各种票据（主要是公债券、粮食票据、股票等）的背景、目的，发行过程、结果和历史作用进行深入系统的研究；其次，考察"红色票

---

① 毛武军、毛赛蓉：《湘赣省革命战争公债券考略》，《中国钱币》2006年第3期。
② 潘国旗：《抗战时期革命根据地公债述论》，《抗日战争研究》2006年第1期。

据"与革命根据地经济社会变迁之间的关系以及两者之间的互动机制应是对革命根据地票据研究的方向和趋势。

三 研究目标和研究内容

1. 研究目标

本书研究的目标主要有三个，一是对革命根据地信用票据进行总体研究；二是对三个历史时期即土地革命战争时期、抗日战争时期、解放战争时期革命根据地票据进行具体实证研究；三是对革命根据地票据与根据地经济社会变迁的互动关系及互动机制进行研究。

2. 研究内容

本选题主要研究中国革命根据地 1927—1949 年票据发行、演变的历史，既注重宏观上的整体把握，也观照微观上的具体研究和个案分析；既有革命根据地票据历史的研究，也有对当代现实启迪的探讨。本书分以下四部分：

第一部分，本书的理论概述，包括第一章、第二章。第一章绪论，主要介绍本书的研究价值、研究内容、研究思路和方法。第二章相关概念及理论概述。介绍书中运用的相关概念和相关理论，主要是革命根据地及相关票据等概念，简要梳理制度变迁理论和新民主主义理论。

第二部分，包括第三章、第四章，讨论了根据地票据制度变迁的动因。第三章，论述革命根据地票据制度变迁的直接动因：从革命根据地财政压力的角度分析根据地票据制度创新的直接动因，讨论了革命根据地财政收入、革命根据地财政管理体制及机构、革命根据地财政支出及收支状况。第四章，论述了革命根据地票据制度变迁的另一个直接动因：国民党反动派对根据地的经济封锁。考察了在敌人的军事进攻和严密的经济封锁下，革命根据地经济所面临的严重问题。

第三部分，包括第五章、第六章、第七章、第八章，考察了革命根据地票据制度变迁的具体过程。在讨论了革命根据地的一个强制性制度变迁，即成立粮食调剂局和国民经济部的基础上，分别论述土地革命、抗日战争、解放战争时期革命根据地发行的各种票据，包括公债、粮票（粮食收据、饭票、借谷证、草料票等）、股票等。

第四部分，包括第九章、第十章，从整体上审视革命根据地发行的票据，对革命根据地票据发行、流通与管理过程进行总结；论述革命根据地票据制度变迁的特征，分析不同时期各革命根据地票据制度变迁的绩效。

四 研究思路和研究方法

1. 研究思路

本课题的研究思路如下：首先，通过调查、走访各地具有代表性的档案馆、博物馆、图书馆，大量收集三个不同时期革命根据地发行票据的第一手历史文献和相关资料（票据实物），获得第一手数据。其次，在分析整理第一手文献资料、票据实物，综合已有相关研究成果的基础上，以中国新民主主义革命为大背景，以革命根据地票据为研究对象和主线，按时间顺序分成专题，根据中国新民主主义革命发展的三个历史阶段即土地革命时期、抗日战争时期、解放战争时期来考察各革命根据地发行票据过程、结果和影响，票据的使用、流通及管理。最后，从宏观层面研究革命根据地票据的总体情况，对票据发行的背景、目的、方法、流通、管理、功能、绩效、经验及启示进行总结和概括。综合运用新制度经济学、新古典经济学相关理论，搭建一个"红色票据"与革命根据地经济社会变迁的互动机制理论框架，通过理论框架建构的分析模型，运用不同时期根据地发行票据的经验材料来验证我们提出的假设，进而为研究票据与根据地经济社会变迁之间的互动关系提供有力的实证支撑。

2. 研究方法

本课题在研究方法上，以"实证"研究为根本方法，力求在掌握较为充足的第一手资料的基础上以史料说话，主要运用马克思主义的相关理论和分析方法，如历史唯物主义和唯物辩证法等分析方法。同时，还运用制度变迁理论，以及新古典经济学中的一些基本概念和分析工具如成本收益分析、机会成本和边际分析方法等。

（1）历史唯物主义和唯物辩证法。历史唯物主义认为，社会存在是第一性的，是社会的本原和基础，社会意识是第二性的，社会存在决定社会意识，社会意识是社会存在的反映，社会意识在社会存在所限定的范围内又有相对独立性并反作用于社会存在。历史唯物主义的这一基本原理为我们认识社会历史提供了一个基本的方法，即唯物主义地看待社会历史的方法。据此，我们在研究新民主主义革命的三个不同历史时期的票据时，应该以当时战争年代的社会政治经济文化背景本身为出发点进行思考，而不是以有关根据地经济建设的理论或票据的理论为出发点来考察，这是研究革命根据地票据必须坚持的基本方法。

马克思主义的唯物辩证法是关于联系和发展的一般规律的科学，是具有普遍的指导意义的世界观和方法论。它主张任何事物都是普遍联系和永恒发展的。根据地票据也毫不例外。根据地票据首先与革命根据地政治、经济、文化等有着紧密的联系；不仅如此，各种票据形式如各种公债券、粮食票据（米票、饭票、马料票）、股票等有着密切关系，只有在相互联系中才能全面地把握根据地票据的本质。此外，根据地票据具有历史性，在不同的历史阶段，根据地票据有着不同的特征，历史地看待根据地票据也是研究根据地票据的必备方法。

（2）制度变迁理论。新制度经济学派认为，有效率的制度安排是经济增长的关键，无效率的制度安排导致经济衰退。有效率的制度安排之所以能促进经济增长，是因为制度设定了人们之间相互关系的规则，这些规则提供了人们在政治、经济或社会生活等方面进行交易的激励结构，这种激励结构能够降低交易费用，从而有利于促进经济增长。在根据地经济建设中，建立各种形式的合作社并发行股票，发行各种形式的公债券等，是中国共产党根据当时中国革命的实际在经济制度上的创新。以合作社为例，由于实行入社自愿、退社自由政策，把散漫的农民小生产组织起来互助合作，入股形式灵活多样，合作社成员能定期分得股息红利，极大地调动了农民生产积极性，提高了根据地生产力，有利于发展根据地经济，保障人民生活的改善。但是，根据地经济建设也走过弯路。其原因是制度安排脱离了根据地的客观实际，搞生产方式上的"飞跃"，如举办社会主义农场等，造成了失败。因此，考察根据地票据，要用制度变迁理论进行分析。

此外，本课题还运用有限理性、成本收益分析、机会成本、交易费用等概念和分析方法，可以解释根据地民众作为理性经济人在购买各种票据之间的选择机制，以及"红色票据"影响、促进根据地经济社会变迁的形成机制。

第二章 相关概念及理论概述

第一节 革命根据地及根据地票据

一 革命根据地

从1927年中国共产党领导"八一"南昌起义到1949年10月1日中华人民共和国宣告成立,中国共产党领导全国各族人民与国内外敌人展开了22年的浴血奋战,终于取得了新民主主义革命的胜利。这场旷日持久的革命分为三个历史阶段:第一个历史阶段是土地革命时期,从1927年8月1日我党领导的南昌起义开始,至1937年6月日军全面侵华战争爆发前夕;第二个历史阶段是抗日战争时期,从1937年7月抗日战争爆发开始,至1945年8月抗战胜利;第三个历史阶段是解放战争时期,从1945年9月我党领导的解放战争开始,至1949年9月解放战争胜利。在这三个不同的历史阶段中,中国共产党领导并建立了许多块革命根据地。

革命根据地"是游击战争赖以执行自己的战略任务,达到保存和发展自己、消灭和驱逐敌人之目的的战略基地。没有这种战略基地,一切战略任务的执行和战争目的的实现就失掉了依托"。[1] 1936年,毛泽东在《中国革命战争的战略问题》一文中总结土地革命战争经验时最早提出"革命根据地"这一概念。中国革命根据地不仅是一个地理范畴,而且是一个政治范畴,同时还是一个历史范畴。[2] 从地理范畴来说,中国革命根据地是指中国共产党领导的革命武装所开辟的由人民政权组织

---

[1] 《毛泽东选集》第二卷,人民出版社1991年版,第418页。
[2] 许树信:《中国革命根据地货币史纲》,中国金融出版社2008年版,第1页。

管理的地区。从政治范畴来说，是指在中国共产党领导下革命武装斗争、土地革命与革命政权相结合的产物，党内最早称为"工农武装割据"，是由当时的政治经济形势及环境造成的。在当时中国这样一个半殖民地半封建的社会，在敌众我寡、敌强我弱、白色恐怖笼罩的恶劣环境下，只有依托革命根据地才能使革命武装斗争取得胜利。从历史范畴来看，革命根据地经历了三个历史时期，即前面所述土地革命、抗日战争和解放战争三个不同时期。在不同的历史时期，随着革命斗争的中心工作不同，根据地的称谓都不相同，如土地革命时期称为农村革命根据地或苏区，抗日战争时期称为抗日根据地，解放战争时期称为解放区。

二　根据地票据

无论是在土地革命战争时期，还是在抗日战争、解放战争时期，国内外敌人为了消灭中国共产党领导的革命根据地政权及其人民军队，在对革命根据地进行军事"围剿"的同时，也对革命根据地实行经济封锁。敌人残酷的军事"围剿"和严密的经济封锁，给根据地的经济、我党领导的人民军队（红军、八路军、新四军、解放军）的给养和人民群众的生产生活造成了极大困难。以根据地为依托进行的各项革命斗争，必须要有相应的经济基础作保障，才能打破国内外敌人的封锁，发展根据地经济和改善军民生活，筹集资金，支援革命战争。因此，中国共产党领导各根据地军民在进行武装斗争的同时，十分重视革命根据地的经济建设，并制定了一系列相应的经济政策和措施。各革命根据地发行的苏维埃米票、饭票、粮票、革命战争公债及建设公债、救国公债、借谷证、股票、纸币、税票、柴草票、马料票等各种票据，我们称为"根据地票据"，就是当时采取的经济措施之一。"根据地票据"对发展革命根据地农业、工业（包括军事工业）生产、活跃市场，改善根据地军民生活，打破敌人的军事围剿和经济封锁，巩固和发展根据地革命政权作出了重要贡献。需要说明的是，本书所研究的根据地票据不包括纸币，即除纸币以外的其他票据，包括根据地粮票、米票、饭票、借谷证、革命战争公债及建设公债、救国公债、合作社股票、银行股票、柴草票、马料票等各种票据。

第二节 制度变迁理论

一 制度的内涵

制度能为人们的各种交易活动提供规则,规定哪些事可以做或不可以做,并界定人们的选择空间,减少不确定性,降低交易成本,促进经济效率。但是,究竟什么是制度?要给制度这个概念下一个准确的定义还真不容易。按照《韦氏词典》的解释,"制度就是行为规范"。① 在经济学中,不同的经济学家对制度的理解和解释都不一样。下面就制度的内涵列举一些具有代表性的观点,并加以简单的评述。

1. 旧制度主义学派的制度内涵

旧制度主义学派的重要代表人物凡勃伦和康芒斯都对制度进行了颇为详细的分析。他们在对制度进行系统的实证研究中,就对制度下过定义。

在1899年出版的《有闲阶级论》这部著作中,凡勃伦认为,制度是众多个人在社会结构的演进过程中,最能适应环境的固定思想习惯和行为准则,是人类的思想习惯和行为方式适应环境变化的结果。在这里,凡勃伦将制度纳入一个类似于"生存竞争、适者生存"的分析框架之中。在凡勃伦看来,人类在社会中的生活,正同别种生物的生活一样,是生存的竞争,因此是一种淘汰适应过程;而社会结构的演进,却是制度上的一个自然淘汰过程。"人类制度和人类性格的一些已有的与正在取得的进步,可以概括地认为是出于最能适应的一些思想习惯的自然淘汰,是个人对环境的强制适应过程,而这种环境是随着社会的发展、随着人类赖以生存的制度的不断变化而逐渐变化的。"② 谈到制度,不但其本身是精神态度与性格特征的一般类型或主要类型所形成的淘汰适应过程的结果,而且它也是人类生活与人类关系中的特有方式;因此,反过来说,它也是淘汰的有利因素。这就是说,变化中的制度也足

---

① 转引自汪丁丁《制度分析基础》,社会科学文献出版社2002年版,第87页。
② [美]凡勃伦著:《有闲阶级论——关于制度的经济研究》,蔡受百译,商务印书馆2005年版,第148页。

以促进具有最相适应的气质的那些人的进一步汰存，足以使个人的气质与习性，通过新制度的构成，对变化中的环境作进一步的适应。①

凡勃伦认为，制度的形成就是人们以往的思想习惯、生活方式逐步淘汰以适应环境的过程，他论述道："制度必须随着环境的变化而变化，因为就其性质而言，它就是对这类环境引起的刺激反应的一种习惯方式。而这些制度的发展也就是社会的发展。制度实质上就是个人或社会对有关的某些关系或某些作用的一般思想习惯，而生活方式所构成的是，在某一时期或社会发展的某一阶段通行的制度的综合，因此从心理学的方面来说，可以概括地把它说成是一种流行的精神态度或一种流行的生活理论。如果就其一般特征来说，则这种精神态度或生活理论，说到底，可以归纳为性格上的一种流行的类型。"②他进一步论述说："人们是生活在制度——也就是说，思想习惯——的指导下的，而这些制度是早期遗留下来的；起源的时期或者比较远些，或者比较近些……今天的制度，也就是当前公认的生活方式"。"集体的公认的生活方式所体现的是，集体中的各个人对人类生活怎样才是正确、善良、合宜和美化的见解上的一致。"而所谓经济制度，"就是在社会生活过程中接触到它所处的物质环境时如何继续前进的习惯方式。"③

从凡勃伦上述对"制度"的论述中我们可以看出，他是把制度定义为人们的"思想习惯"或"集体的公认的生活方式"或习俗。在1923年出版的《不在所有者和近代企业》一书中，凡勃伦再一次表述了关于制度的观点："即一种自然习俗，由于被习惯化和被人广泛地接受，这种习俗已成为一种公理化和必不可少的东西。它在生理学中的对应物，类似于某种习惯的上瘾。"④ 关于制度的含义，凡勃伦前后的思想是一致的。凡勃伦将制度当作一种适应环境的"思想习惯"或"生活方式"、"公理化的习俗"、"流行的精神态度"，具有一定积极意义，因为他揭示了制度的一种形式即非正式制度。然而，从制度的分类上来

---

① [美]凡勃伦著：《有闲阶级论——关于制度的经济研究》，蔡受百译，商务印书馆2005年版，第148页。
② 同上书，第149—150页。
③ 同上书，第150—153页。
④ 转引自郭东乐、宋则主编《通向公平竞争之路》，中国社会科学出版社2001年版，第62页。

说，除了以道德观念、思想习惯、意识形态等形式表现的非正式制度外，还有诸如宪法、法律、规章、企业、学校等形式表现的正式制度，显然凡勃伦没有关注正式制度。

旧制度学派的另一著名代表人物康芒斯，在《制度经济学》一书中从个体行动与组织的行为关系的角度来界定"制度"的，他认为："如果我们要找出一种普遍的原则，适用于一切所谓属于'制度'的行为，我们可以把制度解释为集体行动控制个体行动。"① 康芒斯认为，集体行动的种类和范围非常广泛，从无组织的习俗到许多有组织的"运行中的机构"，如家庭、公司、控股企业、同业协会、工会、联邦储备银行直到国家本身。而集体行动又是同所谓业务规则密切相关的。"业务规则在一种制度的历史上是不断改变的，包括国家和一切私人组织在内，对不同的制度，业务规则不同。它们有时候叫作行为的规则。亚当·斯密把它们叫作课税的原则。最高法院把它们叫作合理的标准，或是合法的程序。可是不管它们有什么不同以及用什么不同的名义，却有一点相同：它们指出个人能或不能做，必须这样或必须不这样做，可以做或不可以做的事，由集体行动使其实现。"② 在康芒斯看来，"集体行动控制个体行动"不仅是集体对个体的控制，而且这种对一个人行为的控制，其结果和目的对别的个人总是有益的。因此，"集体行动抑制、解放和扩展个体行动"，这种控制可以使个体"免受强迫、威胁、歧视或者不公平的竞争"。

可以说，康芒斯的制度定义抓住了问题的本质，制度是集体或组织约束个体行为的规则或准则，是人们的一种行为规范。这比较接近新制度经济学关于制度的内涵了。

2. 新制度经济学派对制度的界定

以制度作为研究对象的新制度经济学家，在充分吸收了旧制度学派有益成果的基础上，对制度的内涵作了精辟的界定。

安德鲁·斯考特对制度的定义是："社会制度指的是社会成员都赞同的社会行为中带有某种规律性的东西，这种规律性具体表现在各种特

---

① 康芒斯：《制度经济学》上册，商务印书馆1962年中译本，第87页。
② 同上。

定的往复的情境之中，并且能够自行实行或由某种外在的权威施行之。"①

　　T. W. 舒尔茨于 1968 年月 12 月在《美国农业经济学杂志》上发表了一篇著名的文章《制度与人的经济价值的不断提高》，该文对制度的内涵进行了详细的讨论。他将制度界定为"一种行为规则，这些规则涉及社会、政治及经济行为"。② 例如，这些制度包括管束结婚与离婚的规则，支配政治权力的配置与使用的宪法中所内含的规则，以及确立由市场资本主义或政府来分配资源与收入的规则。舒尔茨在这里仅限于考虑对经济增长动态有影响的政治法律制度，而"把那些执行社会功能的制度搁置一边"。③ 为此，他列举了 4 类对经济增长有影响的制度，它们分别是：（1）用于降低交易费用的制度，如货币和期货市场等；（2）用于影响生产要素的所有者之间配置风险的制度，如合约、分成制、合作社、公司、保险、公共社会安全计划等；（3）用于提供职能组织与个人收入流之间的联系的制度，如财产法、遗产法以及关于劳动者的其他权利方面的法律等；（4）用于确立公共品和服务的生产与分配的框架的制度，如高速公路、飞机场、学校和农业试验站等。从上述对舒尔茨的制度含义考察，可以看出，他的制度有两层含义：其一，制度是一种经济行为规则，这一制度定义为后来研究制度的学者所广泛接受；其二，制度不仅是一种经济行为规则，而且还可能是高速公路、期货市场和农业试验站之类的经济组织，所以又是一种"广义"的制度概念。

　　瓦尔特·C. 尼尔认为不能从整体上给制度下定义，但可以从制度构成的要素所具有的特征来观察和归纳制度。首先，制度是一种人类事务安排，这种安排可观察且可遵守；其次，这种安排具有时间和地点的特殊性而非一般性，也就是说制度具有历史性。具体说来，人们可以通过以下四个特征来识别一个制度：第一，要有大量的人类活动，并且这些活动是可以看得到且能辨认的；第二，有许多规则，使人类的活动具

---

① Andrew Schotter. *The Economic Theory of Social Institutions*, Cambridge: Cambridge University Press, 1980, p. 11.
② R. 科斯等：《财产权利与制度变迁》，上海三联书店、上海人民出版社 1994 年版，第 253 页。
③ 同上。

有重复性、稳定性并提供可预测的秩序;第三,具有大众观念,这种大众观念能对人类活动和规则提供评价和解释;第四,制度是以人类精神产品的形式而出现的。①

柯武刚、史漫飞从制度对人类行为所起的作用和效能这一角度来定义制度,认为"制度是人类相互交往的规则。它抑制着可能出现的、机会主义的和怪僻的个人行为,使人们的行为更可预见,并由此促进着劳动分工和财富创造。制度,要有效能,总是隐含着某种对违规的惩罚"。②

V. W. 拉坦也是从制度的特定功能来界定制度的,他指出:"一种制度通常被定义为一套行为规则,它们被用于支配特定的行为模式与相互关系。"③

青木昌彦从博弈的视角来考察制度,他指出:"制度是关于博弈如何进行的共有信念的一个自我维系系统。制度的本质是对均衡博弈路径显著和固定特征的一种浓缩性表征,该表征被相关域几乎所有参与人所感知,认为是与他们策略决策相关的。这样,制度就以一种自我实施的方式制约着参与人的策略互动,并反过来又被他们在连续变化的环境下的实际决策不断再生产出来。"④

新制度经济学的著名代表人物、新经济史学家诺思对制度的着力最多,因此对其内涵的界定也最多。起初,诺思对制度的定义是广义的,这在他与托马斯合著的《西方世界的兴起》中得到体现,他们在这部著作开篇就指出:"有效率的经济组织是经济增长的关键,一个有效率的经济组织在西欧的发展正是西方兴起的原因之所在。有效率的经济组织需要建立制度化的设施,并确立财产所有权,把个人的经济努力不断地引向一种社会性的活动,使个人的收益率不断接近社会收益率。"⑤ 在这里,诺思把"有效率的经济组织"视为制度设施,或者说,制度包括了制度设施和经济组织在内。这是诺思"广义"的制度含义。

---

① Walter. C. Neale. Institutions, Journal of Economic Issues, Sept., 1987.
② [德] 柯武刚、史漫飞著:《制度经济学》,商务印书馆2000年版,第35页。
③ R. 科斯等:《财产权利与制度变迁》,上海三联书店、上海人民出版社1994年版,第329页。
④ [日] 青木昌彦著:《比较制度分析》,上海远东出版社2001年版,第28页。
⑤ [美] 道格拉斯·诺思、罗伯特·托马斯:《西方世界的兴起》,学苑出版社1988年版,第1页。

随着对制度研究的不断深入，诺思对制度的定义由广义过渡到狭义的制度。在1981年出版的《经济史中的结构与变迁》这部名著中，诺思对制度下了一个明确的定义："制度是一系列被制定出来的规则、守法程序和行为道德、伦理规范，它旨在约束主体追求福利或效用最大化的个人行为。"① 他同时又指出："制度提供了人类相互影响的框架，它们建立了构成一个社会，或更确切地说一种经济秩序的合作与竞争关系。当经济学家们谈论他们的选择理论法则及由机会和偏好决定的选择次序时，他们简单地略去了制度框架，而这种制度框架约束着人们的选择集。实际上，制度是个人与资本存量之间，资本存量、物品与劳务产出及收入分配之间的过滤器。"② 在1990年出版的另一部著作《制度、制度变迁与经济绩效》中，诺思对制度的界定更加明确，并对制度进行了分类，他指出："制度是一个社会的游戏规则，更规范地说，它们是为决定人们的相互关系而人为设定的一系列约束。制度是由非正式约束（道德的约束、禁忌、习惯、传统和行为准则）和正式的法规（宪法、法令、产权）组成。"③

从以上诺思关于制度的几个定义，我们可以看出，诺思眼中的"制度"其实质就是约束人们行为的"规则"，这有点类似于康芒斯的"制度"含义；同时，诺思又超出了康芒斯，他将制度明确分成正式制度与非正式制度两类。

3. 我国学者对制度的界定

张宇燕在1992年出版的《经济发展与制度选择——对制度的经济分析》一书中，对制度的内涵进行了详细的分析。他认为制度的内涵，包括了下面12项特征：制度是人类适应环境的结果；惯例或规范化的行为方式是制度的表现形式之一；规则是制度的核心内容，它具有强制性或约束性，并以法律法规、组织安排和政策等主要形式体现；制度是人类过去行为方式的产物，具有历史惯性；制度是集体选择的结果；制度具有某些功能，为人们之间的合作、交往、交易提供一定保障；制度

---

① ［美］道格拉斯·诺思：《经济史中的结构与变迁》，上海三联书店、上海人民出版社1994年版，第225—226页。
② 同上书，第225页。
③ ［美］道格拉斯·诺思：《制度、制度变迁与经济绩效》，上海三联书店1994年版，第3页。

规定了人们可以做什么或者不能做什么,遵守或违反规则的后果又是什么;国家是施行某些制度的权威;交易是对制度进行分析的基本单位;财产权与交易关系密切,它本身就是制度;制度和家庭、企业等组织密切相关,要有组织作为承载体,组织也要由制度来支撑;制度是理解人类经济活动或行为的钥匙或范式,也就是说,要想理解和观察人类经济活动,必须先理解相应的制度。①

林毅夫1990年在美国《卡托杂志》上发表了一篇著名的论文:《制度变迁的经济学理论:诱致性变迁与强制性变迁》,在这篇论文中,他对制度的解释是这样的:"从最一般的意义上讲,制度可以被理解为社会中个人遵循的一套行为规则。"② 林毅夫不仅给"制度"下了一个明确的定义,同时,他又给"制度安排"作了一个界定,他指出:"制度安排的定义是管束特定行动模型和关系的一套行为规则。"③ 制度安排可以是正式的,也可以是非正式的。"正式制度安排是指其规则的变动或修改需要得到其行为受这一制度安排管束的一群(个)人的准许……非正式制度安排指的是另一种制度安排:在这种制度安排中规则的变动和修改纯粹由个人完成,它用不着也不可能由群体行动完成。"④ 正式的制度安排如家庭、企业、工会、医院、大学、政府、货币、期货市场等。相反,价值、意识形态和习惯就是非正式的制度安排的例子。⑤

在林毅夫看来,制度和制度安排是同一概念的两种不同表达方式,所以他又在这篇文章中专门指出:"经济学家用'制度'这个术语时,一般情况下指的是制度安排……出于安全目的而存在的制度安排有家庭、合作社、保险和社会安全项目。实现经济功能的制度安排有公司、灌溉系统、高速公路、学校和农业试验站。以上只是制度安排的几个例子。"⑥ 林毅夫还区分了制度安排和制度结构这两个概念,所谓制度结

---

① 张宇燕:《经济发展与制度选择——对制度的经济分析》,中国人民大学出版社1992年版,第117—119页。
② 林毅夫:《制度变迁的经济学理论:诱致性变迁与强制性变迁》,转载于R. 科斯等《财产权利与制度变迁》,上海三联书店、上海人民出版社1994年版,第375页。
③ 同上书,第377页。
④ 同上书,第390页。
⑤ 同上书,第377页。
⑥ 同上书,第377—378页。

构,"它被定义为一个社会中正式和不正式的制度安排的总和。"① 经济学家樊纲对制度的定义是:"制度,是由当时在社会上通行或被社会所采纳的习惯、道德、戒律、法律(包括宪法和各种具体法规)、规定(包括政府制定的条例)等构成的一组约束个人社会行为,因而调节人与人之间社会关系的规则。"②

李建德认为,制度是人类社会中的共同信息。只有经过社会化的过程,人们才能获得这些信息,并把这些社会的信息内化为个人的行为规则。③

4. 对制度内涵的小结

以上列举了众多学者关于制度的定义,到目前为止,还没有一个对制度的统一定义。尽管各个不同的学者由于考虑问题的角度不同,对制度的理解也各异,对制度的定义众说纷纭,但从上面这些关于制度的众多定义中,我们还是能够归纳出一些带有共性或普遍性的东西的。如果一定要给制度下一个定义,笔者认为,制度"就是规范经济主体(包括个人、经济组织、利益集团、政府等)行为的规则"。当然,这仅仅是对制度定义的一个总体概括,制度的内涵应当包含以下几个方面的特征:

一是具有习惯性特点。制度是人们在过去的思维习惯或行为方式的基础上形成的,是过去行为的"沉淀物",一旦人们发现过去的习惯或行为方式对大多数人有利,便容易为多数人接受,于是就被固定下来作为规则或习俗,供大家在相互交往中共同遵守。

二是可预见性特点。任何一项制度,不管是正式制度还是非正式制度,对行为主体的规范都具有很强的可预见性,它至少在以下两个方面是明确的、确定的,而不是含混不清的:(1)它告诉参与游戏的人们,可以干什么不能干什么,给游戏参与者们划定了确定的行动边界;(2)遵守游戏规则或违反规定的后果也是清楚的,遵守规则将受到奖励,违反规则一定会受到惩处。由于制度的可预见性特点,可以极大地减少不确定性,为人们的活动提供稳定的预期。同时,还能在较大程度上抑制行为主体追求自身利益最大化过程中的机会主义行为。

---

① 林毅夫:《制度变迁的经济学理论:诱致性变迁与强制性变迁》,转载于 R. 科斯等《财产权利与制度变迁》,上海三联书店、上海人民出版社1994年版,第378页。
② 樊纲:《渐进式改革的政治经济学分析》,上海远东出版社1996年版,第16页。
③ 李建德:《经济制度演进大纲》,中国财政经济出版社2000年版,第142页。

三是规律性、重复性特点。没有抽象的制度,人类社会所有的制度都是围绕特定的行为而设立的,非正式制度是这样,正式制度更是如此。制度的规律性或重复性特点是指制度是针对特定的行为或活动的,如发生相同或相似的事,一律按已有的"规矩"或惯例办。也就是说,凡是行为主体从事相同的活动,就要遵守同样的规则,执行同样的规定;并且,任何个人或经济组织或利益团体也都如此,都要按规则"办事",在制度面前人人平等。如果有谁违反了某种规定,也要受到同样的惩处。

四是普遍性特点。制度的普遍性特征有两层含义:第一,制度往往是和集体行动密切联系的,是对参与某一行动或行为的众多个人的约束。换句话说,制度的制定不是针对特定的个人,没有为某个人专门制定的制度或行为规范,制度是为参与某种行动或活动的所有集体成员设定的。第二,制度的公平性是普遍性的又一表现方式。制度在它规定的范围内,对所有的行为主体(包括组织内的个人、社会组织、利益集团、政府部门等)都适用,任何社会组织或利益集团如要参与制度管辖范围的行动,必须无条件遵守制度规定的所有条款,并按规定去行事;参与活动的任何个人也必须在制度规定的范围内"按章办事",任何成员不能凌驾于制度之上。

五是制度的强制性特点,这是制度的基本功能和核心内容之一。制度是约束特定的行为主体(包括社会组织、组织内的个人、利益集团、政府部门等)的特定行为的,并主要是通过法律法规、规章制度、政策等来具体体现,不管行为主体愿意还是不愿意,自觉还是不自觉,都必须遵守相关制度规定;否则,就要承担违规的代价,受到相应的惩处。所以,制度具有强制执行的特点。

从以上关于制度的内涵分析,可以看出制度的本质体现在以下两个方面:第一,制度是用来约束人的行为和动机的,它为人们处理相互之间的关系提供准则,所以制度与人的行为和动机有十分密切的联系。经济主体追求自身效用或自身利益最大化,也要在制度的约束下进行;经济主体之间的竞争与合作是一种博弈关系,同样要在游戏规则的范围内进行。有了游戏规则,就可以减少或抑制机会主义行为,减少不确定性,并能提供未来预期,降低风险和交易成本,同时对遵守规则的行为提供激励,对违规者给予惩罚,这样就能提高经济活动的效率。第二,制度表现为一种非物质公共产品或精神公共产品。公共产品是私人产品的对称，是指具有消费或使用上的非竞争性和受益上的非排他性的产品。公共产品的基本特征：一是非竞争性。一部分人对某一产品的消费不会影响另一些人对该产品的消费，一些人从这一产品中受益不会影响其他人从这一产品中受益，受益对象之间不存在利益冲突。例如国防保护了所有公民，其费用以及每一公民从中获得的好处不会因为多生一个小孩或出国一个人而发生变化。二是非排他性。是指产品在消费过程中所产生的利益不能为某个人或某些人所专有，要将一些人排斥在消费过程之外，不让他们享受这一产品的利益是不可能的。例如，消除空气中的污染是一项能为人们带来好处的服务，它使所有人能够生活在新鲜的空气中，要让某些人不能享受到新鲜空气的好处是不可能的。但制度作为非物质公共产品具有与一般公共产品不同的特点：一般的公共产品都是有形的，并且是可见的、实物性物品，但制度这种非物质公共产品却是无形的精神产物，如法律制度、规则或习惯、风俗、意识形态等；一般公共产品不具有排他性和竞争性，但制度这种非物质公共产品就可能具有排他性和竞争性，一些人从某种制度安排中受益，另一些人则可能受损。

二 制度的构成、相互关系、功能

（一）制度的构成

制度的种类很多，可以从不同的角度或层次对制度的构成或结构进行分类。新制度经济学家对制度的分类各不相同。D. 菲尼将制度分为三种不同的类型：第一种是宪法秩序；第二种是制度安排，即约束特定行为模式和关系的一套行为规则，这种行为规则可能是正式的或非正式的，它可能是暂时的，也可能是长久的；第三种是规范性行为准则，它主要是来源于人们对现实的理解（意识形态）。[1] 柯武刚、史漫飞将制度分成两大类：一是内在制度，这是从人类经验中深化出来的制度；二是外在制度，这种制度是自上而下地强加和执行的。[2]

诺思对制度构成的分类随着他考察问题角度的不同，其分析也有不

---

[1] 汪洪涛：《制度经济学——制度及制度变迁性质解释》，复旦大学出版社2003年版，第6页。

[2] ［德］柯武刚、史漫飞：《制度经济学：社会秩序与公共政策》，商务印书馆2002年版，第37页。

同。最初，他将制度分成"基础性制度安排"和"第二级制度安排"。后来，诺思在《经济史中的结构与变迁》一书中指出，将制度"区分为宪法、执行法和行为规范则是有益的，虽然事实上它们之间常常重叠"。宪法是基本法则，它的制定是用以界定国家的产权和其他基础性权力的基本结构。与执行法相比，它显得难以修改。执行法包括成文法、习惯法和自愿性契约，它在宪法框架内界定交换条件。行为规范是合乎宪法和执行法的行为准则。[①] 最后，诺思对制度构成的基本要素进行了分析，认为制度是由国家认可的正式约束（制度）、社会认可的非正式约束（制度）以及实施机制构成。如前文所述，诺思把制度分为正式制度（或正规制度、正式约束）和非正式制度（非正规约束或非正式约束），并对正式制度与非正式制度的关系作了简明扼要的阐述，他指出："正规制约与非正规制约的差距只是一个程度上的问题，对从禁忌、习俗和传统延续到成文宪法的展望则是问题的另一方面。从非成文的传统向成文法的漫长而不平稳的运动绝不是单向性的。这正如我们从较简单的社会演进到更复杂的社会一样，它显然是与同更为复杂的社会相连的日益专业化和劳动分工相关的。"[②] 他进一步论述说："一套有序的规则——宪法、成文法、习惯法（甚至地方法规）——将确定某一交换中的正规权利结构。此外，一个合约将以心目中所期望的交换的实际特征来书写。由于商量是有成本的，而大多数合约是不完全的，因此，非正规制约在实际的协议中起着重要作用。这些非正规制约包括名誉、被广泛接受的行为标准（这些确实是可观察的）以及在重复关系中形成的传统。"[③]

本书按照诺思对制度的分类，将制度结构看成由正式制度、非正式制度和实施机制所构成。

1. 正式制度（也叫正式规则或正式约束，或正式制度安排）

正式制度是指人们自觉地或有意识地创立的并加以规范化（以正式成文的方式表现）的一系列制度，它一般要通过正式组织和程序强制

[①] [美]道格拉斯·诺思：《经济史中的结构与变迁》，上海三联书店、上海人民出版社1994年版，第226页。

[②] 诺思：《制度、制度变迁与经济绩效》，上海三联书店、上海人民出版社1994年版，第63页。

[③] 同上书，第84—85页。

性地实施。正式制度包括政治规则、经济规则和契约，它们是"用来建立生产、交换与分配基础的基本的政治、社会和法律的基本规则"①，并在国家强制力作用下共同约束人们的行为。按照诺思的意思，所谓政治规则是指政治团体的等级结构，以及它的基本决策结构和支配议事日程的明晰特征；经济规则用于界定产权，即关于财产使用，从中获取收入的权力，以及转让一种资产或资源的能力。② 按照制度在组织行为中的作用，正式制度还可以进一步细分为：（1）分工及目标任务规则，这种规则确定组织成员在特定行为中的分工"责任"，即明确每个人干什么，目标任务是什么。（2）定位规则，即规定行为主体各自的行为边界，明确界定每个人能做什么，不能做什么。（3）奖惩规则，规定履行了工作职责，完成了工作目标任务该如何奖励；违反制度规定将付出什么代价，在这两方面都有细则规定。（4）度量衡规则，即对组织成员或交换各方的投入和产出大小要有一个统一的度量标准，在制度安排上作了明确的规定。

2. 非正式制度（也称非正式约束、非正式规则或非正式制度安排）

人们在社会生活中要与自然界打交道，也要与人类自身打交道，在处理与自然界的关系及人们相互之间的关系中，逐步形成一些价值观念、伦理道德规范、文化传统、风俗习惯和意识形态，它们对人的行为所产生的约束就是非正式约束，或称为非正式制度（安排）。由此可以看出，非正式制度主要包括价值观念、伦理道德规范、文化传统、风俗习惯和意识形态等因素，其中，意识形态处于核心地位。因为第一，意识形态本身就蕴含价值观念、伦理道德规范、文化传统、风俗习惯；第二，任何一种正式制度安排都是以某种意识形态作为其"先验"模式。对于一个在制度创新中通常将价值取向的信念伦理置于首要地位的民族或国家来讲，意识形态可能取得优势地位或以"指导思想"的形式构成正式制度安排的"理论基础"和最高准则，成为支配人们行为方式

---

① R. 科斯等：《财产权利与制度变迁》，上海三联书店、上海人民出版社 1994 年版，第 270 页。

② ［美］道格拉斯·诺思：《制度、制度变迁与经济绩效》，上海三联书店、上海人民出版社 1994 年版，第 64 页。

的正统思想。① 非正式制度是人们在漫长的交往过程中逐渐形成并代代相传，成为传统文化的有机组成部分。正如诺思所指出的，非正式制度"来源于所流传下来的信息，以及我们称之为文化的部分遗产"。② 对这里的"文化"含义，诺思进一步指出说："（即）一代一代的遗承，或者通过对知识、价值或其他要素的教诲与模仿影响行为。"③ 布坎南在《自由、市场与国家》一书中曾对非正式制度也有论述，他指出："文化进化形成的规则……是指我们不能理解和不能（在结构上）明确加以构造、始终作为我们的行为能力的约束条件的各项规则。"④

非正式约束在人类行为的约束中起着非常大的作用。首先，从历史上看，在正式制度产生之前，人们的行为和各种相互交往都是依靠一系列的价值观念和伦理道德规范来调节和约束的。其次，即使在现代社会，正式规则也只是决定行为选择的社会总体约束的一小部分（尽管这部分非常重要），人们行为选择的大部分空间是由非正式制度来约束的。⑤ 最后，从人的有限理性和交易成本来看，由于人的理性是有限的，要对行为的方方面面和所有细节加以考虑是不可能的；而非正式约束是过去人们在处理相同或类似行为时所积累的成功经验和总结，能降低交易成本，因此，每天大量的日常行为中大部分是按照习俗或惯例等非正式约束来实施的。

（3）实施机制。实施机制也就是执行机制，它是制度构成的第三部分。一个制度，不论是正式制度还是非正式制度，只是规定了行为准则，即告诉人们能干什么和不能干什么，但没有告诉人们不执行这个行为准则该怎么办。制度的实施机制就是解决执行问题的，是关于制度的执行或实施规则。判断一个国家的制度是否有效，主要看两个方面：一是看这个国家的正式约束和非正式约束是否完善；二是看其制度的实施机制是否健全。如果一个国家的制度包括正式制度与非正式制度都很完

---

① 王一国：《国有企业制度变迁与制度创新研究》，湖南大学出版社 2003 年版，第 19 页。
② ［美］道格拉斯·诺思：《制度、制度变迁与经济绩效》，上海三联书店、上海人民出版社 1994 年版，第 64 页。
③ 同上书，第 185 页。
④ J. 布坎南：《自由、市场与国家》，上海三联书店 1989 年版，第 6 页。
⑤ ［美］道格拉斯·诺思：《制度、制度变迁与经济绩效》，上海三联书店、上海人民出版社 1994 年版，第 49 页。

善，但不去执行或执行不到位，说明其制度实施机制不健全，则这个国家的制度是无效率的或效率较低。如果没有制度的实施机制，即使设计出好的制度，特别是正式制度都形同虚设。"有法不依"比"无法可依"的结果更可怕。制度的实施机制主要包括实施主体（是由组织来实施或是由个人来实施）、实施的手段、实施的程序。

为什么要建立起制度实施机制，主要是基于三个方面的原因：第一，人类交换的复杂性需要建立制度实施机制。交换如果很简单，无须设立监督执行之类的机构；交换越是复杂、范围越广泛，就越有必要建立实施机制。第二，人的有限理性以及在交换行为中为追求自身利益的最大化，往往会采取机会主义行为，这就需要建立制度实施机制，以抑制机会主义逐利行为和弥补人的有限理性。第三，由于人的有限理性和交换的复杂性，使交换双方（合作双方）信息不对称，这就容易导致对契约的偏离。为了保证契约的实施，必须建立强制性的制度实施机制。检验一个国家的制度实施机制是否有效以及效率的高低，主要看行为主体违约成本的高低以及执行制度成本的高低。一项制度的实施机制或制度的执行规则，主要是通过两方面的功能体现出来的：其一是执行机制的激励性，对行为主体执行制度的奖励，使其执行制度所花费的成本小于其收益，产生一种执行制度合算的正效应，从而引导行为主体执行制度。其二是对违规行为的惩罚性。设计出强有力的实施机制，在行为主体违约时其成本远远大于违约收益，从而使任何违约行为都要付出极高代价，违规当然就不合算也就不值得去冒风险了。当行为主体从事一项违约行为（或许是违法行为）的预期效用（或收益），超过将时间及另外资源用于从事其他活动所带来的效用（或收益）时，该行为主体就会选择违约。如果设计的制度实施机制使违约成本大大超过违约的预期收益时，人们一般就不会去选择违约。

（二）正式制度与非正式制度的关系

正式制度与非正式制度之间既有联系又有区别。它们之间的区别体现在以下几个方面：

第一，有形与无形的区别。正式制度通过正式规范的文本和条文来体现，是有形的，而且也靠正规的权威机构来组织实施。相对而言，非正式制度则是无形的，其约束形式是依靠道德伦理规范、风俗习惯及意识形态，既没有正式的文本和条款规定，也无须正式的组织机构来专门实施，它靠人们内心世界自觉自愿地遵守，人们通过口传心授世代相传，能渗透到社会生活的各个方面。

第二，执行机制区别。正式制度的实施具有强制性，不管你愿意还是不愿意，自觉的还是被迫的，你必须遵守制度所规定的，并且有一个组织机构来强制性地执行；如果行为主体违规，就得为违规行为付出代价，即招致法律法规或规章制度的制裁。而非正式约束在实施机制上不具有强制性特点，主要依靠行为主体自觉自愿来遵守习俗、风俗习惯和道德规范等，有时也借助外界舆论的压力来实施；当然，如果行为主体不遵守非正式约束，也不会招致法律法规或规章等的制裁。所以非正式制度（或非正式约束）主要靠行为主体的自觉行为来实施，是否实施及实施的程度则取决于行为主体的内心修养和素质的高低，也与其生活的社会、家庭环境有关。

第三，有无成本的区别。由于正式制度的制定及实施是人类集体选择或公共选择的过程，正式制度的起草、在一定范围内讨论、修订及成文需要花费成本；同时，建立一个权威性机构来组织实施，需要执行成本；处理行为主体的违规行为也需要成本等，所以，正式制度制定及实施要花费一定的成本。风俗习惯、道德伦理及意识形态这些非正式约束是人类在长期的社会生活中逐渐形成并口传心授、世代传承下来的，主要是靠人们自觉自愿来执行，也不需要成立一个专门的组织机构来强迫命令人们遵守，不管是人们自觉执行或违反这些非正式制度，几乎不需要付出多大成本；即使人们不合常理违反相应的非正式约束，也不会受到处罚，充其量会受到外界舆论谴责而已，假如他有"良心发现"，顶多不过在其内心世界有些不安，受其良心谴责罢了。所以说，非正式制度的实施几乎不需要花费成本，这是非正式制度与正式制度的一个重要区别。

第四，是否可以移植的区别。非正式制度一般很难从一个国家或地区移植到另一个国家或地区，为什么呢？如上述，风俗习惯、道德伦理及意识形态这些非正式约束是人类在长期的社会生活中逐渐形成并口传心授、世代传承下来的，其形成过程是非常缓慢和漫长的，是一种文化的历史沉淀，深深地"烙印"在人们的内心深处。一旦人们内心深处积淀有传统的非正式约束，想要改变自己的习惯再接受别的习俗或道德伦理，是十分困难的，人们常说的"积习难改、禀性难移"就是这个意思。也就是说非正式制度的变革也是一个长期的、不易的过程，是非常难以移植成功的。与非正式制度相反，正式制度在多数情况下则是可以在国家或地区之间进行移植，尤其是在各地具有普遍性的或具有国际惯例的正式制度更是如此。因为，正式制度的建立或实施具有强制性特点，可以在短时间内形成，也可以在短时间内变革甚至废止。当然，正式制度能否发挥作用，其效率的高低，还要看它能否与非正式约束相容，如果它得到社会的认可，即与非正式约束是相容的，就能发挥应有的作用，正式制度的效率就高；如果正式制度与当地的风俗习惯、传统观念和道德伦理不相容，就不能得到社会的认同，这种正式制度就不能发挥作用，或说制度绩效低。

作为制度的两个层面，正式制度与非正式制度既相互区别，又相互依存、相互联系。它们之间的联系主要体现在以下两个方面：

1. 非正式制度是正式制度产生的前提和基础

从制度起源的历史看，先有非正式制度后才有正式制度。任何一种正式制度安排都是以某种意识形态作为其"先验"模式。在正式制度产生之前，人们的行为和各种相互交往都是依靠一系列的价值观念和伦理道德规范来调节和约束的，然后才在这些非正式约束的基础上制定正式的法律制度和规章等。所以，正式制度的建立是以风俗习惯、道德伦理和意识形态为前提和基础。反过来，正式制度对非正式制度的形成也起前提和基础作用，两者互为前提、互为基础、相互促进。这是因为，一种正式制度的实施，特别是较长时期的实施，使人们养成一种遵守某种规则的习惯、心理和价值观念，这就导致一种新的非正式制度的形成。相应地，道德伦理和意识形态等非正式约束的实施，对人们执行正式制度、维护一定的社会秩序起着非常大的作用，因为非正式约束一旦形成，将在相当长的时期内起作用；并且在每天的日常工作和生活中，正式规则也只是决定行为选择的社会总体约束的一小部分（尽管这部分非常重要），人们行为选择的大部分空间是由非正式制度来约束的。

2. 正式制度和非正式制度要相容才能发挥作用

正式制度的实施离不开非正式制度的维护和辅助，否则，正式制度就无法执行，也起不到应有作用。如果在一个缺乏正式制度约束的社会，每个社会成员都没有自我约束的意识，更没有遵纪守法的观念，即使建立相应的法律法规，也形同虚设，实施成本一定非常昂贵，正式制度发挥不了应有的作用。这是问题的一方面。另一方面，由于非正式制度总是滞后于正式制度甚至与后者不相容，也就是说，如果正式制度与当地的风俗习惯、伦理道德、意识形态等非正式约束不相容，甚至大相径庭，那么，非正式制度就会阻碍正式制度的贯彻实施。正如诺思所指出的，"当个人深信习俗、规则和法律是正当的时候，他们也会服从它们。"① 卢瑟福也论述了这一观点，"个人的习惯和常规靠惯例或惯性来维持，个人道德规则的维系则凭个人的良知，社会的规则则不同，它既可以是惯例，也可以是法律。惯例可能因遵守同一规则符合所有个人的利益而自我实施，法律规则则是由惩罚违抗者的警察力量和司法系统强迫实施的规则。由于社会规范包括许多类型各异的规则和礼节，规则的实施靠社会的认可与不认可"。② 而非正式制度的实施在一定程度上也要依赖于正式制度的强化和支持，才能得到有效实施。例如，"见义勇为"、"助人为乐"和"救死扶伤"是中华民族的优良传统和道德规范，这一非正式约束的实施是人们自觉自愿的行为，不需要政府或国家强制人们实施。如果在一定程度上有正式制度的支持，这一非正式制度的实施会更有效。当一个人在公交车上见义勇为，制止小偷对受害人进一步伤害时，他自己也遭到小偷团伙围攻身受重伤，这时，他如果孤立无援，无人救助，政府对类似情况也无动于衷，没有相应的正式制度处理这种情况。试想，如果没有相应正式制度的支撑，有谁还敢实施"见义勇为"之类非正式约束呢？

所以，正式制度和非正式制度作为制度的两个不同层面，它们互为前提、互为基础，相互依赖、互为补充，谁也离不开谁，二者不可偏废。

(三) 制度的功能

诺思认为，制度通过提供人们之间相互竞争与合作的基本框架，可以减少不确定性，降低交易费用。③ 舒尔茨将制度的功能描述成"为经

---

① [美] 道格拉斯·诺思：《经济史中的结构与变迁》，上海三联书店、上海人民出版社1994年版，第12页。
② 卢瑟福：《经济学中的制度——老制度主义和新制度主义》，中国社会科学出版社1999年版，第64页。
③ [美] 道格拉斯·诺思：《经济史中的结构与变迁》，上海三联书店、上海人民出版社1994年版，第24页。

济提供服务",具体表现在以下四个方面:一是降低交易费用;二是影响生产要素的所有者之间配置风险(即可以降低风险);三是提供职能组织与个人收入流之间的联系;四是确立公共品和服务的生产与分配。① 林毅夫把制度的功能归纳成两个大的方面,第一,制度的安全功能;第二,制度的经济功能。他指出:"一方面,个人的生命周期、健康和生产过程的不确定性以及自然灾害;另一方面,技术规模、经济效益和外部效果也都是制度存在的必要条件。"由于人的生命周期和他面对的不确定性,也由于人"局限于知识、预见、技巧和时间",人需要用制度来促进他与其他人的合作,从而为确保年幼和年老时的安全做好准备,拉平随时间而变化的收入和消费水平,并获得对风险和灾难的保障。林毅夫称为安全功能。制度存在的另一个理由是来自规模经济和外部效果的收益。作为生产单位的个人是太小了,以至于他不能把这些经济中的大部分内在化。为开拓这些收益需要有集体的行动。这种功能称为经济功能。"正是出于安全和经济两方面的原因,人们才需要彼此交换货品和服务并使制度成为不可或缺。"② 归纳种种对制度功能的观点,从为经济活动提供服务的角度,制度主要有以下功能:③

1. 降低交易成本

"一般认为,任何制度规则影响实际或潜在成员的相对力量并约束谈判空间和影响交易成本。"④ 制度的基本功能之一就是能降低交易成本。交易是需要花费成本的:"为了进行市场交易,有必要发现谁希望进行交易,有必要告诉人们交易的愿望和方式,以及通过讨价还价的谈判缔结契约,督促契约条款的严格履行,等等",这些成本——搜寻信息成本、谈判和签约成本、监督和实施成本等——是很高的,"而任何一定比率的成本都足以使许多在无须成本的定价制度中可以进行的交易化为泡影。"⑤ 在这里,科斯描述的交易过程中的成本就是交易成本,

---

① R. 科斯等:《财产权利与制度变迁》,上海三联书店、上海人民出版社1994年版,第253页。
② 同上书,第377页。
③ 参见卢现祥《西方新制度经济学》,武汉大学出版社2004年版,第136—141页。
④ R. O. Keohane, International Institutions, Two Approaches, International Studies Quarterly, 1988, pp. 379-396.
⑤ R. 科斯:《社会成本问题》,载《财产权利与制度变迁》,上海三联书店、上海人民出版社1994年版,第20页。

"交易成本是产权从一个经济主体向另一个经济主体转移过程所需要花费的资源的成本。这包括作一次交易（发现交易机会、洽谈交易、监督成本）的成本和保护制度结构的成本（如维护司法体系和警察力量）。"① 约翰·J. 沃莱斯和诺思（1986）的实证研究表明，1970年美国国民生产总值的45%被消耗于交易因素。交易成本之大可见一斑。当存在明显的交易成本的时候，随之而来的市场制度就被制定出来，引导交易人获得使之具有正确模式的信息。

一方面，制度通过构造人们之间相互竞争与合作的基本框架，界定和限制行为主体的选择集合，把主体的行为约束在一定的范围内，这样就可以减少市场交易中的不确定性，抑制主体的机会主义行为倾向，从而降低交易成本。

另一方面，"特定的制度会有与其相融合的信息传递通道体系，它会保证在一个合适的控制体系的框架内对各项任务的执行进行监督、控制和检查"，这就在一定程度上纠正行为主体偏离契约的行为，降低了交易成本。同时，在特定的制度和组织框架内，经济主体会利用制度与组织的不完善或制度存在的缺陷，可以降低（他单方面）交易成本，实现自身效用的最大化。这种行为本身就构成对制度的挑战，说明有缺陷的制度安排支付的交易成本比应该付的多了，多支付那一部分交易成本是社会资源的浪费，是不经济的。要想实现资源的有效配置，就必须对这种制度安排进行变迁或完善，完善或变迁后的制度，就能达到降低交易成本的效果。②

2. 约束主体的机会主义行为倾向

新新制度经济学在对人们的行为进行研究时，假设人具有随机应变、投机取巧、采取不正当手段为自己谋取更大利益即追求自身利益最大化的行为倾向。根据主体机会主义行为倾向这一假设，我们可以进一步得出推论：由于行为主体在追求最大化效用的过程中会采取非常隐蔽的手段，甚至会玩弄一些相当狡猾的伎俩，因而如果交易双方仅仅是签订了协议，但未来结果仍然是具有很大的不确定性。因为机会主义要蓄

---

① 平乔维奇：《产权经济学》，经济科学出版社1999年版，第43页。
② 汪洪涛：《制度经济学——制度及制度变迁性质解释》，复旦大学出版社2003年版，第11—12页。

意误导、歪曲、掩盖、搅乱或混淆信息的真实性和完整性,"它是造成信息不对称的实际条件或人为条件的原因,这种情况使得经济组织的问题大为复杂化了"。① 所以,人的机会主义行为必然会导致市场秩序的混乱。通过设计合理的制度安排可以在一定程度上抑制主体的机会主义行为倾向,因为在制度安排中提高违约成本,使行为主体的违约变得很不合算,就可以约束机会主义行为。

3. 为实现合作奠定了基础

制度提供了人类相互影响的框架,它们建立了构成一个社会,或更确切地说一种经济秩序的合作与竞争关系。② 就像柯武刚和史漫飞所认为的那样,制度的一个功能就是使复杂的人际交往过程变得更易理解和更可预见,因而不同个人之间的协调也就更易于发生③,行为主体之间的合作与交往就更为顺利。在人类社会中,人们在追求自身利益最大化的时候,就要处理人与人之间的关系,人与人之间的关系不仅有竞争更有合作,竞争与合作是一对矛盾的统一体,它们既相互依存又彼此独立,既对立又统一。由于人的有限理性和信息不对称等方面的原因,行为主体不能很好地处理竞争与合作之间的关系,制度就是人们在社会分工与协作过程中经过多次博弈而达成的一系列契约的总和。制度为行为主体之间的竞争与合作提供了一个基本的框架,通过规范主体之间的相互关系,减少信息成本和不确定性,把阻碍合作的因素减少到最低限度,促进合作朝预定目标前进。

4. 形成激励机制

所谓激励,就是使经济行为主体具有从事某种经济活动的内在动力,即人们常说的调动人的积极性。一个有效率的制度,通过明确每个经济主体的权利和责任,并使权利和责任尽可能对称,也就是说,使每个经济主体的工作努力与个人所得、成本与收益、投入与产出对等,使个人的收益率不断接近社会收益率,引导经济主体主要通过"生产性努力"而不是"分配性努力"(即寻租)来实现自身效用最大化,最终达到社会总产出的增加和全社会经济效率的提高。诚如诺思在《西方

---

① [美]迈克尔·迪屈奇:《交易成本经济学》,经济科学出版社1999年版,第34页。
② [美]道格拉斯·诺思:《经济史中的结构与变迁》,上海三联书店、上海人民出版社1994年版,第225页。
③ [德]柯武刚、史漫飞:《制度经济学》,商务印书馆2000年版,第142页。

世界的兴起》中所指出的，"有效率的经济组织是经济增长的关键因素；西方世界兴起的原因就在于发展一种有效率的经济组织。有效率的组织需要发展制度化的设施，并确立财产所有权，把个人的经济努力不断引向一种社会性的活动，使个人收益率不断接近社会收益率。"① 在《经济史中的结构与变迁》中，诺思以技术变迁为例，从反面进一步证明了制度对技术创新活动提供的巨大激励作用。他指出："新技术和纯科学知识发展速度的决定因素是什么？在技术变化情形下，发展新技术的社会收益率也许总是高的，但我能期望发展新技术的私人收益率会尽可能地得到提高，因为在新技术的产生过程中进步是缓慢的。事实上，通观人类的过去，我们可以看到新技术不断地被开发出来，但步伐缓慢，时有间断。主要的原因在于对发展新技术的激励仅仅是偶然的，通常创新可能被别人无代价地模仿，而发明创造者得不到任何报酬。直到现代，不能在创新方面建立一个系统的产权仍是技术变化迟缓的主要根源。"② 制度能通过减少经济活动的"外部性"，克服经济主体"搭便车"行为，为组织成员提供激励，引导经济主体不断创新。

5. 减少经济活动外部性

一个人的行为可能成为他人的效用函数的自变量，就被认为出现了外部性。也就是说，外部性是指某经济主体其生产或消费活动对他人产生了强制性的影响，如果是好的影响，就叫正的外部性（或者叫外部经济性），如果是不好的影响，就叫负的外部性（或者叫外部不经济性）。在科斯看来，之所以产生许多负外部性，都是因为产权界定不清造成的。产权的形成与外部性紧密相连，"产权的建立是为实现外部性内在化"。德姆塞茨认为，当外部性内在化的收益大于内在化成本时，产权得以建立。③ 如果能够设计一种产权安排，使外部效应能够为所有相互影响的人共同分担，外部性就能够内在化。德姆塞茨强调了产权的重要性，他指出："产权是一种社会工具，其重要性就在于事实上它们

---

① [美]道格拉斯·诺思、罗伯特·托马斯：《西方世界的兴起》，学苑出版社1988年版，第1页。
② [美]道格拉斯·诺思：《经济史中的结构与变迁》，上海三联书店、上海人民出版社1994年版，第185页。
③ H. 德姆塞茨：《关于产权的理论》，转载于《财产权利与制度变迁》，上海三联书店、上海人民出版社1994年版，第105页。

能帮助一个人形成他与其他人进行交易时的合理预期"。"产权是界定人们如何受益及如何受损,因而谁必须向谁提供补偿以使他修正人们所采取的行动。这一认识能很容易地导致产权和外部性之间的密切关系。"所以德姆塞茨也承认,"产权的一个主要功能是引导人们实现将外部性较大地内在化的激励。"①

三 制度变迁理论

(一) 制度变迁的含义

人类社会历史上没有万古不变的制度,任何制度都是随着政治、社会和经济环境的变化而变化。制度变迁即是在原有或既定制度下的创新或新发展,这种新发展可能是根本性的,如奴隶制度向封建制度的变迁、资本主义制度向社会主义制度的变迁等,也可能是非根本性的,它是在基本的制度框架(制度环境)不变的前提下某种制度安排的变迁。卢现祥对新制度学派关于制度变迁概念的论述进行了系统梳理,从不同的视角归纳出六个方面。② 诺思意义上的制度变迁,"指制度创立、变更及随着时间变化而被打破的方式。"拉坦在《诱致性制度变迁理论》一文中对制度变迁是这样描述的,制度变迁是指以下三种情形之一:(1) 一种特定组织行为的变化;(2) 这一组织与环境之间的相互关系的变化;(3) 在一种组织的环境中支配行为与相互关系规则的变化。③

所谓制度变迁,就是制度的替代、转化与交易的过程,即一种效率更高的制度取代原来效率低的制度。作为一种"公共物品",制度同其他物品一样,其替代、转换与交易活动也存在着种种技术和社会约束条件。在新制度替代旧制度的过程中,实际制度需求的约束条件是制度的边际替代成本(即机会成本)。制度变迁还可以理解为制度的交易过程。实际制度供给的约束条件是制度的边际转换成本。一项制度的最优规模是制度的边际转换成本等于制度的边际替代成本(也等于制度的边际收益)。④ 由此可见,制度变迁是指制度创立、变更及随时间的变

---

① H. 德姆塞茨:《关于产权的理论》,转载于《财产权利与制度变迁》,上海三联书店、上海人民出版社1994年版,第97、98页。
② 参见卢现祥《西方新制度经济学》,武汉大学出版社2004年版,第144页。
③ V. 拉坦:《诱致性制度变迁理论》,转载于《财产权利与制度变迁》,上海三联书店、上海人民出版社1994年版,第329页。
④ 刘文革:《强制性制度变迁——俄罗斯转轨之谜的经济学解释》,黑龙江人民出版社2003年版,第60页。

化而被打破的过程,是一种更有效益制度的产生过程。需要强调说明的是,我们这里所说的制度变迁,不是制度环境的变迁,而是一项具体制度安排的变迁,如人事制度变迁、财政体制的变更等。

(二) 制度变迁的动因分析

制度为什么会变迁?在什么情况下制度会发生变迁?这是研究制度变迁理论必须要回答的基本问题。从一般意义上来分析,制度之所以发生变迁,是由于制度不均衡引起的。但在分析制度变迁的具体原因时,就有不同的解释方法。

马克思主要从生产力与生产关系的矛盾运动来解释制度变迁的根源。在一定的社会生产方式中,生产力是最革命最活跃的因素,一旦科学技术取得进步,就会推动生产力的发展。生产力决定生产关系的性质和发展水平,有什么样的生产力就有什么样的生产关系,生产力发展了,生产关系或迟或早都会发生变革。也就是说,生产关系必须适合生产力的发展水平和状况,这是一方面。另一方面,生产关系不是被动地适应生产力的,它对生产力有能动的反作用。当它适合生产力发展水平时,就能促进生产力的发展;当它不适应生产力发展水平时,就阻碍甚至破坏生产力的发展。但是,当生产关系不适合生产力发展水平时,它一定会变革,迟早要建立与生产力水平相适应的新的生产关系。在论及生产力的发展导致生产关系变革(即制度变迁)时,马克思是这样说的:"社会的物质生产力发展到一定阶段,便同他们一直在其中活动的现在生产关系或财产关系(这只是生产关系的法律用语)发生矛盾,于是这些生产关系便由生产力发展形式变成生产力的桎梏。那时,社会革命的时代就会到来。随着经济基础的变更,全部庞大的上层建筑也将或慢或快地发生变革。"[①] 马克思特别强调科学技术在生产力发展进而在推动社会制度变革中的巨大作用,认为科学技术是最革命的因素,科学技术就是生产力。

诺思主要是从要素相对价格的变化来探讨制度变迁的发生。诺思认为,人类社会在发展过程中,人口会有变化,虽然人口在长时期内一般趋于上升,但亦有下降的情况。但人口的变化成为资本存量变化的最明显的根源,也就是说资本存量的变化首先是人口变化的结果。其次,人

---

① 《马克思恩格斯选集》第 2 卷,人民出版社 1972 年版,第 82 页。

类的纯知识存量和实用知识存量都增加了，资本存量因知识的变化而变化。资本存量的变化通过许多途径来诱导制度的变迁。①资本存量的变化直接导致了要素和产品相对价格的变化。要素和产品相对价格的变化影响委托者间及与代理者间的谈判地位，也影响国家的规模和统治者与选民及其他统治者的谈判地位。进一步地，意识形态由于个人对交换关系的公正与不公正认识的变化而发生变化，这样，规则的执行费用也随之而变了。也就是说，相对价格的变化改变了经济主体之间的激励结构和他们之间讨价还价的能力，最终导致了人们制度创新的努力。当一个经济组织中成员的地位或实力发生变化后，比方说某个成员在企业中所占股份由原来的很小部分变成能控制整个企业时，该经济主体一定会强烈要求改变原有的治理结构和制度安排，最终一定会形成一种新的以控股人为主导的企业治理结构和制度安排。要素相对价格的变化表明一些新的获利机会或潜在的外部利润的存在。所谓外部利润，诺思是这样定义的："在现有的经济安排状态给定的情况下，这些利润是无法获得的，我们将这类收益称之为外部利润。"②在诺思看来，潜在外部利润来源于以下四个方面：③

一是规模经济带来的利润。生产中的规模经济是一种技术现象，它所反映的一个事实是，最有效（单位成本最低）的产出可能需要企业的规模很大，以至于要求有比单个所有者或合伙企业制形式能够负担的费用更大、组织更为复杂的企业。不过在现实的世界中，并不是所有企业都能等额地得到资本和技术，因为企业自身的组织形式可能是它的可得资本供给量的很好的决定性要素。要想实现规模经济所带来的潜在利润，企业就必须进行制度创新。如诺思所言的，"具有无限寿命和有限责任的公司的创新，提高了对获取资本的限制"，它既能增加资本，亦能获取全部的规模经济优势，因而允许创新者在现有的新技术下获取内含于规模经济中的外部利润。

二是外部经济内在化带来的利润。诺思眼中的外部性，"就是指有

---

① [美] 道格拉斯·诺思：《经济史中的结构与变迁》，上海三联书店、上海人民出版社1994年版，第231—232页。

② L. E. 戴维斯、D. C. 诺斯：《制度变迁的理论：概念与原因》，转载于《财产权利与制度变迁》，上海三联书店、上海人民出版社1994年版，第276页。

③ 同上书，第276—291页。

些成本或收益对于决策单位是外在的事实。"无论这些外部成本和收益何时存在,它们都无助于市场产生最有效的结果。当企业做出的生产决策没有承担内含于决策中的所有成本,或当从产出的销售的决策中所获取的全部收益不能增加时,生产中的外部性就产生了。类似地,当消费单位的效用不仅取决于该单位的消费,而且取决于其他单位的消费时,消费中的外部性也就存在了。在这两种情形下所作出的生产或消费决策都可能没有完全地评价相应的成本与收益,结果,决策就不可能是帕累托有效或最优的(即所作出的一个不同的决策可能至少使一个人的境况更好,同时并没有使任何人的境况变得更糟)。在存在外部性的情况下,"一些允许对所有成本与收益进行计算的(无论是私人的还是外部的,即社会的)新的制度安排将会增加社会的总净收益。"因此,制度变迁能将外部经济内在化,并能获取潜在的外部利润。

三是克服风险带来的利润。经济活动中总是存在风险的,而风险的盛行是一个削减经济活动的重要因素。在人类社会生活中,由于人们都是追求自身利益最大化的,但同时又是有限理性的人,大多数人都厌恶风险。并且人们厌恶风险的程度随偶然性的增加而增强,这样就存在一种进一步偏向于有更为确定的结果的活动倾向,而避开那些报酬变化很大的活动。但是,正如诺思所指出的,"由于利润的预期值在那些没有人从事的高变异活动中要高于低变异活动,如果有些能够克服厌恶风险倾向的机制被创新(如将这些人的风险集中于不厌恶风险的人),总利润就可能增加,或使得风险的结果相应于所获取的收益表现得更为确定。"尽管制度创新是有成本的,如既有组织的成本,也有评定风险的成本等,创新仍然是有利可图的。也就是说,克服对风险的厌恶的制度变迁是获取潜在的外部利润的来源之一。

四是转移与降低交易费用带来的利润。在现实世界中,信息并不是免费的,由于人的有限理性,经济主体不可能掌握完全的信息,完全市场也是不存在的,交易是要花费成本的。交易成本对经济活动的影响很大,有些交易不能进行,并不是经济行为主体不愿意进行,而是交易成本高得使这些交易活动根本无法进行。通过创立新的制度安排或叫制度创新能够有效转移或降低交易成本,使外部潜在收益内部化,从而增加社会的总收益。

总之,在现有的制度下,当由外部性、规模经济、风险和交易费用所引起的收入的潜在增加不能内在化时，一种新制度的创新可能允许获取这些潜在收入的增加。也就是说，当存在潜在利润时，要获取它们就必须进行制度创新或制度变迁，这样才能实现外部潜在利润的内在化，使社会净收益增加。正如新制度经济学家在讨论制度变迁时所强调的，"尽管在一种给定的环境下，可能存在可以获取的外部潜在利润，但一种新的安排只有在下述两种情形下才会发生：一种情形是创新改变了潜在的利润，另一种是创新成本的降低使安排的变迁变得合算了。"①

（三）制度变迁的前提条件

在什么情况下经济行为主体才愿意进行制度变迁或制度创新？新制度经济学家在讨论制度变迁的前提条件时，他们指出："我们假定经济制度会被创新，产权会得到修正，因为它表现为社会中的个人或团体可望承担这类变迁的成本（是有利可图的），他们希望获得一些在旧有的安排下不可能得到的利润。如果预期的净收益超过预期的成本，一项制度安排就会被创新。只有当这一条件得到满足时，我们才可望发现在一个社会内改变现有制度和产权结构的企图。"② 由以上的分析可知，制度变迁或制度创新是为了获取在原有制度下不能得到的潜在的外部利润，但制度变迁或创新是要花费一定成本的，只有在制度变迁的预期收益大于制度变迁的预期成本时，制度变迁才可能发生。这就是制度变迁的前提条件。我国著名经济学家樊纲对新制度经济学关于制度变迁的前提条件进行了完善，提出了一个新的制度变迁成本—收益分析框架：

新制度安排带来的预期收益（Wn）与新制度安排所花费的成本（Cn）之差必须大于原有制度安排所得到的净收益（Wo），一项新的制度变迁才会发生。即：

$Wn - Cn > Wo$

这个成本—收益分析框架比新制度学家的分析模型更完善，因为在新制度经济学的分析模型中，只是考虑了制度创新的成本收益比较，而忽略了与旧制度收益的比较；在樊纲的制度变迁成本—收益分析框架中，不仅分析了新制度安排的成本收益问题，而且在此基础上还将新制

---

① L. E. 戴维斯、D. C. 诺斯：《制度创新的理论：描述、类推与说明》，转载于《财产权利与制度变迁》，上海三联书店、上海人民出版社1994年版，第296页。

② L. E. 戴维斯、D. C. 诺斯：《制度变迁的理论：概念与原因》，转载于《财产权利与制度变迁》，上海三联书店、上海人民出版社1994年版，第274页。

度的净收益与原有制度的净收益进行对比分析,只有前者大于后者制度创新才可能发生。所以,制度变迁其实就是制度主体对成本收益进行分析权衡的结果,而这种分析权衡又是从三个方面来进行的:首先是对制度创新(即新制度安排)的成本收益的比较;其次是对新旧制度安排净收益的对比;最后是对多种可供选择的制度创新的成本收益的比较,选出最优的一个制度安排(即净收益最大的一项制度)。①

要从不同方面和不同角度来认识制度变迁的成本和收益。制度变迁的成本至少应包括以下几个方面:(1)制度设计成本,包括研究、设计、选择、签约过程中的谈判、学习和组织成本等。(2)组织实施所需要的费用,这是新的制度安排确定后,具体执行新的制度的成本。(3)清除旧制度的成本,实施一项新的制度安排就意味着要废止相应的旧制度,特别是消除制度变迁的各种阻力,这是要花费一定费用的。制度变迁过程就是一种利益的重新分配过程,一般来说,都是一种非帕累托最优,有些人在新的制度安排下获取潜在的外部利润,其他人则在新的制度安排下必定受损。这种在新制度下利益受损的经济主体必定是原有旧制度的既得利益者,一定会设法阻止制度变迁的发生。(4)制度变迁所带来的一定损失及变迁的机会成本,如制度变迁从长远来说可能会有利可图,但要损失眼前的利益,同时,任何制度变迁都要付出机会成本。(5)其他不确定的成本,如制度变迁过程中由于不确定性因素所导致的成本。尽管如上文所论述的那样,制度安排可能在一定程度上减少不确定性和抑制行为主体的机会主义行为倾向,但制度变迁是一种极其复杂的社会活动,由于人的有限理性,不仅变迁的内容、结果具有很大的不确定性,而且变迁所带来的影响及成本的不确定性也极大;同时,由于在制度变迁过程中,存在"搭便车"问题,也会增大制度变迁的成本。上述五个方面的成本就构成制度变迁的预期总成本,而制度变迁给制度内部所有成员,包括个人、组织和政府等行为主体所带来的各项预期收益之和,就构成了制度变迁的预期总收益。

同时,需要指出的是,在对制度变迁的成本收益进行分析时,除了考虑经济福利性质的成本收益外,还要考虑政治工作成本和收益以及精神方面的成本和收益。也就是说,制度变迁成本和收益不仅有经济方面

---

① 参见卢现祥《西方新制度经济学》,武汉大学出版社2004年版,第145页。

的，还有政治方面的成本和收益①，也有精神文化方面的成本和收益。制度变迁的政治成本和收益就不能用经济福利标准来衡量，但可以从"权力中心"的政治目标函数进行考察。如推行一项制度变迁，权力中心的预期政治成本就包括政治风险、失去部分选民的支持等，预期的政治收益包括政权的巩固和加强、对潜在竞争者力量的削弱、权力中心权威的加强、赢得组织成员更高的支持率等。而制度变迁给组织成员带来的精神上的恐惧、困惑、焦虑或成就感、归宿感、认同感和荣誉等，则属于制度变迁中的精神成本和精神收益。

（四）影响制度变迁的因素

影响制度变迁的因素多种多样，如宪政秩序、现存的制度安排、产品和要素价格变化、技术等，现分类简述如下。

1. 制度环境

制度环境是指一系列用来建立生产、交换与分配基础的基本的政治、社会和法律基础规则，如宪法、法律、法规、地方规章，以及政策等。制度环境对制度变迁的影响是重大的，因为一项制度安排的变迁必须在制度环境规定的空间进行，不能超出制度环境如宪法所限制的空间。

（1）宪法秩序。宪法是国家的根本大法，是一个国家基本的法则，它确定了一个国家的基本的政治、经济制度和社会的性质。宪法规定了制度安排变迁的选择空间，一项制度安排的变迁不能突破一国宪法秩序的范围，必须在宪法规定的范围内进行。宪法规定了哪些制度安排是可以变革或创新的，哪些制度是不能变迁的，以及制度变迁在多大程度或范围进行等。同时，制度变迁以什么方式进行，是强制性变迁还是诱致性变迁，以及变迁的快慢进程都要受到宪法的制约。"宪法秩序直接影响进入政治体系的成本和建立新制度的立法基础的难易度。如果在现有宪法秩序下利益主体无法承受进入政治体系的成本或者既得利益格局对新的立法阻力过大，都将有可能限制制度创新；反之，则有助于制度创新。"② 人们在不同的宪政秩序中如专制制度和民主制度下所拥有的权力和自由度是不相同的，行为主体实施制度变迁的成本也不相同，在前

---

① 杨瑞龙：《论制度供给》，《经济研究》1993年第8期。
② 卢现祥：《西方新制度经济学》，武汉大学出版社2004年版，第156页。

一种宪政秩序下要想进行制度变迁是要付出极大代价的,甚至要冒着生命危险,所以制度变迁的难度或阻力相当大;在后一种情形下,由于是民主制度,人们享有相当程度的民主权利和自由,包括变迁制度的自由和权利,因此,行为主体进行制度创新所支付的成本较低,制度变迁容易得多。

在现有宪政秩序下既得利益集团如果对新的立法阻力过大,制度变迁不能进行。这是因为,制度变迁是一个非帕累托最优形成过程,也不是一个帕累托改进过程,而是一个各个不同利益集团多重博弈的过程。在制度变迁中,有的利益集团会因制度变迁受益,而有的利益集团则可能受损。当制度变迁触动了现有宪政秩序下的既得利益集团或强势集团时,他们就会反对、阻止制度变迁,并且当他们所受损失越大,他们反对制度变迁的阻力就越大;只有当制度变迁符合强势利益集团的利益原则(即制度变迁的预期收益与预期成本之差所得的净收益大于零)时,他们才会支持制度变迁。当然,制度变迁给强势利益集团所带来的净收益越大,他们支持制度变迁的热情就越高。

宪法秩序一般比较稳定,很不容易改变。但是,宪法秩序的变化,即政权的基本规则的变化,能够深刻影响创立新的制度安排的预期成本和收益,因而也就会深刻影响对新的制度安排的需求。①

(2) 现存制度安排。现存制度安排对制度变迁也有极大的制约作用,新的制度安排要受到原有制度安排的"路径依赖"的影响,正如诺思在《经济史中的结构与变迁》中译本序中所指出的,"人们过去作出的选择决定了其现在可能的选择。"一项旧制度的安排,由于存在"报酬递增"现象,就强化了这一制度的刺激和惯性,继续按照原来制度的方向走下去。"因为沿着原有制度变迁的路径和既定方向前进,总比另辟路径要来得方便一些。"如果原来的制度选择方向正确,这种"惯性"作用就有利于社会经济发展;相反,如果原来的制度安排选择方向不正确,由于"路径依赖"作用,就会阻碍制度变迁的发生。② 因此,现存制度安排对制度变迁具有很大的影响。诺思在论述现存制度与

---

① [美] V. 奥斯特罗姆、D. 菲尼、H. 皮希特编:《制度分析与发展的反思——问题与抉择》,王诚等译,商务印书馆1992年版,第141页。

② 卢现祥:《西方新制度经济学》,武汉大学出版社2004年版,第157页。

制度变迁的关系时，也强调了前者对后者的约束性，他是这样说的："不管什么时候，现存法律（普通法和成文法）限制着制度安排的演化范围。尽管法是可以变的，但至少在短期里，它制约了安排的选择……居先的法律和其他安排结构的存在，不仅影响制度变迁的形态，而且还影响制度变迁创新需要酝酿的时间。人们可以预料，如果法律必须改变，或在一项新的革新之前已形成的原有制度安排仍能被采用，那么酝酿一种新的制度变迁时间必定会延长。"①

2. 技术进步、产品和要素相对价格的变化

诺思认为，技术对改变制度变迁的利益有着普遍的影响。② 技术的发明和进步使新的制度安排即制度变迁的成本降低了，节约了交易费用，使制度安排的变迁变得合算了。"技术的变化也可能影响交易费用使得原先不起作用的某些制度安排起作用"。③ 美国西部公共牧场中出现私人产权这种制度变迁，就是因为技术发明所致：美国人发明了一种带铁蒺藜的铁丝，用这种铁丝作为牧场的围栏，其费用很低，大大低于具有排他性的私人所有和牧场出租这种制度创新所带来的收益。而在这种带铁蒺藜的铁丝被发明以前，由于建立私人牧场要花费很高的成本来建立围栏，其成本超过了私人牧场产权所带来的收益，是不合算的，所以无法产生排他性的私人牧场。同时，在诺思看来，技术变迁使产出在相当范围内发生了规模报酬递增，在一定程度上增加了制度变迁的潜在收益，使更复杂的组织形式的建立（即新的制度安排）变得有利可图。例如，由于技术变迁，产生了工厂制度和城市工业社会这种凝聚效应，从工厂制度和城市经济这种巨大的规模经济中，可获得潜在的外部利润。技术革新不仅增加了制度变迁改变的潜在利润，而且还降低了某些制度变迁的操作成本，例如电报、电话、广播和计算机的发明使用，使信息成本迅速降低，大大地节约了交易费用，使得一系列旨在改进市场和促进货物在市场间流通的制度变迁变得有利可图。

产品和要素相对价格的变化（包括人口变化）改变了经济主体之

---

① L. E. 戴维斯、D. C. 诺斯：《制度创新的理论：描述、类推与说明》，转载于《财产权利与制度变迁》，上海三联书店、上海人民出版社1994年版，第303—304页。

② 同前引书，第298—304页。

③ 林毅夫：《制度变迁的经济学理论：诱致性变迁与强制性变迁》，转载于 R. 科斯等《财产权利与制度变迁》，上海三联书店、上海人民出版社1994年版，第387页。

间的激励结构和他们之间讨价还价的能力,最终导致了人们制度创新的努力。例如,正如舒尔茨所指出的,"人的经济价值的提高产生了对制度的新的需求,一些政治和法律制度就是用来满足这些需求的。它们是为适应新的需求所进行的滞后调整"。① 如人类历史上人口增加,土地相对于人口来说变得稀缺,其价格升高,作为对土地这一要素相对价格变化的回应,人们就会围绕土地问题进行制度变迁——形成具有排他性的土地产权制度。拉坦也承认这一观点,他指出:"土地(或自然资源)价格相对于劳动力价格的提高诱致了用于减少对土地的无弹性供给所导致的有制约的生产技术变迁,同时,也引致了导致能更准确地定义与配置土地的产权的制度变迁。"如果人口下降,劳动这种要素相对于土地变得稀缺,那么,为形成排他性财产制度的努力,就是相对于劳动力价值升高所采取的对策。拉坦也提出了类似的看法:"劳动力相对于土地(或自然资源)的价格的提高,导致了能使资本替代劳动的技术变迁,同时也导致了能增进代理人的生产并增进工人对他自己的就业条件进行控制的制度变迁。"② 因此,在这个意义上我们说,产品和要素相对价格的改变是制度变迁的源泉。③

3. 市场规模

诺思证明了,市场规模的变化能够改变特定制度安排的利益和费用。市场规模扩大,交易量和交易规模也越大,但搜集信息或排除非参与者的成本并不随交易的量同比例增加,反而体现了成本递减特性。在这种情况下,一方面是市场规模扩大,市场中商品流通的渠道拓宽了,商品交易的量也不断上升,收益增加了;另一方面,使制度的运作成本如搜集信息或排除非参与者的成本大大降低了,于是,使制度变迁变得有利可图。进一步地,市场规模的扩大使一些与规模经济相适应的制度安排如股份有限公司制度、跨国公司制度等得以产生。最后,市场规模变大,分工就会变得更细,交易费用随之增加;市场规模的扩大所引起的制度创新能节约交易费用,这种节约的交易费用能抵消因市场扩大分

---

① T. W. 舒尔茨:《制度与人的经济价值的不断提高》,转载于《财产权利与制度变迁》,上海三联书店、上海人民出版社1994年版,第251页。
② V. 拉坦:《诱致性制度变迁理论》,转载于《财产权利与制度变迁》,上海三联书店、上海人民出版社1994年版,第338—339页。
③ 卢现祥:《西方新制度经济学》,武汉大学出版社2004年版,第153页。

工变细所导致的交易费用的上升。

4. 知识的积累及规范性行为准则

（1）知识的积累。新制度经济学家们非常注重知识的积累对于制度变迁的巨大作用。诺思指出："知识的积累，教育体制的发展导致了社会和技术信息的广泛传播，以及与工商业和政府机构的发展密切相关的统计资料储备的增长，减少了与某种安排革新相联系的成本。"正是由于知识的积累降低了制度创新的成本，所以有利于制度创新。例如，人寿保险，正是关键统计数据收集方法的改进，为制定一个适当的死亡率表提供了基础，才导致人寿保险计划这样的制度创新。广告制度创新也证明了这一点：由于从人口调查、统计抽样技术知识和从心理学汲取的具体行为命题中积累起来的关于人口特征函数的知识扩张，使广告领域里的制度创新变得有利可图。[①] 在《经济史中的结构与变迁》一书中，诺思对知识积累对制度变迁的作用给予了很高的评价："知识存量的累积对政治和经济制度的长期变迁起了潜移默化的作用……正是知识存量的增长使第二次经济革命成为可能。这一增长是以军事技术的变化为先导的。军事技术改变了国家生存模式，引发了为管理国家而起的战争，最终，在欧洲西北部，一个创立了一系列带来经济扩张的产权的政治结构出现了。"[②] 拉坦也承认社会科学知识和专业知识对于制度变迁有积极作用，"正如当科学和技术知识进步时，技术变迁的供给曲线会向右移动一样，当社会科学知识和有关的商业、计划、法律和社会服务专业的知识进步时，制度变迁的供给曲线也会右移。进言之，社会科学和有关专业知识的进步降低了制度变迁的成本，正如自然科学及工程知识的进步降低了技术变迁的成本一样。"[③]

事实上，无论是制度变迁还是制度创新，都要依赖于知识的积累及增长，并在现有知识的指导下进行。知识存量的大小制约了制度变迁的选择范围和空间，如果知识的积累丰富，可供选择的范围大且方案较

[①] L. E. 戴维斯、D. C. 诺斯：《制度创新的理论：描述、类推与说明》，转载于《财产权利与制度变迁》，上海三联书店、上海人民出版社1994年版，第300—301页。

[②] [美] 道格拉斯·诺思：《经济史中的结构与变迁》，上海三联书店、上海人民出版社1994年版，第232—233页。

[③] V. 拉坦：《诱致性制度变迁理论》，转载于《财产权利与制度变迁》，上海三联书店、上海人民出版社1994年版，第336页。

多，并能从中选择较优的方案，制度变迁或创新就比较容易进行；否则，制度变迁就会受到局限，变迁就会延迟，并不一定有最佳方案可以选择，制度创新的效果就会大打折扣。社会科学知识不仅规定了制度变迁的选择集合，而且为制度变迁提供"先验模式"和基本构架。舒尔茨对英国等西方国家近300年来经济史的考察表明，任何社会的经济制度的创新或变迁，无不打上那个时代占统治地位的社会思想的"烙印"。

（2）规范性行为准则。规范性行为准则对制度变迁也有深刻和广泛的影响。规范性行为准则包括用以约束人们行为规范的习惯习俗、伦理道德、文化传统、价值观念及意识形态等，其中，意识形态处于主导和核心地位。规范性行为准则是一个以文化传统为基础的非正式制度，因此，制度安排或制度变迁要考虑到与相应的文化传统和谐的问题，特别是要与公众一致的（占主导地位的）意识形态互相协调。因为意识形态能够节约交易费用，为制度变迁节约成本。我们先考察一下诺思关于意识形态的基本思想。诺思指出，"意识形态能使个人和团体的行为方式理性化……意识形态是种节约机制，通过意识形态，人们认识了他们所处的环境，并被一种'世界观'导引，从而使决策过程简单明了。"[1] 在论述什么是成功的意识形态时，诺思认为，不管意识形态是证明现存的产权结构和交换条件的合理、公正，或者是抨击现在的结构不公，成功的意识形态必须具有以下特点[2]：①它必须解释现存的产权结构和交换条件是如何成为更大的体制的组成部分的。②但凡成功的意识形态必须是灵活的，以便能得到新的团体的忠诚拥护，或者作为外在条件变化的结果而得到旧的团体的忠诚拥护。③至为关键的是，任何一个成功的意识形态必须克服"搭便车"问题，其基本目的在于促进一些群体不再按有关成本与收益的简单的、享乐主义的和个人的计算来行事，这是各种主要意识形态的一个中心问题，因为无论是维持现存的秩序，还是推翻现存的秩序，离开上述行为都是不行的。④如果占支配地位的意识形态旨在使人们相信现存的规则与正义是共存的，相应的，要

---

[1] ［美］道格拉斯·诺思：《经济史中的结构与变迁》，上海三联书店、上海人民出版社1994年版，第53页。
[2] 同上书，第57—60页。

使人们出于一种道德感来遵守这些规则,那么成功的反意识形态的目标就是不仅要使人们确信他们众目睽睽的不公正是现行体制的一个不可或缺的部分,而且要使人们确信只有通过人们参与改变现行体制的活动,一个公正的体制才能到来。诺思强调,意识形态这种规范性的制度安排,作为人们观察世界的一种世界观,它引导人们对现行制度结构和制度安排进行解释,并给予合法性和理性以及道德伦理等方面的评价,能对一国的社会劳动分工、产权结构、收入分配和社会现行制度结构施加重要的影响。

诺思认为,由于"意识形态是与对制度特别对交换关系的正义或公平的判断相连的……因而一致的意识形态可以替代规范性规则和服从程序。"①在社会成员相信某个制度安排是公平的时候,由于个人不违反规则和不侵犯产权——甚至当私人的成本收益计算会使这样的行为合算时——这一简单的事实,规则和产权的执行费用就会大量减少。比如,如果每个人都相信私人家庭"神圣不可侵犯",那么,可以在室内无人而门不闭户的情况下不用担心房屋会被毁或被盗。如果一个美丽的城市或校园被人们认为是"公共物品",个人就不会随便扔抛杂物。

人类历史和现实都已反复证明,意识形态等规范性行为准则或叫非正式规则对正式的制度变迁或制度创新有深刻的影响和制约。事实上,任何一种制度的创新或变迁,在进行之前都要经过人们的思想观念进行一番评判,人们认可这种制度时就不会反对它,就要保护它的存在;反之,如果人们普遍认为这一制度已失去公正性,那么变迁这一制度就为时不久了。意识形态等规范性行为准则对制度变迁的影响主要在以下两个大的方面:首先,制度变迁的方向由意识形态等规范性行为准则所制约。由于意识形态是一定社会群体的关于现实社会的一套价值观念体系,人们在选择制度变迁的目标模式和变迁的方向时就受到当时占主导地位的意识形态的制约和影响,也就是说,当时占主导地位的意识形态等规范性行为准则"规定"并主导着人们选择制度变迁的方向。如果人们选择制度变迁的目标模式与占主导地位的意识形态等规范性准则相抵触或不一致,那么制度变迁很可能因为阻力过大而无法进行下去。其

---

① [美]道格拉斯·诺思:《经济史中的结构与变迁》,上海三联书店、上海人民出版社1994年版,第229页。

次，以意识形态为主导的规范性准则可以降低或提高制度变迁的成本。如果制度变迁的方向与占主导地位的意识形态相一致，由于"一致的意识形态可以替代规范性规则和服从程序"，这种占主导地位的与制度变迁方向相一致的意识形态可以强化人们对制度变迁方向和模式公正性的认识，能大大减少制度变迁的阻力并降低制度变迁的成本。相反，某些与制度变迁方向相背离的占主导地位的意识形态等规范性行为准则对制度变迁形成很大阻力，如果在这种情形下还要进行变迁，就要设法改变人们的意识形态和思想观念，使人们形成一种对制度变迁的公正性的认同，正如诺思所指出的，"就是不仅要使人们确信他们众目睽睽的不公正是现行体制的一个不可或缺的部分，而且要使人们确信只有通过人们参与改变现行体制的活动，一个公正的体制才能到来。"这种努力是要花费巨大成本的。我们经常看到的现象，任何一项制度在创新前，总是先进行一系列的宣传发动，制造舆论，使社会成员在思想观念上"提高"对制度变迁的认识或认同，这样可以减少制度变迁中的阻力摩擦成本，从而降低制度变迁中人们之间达成协议的成本，进而实现降低制度变迁的总成本。对此，诺思强调指出，"正式组织和法律权力不是为行为规范和社会的价值标准所支援和支持，就是为它们所困，有时还会被它们所抵消，当这些规范改变后，安排的适应性才会接踵而来。"[1]正是由于意识形态等规范性行为准则对制度安排及变迁具有如此大的影响，所以在设计制度安排或进行制度变迁时，就要特别重视制度创新要与意识形态等规范性行为准则（或非正式制度约束）的协调性，才能使制度发挥有效作用。否则，如果不考虑意识形态等规范性行为准则的影响，制度安排就无法实施，制度变迁的成本就会大大提高，从而制约制度变迁的顺利进行。

（五）制度变迁的过程

新制度经济学认为，制度变迁是因为潜在的获利机会或潜在的外部利润的出现，但这种潜在的外部利润不能在现有的制度下获得，只有通过对现有制度进行变迁，创新出效率更高的制度安排替代现有制度，才能获得潜在的外部利润，使外部利润内部化。正如新制度经济学的著名

---

[1] L. E. 戴维斯、D. C. 诺斯：《制度创新的理论：描述、类推与说明》，转载于《财产权利与制度变迁》，上海三联书店、上海人民出版社1994年版，第301页。

代表人物诺思所说的,"尽管在一种给定的环境下,可能存在可以获取的外部利润,但一种新的安排只有在下述两种情形下才会发生:一种情形是创新改变了潜在的利润;另一种情形是创新成本的降低使安排的变迁变得合算了。因此制度均衡状态(安排的变迁将得不到任何好处)在任何时候都是有可能的。可是,成本与收益的变动会使制度产生不均衡,并诱致了安排的再变迁。"① 当出现潜在的获利机会时,说明制度的供给和需求不一致,制度处于一种不均衡的状态。制度变迁使外部的潜在利益内在化,其实就是制度不均衡趋于均衡的过程。

1. 制度均衡与制度不均衡的含义

在诺思看来,所谓制度均衡,"即指这样一种状态,在给定的一般条件下,现存制度安排的任何改变都不能给经济中任何个人或任何个人的团体带来额外的收入。"如果存在以下情形之一:(1) 制度安排的调整已经获得了各种资源所产生的所有潜在收入的全部增量;(2) 潜在利润存在,但改变现有制度安排的成本超过潜在利润;(3) 如果不对现行制度环境作某些改变,就没有可能实现收入的重新分配。那么,这样的制度安排状态就是制度均衡。②

这样的均衡未必是永久的,因为下列三种类型的外在事件中的任何一个事件都能衍生出制度安排创新的压力,使制度均衡状态受到破坏,由均衡变成不均衡。

一是某些外在性变动的发生导致了从前未曾存在的外部效应的产生,制度变迁的潜在收入可能会增加。

二是组织或操作一个新制度安排的成本可能发生改变,这是因为与新制度安排有关的技术有了发明或进步,非经济部门的制度安排有了变化,或者因为在新的或竞争性安排中使用要素的价格可能发生了变化,这些因素在很大程度上降低了制度变迁的成本。

三是法律上或政治上的某些变化可能影响制度环境,使某些集团实现一种再分配或趁机利用现存的外部利润机会成为可能。

正是由于上述制度环境、制度结构的某些变化,技术的进步,要素

---

① L. E. 戴维斯、D. C. 诺斯:《制度创新的理论:描述、类推与说明》,转载于《财产权利与制度变迁》,上海三联书店、上海人民出版社1994年版,第296页。

② 同上书,第297页。

相对价格的改变以及外部效应的产生等原因，使新的制度安排的成本降低或潜在收入可能增加，就表明现存制度安排处于一种非均衡状态。在这种情况下，如果实施制度变迁，创新制度安排，就能将外部潜在收入内在化，实现新的收入。这时，制度不均衡就变成了新的制度均衡。

林毅夫认为，有四种原因能引起制度不均衡：第一，制度选择集合的改变引起的制度不均衡。可行性生产技术集合、提供特定制度服务的可行性制度安排集合取决于我们在自然科学和社会科学方面的知识，科学知识的增加，能改变制度选择集合。如社会科学的进步能改进人心的有限理性，因而不仅能提高个人管理现行制度安排的能力，而且还能提高他领会和创造新制度安排的能力。与其他经济接触能扩大制度选择的集合，因为通过借用其他社会制度安排来完成本社会制度变迁的可能性，极大地降低了在基础社会科学研究方面的投资费用。制度选择集合还可能因政府政策的改变而扩大或缩小。第二，技术的改变能引起制度的不均衡。马克思主义认为，技术的改变特别是技术的进步，推动社会生产力的发展，从而导致经济基础的变更和全部庞大的上层建筑的变革。技术变化除了在制度结构方面起决定性作用外，它还能改变制度安排的相对效率并使某些其他的制度安排不再起作用。第三，要素和产品相对价格的长期变动引起制度不均衡。要素和产品相对价格的长期变动，是历史上多次产权制度安排变迁的主要原因之一。发生在中世纪欧洲的从对人的产权到对土地的产权的转变，就是人口和土地稀缺性增加导致土地相对价格提高的结果。第四，其他制度安排的变迁也能引起制度不均衡。某个制度结构中制度安排的实施是彼此依存的。因此，某个特定制度安排的变迁，可能引起对其他制度安排的服务需求。[①]

2. 制度变迁的具体过程

由上述讨论我们知道，制度变迁其实就是一个由制度不均衡趋向新的制度均衡的过程。按照时间顺序的先后，制度变迁可以分为5个主要的步骤，它们是：形成"初级行动团体"；由初级行动团体设计出制度变迁的方案；在各种备选方案中选出最佳方案；形成"次级行动团体"；两个团体合作，促使制度变迁的实现。

---

① 林毅夫：《制度变迁的经济学理论：诱致性变迁与强制性变迁》，转载于 R. 科斯等《财产权利与制度变迁》，上海三联书店、上海人民出版社1994年版，第384—388页。

第一步，形成"初级行动团体"。新制度经济学认为，制度变迁中初级行动团体是一个决策单位，它们的决策支配了制度变迁的进程，这一单位可能是个人或由个人组成的团体。正是由于初级行动团体认识到存在一些潜在的收入，而这些收入又是他们的成员在现有制度下不能获得的，只要他们能改变现行制度，实施制度变迁，这些收入就可能增加。任何一个初级行动团体的成员至少是一个熊彼特意义上的企业家，如果他们认识到制度变迁的预期收益大于制度变迁的预期成本，他们就会极力进行制度变迁。一旦这一团体的制度变迁在竞争中生存下来，行动团体的收入常常会增加。

第二步，由初级行动团体提出制度变迁的多种方案。在制度变迁的方案中，制度安排既有个人的制度安排，又有个人之间自愿合作的安排，还有政府的制度安排。新制度经济学认为，至于制度安排的形式，"从纯粹自愿的形式到完全由政府控制和经营的形式都有可能，在这两个极端之间存在着广泛的半自愿半政府结构。自愿的安排简单地说是相互同意的个人之间合作性安排，任何人都可以合法地退出。这一能力当然暗含着决策必须是一致同意的，接受这一决定的成本低于由退出所带来的成本。另一方面，政府的安排并没有提供退出的选择权，因此，行动并不要求有一致的同意，而只要遵从一些决策规则就行了。"[1]

在上述三种制度安排中，每一种制度安排的收益和成本是不相同的，在什么情况下选择什么样的制度安排是由什么来决定的？新制度经济学告诉我们，"选择依赖于各自的收益和成本以及受影响的团体的相对的市场与非市场权力。"[2] 在个人的制度安排中，既没有组织成本也没有强制成本，收益的增长也只限于一个人。在另外两种形式的安排中，都要支付制度变迁的组织成本，组织的总成本将随参加者的人数而增加。在自愿的安排下，要达成一致性可能会进一步增加组织的成本。给定同样数量的参与者，在政府安排下的组织成本可能要低于自愿安排下的成本；但在政府安排下内含着一个追加的成本要素，即每个参加者都受制于政府的强制性权力，不管他对政府的强制性制度安排有多大的

---

[1] L. E. 戴维斯、D. C. 诺斯：《制度变迁的理论：概念与原因》，转载于《财产权利与制度变迁》，上海三联书店、上海人民出版社1994年版，第275页。

[2] 同上书，第276页。

不满意，他都不可能退出。不过，正是由于政府利用其强制力，强制实现一个由任何自愿的谈判都不能实现的制度安排，结果，政府的强制性制度安排能产生极高的收益。

第三步，在多种备选的制度变迁方案中选出最优方案。即由初级行动团体按照制度变迁预期净利润最大化原则，对各种制度变迁的方案进行抉择，选出一个能使个人或团体效用最大化的制度变迁方案。本来，制度变迁的动因就是为了获得新的收益（潜在外部利益），各经济行为的主体（个人、利益集团或政府）都是在一定条件约束下的"经济人"，都是自身效用最大化的追求者。

第四步，促成制度变迁的"次级行动团体"的形成。次级行动团体也是一个决策单位，这个决策单位是用于帮助初级行动团体获取收入所进行的一些制度安排变迁。次级行动团体作出一些能获取收入的策略性决定，它不能使所有的追加收入自然增长。但是如果法律赋予它们一些离散性的权力，它们可能会使初级行动团体的部分额外收入转化到它们手中。

第五步，两个团体（初级行动团体和次级行动团体）合作努力，共同促成制度变迁的最终实现。通过上述五个步骤后，制度变迁得以实现，由最初的制度不均衡达到了新的制度均衡。此时的制度安排已达到了帕累托最优状态，即使进行制度变迁也不能获得新的收入，也就是说不存在通过制度变迁获取外部潜在利润的机会。这一情况如诺思所指出的那样，"现存制度安排的任何改变都不能给经济中任何人或任何个人的团体带来额外的收入。"[①] 当然，制度均衡未必是永久性的，如果制度环境发生改变或新的制度安排的成本或收益改变，也会给新的制度变迁带来压力。

（六）制度变迁的两种基本方式

制度经济学把制度变迁分成两种基本的方式或模式，一种是诱致性制度变迁或称为需求诱导型制度变迁，另一种是强制性制度变迁或称为供给主导型制度变迁。

1. 诱致性制度变迁

诱致性制度变迁指的是现行制度安排的变更或替代，或者是新制度

---

① L. E. 戴维斯、D. C. 诺斯：《制度变迁的理论：概念与原因》，转载于《财产权利与制度变迁》，上海三联书店、上海人民出版社 1994 年版，第 297 页。

安排的创造，是由个人或一群（个）人，在响应获利机会时自发倡导、组织和实行的。诱致性制度变迁发生的前提是，出现潜在获利机会或外部利润的机会，只是在现行的制度安排下不能获得这些潜在外部利润，必须通过制度变迁后在新的制度安排下才能获得。

通过分析，可以把诱致性制度变迁的特点归纳为三个方面：第一，诱致性制度变迁具有自发性。诱致性制度变迁是有关个人或群体对制度不均衡的一种自发性反应，之所以会诱发出这种反应是因为潜在外部利润的存在，通过制度变迁能把潜在的外部利润内在化。第二，诱致性制度变迁具有盈利性。只有当制度变迁的预期收益大于制度变迁的预期成本（包括组织成本、谈判成本和监督成本等）时，行为主体才会有积极性去推动相应的制度变迁。第三，诱致性制度变迁具有渐进性。从外部潜在利润的发现到实现外部利润的内在化，就要经过制度的变更、替代或创新过程，中间过程有许多环节，需要花费一定的时间去协调相关的个人达成一致或同意，是一种自上而下、从局部到整体缓慢扩散的过程，具有时滞性和渐进性特点。如果是一项非正式制度安排的变迁所需时间就更长。

诱致性制度变迁能否实施，最主要的在于制度变迁的预期净收益，即对制度变迁的预期成本与收益比较，但是不同的制度安排，如正式制度与非正式制度安排，正式制度安排中个人、自愿性合作组织和政府等不同的制度安排，其预期的成本、收益是不同的。正式制度安排变迁中存在着外部性和"搭便车"问题，外部性产生的原因是设计制度安排不能获得专利，"搭便车"问题是由于制度具有公共产品特征。结果是，"搭便车"者无须付费就可以轻而易举地模仿制度创新者设计的制度安排，同时，制度创新者进行制度变迁的私人收益低于社会收益，而其私人成本大于社会成本。在这种情况下，制度创新者就缺少制度变迁的正激励（鼓励他创新的激励），制度创新的密度和频率就少于全社会对制度创新的需求量，由此可能出现持续的制度不均衡和制度短缺，也就是林毅夫所讲的"一个社会中制度安排的供给将少于社会最优"。[1]另外，正式制度安排的变迁，还要创新者去组织谈判并达到有关个人的

---

[1] 林毅夫：《制度变迁的经济学理论：诱致性变迁与强制性变迁》，转载于 R. 科斯等《财产权利与制度变迁》，上海三联书店、上海人民出版社 1994 年版，第 394 页。

一致同意，这要花费一定的组织成本和谈判成本。

非正式制度变迁不涉及群体的一致同意问题，不存在组织成本和谈判成本，也没有"搭便车"问题。但是非正式制度变迁是人们长期形成的价值观、行为习惯习俗、道德伦理、文化传统和意识形态等规范性行为规则的变更，一方面，制度创新者由于"违反常规"，被认为是"大逆不道"，因而冒一定的风险和压力；另一方面，由于人们的价值观、行为习惯习俗、道德伦理、文化传统和意识形态等规范性行为规则是在长期的社会生活和社会实践中形成的，已经在人们的思想中根深蒂固了，要改变它们需要很长的时间。正如诺思所说的，"当人们的经验与其思想不相符时，他们就会改变其意识观点……人们在改变其意识形态之前，其经验与意识形态之间的矛盾必须有一定的积累……有悖于人们理性的持续的变化或影响人们幸福的根本性变化，将迫使人们改变其意识形态。"[①] 因此，非正式制度变迁虽然比正式制度变迁的成本低得多，但变迁的难度比后者大得多，也更缓慢些。

2. 强制性制度变迁

所谓强制性制度变迁，根据林毅夫的定义，是指由政府命令和法律引入和实行的制度变迁。强制性制度变迁可以纯粹在不同选民集团之间对现有收入进行再分配而发生，[②] 这是强制性制度变迁不同于诱致性制度变迁的一个很大特点。根据定义，我们可以知道强制性制度变迁的主体是国家，或者说强制性制度变迁是由国家来实施的。国家之所以会进行强制性制度变迁，因为制度安排既是一种公共货品而"搭便车"问题，又是制度创新过程所固有的问题，所以，如果诱致性制度变迁是新制度安排的唯一来源的话，那么一个社会中制度安排的供给将少于社会最优。国家干预可以补救持续的制度供给不足。如何进行干预呢？这种干预就是实施强制性制度变迁，以国家具有强制力去减少或遏制"搭便车"现象，降低制度变迁的成本，弥补制度供给的不足。根据新制度经济学的分析，制度供给是国家的基本功能，国家的基本功能是提供法律和秩序，界定形成产权结构的竞争与合作的基本规则，并保护产

---

① [美]道格拉斯·诺思：《经济史中的结构与变迁》，上海三联书店、上海人民出版社1994年版，第54页。

② 林毅夫：《制度变迁的经济学理论：诱致性变迁与强制性变迁》，转载于R. 科斯等《财产权利与制度变迁》，上海三联书店、上海人民出版社1994年版，第384页。

权、保障契约的安全和正常履行，降低交易费用以使社会产出最大化。由于国家在使用强制力时有很大的规模经济，国家不仅可以比竞争性组织以低得多的费用提供上述制度性服务，以换取国家合法性的最大化及统治者的租金最大化，也使国家税收增加，而且国家可以凭借其"暴力潜能"（即国家的强制力）强制实现一个由任何自愿的谈判都不可能实现的方案，这样能大大降低制度变迁中的组织成本和实施成本。

与诱致性制度变迁一样，强制性制度变迁的前提条件也是存在潜在的获利机会（外部潜在利润），出现制度不均衡时，不进行制度创新就不能获取这些潜在的外部利润，当强制性制度变迁的预期收益高于成本时，统治者集团才会有动力去推行强制性制度变迁，以消除制度不均衡。国家在推行强制性制度变迁时所考虑的成本收益比较，不仅有经济因素，还有政治、文化等非经济因素，如果制度变迁会降低统治者可获得的效用或威胁到统治者的生存，那么国家会维持某种无效率的不均衡。于是，由统治者推行的强制性制度变迁所带来的实际制度供给与社会对制度的实际需求之间，可能有较大的不一致或背离。也就是说，统治者只有在下面这种情况下才会采取行为来弥补制度创新的供给不足：即按税收净收入、政治支持以及其他进入统治者效用函数的商品来衡量，强制推行一种新制度安排的预计边际收益要等于统治者预计的边际费用。没有人可以保证效用最大化的统治者会有激励去履行那些增进制度安排供给的政策，以达到使作为整体的社会财富最大化。[1] 因此，无论是维持一种无效率的制度安排还是国家不能采取行动来消除制度不均衡，建立新的制度安排，反正是国家不能建立符合社会需要的制度安排，说明在强制性制度变迁的推行中，国家作用的发挥有很大的局限性。主要是由于以下原因所造成的：[2]

一是统治者的偏好和有限理性。强制性制度变迁的主导因素在于权力中心提供新的制度安排的能力和意愿。统治者集团能不能提供和想不想提供一种新的制度安排，就决定了一种新的制度安排能否实施。假如统治者集团是一个财富最大化者，制度变迁能使统治者集团的财富最

---

[1] 林毅夫：《制度变迁的经济学理论：诱致性变迁与强制性变迁》，转载于 R. 科斯等《财产权利与制度变迁》，上海三联书店、上海人民出版社1994年版，第396—397页。

[2] 同上书，第397—400页。

化,那么对统治者集团来说就具有建立最有效制度安排的激励;如果制度变迁给统治者集团带来的收益低于国民从制度变迁中所得的收益,统治者集团就没有兴趣和积极性推行强制性制度变迁,即使现存的制度安排对于生产性活动起阻碍作用,为了维护统治者集团的利益,它们宁愿保存并巩固现行制度也不创新更有效率的制度,这种无效的制度变迁轨迹持续下去,这就是诺思所说的制度变迁的不良路径依赖,使经济发展长期锁定在无效率的状态。统治者集团的偏好是多样的,财富仅仅是其中的一种偏好,效用函数还包括他们在公众中的威望、政治支持、社会稳定、历史地位和国际影响等因素,如果统治者更关心他在国际政治舞台上的威望,那么他可能宁愿牺牲国民财富而建立强化军事力量的制度安排。随着统治者财富的增加,财富的边际效用在递减,其他非财富偏好(如领导者权威、政治支持、社会稳定、历史地位和国际影响等)的边际效用却在增加,因此,根据统治者效用最大化模式,统治者将用对威望和其他偏好的追求代替对财富的追求,要达到整个社会财富的最大化,就缺少相应的制度供给。即便统治者集团是一个财富最大化者,由于他们的有限理性和认识、了解制度不均衡以及设计、建立制度安排所需信息的复杂性,他们还是不能矫正制度安排的供给不足。

二是意识形态刚性。如果公众对统治者集团权威的合法性和现行制度安排的公平性有较强的认可,那么统治国家的交易费用将下降。因此,统治者集团将发展一种服务于他们目的的意识形态,并投资于教育使人们能受到这种意识形态的教诲。因而,统治者个人和他所倡导的意识形态是被人们联系在一起的。随着制度不均衡的出现,意识形态和现实的矛盾在增加,为了恢复均衡而强制推行新制度安排并改变原来的意识形态,很可能会妨害统治者权威的合法性,从而使意识形态呈现出刚性。意识形态刚性意味着统治者不是去创造新的制度安排,使制度变迁滞后,而是可能牺牲效率去维持旧的无效率的制度安排。因为统治者害怕如果不这样做,其权威可能被动摇。所以,意识形态刚性大大地提高了制度变迁的成本。

三是官僚机构问题。统治者集团必须拥有一些官僚机器来按照他们的意图运转。每一个官僚机构本身都是理性的个体。统治者集团与官僚机构之间就构成了委托代理关系。作为代理人,官僚机构的利益从来就没有与统治者完全吻合过,因为除了代表委托者的利益外,官僚机构有自身的效用函数，也是追求自身效用最大化者。尽管统治者会试图监视其代理人的行为，实施一种能促进代理人忠诚于自己的奖励制度，但是，这些官僚机构并没有被统治者完全控制住，官僚自利行为也没有彻底消除掉。统治者效用最大化以及建立有效制度安排的能力，取决于有多少个官僚机构把统治者的目标视作它们自己的目标。官僚机构问题恶化了统治者的有限理性并增加了统治国家的交易费用。如果建立新制度安排所能带来的额外利润被官僚自利行为滥用的话，那么新制度安排就建立不起来。

四是集团利益冲突。如前文所述，制度变迁是一种非帕累托最优状态，其实是一种利益（包括物质利益或非物质利益）的重新分配。制度变迁，就像林毅夫分析的那样，经常在不同选民中重新分配财富、收入和政治权力。如果变迁中受损失者得不到补偿，他们将明确反对这一变迁。舒尔茨指出："处于统治地位的个人在政治上依赖于特定集团的支持，这些集团使政体生存下去。"① 如果制度变迁中受损失者是统治者集团依赖其支持的那些集团，那么统治者会因为害怕自己的政治支持受到侵蚀而情愿不进行这种制度变迁。一个强有力的集团也可能促进那些有利于这个集团收入再分配的新制度安排，尽管这种变迁将损害经济的增长。

五是社会科学知识的局限性。如前所述，制度安排选择集合受到社会科学知识储备的束缚。即使政府想进行制度变迁以使制度不均衡状态恢复到新的制度均衡，但由于社会科学知识的不足，政府也可能不能建立一个正确的制度安排。总之，上述5个方面的原因，使政府在推进强制性制度变迁中的作用受到限制，导致权力中心提供的有效制度供给少于符合社会实际需要的制度安排。

（七）制度变迁与经济增长

1. 对经济增长理论的简要回顾

推动经济增长的主要原因是什么？对这一问题的回答就涉及对经济增长理论的讨论。广义的经济增长理论可以追溯到古典经济学的大师们那里，如亚当·斯密和大卫·李嘉图的经济增长过程理论。自凯恩斯的

---

① 转引自林毅夫《制度变迁的经济学理论：诱致性变迁与强制性变迁》，转载于 R. 科斯等《财产权利与制度变迁》，上海三联书店、上海人民出版社1994年版，第399页。

《通论》发表后,经济增长理论逐渐成为经济学家们热衷的话题之一。对这个问题的探讨各式各样,侧重点各不相同,得出的结论也不一样。限于篇幅和本书关注的重点,这里我们只对经济增长(发展)理论进行一个简要的回顾。

(1)马克思的经济增长理论。马克思主要是从生产力与生产关系的矛盾运动来揭示经济增长的源泉或动力的。马克思认为,在一定的社会生产方式中,生产力是最革命最活跃的因素,一旦科学技术取得进步,就会推动生产力的发展。生产力决定生产关系的性质和发展水平,有什么样的生产力就有什么样的生产关系,生产力发展了,生产关系或迟或早都会发生变革。也就是说,生产关系必须适合生产力的发展水平和状况,这是一方面。另一方面,生产关系不是被动地适应生产力的,它对生产力有能动的反作用。当它适合生产力发展水平时,就能促进生产力的发展;当它不适应生产力发展水平时,就阻碍甚至破坏生产力的发展。但是,当生产关系不适合生产力发展水平时,它一定会变革,迟早要建立与生产力水平相适应的新的生产关系。

其实,马克思所指的生产力及其发展水平,就是我们所讲的经济发展水平和状况,生产关系就是社会的政治经济制度,生产关系的变革就是制度变迁。在马克思看来,经济发展和制度变迁是一个互动的关系,首先,是经济的发展(生产力发展、科技进步)推动制度变迁,因为生产力的发展迟早要引起生产关系的变革。马克思特别强调科学技术在生产力发展进而在推动社会制度变革中的巨大作用,认为科学技术就是生产力。其次,制度安排是影响经济增长的重要变量,因为生产关系(即制度)不是被动地适应生产力的发展的,它具有能动的反作用:当制度安排和制度变迁适应生产力发展水平和生产力的发展状况时,它们就能促进经济的发展;相反,与生产力发展水平和发展状况不相适应的制度安排与制度变迁,则对经济的发展起阻碍甚至破坏作用。

马克思关于制度与经济发展关系的理论对于制度经济学家研究经济发展与制度之间的关系具有十分重要的借鉴意义。新制度经济学派著名代表人物诺思对马克思的这一理论曾给予了极高的评价:"在详细描述长期变迁的各种现存理论中,马克思的分析框架是最有说服力的,这恰恰是因为它包括了新古典分析框架所遗漏的所有因素:制度、产权、国家和意识形态。马克思强调在有效率的经济组织中产权的重要作用,以及在现有的产权制度与新技术的生产潜力之间产生的不适应性。这是一个根本性的贡献。"①

（2）要素（资本或资源）决定论。持要素（资本或资源）决定论的学者认为，各种生产要素的组合和配置是推动经济增长的动力。如哈罗德—多马模型，就是这一理论的最典型代表。哈罗德和多马模型，尽管他们的假设不同，但是试图探讨一个共同的问题：在什么条件下的经济增长既能保证充分就业，又不会导致通货膨胀，而且能够长期、稳定地持续下去。他们证明了经济长期稳定增长的条件是使三个增长率相等，即实际增长率＝有保证的增长率＝自然增长率。这时，既不会出现失业也没有通货膨胀，而且储蓄全部转换成投资，资本的积累恰好与人口增长和技术进步的步调相协调。② 与此相类似，新剑桥学派也认为经济增长的最直接原因是储蓄转化为投资。新剑桥学派认为，要保持经济长期稳定增长，政府就必须使用分配政策，调整利润和工资在国民收入中所占的份额，以便使全社会的储蓄发生变化。当全社会储蓄增加时，资金供给相应增加，这时资本市场供求关系发生改变，利率会降低，利率降低直接刺激人们投资，经济的增长速度就加快。反之，如果储蓄减少，则会产生完全相反的结果。

约瑟夫·熊彼特认为，人或人力资本是经济发展的源泉，准确地说是社会中为数不多的企业家的行为推动了经济的增长。按照熊彼特的说法，经济发展指的是"对现存劳动及土地的服务以不同的方式加以利用"，或者说是"执行新的组合"——即创新。在熊彼特看来，创新是发展的前提，而发展又是创新的后果，创新同经济发展在这里是同义语。熊彼特意义上的组合或创新，包括开发新产品、采用新的生产方法、开辟新市场、获得或控制新的原材料供应来源、实现新的工业组织。③ 新的组合的实现是由"企业家"来完成的。

罗默（Romer）1986年发表的《递增报酬与长期增长》一文，通过构建人力资本随投资和生产过程的持续而自然增长的"边干边学"模型，成功地将增长内生化。罗默的研究将人力资本的内涵扩大了，他

---

① ［美］道格拉斯·诺思：《经济史中的结构与变迁》，上海三联书店、上海人民出版社1994年版，第68页。
② 参见哈罗德《动态经济学导论》，华夏出版社1988年版。
③ 参见约瑟夫·熊彼特《经济发展理论》，商务印书馆1990年版，第106页。

认为人力资本不仅包括人们技能、体质、知识的改善，而且也包括新知识、新技术、新产品的创新和传播扩散等。根据罗默的观点，在经济增长过程中，生产和投资本身就是一个人力资本积累的过程，而这种积累反过来又通过提高生产率而促进经济增长。因此，经济增长与人力资本积累之间形成了一个互动机制，这种互动机制构成内在的良性循环，推动着经济长期内生增长。①

Becker 等学者指出，一国经济的增长主要取决于人力资本和内生生育的相互作用，尤其是人力资本对一国经济的增长作用更大，人力资本是"经济增长的发动机"。因此，当一国的人力资本水平较高时，其经济也处于长期稳定的增长。Persson 和 Tabellini（1994）也指出，对人力资本的投资是经济增长的发动机。② 卢卡斯（Lucas）提出了一个以人力资本的外在性为核心的内生增长模型，也认为人力资本推动了经济的发展，是"增长的发动机"。不过卢卡斯强调，人均增长是与人均人力资本而不是总的人力资本积累有关。③

德姆塞茨（Demsetz）认为，在经济发展的早期，由于技术和制度在当时对经济发展的作用并不是很明显的，所以资源禀赋不仅在很大程度上控制了经济发展的时间和模式，并且内生地塑造了制度。恩格尔曼（Engerman）等对美洲殖民地国家发展路径的比较研究表明，一国的初始禀赋条件对经济制度的演变、经济结构以及经济的长期发展，会产生"路径依赖"的影响。④ 也就是说，初始资源、禀赋条件对一国经济的发展会产生持久而重要的影响，这一观点正好验证了德姆塞茨的上述观点。

（3）技术决定论。正如宾斯旺格与拉坦所说的，技术决定论在美国（旧）制度学派的著作中也是一个处于支配地位的论点。凡勃伦和他的追随者们将技术视为经济进步与增长的动态因素，而制度是静态的因素。埃尔文·K. 青格勒指出，在凡勃伦的体系中，"正是动态技术与静态制度之间的辩证斗争与冲突导致了经济与政治制度被慢慢地置换与

---

① 参见蒲勇健《新增长理论及其借鉴》，《经济学信息报》1997 年第 5 期。
② 参见陶军锋《以人力资本为基础的内生增长理论》，《经济学动态》2002 年第 10 期。
③ 参见王劲松《开放条件下的内生经济增长理论》，《经济学动态》2002 年第 10 期。
④ 参见梅纳尔主编《制度契约与组织》，经济科学出版社 2003 年版。

替代，经济组织的体系经历了历史的变迁与调整。"① 这一学派提出，在任何一个社会中都有一种生产要素是"最重要和最难于替代的"，正是这种"最重要的生产要素"决定社会权力的转移和社会制度的演进。随着科学技术的进步，人们在社会发展的不同阶段，会主动地去发现和利用新的最重要的要素，推动经济的发展和社会结构的演进。

新古典经济增长理论也是主张"技术决定论"的。这一派的观点认为，如果要素资源投入量一定、资源配置处于帕累托最优状态时，技术进步是决定经济增长水平的关键因素。②持这一观点的代表人物有索洛（Solow）、阿罗（K. Arrow）和保罗·罗默（Romer，P. M.）等。

前述哈罗德—多马模型对要素替代可能性做出十分苛刻的限制，否认劳动与资本二者可替代。这显然与微观经济学关于要素在长期中可替代性原理相冲突。美国经济学家罗伯特·索洛对此提出批评说，哈罗德—多马模型显然是漏掉了两项内容，即"技术进步和按规模或比例的收益递增"。③

索洛通过对美国 1909—1949 年经济增长的统计数据的研究发现，这期间美国的产出水平增长了 1 倍，其中只有 12.5% 源于资本和劳动投入的贡献，而 87.5% 的"增长剩余"都归因于技术变化。索洛批评了经济增长理论中对资本积累作用的过分重视，他认为，技术进步和资本深化在推动经济增长过程中发挥着重要作用。由于资本的深化可以推动工资的提高，而技术的进步又会抵消收益递减规律的作用，从而抑制了利润的下降，推动经济稳定、高水平地增长。不仅如此，索洛还提出了一种用于测量技术进步对经济增长贡献的所谓"残差"（即经济的实际增长幅度在扣除了资本的贡献和劳动的贡献之后的剩余）法。在此之后，爱德华·丹尼森对索洛模型中的"残差"做出了比较完整的解释，被称为"丹尼森残差"。在丹尼森看来，残差是由同技术进步相关的诸因素（如教育、革新、资源流动等）构成的；残差背后的规模经济、资源配置

---

① V. 拉坦：《诱致性制度变迁理论》，转载于《财产权利与制度变迁》，上海三联书店、上海人民出版社 1994 年版，第 330 页。
② 梁中堂、崔胜明：《经济增长理论史研究（上、下）》，《经济问题》2004 年第 3、4 期。
③ [美] 罗伯特·M·索洛著：《增长理论：一种说明》，胡汝银译，上海三联书店、上海人民出版社 1994 年版，第 29 页。

和知识进展这三个因素共同作用,引起劳动和资本的生产率提高,结果使原来相同的投入,能够带来更多的产出,从而推动经济增长。①

阿罗和保罗·罗默打破了索洛模型的假设前提,将技术进步在经济增长中的作用内生化了,因此又称为内生增长理论。这一理论没有统一的模型,而是有观点相同或相似的一系列模型。该理论说明了知识水平和技术进步是经济增长的决定因素,并对技术进步的实现机制作了详细分析,对一些经济增长事实具有较好的解释力。②

西蒙·库兹涅茨在他的数量研究中讨论现代经济增长的原因时,所使用的术语也与凡勃伦所使用的术语非常类似。③ 库兹涅茨认为,现代经济增长的主要特征是人均国民生产总值的加速提高。在这一过程中,与技术进步密切相关的知识存量发挥着至关重要的作用;生产率的提高是现代经济增长的第二个重要因素。而生产率的提高又可以解释为资源质量、资源配置效率和技术进步综合作用的结果。

阿罗(K. Arrow)在1962年提出"边干边学"模型,认为技术进步是经济增长模型的内在因素。④ 新经济增长理论的代表人物保罗·罗默(Romer, P. M.)把技术变革内生化,建立了一个内生技术变革的长期增长模型。在这个增长模型中,罗默指出,技术知识不仅能形成自身的递增收益,而且能使资本和劳动等要素投入也产生递增收益,从而实现经济增长的规模递增效应。罗默认为,技术变革是知识积累的结果,知识积累致使技术变革成为经济长期增长的原动力。⑤

2. 新制度经济学的制度决定论

新制度经济学主张,推动经济增长的动因既不是要素(或资源),也非技术,而是制度,制度才是经济增长的决定因素。

---

① 参见外国经济学说研究会编《国外经济学讲座》第1册,中国社会科学出版社1981年版。
② 参见左大培《经济学、经济增长理论与经济增长理论模型》,《学术论坛》2005年第3期;卢现祥:《西方新制度经济学》,武汉大学出版社2004年版,第230页。
③ V. W. 拉坦:《诱致性制度变迁理论》,转载于《财产权利与制度变迁》,上海三联书店、上海人民出版社1994年版,第330页。
④ 左大培:《经济学、经济增长理论与经济增长理论模型》,《学术论坛》2005年第3期。
⑤ 王维国、杜修立:《现代经济增长理论及实证研究述评》,《财经问题研究》2003年第8期。

波拉伊在《大转变》一书中对工业革命为什么在西方发生这个问题进行了分析，他认为是制度因素决定的，因为西方最早确立了促使技术创新进而导致工业革命发生的制度。波拉伊主张制度变迁而不是技术变迁是经济发展的动态原因。[①] 在《西方世界的兴起》一书中，D. C. 诺思与 R. P. 托马斯对西方世界兴起的各种因素进行了深刻的分析，他们指出，西方经济增长的主要原因在于当人口对稀缺资源赋予的压力增加时，那时支配产权规则的制度发生了变迁。诺思与托马斯论证了技术创新与生产率的增长，是人们对要素与产品的相对价格的长期变化与市场规模的变化的滞后回应，在他们看来，"政府是一种向选民出售保护与公正的主要制度安排，它通过垄断对物品与资源的产权的确定和执行，以及赋予转换这些资产的权利来达到其目的。作为对这一服务的报酬，国家以税收的形式获得补偿。由于在提供保护和公正时存在规模经济，这使得这一潜在的交易对选民是值得的。这是被管制者与政府之间进行相互有利的交易的一个基础，只要规模经济继续下去，国家就能保护与执行产权以增加所有选民的收入，而且这一储蓄以某种方式在选民和国家之间进行分红。"[②]

在《西方世界的兴起》一书中，诺思和托马斯对西方经济发展的历史进行了全面考察分析后，他们得出的结论是，有效率的经济组织是经济增长的关键因素。诺思与托马斯指出，"一个有效率的经济组织在西欧的发展正是西方兴起的原因所在"，也就是说，只有当经济组织是有效率的时候，经济才会发生增长。因为有效的经济组织"需要建立制度化的设施"，并能够在制度上做出安排和确立财产所有权，以便造成一种激励，"把个人的经济努力不断引向一种社会性的活动，使个人的收益率不断接近社会收益率。"[③] 他们批驳了那种认为产业革命是近代西方经济高速增长的原因的传统观点，认为产业革命中的技术创新、规模经济、教育和资本积累等现象，本身就是经济增长，它们就是制度

---

① K. 波拉伊:《大转变》，波可出版社 1957 年版，第 119 页。
② D. C. 诺思、R. P. 托马斯:《西方世界的兴起》，华夏出版社 1988 年版，第 97 页。
③ [美] 道格拉斯·诺思、罗伯特·托马斯:《西方世界的兴起》，学苑出版社 1988 年版，第 1 页。

提供激励后的结果。① 这种增长为什么会在欧洲的某些国家或地区如尼德兰和英格兰发生,却没有发生在其他一些历史文明更悠久、资源更丰富的国家如法兰西和西班牙?因为后者尽管资源更丰富并且历史更悠久,但是却始终没有建立起能够激励人们的生产性活动,从而有利于经济增长的私有财产制度,所以它们在竞争中失败并大大落伍了;而尼德兰和英格兰地区最早进行了产权结构方面的变革,从制度上激发和保护了经济领域内的创新活动,因而它们首先在西方世界崛起。如果一个社会没有经济增长,那是由于制度没有为创新提供激励,也就是说,没有从制度方面去保证创新的活动的行为主体应该得到的最低限度的报酬和好处。因此,有效率的制度安排是经济增长的关键。

诺思的制度变迁理论在他的《经济史中的结构与变迁》一书中得到进一步完善和发展。在这部巨著中,产权理论、国家理论和意识形态理论构成了诺思制度变迁理论的三块基石,他把产权理论、国家理论和意识形态理论完美地结合起来。诺思非常看重国家在经济增长中的重要作用,他指出:"国家的存在是经济增长的关键,然而国家又是人为经济衰退的根源"。这一"国家悖论"就使国家成为经济史研究的核心,在任何关于长期变迁的分析中,国家模型都将占据显要的一席。② 在诺思教授看来,国家不是"中立"的,因为是国家界定产权结构,最终是国家要对造成经济增长、停滞和衰退的产权结构的效率负责。产权的出现实际上是国家统治者的欲望与交换当事人努力降低交易费用的企图彼此合作的结果。由于专业化分工的结果(包括暴力方面的比较优势),政治组织和经济组织都设计成力图通过获取商业的好处而使主体的福利最大化,它们包括:"1. 以规则和条令的形式建立一套行为约束机制。2. 设计一套发现违反和保证遵守规则和条令的程序。3. 明确一套发现能降低交易费用的道德与伦理行为规范。"③ 因而国家理论必须对造成无效率产权的政治经济单位的内在倾向做出解释,而且要说明历史中国家的不稳定性。为什么国家在经济增长中具有如此巨大的作用?

---

① [美]道格拉斯·诺思、罗伯特·托马斯:《西方世界的兴起》,学苑出版社1988年版,第97页。

② [美]诺思:《经济史中的结构与变迁》,上海三联书店、上海人民出版社1994年版,第20页。

③ 同上书,第18页。

诺思认为，具有一个福利或效用最大化的统治者的国家具有3个基本特征：第一，国家为获取收入，以一组服务——我们称为保护——与公正作交换。第二，为使收入最大化，它将选民分为各个集团，并为每个集团设计产权。第三，国家总是面临着潜在竞争对手。因为总是存在能提供同样服务的潜在竞争对手，国家受制于其选民的机会成本。它的对手是其他国家，以及在现存政治经济单位中可能成为潜在统治者的个人。国家提供的基本服务是博弈的基本规则，有两个方面的目的：一是界定形成产权结构的竞争与合作的基本规则（即在要素和产品市场上界定所有权结构），这能使统治者的租金最大化；二是要降低交易费用以使全社会总产出最大化，从而增加国家税收。然而，这两个方面的目的是不一致的，在使统治者和他们的集团的租金最大化的所有权结构与降低交易费用和促进经济增长的有效率的体制之间，存在持久的冲突。① 这可能导致无效率的产权，从而妨碍经济的持久增长。也正是由此导致民族、国家的兴衰。

小阿尔弗雷德·钱德勒考察了20世纪50—60年代美国工业发展的情况，也得出制度对经济增长起决定作用的结论。钱德勒论述到，美国工业发生于20世纪50—60年代的管理革命，同它对技术变迁可能实现的潜在规模经济的经济收益的回应相比，它更多的是由市场机会扩张所诱致的制度变迁的产物。他论述到，由结构性创新所导致的制度效率的收益，又创造了一种传导技术创新的环境；美国工业中的规模经济更多的是制度创新的产物，而不是技术变迁的结果。②

总之，在新制度经济学家看来，制度及其变迁是经济增长的关键。制度及其变迁之所以能决定经济增长，是因为制度设定了人们之间相互关系的规则，这些规则提供了人们在政治、经济或社会生活等方面进行交换的激励结构，这种激励结构能够降低交易费用，有利于促进经济增长。正如诺思在《西方世界的兴起》中所指出的，"如果社会上个人没有刺激去从事引起经济增长的那些活动，便会导致停滞状态。""如果一个社会没有经济增长，那是因为没有为经济创新提供刺激。"而制度

---

① ［美］诺思：《经济史中的结构与变迁》，上海三联书店、上海人民出版社1994年版，第17—25页。

② V. W. 拉坦：《诱致性制度变迁理论》，转载于《财产权利与制度变迁》，上海三联书店、上海人民出版社1994年版，第332页。

安排使人"形成一种刺激……个人受到刺激的驱使去从事合乎社会需要的活动。"

(八) 制度变迁的"路径依赖"

1. 路径依赖的含义

到目前为止,学术界就"路径依赖"还没有一个统一的定义,学者们从不同的视角使用"路径依赖"这一概念。

从学术史的角度来看,生物学家最早使用路径依赖这一概念描述生物演进的过程。后来,针对技术演变过程,学者戴维和阿瑟发展了这一概念,形成了技术演进中的路径依赖思想。[1] 诺思在借鉴和吸收前人关于路径依赖思想研究成果的基础上,将这一概念运用到制度变迁领域,并建立起制度变迁中的路径依赖理论。从此之后,"路径依赖"就成了新制度经济学中的一个重要概念。

所谓路径依赖,是指技术变迁或制度变迁类似于物理学中的惯性,一旦进入某一路径,惯性的力量会使这一选择自我强化,就可能对这种路径产生强烈的依赖。对路径依赖的含义,或者什么是路径依赖,一般认为:"一种制度一旦形成,不管是否有效,都会在一定时期内持续存在并影响其后的制度选择,就好像进入一种特定的'路径',制度变迁只能按照这种路径走下去"。[2] 诺斯认为,制度变迁如同技术进步一样,同样存在着报酬递增和自我强化的机制。这种机制使制度变迁一旦走上了某一条路径,就会依据其初始条件沿着某一特定的路径走下去,并且在以后的制度变迁过程中得到自我强化。[3] 所以,诺思把路径依赖解释为"人们过去作出的选择决定了他们现在可能的选择"[4],是过去对现在和未来的强大影响。在《经济史中的结构与变迁》一书中,诺思指出:"历史确实是起作用的,我们今天的各种决定、各种选择实际上受到历史因素的影响","历史表明,人们过去作出的选择决定了其现在可能的选择。要理解经济实绩随时间变化而显现出来的差异,就需要了

---

[1] Arthur. *Economics: Old and New*, from *Complexity Vision and the Teaching of Economics*, Edward Elgar, 2000.

[2] 杨龙:《路径依赖理论的政治学意义》,宁波市委《党校学报》2003年第1期。

[3] 道格拉斯·诺思:《制度变迁理论纲要》,载北京大学经济研究中心编《经济学与中国经济改革》,上海人民出版社1995年版,第55页。

[4] 道格拉斯·C.诺思:《制度、制度变迁和经济绩效》,杭行译,上海三联书店1994年版。

解经济的演变"。① 在晚近的一部书中，诺思进一步强调，"如果我们没有很好地理解我们曾经经历的状态，我们就不能很好地理解我们以后将会遇到的情况"，"路径依赖不仅仅意味着现在的选择要受到过去积累而成的制度传统的约束。更全面的理解路径依赖含义的一个步骤是认识到积累而成的制度产生了一些组织，它们能否持续下去依赖于那些制度的持久力，因此，这些组织会动用资源来阻止那些威胁它们生存的变革。路径依赖的大部分含义可以在这个背景下得到很好的理解。路径依赖与其说是一种'惯性'，还不如说是过去的历史经验施加给现在的选择集的约束。要想理解变迁过程，就必须理解路径依赖的本质，以确定在各种环境中路径依赖对变迁所施加的限制的本质。"②

2. 制度变迁的路径依赖分类

在一个国家或地区的制度变迁中，初始条件或资源禀赋对制度变迁路径的选择有深刻影响，会对制度选择产生路径依赖。制度变迁的路径依赖是指，"一种制度一旦形成，不管是否有效，都会在一定时期内持续存在并影响其后的制度选择，就好像进入一种特定的'路径'，制度变迁只能按照这种路径走下去。"③

制度变迁的路径依赖有两种极端形式，即诺思路径依赖Ⅰ和诺思路径依赖Ⅱ。诺思路径依赖Ⅰ：沿着既定的路径，经济和政治制度变迁进入良性循环的轨道并迅速优化。为什么制度会沿着这条良性的轨迹演化，主要基于以下几个方面的原因：一是有一个稳定的政府，这个政府积极建设规范的市场秩序和法律制度；二是资本的流动性增加；三是信息成本降低；四是演化的风险降低。诺思路径依赖Ⅱ：沿着原来非良性路径持续下去并得到自我强化，甚至被"锁定"在某种无效率的状态而导致停滞。④ 一旦进入这种无效率的状态，制度变迁就很难进入良性循环的轨道，要想走出这种境地就相当困难。

诺思认为，制度变迁的自增强机制有四种典型表现：第一是规模效

---

① 道格拉斯·诺思：《经济史中的结构与变迁》，厉以平译，上海三联书店1999年版，第1—15页。
② 道格拉斯·C. 诺思：《理解经济变迁过程》，钟正生译，中国人民大学出版社2008年版，第49页。
③ 卢现祥主编：《新制度经济学》，北京大学出版社2007年版，第474页。
④ 同上。

应。设计和推广一项制度需要大量的初始成本,而随着这项制度的推行,单位成本和追加成本都会下降。第二是学习效应,积累经验。其结果是各种组织利用该制度框架下所提供的各种机会获利,同时反过来强化了制度本身。第三是协作效应。一项正式规则的产生将导致其他正式规则以及其他一系列非正式规则的产生,为了补充和协调这项正式规则而发挥作用,协调效应产生。第四是适应性预期。制度框架中正式规则的确立将会导致大量的与之相适应的、非正式规则的产生,从而形成对正式规则的补充并且延伸到具体的应用中,这自然会使人们产生适应性预期,其结果必然是强化了制度本身。这一切加在一起就使得制度变迁具有明显的报酬递增和路径依赖的特征。

3. 制度变迁的路径依赖原因

诺思认为,决定制度变迁的路径的因素有以下几个方面:第一,不完全市场。由于市场复杂多变,又由于人的有限理性,人们不可能掌握完全、准确的市场信息。因此,制度变迁不可能总是完全按照初始设计的方向演进,往往是一个很小的偶然事件就会改变制度变迁的初始方向。第二,报酬递增。是指制度给利益集团带来的报酬递增。在现实经济生活中,人的行为是以利益最大化为导向的,报酬递增决定了制度变迁的方向。因为,"在现有制度下创造了一些组织和强有力的利益集团,他们以自己的利益来影响政治实体……经济中会演进出一些加强现有激励与组织的政策。"[①] 如果现有的制度安排能给占据主导地位的利益集团带来更高收益,那么,这种既得利益集团会极力维护现存的制度,无论现有的制度安排是否有效率,同时会反对现存制度的变迁,阻挠效率更高的制度的产生。因此,报酬递增会使一些无效率的制度安排长期存在;同时,占据主导地位的组织或利益集团会按照自己的利益最大化目标而影响制度变迁的进程。第三,交易费用。由于制度变迁中存在大量的交易费用,或者说存在高昂的制度转换成本,制度变迁后成本大于收益,从而使无效率的制度变迁陷入某种"锁定"状态,导致历史上大量无效率的制度长期存在。

上述分析是我们对制度变迁理论的基本概括。尽管这一分析框架是

[①] [美]道格拉斯·C.诺思:《制度、制度变迁与经济绩效》,杭行译,上海三联书店1994年版,132页。

新制度经济学家根据西方发达国家经济发展的历史事实，经过高度抽象而形成的，其中有些观点过于绝对化。但是制度变迁理论的基本观点无疑具有一般性，特别是新制度经济学家诺思把制度安排及变迁与经济发展绩效紧密联系起来，揭示了二者之间的因果关系，提出了经济制度变迁的"路径依赖"，强调了政府或国家在经济变迁中的重要作用，为分析探讨我国新民主主义革命时期经济发展与革命根据地票据、制度变迁的关系提供了一个有用的框架。下面我们将制度分析框架这一理论方法扩展到新民主主义革命时期经济发展与制度安排领域，探讨制度变迁与革命根据经济发展、革命根据地票据之间的互动关系，以及制度安排又是如何影响根据地票据发行、流通和根据地经济绩效的。

第三节 新民主主义革命的总路线和经济纲领

一 近代中国的国情及社会主要矛盾

近代中国，已经沦为一个半殖民地半封建的中国；半殖民地半封建性质的社会，是近代中国最基本的国情。

1840年鸦片战争后，中国社会半殖民地半封建性质，是由西方帝国主义列强对中国发动侵略战争并使用武力迫使清朝政府签订一系列不平等条约而形成的。"一方面，帝国主义列强通过政治的、经济的和文化的手段，使中国在很大程度上半殖民地化。""另一方面，帝国主义的侵略虽然在一定程度上加速了封建社会自给自足的自然经济的解体，客观上为中国资本主义的发展创造了一定的条件，但并没有使中国发展成为资本主义国家。"[①] 中国已经变成一个半殖民地半封建社会。

近代中国半殖民地半封建的社会性质，决定了社会的主要矛盾是帝国主义和中华民族的矛盾、封建主义和人民大众的矛盾。近代中国社会的性质和主要矛盾，不仅决定了近代中国革命的根本任务是推翻帝国主义、封建主义和官僚资本主义三座大山的统治，建设独立富强民主的国家；而且还决定了中国革命是资产阶级民主革命，是由无产阶级领导的

[①]《毛泽东思想和中国特色社会主义理论体系概论》编写组：《毛泽东思想和中国特色社会主义理论体系概论》，高等教育出版社2010年版，第64—65页。

新式的资产阶级民主革命,即新民主主义革命。

二 新民主主义革命的总路线

（一）新民主主义革命的对象

近代中国社会的性质和主要矛盾,决定了中国革命的主要敌人是帝国主义、封建主义和官僚资本主义。而帝国主义是近代中国革命的首要对象,封建主义是帝国主义统治中国的社会基础,因此,中国革命主要地就是"打击这两个敌人,就是对外推翻帝国主义压迫的民族革命和对内推翻封建地主压迫的民主革命,而最主要的任务是推翻帝国主义的民族革命。"①

（二）新民主主义革命的动力

无产阶级、农民阶级、城市小资产阶级和民族资产阶级是新民主主义革命的动力。正如毛泽东同志曾经指出的,"中国无产阶级、农民、知识分子和其他小资产阶级,乃是决定国家命运的基本势力。"② 中国无产阶级即工人阶级是中国革命最基本的动力,是最革命的最有觉悟的阶级,是革命的领导者;农民是中国革命的主力军;城市小资产阶级是无产阶级的可靠同盟者;民族资产阶级具有革命和反革命的两面性,"一方面,民族资产阶级既受帝国主义的压迫,又受封建主义的束缚,它同帝国主义和封建主义有矛盾,是革命的力量之一。另一方面,由于它在经济上和政治上与帝国主义和封建主义有着千丝万缕的联系,没有彻底的反帝反封建的勇气,在革命的关键时刻表现出明显的动摇性"。③ 正如毛泽东曾经在《中国社会各阶级的分析》一文中所分析的,他们对于中国革命具有矛盾的态度:他们在受外资打击、军阀压迫感觉痛苦时,需要革命,赞成反帝国主义反军阀的革命运动;但是当着革命在国内有本国无产阶级的勇猛参加,在国外有国际无产阶级的积极援助,对于其欲达到大资产阶级地位的阶级的发展感觉到威胁时,他们又怀疑革命。毛泽东还指出:那动摇不定的中产阶级,其右翼可能是我们的敌人,其左翼可能是我们的朋友——但我们要时常提防他们,不要让他们扰乱了我们的阵线。

---

① 《毛泽东选集》第二卷,人民出版社1991年版,第637页。
② 同上书,第674页。
③ 《毛泽东思想和中国特色社会主义理论体系概论》编写组:《毛泽东思想和中国特色社会主义理论体系概论》,高等教育出版社2010年版,第72页。

(三) 新民主主义革命的领导

中国新民主主义革命的领导者,只能由中国无产阶级及其政党即中国共产党来担任。毛泽东指出,中国工业无产阶级人数虽不多,却是中国新的生产力的代表者,是近代中国最进步的阶级,做了革命运动的领导力量。我们看罢工运动,如海员罢工、铁路罢工、开滦和焦作煤矿罢工、沙面罢工以及"五卅"后上海香港两处的大罢工所表现的力量,就可知工业无产阶级在中国革命中所处地位的重要。他们所以能如此,第一个原因是集中。无论哪种人都不如他们的集中。第二个原因是经济地位低下。他们失了生产手段,剩下两手,绝了发财的望,又受着帝国主义、军阀、资产阶级的极残酷的待遇,所以他们特别能战斗。他们受帝国主义、封建主义和资产阶级三重压迫最深,最富于斗争性和革命的彻底性,并且最富于组织纪律性,能与广大农民结成亲密的联盟。正因为这样,"离开工人阶级的领导,要完成反帝反封建的民主革命是不可能的。"①

(四) 新民主主义革命的性质和前途

近代中国半殖民地半封建的社会性质和中国革命的历史任务,决定了中国革命的性质是资产阶级民主主义革命。毛泽东指出,中国革命的历史进程,必须分为两步,其第一步是民主主义的革命,第二步是社会主义的革命,这是性质不同的两个革命过程。而所谓民主主义,现在已不是旧范畴的民主主义,已不是旧民主主义,而是新范畴的民主主义,而是新民主主义。也就是说,中国革命是新式的资产阶级民主主义的革命,即新民主主义的革命,还不是无产阶级社会主义的革命。毛泽东把新民主主义革命和社会主义革命形象地比喻为一篇文章的上篇和下篇,认为"上篇与下篇,只有上篇做好,下篇才能做好。坚决地领导民主革命,是争取社会主义胜利的条件。"② 毛泽东指出,"民主主义革命是社会主义革命的必要准备,社会主义革命是民主主义革命的必然趋势。"③

三 新民主主义经济纲领

没收封建地主阶级的土地归农民所有,没收官僚资产阶级的垄断资

---

① 《毛泽东选集》第二卷,人民出版社1991年版,第559页。
② 《毛泽东选集》第一卷,人民出版社1991年版,第276页。
③ 《毛泽东选集》第二卷,人民出版社1991年版,第651页。

本归新民主主义的国家所有，保护民族工商业。

关于新民主主义经济纲领，毛泽东1940年1月在《新民主主义论》中就明确提出基本框架，1945年2月在《论联合政府》中进一步完善了这一理论。毛泽东指出，中国新民主主义阶段的经济，必须是由国家经营、私人经营和合作社经营三者组成的。而这个国家经营的所谓国家，一定不是"少数人所得而私"的国家，一定是在无产阶级领导下而"为一般平民所共有"的新民主主义的国家。

毛泽东认为，中国新民主主义的经济，也是符合于孙先生的原则的。在土地问题上，孙先生主张"耕者有其田"。在工商业问题上，孙先生在上述宣言里这样说："凡本国人及外国人之企业，或有独占的性质，或规模过大为私人之力所不能办者，如银行、铁道、航路之属，由国家经营管理之，使私有资本制度不能操纵国民之生计，此则节制资本之要旨也。"在现阶段上，对于经济问题，我们完全同意孙先生的这些主张。

关于私人资本主义，毛泽东指出，有些人怀疑中国共产党人不赞成发展个性，不赞成发展私人资本主义，不赞成保护私有财产，其实是不对的。民族压迫和封建压迫残酷地束缚着中国人民的个性发展，束缚着私人资本主义的发展和破坏着广大人民的财产。我们主张的新民主主义制度的任务，则正是解除这些束缚和停止这种破坏，保障广大人民能够自由发展其在共同生活中的个性，能够自由发展那些不是"操纵国民生计"而是有益于国民生计的私人资本主义经济，保障一切正当的私有财产。

第三章 财政压力：革命根据地票据制度变迁的直接动因（一）

第一节 革命根据地财政收入

一 土地革命战争初期革命根据地财政收入

财政是国家参与和干预社会产品分配过程中形成的一种分配关系。这种分配关系是通过国家制定和实施各项财政政策和财政法规、制度来实现的。国家财政活动具体表现为国家资财的收入、管理、分配和支出等经济活动。革命根据地时期的财政也是如此。

国家的财政收入，主要来源于赋税，如土地税、商业税等。土地革命初期，由于根据地群众生活困难，不具备征收土地税、商业税的条件，因此，根据地工农民主政府根据党中央的历次会议精神，结合当时革命战争的实际情况，主要采取打土豪筹款和捐款的方式来取得财政收入。因此，革命根据地的财政来源主要有三部分：一是取之于敌；二是取之于民；三是取之于己。

取之于敌主要又分为两部分：战争缴获；打土豪筹款，即没收土豪劣绅的财产。所谓战争缴获，就是打败敌人后缴获敌人的枪支武器弹药。就财政理论而言，战争缴获虽然不是直接的财政收入，但在整个土地革命战争时期，战争缴获都是红军武器弹药的主要来源。因为在创建革命根据地初期，工农红军和根据地苏维埃民主政府根本不具备条件制造武器弹药，只能依靠从敌人手里夺取。因此，通过打胜仗缴获敌人的枪支武器和弹药，不断地补充着红军的军需装备，间接地减轻了根据地政府财政的负担，它在财政上的意义是不可低估的。据记载，1928年1月，朱德、陈毅领导的"八一"南昌起义部队退到粤湘边界，在广东坪石打了一个大胜仗，打垮了许克祥的一个整师，不仅俘敌上千人，而且缴获山炮、迫击炮 30 多门，轻重机枪 100 余挺，步枪 2000 多支，用这些缴获的武器弹药武装和补充了起义军和农民武装。① 参加毛泽东领导的秋收武装暴动的工农武装，上井冈山时不到 1000 人，后来会合朱德的部队，打了不少大的胜仗，缴获敌人的武器装备无数，用以武装和补充工农红军和农民武装。后来，毛泽东在《中国革命战争的战略问题》一文中幽默地指出："伦敦和汉阳的兵工厂，我们是有权利的，并且经过敌人的运输队送来。这是真理，并不是笑话。"②

除了战争缴获外，打土豪筹款是根据地财政收入的另一个主要来源。打土豪筹款即没收和征收豪绅地主阶级的资财。从创建井冈山革命根据地开始，毛泽东就把"打土豪筹款"规定为红军的三大任务之一，提出"红军必须同时负起打仗、做群众工作和筹款（……）的三位一体的任务。"③

在土地革命刚刚开始，革命根据地尚待巩固，广大穷苦百姓迫切要求改善生活的情况下，通过打土豪筹款，既不增加广大穷苦工农的负担，又能解决部队的给养。因此，打土豪筹款不仅是根据地保障革命战争供给，取得财政收入的主要来源，而且有利于摧毁封建豪绅地主阶级经济、政治力量，也是动员和发动贫苦群众，调动工农群众的革命积极性，开展土地革命斗争的一种有效手段。早在 1927 年 12 月，中共中央在给朱德的信中就强调了这一财政工作策略，指出："你们队伍的一切的给养，均应从豪绅官吏财主地主身上着想，千万不要空想党会来帮助，这不但事实不可能，而且原则所不许，旧二十四师在海陆丰参加农暴，不但自筹给养提高了兵士生活，并赞助农民分配了土地，分配了地主的财产给贫苦无业的农民，这一工作你们应首先注意。"④ 1931 年 7 月 8 日，《苏区中央局报告》在总结第二次反"围剿"胜利的经验时，对打土豪筹款、解决部队给养作了充分肯定。该报告指出："准备战争

---

① 赵镕：《跟随朱德同志从南昌到井冈山》，《近代史研究》1980 年第 1 期。
② 毛泽东：《中国革命战争的战略问题》（1936 年 12 月），载《毛泽东选集》第一卷，第 221 页。
③ 《关于若干历史问题的决议》（1945 年 4 月 20 日），载《毛泽东选集》第三卷，人民出版社 1956 年版，第 983 页。
④ 《中央致德兄并转军中全体同志（一）》（1927 年 12 月 21 日），《中央政治通讯》第 16 期。

第三章　财政压力：革命根据地票据制度变迁的直接动因（一） | 77

给养这是红军作战中主要条件之一，苏区的政府及群众是没有力量来供给，完全靠红军自己来筹。红军每每因为经济关系离开苏区，或改变战略，所以在二次战争准备中分配红军到广昌、于都、石城等地分期筹款，同时发展群众工作，可说在四个月中是用了很大力量，花了很长时间去进行这一工作，这是使红军能在中央区支持八个月之久，取得第二次战争胜利的一个重要条件"。①

打土豪筹款的形式，主要有以下几种：派款或征收、罚款、没收和捐献。至于采取什么具体筹款形式，这主要取决于当时的客观环境以及阶级力量的对比情况。比如，在井冈山根据地，对大地主和恶霸地主，"一开始就采取没收全部财产和尽量罚款的办法"；对于中等地主，"先进行派款或者捐款，等到分田时才没收财产"；"对小地主和富农的财产，则一般采取适当派款或要他们自动捐款的办法。"② 例如，1927年11月，农民武装占领陆丰县城，没收反动军阀陈炯明房屋60多间，并为苏维埃政府每月增加收入6000多元。在井冈山根据地，工农红军于1928年1月、5月、9月三次打土豪筹款，共没收地主豪绅3万多块银元、1000多担布匹、200多担盐、大量金银首饰、西药和棉花等物资。这些没收，使井冈山根据地红军"全军五千人的冬衣，有了棉花"。③

取之于民的财政收入，主要包括工农群众捐献、土地税、商税及"红军公田"收入等。群众捐献包括捐款捐物，是根据地工农群众获得解放后不忘记工农红军和根据地民主政府，是对共产党和根据地政府的感恩之情和信任的体现。如1927年11月，海陆丰起义成功后，贫苦老百姓为支援革命战争，都自愿向工农政府捐款，十天内海陆丰群众共向苏维埃政府捐款30000余元。④ 据记载，井冈山根据地宁冈县砻市东源乡麻上村有个农民邱祖德，分田后于1928年获得第一个粮食大丰收，除了按规定上缴了700斤粮食土地税外，还向政府捐献稻谷300斤。又据记载，永新县妇女马夏姬，每天扛木头得六个铜板，共劳动二十天得

---

①《苏区中央局报告》（1931年7月8日），《革命根据地财政经济史长编》（送审稿）土地革命时期（下），第1328页。
② 李占才主编：《中国新民主主义经济史》，安徽教育出版社1990年版，第124页。
③ 赵效民主编：《中国革命根据地经济史（1927—1937）》，广东人民出版社1993年版，第116—117页。
④ 罗浮：《中国第一个苏维埃——海陆丰工农兵的大暴动》，《布尔塞维克》1927年第8期。

120个钢板,她把辛苦劳动所得,打算做新衣服的120个钢板全部献给了红军。① 这种感人的事例在当时各根据地有很多,体现了贫苦老百姓与红军的军民鱼水情。

至于土地税和商税收入,是随着土地革命的深入发展和根据地不断巩固才开始征收的。关于土地税,早在1927年8月,中共中央在回复湖南省委的函中就明确指出:"土地没收后,由革命政府宣布简单的田税税率法(累进的田税,至多不超过收入的百分之三十)。"② 后来,中共中央对土地税作了调整,规定"土地使用者须向县苏维埃缴纳农产品百分之十至十五国税"。③ 虽然中共中央对土地税率的规定如此,但在执行过程中,各根据地由于情况各异,执行的税率也各不相同,比如,"海陆丰百分之十,琼崖百分之十至十五,而井冈山根据地宁冈县是百分之二十。"④

商业税只在经济相对繁荣的个别根据地征收。比如,在海陆丰根据地,商业税包括烟酒税、屠宰税和进出口税等。根据地苏维埃政府规定当时税率大体是这样的:烟每三十斤征收税金一元四角;屠宰税按猪的大小分等征收,大猪每头六角,小猪四角;对外贸易的入口税,一般是按货物价值的5%征收,出口税,生猪按每头征收七角三分六。⑤

取之于己的财政收入,主要是指"红军公田"收入和根据地政府建立的公营工商业收入。根据地建立之初,进行分田时,为了满足工农红军和根据地工农民主政府应急之需,各乡村都保留了部分"红军公田"。红军公田收入成为根据地财政收入的来源之一。根据地公营工商业包括各根据地苏维埃政府或红军经营的兵工厂、公营商店、公卖处等。但是,取之于己的这部分财政收入数量很少。

二 土地革命中期革命根据地财政收入

土地革命战争中期,反"围剿"成为革命战争的主要任务,革命

---

① 赵效民主编:《中国革命根据地经济史(1927—1937)》,广东人民出版社1993年版,第117页。
② 《中央复湖南函》(1927年8月23日),《中央通讯》第3期。
③ 《中央通告第三十七号——关于没收土地和建立苏维埃》(1928年3月10日),《中央通讯》第24期。
④ 赵效民主编:《中国革命根据地经济史(1927—1937)》,广东人民出版社1993年版,第117页。
⑤ 同上书,第119页。

第三章 财政压力：革命根据地票据制度变迁的直接动因（一） 79

根据地财政工作的中心工作就是为工农红军筹备军需供给，确保反"围剿"战争的胜利。

这一时期，打土豪筹款和富农、商人捐款仍然是根据地财政收入的主要来源。根据地苏维埃政府规定了筹款的政策：筹款的主要对象是地主阶级；对富农"只捐款，不没收他的财物，捐款多少，按他的经济能力大小而定"；对于私营工商业者，"按累进法，大商多捐，中商少捐，先捐大商，后捐中商"。同时还规定，"绝对不能侵犯中农的利益"，"绝对不能侵犯小商人和城市贫民的丝毫利益"。[①] 这一政策得到了广大劳苦民众的拥护和支持，筹款工作进展顺利，为反"围剿"战争的胜利提供了军费保障。

由于革命根据地得到巩固和扩大，赣南和闽西两块根据地已连成一片，成为当时全国最大的农村革命根据地，当时它拥有 5 万平方公里，21 个县城，250 多万人口。随着红军和根据地的扩大，苏区财政支出也不断增加。一方面，随着土地革命的深入开展，根据地内可打的土豪基本肃清，靠打土豪来获取财政收入的做法越来越受到限制，因此，必须广开财源才能保障红军和根据地政府日益扩大的支出。另一方面，由于根据地的巩固扩大，使根据地经济得到一定程度的发展，征收农业税不仅有必要，而且成为可能。1931 年 11 月，中华苏维埃第一次全国代表大会在江西瑞金召开，成立了中华苏维埃共和国临时中央政府。大会通过的《关于经济政策的决议案》规定："消灭国民党军阀政府的一切捐税制度和其一切横征暴敛，苏维埃另定统一的累进所得税则，使之转由资产阶级负担。苏维埃政府应该豁免红军战士、工人、乡村与城市贫苦群众家庭的纳税，如遇意外灾害，更应豁免或酌量减轻一切税额。"[②] 1931 年 12 月，临时中央政府颁布《关于颁布暂行税则的决议》，规定："税收的种类，分为商业税、农业税、工业税三种。"[③] 随后，临时中央政府批准并转发了江西省苏维埃政府制定的农业税征收办法，要求各地

---

① 《筹款问题训练大纲》（1931 年 10 月 13 日），载《中国新民主主义经济史》，安徽教育出版社 1990 年版，第 124 页。

② 《关于经济政策的决议案》（1931 年 11 月 7 日），载《中国新民主主义经济史》，安徽教育出版社 1990 年版，第 125 页。

③ 《中华苏维埃共和国暂行税则》（1931 年 12 月 1 日），载《中国新民主主义经济史》，安徽教育出版社 1990 年版，第 126 页。

根据具体情况参考执行。

农业税又叫土地税，实行累进税制。农业税"征收的原则除去将纳税的重担放在剥削阶级身上外，依阶级的原则来解决，对于被剥削的阶级与最苦的阶层的群众免除纳税的义务。"① 为了最大限度团结广大贫苦大众，减轻他们包括红军家庭的负担，发展根据地工农业生产，广泛培植财源，苏维埃政府对红军战士、工人，乡村与城市贫苦群众家庭实行不同程度税收减免。② 农业税具体的征收办法是这样的："农民分得土地后，按照全家每年主要生产的收获以全家人口平均规定出每人每年的收获数与生活必需的支出，根据此标准再定出每人开始征收的最低数额之累进税。"③ 当时临时中央政府没有制定统一的农业税起征点和税率，而是各地根据临时中央政府的《中华苏维埃共和国暂行税则》原则和各地情况制定具体的执行办法。例如，《江西省农业税征收办法》规定，贫中农农产品平均每家每人收获量以干谷 4 担以上计算开始征收，最低一级税率是 4 担抽百分之一，最高一级税率是 15 担抽百分之十六点五。对于富农从 2 担起即抽百分之一，最高一级税率为 15 担抽百分之二十点五。④

"一苏大"之后，反"围剿"战争形势日益严峻。为了夺取反"围剿"战争的胜利，红军规模和根据地面积不断扩大，苏区的财政经费开支大量增加。因此，各根据地通过整理税收，发展根据地国营工商业，继续打土豪筹款，向地主富农罚款和征发，发行公债，动员群众借粮、捐献等方法增加财政收入。

第二节　革命根据地财政管理体制及机构

一　成立财政管理机构

土地革命战争初期，各根据地财政没有一个统一的管理机构和管理

---

① 《关于颁布暂行税则的决议》，1931 年 11 月 28 日，转引自杨菁《试析中央革命根据地的财政收入政策》，《党史研究与教学》2002 年第 4 期。
② 《中共中央文件选集》第七册，中共中央党校出版社 1983 年版，第 484 页。
③ 《中华苏维埃共和国暂行税则》（1931 年 12 月 1 日），转引自杨菁《试析中央革命根据地的财政收入政策》，《党史研究与教学》2002 年第 4 期。
④ 杨菁：《试析中央革命根据地的财政收入政策》，《党史研究与教学》2002 年第 4 期。

体制，也没有统一的收支计划，自收自支，筹多用多，筹少用少，随意性很大，这种状况一直延续到土地革命战争中期。为了统一苏区财政和加强管理，中华苏维埃共和国临时中央政府于1931年11月27日设立了财政部，由邓子恢任部长。临时中央政府人民委员会于1931年12月27日通过了《中华苏维埃共和国暂行财政条例》和统一财政的训令，"建立健全各级财政的组织系统，明确其隶属关系"。① 根据地各级政府也成立了相应的财政管理机构，如鄂豫皖苏区成立了苏维埃财政经济委员会，负责统一管理苏区的财政经济。至此，革命根据地从中华苏维埃共和国临时中央政府到各省、县、区、乡苏维埃政府，都成立了财政管理机构，从上到下形成了一整套财政管理系统。

二 建立财政管理体制

为了统一根据地的财政管理，克服各自为政的混乱局面，临时中央政府人民委员会1931年12月27日通过的《中华苏维埃共和国暂行财政条例》，于1932年2月颁布实施，其主要内容是：（1）一切国家税收概由各级财政机关按照中央制定的税则征收，由中央财政部统一管理；（2）各级财政机关的一切收入，必须随时解交中央财政部，或中央财政部指定的银行；（3）一切财政支出必须根据中央财政部批准之预算才能付款；（4）各级财政机关要建立预决算制度；（5）各级财政机关一律使用由中央财政部规定的统一的账簿和记账单位、表册，单据规定统一的格式，按统一格式执行。②

为了加强对财政的统一管理，临时中央政府和财政部颁布了一系列规章制度，如国库制度、预决算制度、会计制度和审计制度。临时中央政府1932年10月22日颁布了《国库暂行条例》，规定"国库由中央财政部国库管理局负责管理，其金库由国家银行代理，一切财政收入概由金库保管，国库凭国库管理局支票付款，中央财政部和工农检查部可以协同派人随时盘查国库金库。"③ 中央建立的会计制度规定："收钱、管钱、领钱和支配钱的机关分开；各级收入和开支都分别划分，各成系统；确定新的会计科目，采用新式的簿记和新的记账方法。"④ 审计制

---

① 李占才主编：《中国新民主主义经济史》，安徽教育出版社1990年版，第134页。
② 同上。
③ 同上。
④ 同上。

度主要是审查政府的预决算是否合理,监督各级政府、各机关以及企事业单位的财政收支是否遵守相应的规定。

各根据地苏维埃政府按照临时中央政府和财政部的要求和规定也成立了相应的机构,建立了财政管理制度。如鄂豫皖苏区成立工农监察委员会专门负责财政审计工作。该委员会"有权清点苏维埃合作社经济公社以及各机关的账目,切实预算决算,监督税务局的徇私舞弊者及奸商破坏税收和偷漏税收行为者"。[①] 又如,鄂豫皖区苏维埃财政经济委员会会计科,负责"管理金钱的收支,有多的款子则存放银行,审查各地账目,规定预算决算"。[②] 可以看出,鄂豫皖区苏维埃财政经济委员会会计科承担会计和审计多种职能。

革命根据地财政管理机构及管理体制的建立,对加强苏区财政的管理和统一,保障红军部队的供给和根据地各项建设发挥了重要作用,不仅为反"围剿"战争的胜利提供了足够的财政支撑,而且为各级苏维埃政府锻炼培养了大量懂财政管理的人才,积累了在艰苦的战争环境下搞财政建设的宝贵经验,对后来我党在抗日战争和解放战争时期的财政工作具有重要的意义。

第三节 革命根据地财政支出及收支状况

一 革命根据地财政支出

革命根据地的财政支出,主要由三部分构成:一是用于红军部队战争开支,这是最主要的支出部分。正如毛泽东同志在中华苏维埃第二次全国代表大会上指出的:"苏维埃财政的目的,在于保证革命战争的给养和供给,保证苏维埃一切革命费用的支出。"而尤其重要的是保证革命战争经费的支出。二是根据地苏维埃政府的经费支出,包括政府的办公经费、教育费用、交通运输费,以及各级政府工作人员的生活费开支等,这一部分支出占革命根据地财政支出比重很小。三是根据地政府举

[①] 鄂豫皖革命根据地编委会:《鄂豫皖革命根据地》(第二册),河南人民出版社1990年版,第504—505页。

[②] 同上书,第520页。

第三章 财政压力：革命根据地票据制度变迁的直接动因（一）

办各项事业的投资，以及遣散敌军俘虏的路费开支。现将各项具体支出分述如下：

（1）红军部队的给养和供给，包括部队官兵生活费用支出，这是各根据地财政支出的最大项目。例如，在井冈山根据地时期，红四军官兵的军需供给，除粮食外，"每天每人只有五分大洋的油盐柴菜钱，还是难乎为继。仅仅发油盐柴菜钱，每月也需现洋万元以上"。①

海陆丰根据地的红二师、红四师和地方革命武装共1000多人，除伙食外，"每个官兵每月发生活费和零用钱7元，只此一项每月需要现洋达7000元"②，假如算上红军官兵的生活费、医药费用及服装开支，总开支费用远远不止7000元。

（2）苏维埃政府的运行经费开支，包括办公经费、工作人员的生活费或补贴等。据记载，井冈山根据地曾规定："乡苏维埃政府干部自带伙食干革命，政府不负责供给；区以上干部的供给标准比红军官兵低，除粮食外每人每天只发三分钱的油盐柴菜钱，有的地方还实行'一半吃公家的，一半吃自己的'办法。"由于处于战争环境，财政收入没有稳定的来源，即使制定了供给标准，各根据地的供给标准无法保证。政府的办公经费也相当有限，数量很小。还是以井冈山根据地为例，当时制定并颁布一个规定："乡政府每月发20元至40元；区一级政府每月发给50元至60元，县一级政府的经费又略高于区一级政府；县、区、乡三级政府办公经费不得超过当地打土豪筹款总数的百分之五。"③

（3）运输费支出。这一部分开支包括两个方面：向前方运输军需物资供给红军部队，如枪支弹药、药品、衣物等，这需要雇用民夫运输，就要支出脚力费和车费；向后方运送战场上缴获的战利品，如缴获敌人的枪支弹药和武器装备、衣物、食品等物资，要运输到后方就得雇用人工肩扛车拉，这同样需要支付运输费。当时运输费的计算方法，可以按路程远近算，也可以按运输花费的时间和物资的重量计算。比如，

---

① 毛泽东：《井冈山的斗争》（1928年11月25日），载《毛泽东选集》（一卷本），人民出版社1964年版，第64页。

② 赵效民主编：《中国革命根据地经济史（1927—1937）》，广东人民出版社1983年版，第119页。

③ 同上书，第120页。

"由遂川到黄坳,每挑一担银元给钱六吊(每吊钢板合1000文),每挑一担布给布一匹(30多尺)。"①

(4)教育费支出。各根据地举办的一些培训班和学校,如红军教导队培训红军战士,根据地政府举办的小学及女子工读学校,需要一些经费支出。

(5)其他费用开支。苏区政府为支援革命战争和发展经济、方便群众生产生活,兴办了军械处(兵工厂,维修枪支、制造简单的武器及弹药)、红军被服厂、红军医院、印刷厂、造纸厂及造币厂,这些工厂的投资支出也是由财政部提供。又如,红军实行优待俘虏的政策,不愿意留下参加红军的,发给路费3元至5元遣散回家;还有根据地兴办养老院需要经费支出;有的根据地还要资助上级党组织一定经费,如井冈山革命根据地还不时接济湖南省委一定的经费,等等。

"一苏大"之后,由于反"围剿"战争的需要,红军部队扩大很快;同时,根据地发展也很快。因此,根据地财政支出的范围、项目和规模都比之前扩大了许多。据记载,仅1933年4—12月,"用于国营工商业的投资达200余万元;供给列宁小学教师的生活费每月万元左右;军费开支上,1933年9月至1934年1月增加了40%—45%"。②

二 革命根据地财政收支状况

革命根据地时期的财政收支是极不平衡的。以土地革命战争时期为例,这一时期财政收入主要由以下部分构成:打土豪筹款和向富农捐款,缴获敌人的财物,工商税收及农业税,根据地群众的捐赠等。财政收入以前两项为主要来源,后面两项即"取之于己"的部分所占比例不多。"打土豪筹款"这一收入来源极不稳定,具有很大的不确定性。因为随着土地革命战争的深入和根据地的发展,土豪越打越少,靠"打土豪筹款"越来越少,土豪总有打"尽"的一天,这是一方面。另一方面,由于红军和根据地的不断扩大,根据地财政支出规模日益增加。因此,收支相抵入不敷出,财政支出缺口很大。虽然到土地革命后期,根据地苏维埃政府通过整理税收,发展根据地国营工商业和农业生

---

① 赵效民主编:《中国革命根据地经济史(1927—1937)》,广东人民出版社1983年版,第121页。

② 李占才主编:《中国新民主主义经济史》,安徽教育出版社1990年版,第133页。

产，动员群众借粮捐献，开展节省运动，发行公债等措施增加了不少财政收入。但相比规模巨大的财政支出，增加的财政收入十分有限，只不过是杯水车薪而已。

总的来说，根据地财政收入的增加赶不上支出的增长，故财政相当困难。"入不敷出"不仅是土地革命时期根据地财政的特点，也是后来抗日根据地财政总的特点。因此，根据地经济十分困难，根据地军民生活异常艰苦。所以士兵有情绪，当时有一句口号"打倒资本家，天天吃南瓜"，可以概见士兵的情形。[①]

总之，革命根据地财政收支有三个明显特点，一是财政收支极不平衡，支出缺口非常大，入不敷出特别严重。二是财政收入以打土豪筹款为主，具有很大的不确定性。三是红军部队的军费开支占财政支出的比重超过八成以上，或者说，根据地财政具备战时财政性质，收入的绝大部分用于红军的给养和军需供给。正如毛泽东同志1934年在中华苏维埃第二次全国代表大会上所总结的，"苏维埃财政的目的，在于保证革命战争的给养和供给，保证苏维埃一切革命费用的支出"，尤其重要的是保证革命战争经费的支出。因此，如何解决革命根据地的财政问题，缓解收支矛盾，保障革命战争的胜利，就成为中国共产党和苏维埃政府要解决的头等大事。根据地时期中国共产党和苏维埃政府许多制度安排和政策制定，很大程度上可以说是围绕解决根据地财政问题这个核心来进行的。比如，成立国民经济部和粮食调剂局，是为了增加财政收入；成立财政部，建立国库制度、会计和审计制度，是为了加强和统一财政管理；发行公债和整理税收等制度变迁和制度安排，其财政目的性就更加明显和直接了。

[①] 中国社会科学院经济研究所中国现代经济史组：《杨克敏关于湘赣边苏区情况的综合报告》（1929年2月25日），载《革命根据地经济史料选编》（上册），江西人民出版社1986年版，第37页。

第四章　经济封锁：革命根据地票据制度变迁的直接动因（二）

第一节　国民党对革命根据地的严密封锁

自土地革命战争开始，中国共产党领导的革命根据地与国民党反动派进行了殊死的政治、经济和军事斗争，严重地威胁了国民党的反动政权，给国民党反动势力以沉重打击。以蒋介石为代表的国民党反动派试图消灭中国共产党领导的根据地革命政权，不仅对革命根据地发动残酷的军事"围剿"，而且采取各种措施，对各根据地实行严密的封锁。正如毛泽东同志1934年1月24日在江西瑞金召开的第二次全国工农兵代表大会上的报告《我们的经济政策》中指出的："帝国主义和国民党的目的，在于破坏红色区域，破坏正在前进的红色区域的经济建设工作，破坏已经得到解放的千百万工农民众的福利。因此他们不但组织了武装力量进行军事上的'围剿'，而且在经济上实行残酷的封锁政策。"

一　蒋介石亲自发布训令，要求各地军政部门采取种种措施，加强对革命根据地的封锁

蒋介石于1933年11月向闽粤赣三省政府发出训令称："匪区食盐缺乏，恐慌异常，一般嗜利愚民，多由粤闽赣边境、梅县、双长岭、会昌等处偷运……若不严密防范，影响滋大，除电粤、闽两省政府外，合函令仰该省府于毗连之各边境，及梅县、双长岭、会昌等处，特别严密封锁。"① 蒋介石格外重视对中央革命根据地的严密封锁，他对各地军政长官提出严格要求，指出："凡是我们上下各级官兵，尤其是各主管长官，如参谋长，格外要负责监督检查执行，必须做到使敌'无粒米勺水之接济，无蚍蜉蚁蚁之通报'的程度。"他强调：要紧的地方，"无论隘路碉卡围寨岔路，如果有点怀疑封锁不严密的地方，我们一定想种种办法去检查防范；监督指导的事情，全靠我们高级长官严厉、切实去办，凡紧要之处，一定亲自出马，不好委一个参谋或其他什么闲杂人员去代办，那是有害无利的！还有江西这个地方的水路四通八达，仅在陆路上设碉楼关卡等，还不足以尽封锁之能事；所以格外要严密封锁水口，或各河沿岸，绝对禁止任何船只到匪区附近，或者泊在匪区旁边，特别是要防他夜间偷渡。"②

二　国民党政府多次专门召开会议，研究部署封锁革命根据地的问题

国民党政府多次召开专题会议，研究部署如何对革命根据地进行严密的经济封锁。如1930年，时任武汉行营主任的何应钦，组织湘鄂赣三省军政首脑召开所谓的"绥靖"会议，制定并颁布《严防"匪共"在武汉密购枪弹案》③，共有五条防范措施，防止向革命根据地运送枪支武器。凡武器弹药、钢铁、白铅、硝磺、电料、卫生材料等军用物资，以及粮食、食盐、布匹、汽油、煤油及其他日用品，一律禁止运往苏区。

又如，1932年8月20日，闽粤赣边区"剿匪"总司令部颁布《封锁"匪区"纲要》。该纲要规定，凡军用物资包括武器弹药，所有日常生活用品，严格禁止运往苏区；也严禁苏区输出物资；扣留出入苏区的所有邮件和电报；从苏区出来的人不准再返回苏区。对敢违反封锁纲要者，严惩不贷！《封锁"匪区"纲要》还特别规定："主犯者枪毙，放纵者枪毙"。④

---

① 《国民政府军事委员会委员长南昌行营训令》，《赣州市党史资料汇编》，1989年，第591页。
② 成圣昌：《赤区经济恐慌横断面的暴露》，《前途杂志》1934年第2卷第6号，转引自舒龙、谢一彪《中央苏区贸易史》，中国社会科学出版社2009年版，第2—3页。
③ 《何应钦呈送湘鄂赣绥靖会议决议案》，《江西党史资料》第17辑，1990年，第188页。
④ 自舒龙、谢一彪：《中央苏区贸易史》，中国社会科学出版社2009年版，第6页。

三 国民党反动派把封锁革命根据地，特别是封锁中央革命根据地作为消灭工农红军和根据地民主政权的重要战略

国民党反动派对革命根据地这种封锁，是通过控制食盐、粮食、布匹、药品等重要日常生活用品进入苏区来实现的。当然，军需物资如武器装备更是控制的重中之重。据记载："敌人对付我们最厉害的办法就是政治经济封锁，一里以内红白势力分界处，严密警戒，不能越雷池一步。我们处在敌人四方包围的形势之下。敌人不但有正式的军队，还有保安队，还有反动民团，还有反动农民和土豪劣绅所组织的民兵团、挨户团等，层层布哨，密密网罗，要单身通过或少数武装通过这个包围是极困难的事。越境侦渡，发觉了，必无幸免，农民罹此难者不计其数。"[①]

在当时，各根据地处于白色恐怖之中，周围到处是国民党占领的白区，国民党遍地设关设卡，严密控制包括食盐、布匹、煤油、钢铁和药品等在内的重要生活必需品，唯恐这些物资流入苏区。以对食盐的控制和封锁为例，国民党军队在封锁区设立专门机构，实行"计口授盐"，严格控制食盐的销量。据史料记载，当地居民购盐，"每人每天只许购买3钱，五口之家，得购1两5钱，余类推，但购时必须凭证，失证请求补发，手续甚繁。离赤区稍远之地，或可通融，一次购备3日之用"。[②] 据《革命根据地经济史料选编》记载，国民党反革命政府看到我们苏区不产盐、布及其他工业品，所以除加紧军事进攻以外，还加强对日常必需品特别是盐的供给的封锁，企图建立纵深260公里的封锁网，在苏区周围设立食盐公卖局，限制每人每天只买盐3—4钱，每月不得超过1斤。[③]

闽浙赣革命根据地同样遭到国民党军队严密的封锁，粮食、食盐、布匹、西药等是控制的重点对象。"当时敌人对苏区是采取严密封锁政策的，凡是苏区所缺乏的东西如食盐、布匹、西药等，一概封锁。"[④]

---

① 杨克敏：《关于湘赣边苏区情况的综合报告》，载《井冈山革命根据地》（上），中共党史资料出版社1987年版，第246页。

② 《申报月刊》1934年第三卷第3号，转引自舒龙、谢一彪《中央苏区贸易史》，中国社会科学出版社2009年版，第10页。

③ 《革命根据地经济史料选编》（上），江西人民出版社1986年版，第158页。

④ 陈直斋：《铅山县河南特区的革命斗争》，载《回忆闽浙皖赣苏区》，江西人民出版社1983年版，第360页。

第四章　经济封锁：革命根据地票据制度变迁的直接动因（二）　　89

国民党对根据地食盐的控制和封锁更为紧迫，因为"在全国革命运动急速的高涨，中华苏维埃与红军在坚决开展红军胜利进攻中，已开始击破帝国主义国民党四次的'围剿'，取得了空前伟大的胜利。这一胜利，更使'围剿'的组织者世界帝国主义与国民党地主资产阶级的统治更加动摇与崩溃"。"在这样形势下，帝国主义国民党为了要维持垂死的统治，除用大批的白军和飞机炸弹向苏区红军进攻外，并采用经济封锁政策，加紧对苏区经济的封锁，特别是食盐一项封锁得更为厉害，企图使苏区发生食盐恐慌，增加苏区内工农群众生活上的痛苦。"① 国民党反动派对革命根据地的军事进攻和严密封锁，对进出根据地的所有商品进行严格控制，导致根据地物资十分匮乏，经济问题相当严重，根据地军民生产生活异常困苦。

第二节　根据地经济的严重困难

一　根据地军民生活极度困难

国民党反动派对革命根据地的军事"围剿"和经济封锁，致使根据地经济几乎停滞衰败，根据地军民生活极度艰苦和困难。

一方面，敌人的封锁使红军部队官兵生活十分困苦。以井冈山革命根据地为例，"一年以来，边界政权割据的地区，因为敌人的严密封锁，食盐、布匹、药材等日用必需品，无时不在十分缺乏和十分昂贵之中，因此引起工农小资产阶级群众和红军士兵群众的生活的不安，有时真是到了极度。"② 这说明井冈山革命根据地因敌人的经济封锁而面临严峻的困难。有史料详细记载根据地红军的艰苦生活：

"红军中的生活与经济是非常之艰难的，拥有数千之众，每个月至少要一万五千元作伙食费，米还是由当地筹办的。经济的来源全靠打土豪。附近各县如宁冈、永新、茶陵、遂川，土豪都打尽了，再要打就须远一点去。要远一点去，就必须与敌人硬拼一次才通得过，所以打一次

---

① 《中共赣东北省委通知》（第六十一号），转引自江西省档案馆编《闽浙赣革命根据地史料选编（下）》，江西人民出版社1983年版，第108页。
② 毛泽东：《中国的红色政权为什么能够存在？》，《毛泽东选集》第一卷，第53页。

土豪就必须大的部队出发。红军中的薪饷早就废除了,只有饭吃,有钱的时候发一二块钱的零用钱。最近两个月,不仅零用钱不发,草鞋费也没有发,伙食费也减少了。每天每人只发伙食三分,四分油,四分盐,米一斤四两,三分钱一天的小菜钱,只买得一斤南瓜。洗衣、剃头、穿草鞋、吃烟的零用钱没有发了。所以,最近以来,士兵生活特别苦(不论士兵、官长以及地方工作的也是一样)。去年冬天,棉衣问题几乎无法解决,后来在遂川买得几千斤棉花,抢得一点布,才勉强解决了。"①

另一方面,革命根据地工农群众的经济生活也因国民党的经济封锁政策遭受巨大影响,生活非常困苦。"特别是食盐,我们费了很大力,有时一块钱只能买到四两,甚至只能买到二两。食盐现在对我们来说并不稀奇,但是,当时由于国民党采取严格的封锁政策,苏区人民吃不上盐,部队也吃不上食盐,只好用醋和辣椒代替,盐对我们就成了十分珍贵的东西。"② 在闽浙赣苏区,"因敌人对苏区食盐的封锁,苏区已发生了严重的恐慌(如弋阳贵溪横峰葛源等地),使群众生活上受到痛苦。"③

二 根据地经济问题十分严重

敌人对我根据地的军事"围剿"和经济封锁,导致根据地经济十分困难,出现了严重的经济问题。主要表现在四个方面。

(一) 根据地商业的停滞、衰落和萧条

以井冈山革命根据地为例,由于国民党反动派实行经济封锁政策,井冈山革命根据地被完全断绝了与外界的商贸往来,"货物、金融彼此不能流通,生息困难,坐之待毙,需用缺乏,供不应求。年年农民的丝、木、茶油、米、花生……生产品不能运出卖钱,而需用食盐、棉花、布匹等日用必需品,亦无法取得,生息停滞,有溃败而不可收拾之势——这是割据区域内的情形。而曾经割据了而复失去了的,或邻近井

---

① 中国社会科学院经济研究所中国现代经济史组:《杨克敏关于湘赣边苏区情况的综合报告》(1929年2月25日),载《革命根据地经济史料选编》(上册),江西人民出版社1986年版,第37页。

② 陈直斋:《铅山县河南特区的革命斗争》,载《回忆闽浙皖赣苏区》,江西人民出版社1983年版,第360页。

③ 江西省档案馆编:《闽浙赣革命根据地史料选编(下)》,江西人民出版社1983年版,第108页。

第四章 经济封锁：革命根据地票据制度变迁的直接动因（二）

冈山的各县，如茶陵、永新、遂川、莲花等县，一则都是经过红军的征发过了的，加之接近井冈，反军时常屯集数团之众，饷薪需索担负甚重，军事影响生产顿减……商业亦甚少起色，所以经济的崩溃成了一个无法挽救的僵局"。①

在湘赣革命根据地，由于同样的原因，与外界特别是与白区的商业贸易被完全中断，根据地内部的商贸业也基本停止了。据史料记载，对湘赣革命根据地，"这时候的物质供给异常困难。湘赣苏区的粮食本来是丰足的，但由于敌人把不少平原地带占据了，粮食的来源就受到限制。这个时候我们的东西不能输出，白区的东西不能进入，这给我们带来了不少困难。最困难的是没盐吃，常常一个礼拜吃不到盐。"② 在赣西南苏区，由于"经济封锁，农产品不能流通，加以土豪劣绅将现金转走，赤色区域的腹地没有土劣可打，耗费甚巨，均感困难。"③ 与此同时，"赣西南的大批出产如谷、米、杉木、竹、茶油、桐油、纸、木器（赣州），仁凤山的钨矿等不能出口，外货亦不能进来"，因此，"赣西南的商业是由衰败定向破产的形势，商店倒闭的很多。"④

在中央苏区，一方面，由于敌人的经济封锁愈加严密；另一方面，由于受王明"左"倾错误思想的影响，根据地对私营商业采取一系列过左的错误政策，比如，提高商业税税率，并降低商业税起征点；往往把商人当作土豪打，没收商人商店、焚烧账簿。此外，还经常没收商人输出或输入的商品，禁止商人的来往与自由贸易，特别是禁止白区商人到根据地做生意等，造成商品不能流通，商业日渐衰落，最后陷入停顿。

（二）根据地工业品与农产品价格"剪刀差"问题相当严重

1. 工业品与农产品价格"剪刀差"的表现

所谓"剪刀差"，就是工业品涨价，价格极高，农产品价格大幅度跌价，两者之间的价格差过大，形成极大的"剪刀差"。1932 年 8 月

---

① 《杨克敏关于湘赣边苏区情况的综合报告》，载《革命根据地经济史料选编》（上册），江西人民出版社 1986 年版，第 36 页。

② 甘泗淇：《回忆红六军团在湘赣苏区》，载《回忆湘赣苏区》，江西人民出版社 1986 年版，第 80 页。

③ 《赣西南苏区的经济困难问题》，载《革命根据地经济史料选编》（上册），江西人民出版社 1986 年版，第 51 页。

④ 士奇：《赣西南苏维埃区域的经济状况及经济政策》，载《革命根据地经济史料选编》（上册），江西人民出版社 1986 年版，第 55 页。

21日《中央政府人民委员会训令第7号》指出:"目前苏维埃区域,在帝国主义、国民党采用经济封锁政策之下,形成极严重的剪刀差现象,一方面外来工业品,如布匹、洋油、洋火、食盐等减少输入,价格日见高涨;另一方面内地农产品,如纸、木、豆、烟叶、夏布、粮食等销不出去,价格大跌特跌,因此农民只靠耕田为生,很难找到别种副业收入,所以,收获时,需要种种用线,而又借不到,只有便宜出粜米谷,因而酿成到处惊人的跌价,如江西之万太、干县、永丰、公略等县跌到六七毛钱以下,实际上连农民耕种土地的成本都要蚀了一大半。"①

在闽西革命根据地,尤其是龙岩社会,发生了很严重的经济问题。一方面农产品飞快地降价（米价大池每元四斗多,古田二斗多,虎岗三斗多,北三、四区二斗,龙门、龙岩一斗五、六,肉价各地多系五两,鸡蛋等都是跌价）;另一方面城市工业品反而涨价（尤其是盐、糖、洋油等涨得快）,工人工资更一般的提高（岩城一般提高四成,农村间也提高二成）。这样农产品与工业品的价格相去甚远,恰如剪刀口一样,越张越开,这便是所谓"剪刀（差）"现象。②

在中央革命根据地,工农产品价格"剪刀差"问题也特别突出。有史料记载:"这一时期的苏区经济完全是被敌人封锁,工业品很少能输入苏区。因此苏区的工业品非常缺乏,但食盐以及一些日常用的毛巾、牙刷、牙粉、火柴、纸烟、袜子等仍有卖,但价钱要比上海贵一倍。苏区内的出产,如谷米、纸张、茶油等不易输出,那边的米价颇贱,大约只大洋二元半一担。在我们红色腹地的商业,过去因为策略的错误,以及AB团的故意破坏,以至市场（破败）不堪了。"③

在井冈山革命根据地,由于敌人的经济封锁,物价"加速度的飞涨,生活程度最高处如大小五井,肉要一元钱四斤,鸡要一串二百钱一斤,小菜如萝卜、南瓜、青菜之类,要一百钱一斤,米比较便宜,也要三元大洋籴一石,盐一元钱只买得四斤或二斤不等,茶油一元钱六斤多,布匹、棉花及日用必需品有由小贩自邻县偷贩过来者,因为供不应求之故,价钱的昂贵,等于上海的物价。因为经济的如此崩溃,经济恐

---

① 《革命根据地经济史料选编》（上册）,江西人民出版社1986年版,第315页。
② 同上书,第38页。
③ 同上书,第311页。

第四章 经济封锁：革命根据地票据制度变迁的直接动因（二）

慌到了如此程度，一般民众感觉到非常的痛苦，而找不到出路。所以富农多反水，中农动摇，贫农不安，农村中革命战线问题发生了严重的危机。"①

2. 工业品与农产品价格"剪刀差"的原因

为什么会出现工农产品价格"剪刀差"的问题呢？其原因是什么？简单说，"剪刀差"现象是因为工业品涨价而农产品跌价造成的。工业制成品之所以会涨价，是由于苏区经济以农业为主，几乎没有什么工业，但苏区对工业品的需求量较大，工业品供不应求时价格自然会猛涨。从两个方面进一步分析：一方面，是由于工人工资一定程度的提高，工资成本必然推高工业品成本上涨，中间商借机大幅度提高工业品价格以从中获取高额利润。另一方面，由于国民党军队在对我根据地进行疯狂的军事"围剿"的同时，又对我根据地实行严密的经济封锁，在这种恶劣的环境下，各地商人既不敢将工业品输入根据地，也无法将农产品输出根据地，苏区与白区之间的贸易几乎全部中断，根据地工业品十分匮乏，导致工业品价格一路飞涨。

农产品价格下跌的原因有多方面，主要是以下几个方面造成的：②一是在革命根据地建立之初，由于党内"左"倾错误路线的指导，对私营商人实行过"左"的错误政策，把私商当着打土豪筹款的对象，如没收他们的商店、没收商人财产、焚烧账簿、债券，对抵抗的商人甚至还就地正法。这种"乱烧乱杀"的过"左"行为，以及禁止国统区商人到根据地做买卖交易，造成苏区与白区贸易中断。二是商品货币关系的破坏，商品流通缺乏货币媒介。由于根据地取消一切债务和高利贷；同时，根据地内拥有财产的豪绅地主大多或被杀被罚款，有的甚至逃出根据地，因此乡村中金融流通完全中断，资金借贷关系不复存在。由于旧的借贷关系被破坏，新的借贷关系尚未建立起来，商品流通中缺乏货币作媒介，商品流通自然不通顺。但农民在收割季节需要雇佣人工收割庄稼，发放人工工资又需要货币资金，无钱发放工资怎么办？这是一方面。另一方面，农民虽然是自给自足的小生产者，但农民生产的物

---

① 《杨克敏关于湘赣边苏区情况的综合报告》，载《革命根据地经济史料选编》（上册），江西人民出版社1986年版，第36页。

② 参见《中共闽西特委通告第七号》，载《革命根据地经济史料选编》（上册），江西人民出版社1986年版，第40页。

品必定有限，农民无法保证自己及其家庭成员所有的需求都能满足。某些需求如购买种子、农具或其他生活用品等，必须通过市场购买才能满足。同时，在中国共产党和根据地政府的领导下，农民抗租斗争取得胜利，免去交纳地租的负担，农家粮食有余。但农民要购买食盐、布匹、洋油等日用生活品，以及增添或更新农具等都需要钱。想通过市场购买物品，必须要有货币才行。农民手里没有货币但有粮食，要想取得货币，只有贱卖粮食才行。三是由于国民党军队对根据地疯狂的军事"围剿"，为避免米谷被敌人抢去或被火烧掉，出于对眼前利益的判断和对未来粮价的预期，所以贱卖米粮，求得现金比较稳妥，这在当时也不失为根据地农民群众的一种理性选择。因此米粮市场便形成供过于求的状况，米价因此而跌落。四是各根据地之间或根据地内部未形成一个统一的调剂机制，也没有形成一个统一的粮食市场，各处粮食不能调节。有的地方产粮多，粮食价格就低；有的地方产粮少，粮价就高，以致米价高低各处不同。

在闽西革命根据地，"农村生产品价格低落，而且销售不出去，同时，市场冷落，工人失业而造成社会经济的恐慌。"由于"农民分了田地，谷子要比以前多，且因经济不能流通，因之尽量将米粜出，而造成米价低落（上杭以前每元只买得米十七斤，现在可买二十七斤，龙岩则更为低落）。过去苏维埃曾经禁止米价降低，但一般农民仍是暗中减价出售，这是证明苏维埃在消极方面来限制是没有作用的，因为农民一切油、柴、杂用，总要靠拿粜米的钱来维持。"由于闽西根据地"与白色区域交通不甚方便，农村的输出品售不出去。如连城之纸、杉木、永定之条丝烟"；"交通不方便，也就影响到市场来，外货难于输入，土货无法输出，市场买卖当然就要冷落下去，工业品日益涨价。"①

3. 工业品与农产品价格"剪刀差"的危害

上述工、农业产品价格"剪刀差"现象，实质上是对农民的剥削，严重损害了根据地农民的利益，最终使农民困苦。因为，"农民以多量农产品，只换得少量工业品。比如做一件衫裤，要洋布一丈二尺，以二毛钱一尺的洋布计算，要去小洋两元四角，若拿两元四角钱到大池可买

---

① 《谢运康巡视员报告》，载《革命根据地经济史料选编》（上册），江西人民出版社1986年版，第42页。

第四章　经济封锁：革命根据地票据制度变迁的直接动因（二）　95

米一石以上，可知大池农民巢出一石米，才买得一件衫裤布料。""农民耕一石谷田，自犁耙播种耕耘以至收获前后，要耗费四天人工，另肥粪要费人工一天，共是五天，只收得实谷八斗，做米四斗，是每工只得米八升。现在就大池计算，每天工钱要小洋一元二毛，照大池米价可得米五斗，这五斗米农民要做下六天工夫才可得到，是大池农民做了六天工夫，只收回一天价值。这还可说是大池特别情形，即就别处而论，以上杭北三、四、五区米价每元二斗，工价五毛推算，农民做了五天工夫只得回四天价值。再以岩城米价一斗六升，工价一元二角推算，农民做了五天工夫只得回二天价值。这种剥削简直比任何方法都要厉害。农民受了这种剥削必然要穷困下来。"①

在赣西南革命根据地，由于"商业素来不发达，限于一种地方性的。主要的输入是工业品，如煤油、棉纱、布匹、火柴、染料、钢铁、广货，以及食盐等。货物的价格近年来日渐飞涨，因为物价的昂贵，农村经济的破产，所以，群众的购买力非常低弱的"，"赣西南工农群众的贫困，农村经济破产是非常急剧的。"② 这就引起连锁反应：由于工业品价格高，"苏区的食盐起了一时的恐慌，这种情形容易引起商人、富农的投机取巧，囤积居奇，以致食盐价格有时涨至每斤一千六百文。"③ 这就必然导致农民购买力日益削弱。农民既然无力购买工业品，结果必然是商场冷落，百货滞销，工业萎缩，工人失业日益增多，而形成整个社会经济衰落。

（三）根据地粮食短缺

各革命根据地创立后，在共产党和根据地政府的领导下，各地先后都进行了土地革命，农民群众家家分得有自己的土地。根据地人民有史以来第一次成为土地的主人，生产积极性非常高。由于根据地大多是产粮区，因此，农户中超过一半以上有余粮出售。如上所述，由于国民党军队对根据地实行残酷的军事"围剿"和铁桶般的经济封锁，导致根据地与外界商贸往来中断，商业衰落，几近停滞，粮食等农产品无法转

---

① 《中共闽西特委通告第七号》，载《革命根据地经济史料选编》（上册），江西人民出版社1986年版，第38—39页。

② 《赣西南的（综合）工作报告》，载《革命根据地经济史料选编》（上册），江西人民出版社1986年版，第77页。

③ 同上书，第78页。

运出根据地，而根据地缺少工业，人民群众所需要的工业日用品大多又无法运进来。由此造成工农业产品价格"剪刀差"问题非常严重，工业品价格高而农产品价格相当低，这是其一。农民在收获季节需要支付工钱给帮工的人，这需要钱，这是其二。农民还要购买家具、种子、食盐、油、布等日用品，这些也都需要钱，这是其三。根据地内旧的金融、借贷体系被打破，但还没有建立起新的金融、借贷体系，农民需要钱但借贷无门，这是其四。上述四种情况使农民的处境很艰难，解决钱的问题的唯一办法，只好忍痛将米谷低价出售，于是就造成粮食市场供大于求，粮食价格大幅度跌落。譬如，在闽西革命根据地，"农民分了田地，谷子要比以前多，且因经济不能流通，因之尽量将米粜出，而造成米价低落（上杭以前每元只买得米十七斤，现在可买二十七斤，龙岩则更为低落）"。①

"谷贱伤农"。粮食价格不仅与工业品相比太低，就是与当时种粮的工价相比也是十分低贱的，农民太吃亏。由于种粮食收入太低不划算，农民从比较利益出发，宁愿选择做工也不愿意种粮食，因此，根据地大片田地荒芜，造成农业之衰落。如闽西苏区，"农民终年劳苦，结果依旧得不到生活上的必需品，同时与人工，与米价相差太远，农民吃亏太大，结果会使农民怠工。大池即有这个现象，据他们说，雇一工人只收获湿谷两石，做米一石，而工价（每工一元二角，菜食二角，若一元四角每天买米四斗）要去米五斗六升，自己反得不到一半。这样，农民便情愿把田禾抛弃不收。另外，雇工者做一工人可得米五斗多，六工可得米三石四斗，便够一年粮食。如此，农民更不愿领田耕种。这些奇妙的现象，不独大池如此，别的地方也同样。"②

由于米价太低贱，严重挫伤了根据地农民种粮的积极性，种粮食不如外出打工。在赣西南根据地，1930年一担谷的价格下跌到和一斤盐的价格差不多，只值边洋6角，因此，农民有田不愿耕种的现象时常发

---

① 《谢运康巡视员报告》，载《革命根据地经济史料选编》（上册），江西人民出版社1986年版，第42页。

② 《中共闽西特委通告第七号》，载《革命根据地经济史料选编》（上册），江西人民出版社1986年版，第39页。

第四章 经济封锁：革命根据地票据制度变迁的直接动因（二）

生①，许多地方田地荒芜。这是"谷贱伤农"的结果。而这一结果又成为青黄不接时期或来年发生饥荒、粮荒的原因。"民以食为天"，由于很多地方农民不愿种粮食，但对粮食的需求不会减少，粮食市场供不应求；加之，有些根据地粮食又遭到国民党匪军的抢劫，导致革命根据地米价飞涨、有钱无米买，到处闹粮荒的严重后果。《临时中央政府人民委员会命令第39号》指出："边区地方，敌人抢劫，发生米荒。红军驻地、医院近旁，粮食更缺。"② 在闽西苏区，"苏区粮食又遭团匪、军阀的抢劫，损失颇大……对于保藏粮食的工作做得不好，许多地方粮食（被）敌人抢去。"③

（四）根据地食盐极度匮乏

由于国民党军队实行严密的经济封锁，不仅对军用物资严格控制，就是对日常生活用品也不准运往苏区。导致各根据地食盐、布匹、药品等物资奇缺，尤其是食盐极度匮乏，根据地军民常常没有盐吃，红军医院甚至将少有的食盐当作伤员消毒、清洗伤口的"贵重药品"。在最困难时，连给伤员伤口消毒的食盐也没有。

在井冈山革命根据地，红军的生活是非常艰苦的，"经常没有菜吃，有时即使吃到了一点菜，也是一没有盐，二没有油。"④ 为了解决食盐严重短缺问题，各地纷纷想办法，如"将那些老式的泥墙和土砖墙的房子最下面三四尺高的老墙脚用土砖去换下来熬硝、熬盐，硝用来解决制造子弹和手榴弹的火药，盐用来解决人民群众的吃盐困难问题。"⑤ 当时，由于敌人的军事"围剿"和经济封锁，给井冈山革命根据地军民的生活带来了严重的威胁，食盐、药品、医疗器械、布匹和棉花等物品奇缺，这些东西在根据地内有钱也买不到。据记载："在敌人实行经济封锁时，只能用无盐煮的竹笋干和野菜来充饥了……当时红军

---

① 赵效民：《中国革命根据地经济史（1927—1937）》，广东人民出版社1983年版，第195页。

② 《革命根据地经济史料选编》（上册），江西人民出版社1986年版，第326页。

③ 《闽西苏维埃政府经济委员会扩大会议决议案》，载《革命根据地经济史料选编》（上册），江西人民出版社1986年版，第70页。

④ 谭冠三：《在我记忆中的井冈山斗争》，载《井冈山革命根据地》（下），中共党史资料出版社1987年版，第498页。

⑤ 李国斌：《回忆九龙山的战斗生活》，载《井冈山革命根据地》（下），中共党史资料出版社1987年版，第491页。

医院收了一个叫袁明贤的伤员，本来伤势不重，只需做个简单的手术，可那时不仅没有麻药，连消毒用的食盐水都找不到，致使伤口发炎，伤势恶化，抢救无效而死亡。"① 红四军师长张子清在战斗中腿部中弹负伤，因为缺医少药，医疗条件差，子弹头没有及时取出。张子清师长把战友带给他的一小包消毒的食盐留给更需要它的战友，因缺少盐水代替消毒水，伤口大面积发炎感染无法医治，献出了自己年轻的生命。许多红军伤员像张子清一样因缺乏食盐水消毒伤口，造成伤口大面积溃烂而牺牲。②

在湘鄂赣革命根据地，食盐非常短缺，军民也常常没盐吃。因此，《湘鄂赣省工农兵苏维埃政府鄂东南办事处通知》（第9号）指出："鄂东南苏区群众有好多三四个月没有吃盐的，因为群众买不到盐，真是一个很深重的问题。各级政府要特别注意解决此一困难。近日有一部分群众运猪、油，到白区去贩卖，转运盐布进来，这是很正确的办法。并且群众可以相当的提高肉的价格，使群众能换多些盐。因为我们没有肉吃，没有油吃，这不要紧；没有盐吃，就要苦了，没有布做衣服也是冷得苦。同时猪、油是苏区出产品，苏维埃应准许群众运输出去，转运必需品——盐、布等进来，这样才是代表群众的利益。"③

为了解决根据地军民的食盐问题，在有些时候，根据地党组织和苏维埃政府通过做商人的工作、采取各种政策鼓励中小商人秘密从国统区运进食盐，但数量很少而且价格非常昂贵，按当时16两一斤的秤计价，最贵时每块银元只可以购买4两盐。据记载，"按当时的谷价2元一担计算，需要2担谷才能买到1斤盐"。④ 此外，根据地党组织和苏维埃政府还广泛发动根据地军民动手熬硝盐，并建立了一些硝盐厂。当年的红军战士王耀南回忆说：除了用老土墙来熬硝盐外，"有时还把尿桶底上长期积起来的白硝刮下来，用水一泡来熬硝盐。因为尿桶底上的白硝含盐量较多。硝盐熬出来以后，上面是硝，下面是盐。就是这样的盐，

---

① 《井冈山革命根据地》（下），中共党史资料出版社1987年版，第504—505页。
② 舒龙、谢一彪：《中央苏区贸易史》，中国社会科学出版社2009年版，第40页。
③ 《革命根据地经济史料选编》（上册），江西人民出版社1986年版，第314页。
④ 张泰城、刘家桂：《井冈山革命根据地经济建设史》，江西出版集团、江西人民出版社2007年版，第33页。

第四章 经济封锁：革命根据地票据制度变迁的直接动因（二）

在南瓜汤里放进一点，味道就算很好了。"① 闽浙赣革命根据地苏维埃政府号召根据地军民，"男女老少齐上阵，人人动手找硝，家家自己熬盐。各县办有小规模的硝盐厂，熬出的硝盐虽然质量差了一些，但总算是解决了军民的食盐问题。"② 闽浙赣根据地1934年年初成立熬硝盐厂1335个，相当程度地解决了根据地群众的食盐问题。据江西7个县的不完全统计，中央革命根据地有熬盐厂581个；兴国县1934年熬盐厂发展到312个。③ 由于各革命根据地建立大量熬盐厂，很大程度上缓解了根据地因缺盐而引起的恐慌，部分地解决了根据地军民食盐的问题。也由于长期食用硝盐，根据地军民的身体健康受到一定影响，不少人因食用硝盐而中毒。因此，解决根据地食盐问题，就成为根据地一项重要而紧迫的任务。

国民党反动派对革命根据地的经济封锁，导致革命根据地经济严重衰落，几乎停滞，根据地军民生活极度困难，严重地影响工农红军反"围剿"战争的胜利。据资料记载，"在目前正在与反动统治阶级作残酷战争的时候，反动统治阶级不遗余力地大烧、大杀、欺骗来进攻苏区与红军以外，更施行其经济封锁，断绝赤白交通。最近一年来，苏维埃区域的确感受到一切物资上的困难，时常缺乏洋油、食盐、布匹、药材等日常必需品，同时苏区的生产品，如夏布、纸、碗、爆竹、红茶……也不能转运去出售，苏区内的金融，亦发生困难。我们为要克服这种困难，冲破敌人的封锁政策，就要实行苏区的经济计划，以发展苏区的经济。"④ 严峻的军事、经济斗争形势和恶劣环境，迫使根据地党和苏维埃政府进行一系列制度变迁和制度安排，如成立国民经济部、粮食调剂局，发行公债、粮食票据和股票，采取各种经济政策及措施，以恢复和发展革命根据地经济，支援革命战争。

---

① 张泰城、刘家桂：《井冈山革命根据地经济建设史》，江西出版集团、江西人民出版社2007年版，第34页。
② 方志纯：《回首当年》，江西人民出版社1987年版，第87页。
③ 李占才、张黎：《中国新民主主义经济史》，安徽人民出版社1989年版，第108页。
④ 《革命根据地经济史料选编》（上册），江西人民出版社1986年版，第312页。

第五章　强制性制度变迁：成立粮食调剂局和国民经济部

第一节　成立粮食调剂局

如上所述，由于国民党反动派对苏区疯狂的军事"围剿"和经济封锁，苏区与外界的商贸交易几乎中断，商业衰落；加上奸商、富农趁机恶意操纵，导致革命根据地经济几乎停滞，工业品与农产品价格"剪刀差"问题严重；谷贱伤农，农民不愿意种粮食，粮食短缺；日用工业品特别是食盐匮乏，许多地方发生粮荒、盐荒或经济恐慌，根据地军民生产生活极度困苦。所有这一切，对根据地经济、革命战争以及红色政权的巩固产生了极大的损害。尽管根据地党和各级苏维埃政府曾采取行政命令的方式强制禁止粮食价格跌落，但是，结果事与愿违，完全无效。因为，作为一个经济系统，革命根据地的经济活动也是有规律的；经济规律是客观的，我们不能创造经济规律，更不能消灭经济规律，只能按客观经济规律办事。违反客观经济规律的行为，只能招致失败。采取行政命令的方式禁止粮食价格下跌，这一行政命令是违反经济规律的，"一般农民仍是暗中减价出售，这是证明苏维埃在消极方面来限制是没有作用的，因为农民一切油、柴、杂用，总要靠拿籴米的钱来维持。"① 因此，解决粮食和食盐问题，解决根据地经济发展和人民生产生活问题，就成为各根据地党组织和苏维埃政府经济建设的第一要务。粮食问题、食盐问题、生产生活问题，归结起来都是经济问题；要

---

① 《谢运康巡视员报告》，载《革命根据地经济史料选编》（上册），江西人民出版社1986年版，第42页。

解决根据地经济问题，必须进行制度创新或制度变迁。

一 建立粮食调剂局和粮食合作社

新制度经济学认为，制度变迁即是在原有或既定制度下的创新或新发展。诺思意义上的制度变迁，"指制度创立、变更及随着时间变化而被打破的方式"[①]，即一种效率更高的制度取代原来效率低的制度。为解决粮食危机问题，各根据地先后成立了粮食调剂局和粮食合作社，临时中央政府还成立了粮食部。这些组织机构的建立是一种强制性制度变迁，即由政府命令和法律引入与实行的制度变迁。之所以实施强制性制度变迁，是因为存在潜在的获利机会（外部潜在利润），出现制度不均衡时，不进行制度创新就不能获取这些潜在的外部利润。根据地建立了粮食部、粮食调剂局、粮食合作社后，能从总体上调剂苏区之间的粮食、食盐等物资的运转，不仅解决根据地人民粮食和食盐危机问题，还能保障前线红军部队的粮食供给和解决吃菜缺盐之苦。

1930年6月，闽西根据地苏维埃政府率先成立了粮食调剂局，公布《关于组织粮食调剂局问题》的布告，要求各地成立粮食调剂局，提出："粮食调剂局的成立，是发展闽西社会经济的重要出路，是目前急需进行的特殊需要工作。"[②] 于是，闽西根据地苏维埃政府在所辖各县、区设立粮食调剂分局和支局，以保障调剂根据地军民的粮食供给。闽西根据地粮食调剂局的具体调剂办法如下：新米谷上市后，粮食调剂局以比市场价高出1/3的价格，向农民，主要是向贫农和雇农收买粮食，然后由粮食调剂局将粮食储藏起来。等到青黄不接之时，再将收购的粮食以当时市价九五折扣卖给农民。由于青黄不接时的米谷价格要高出新粮上市时的价格许多，粮食调剂局从中获得的差额收入，就作为弥补米谷损耗和粮食调剂局的管理费用。用这种办法调剂粮食，一方面，农民可免遭新谷上市时贱卖粮食之苦，农民不会吃亏；另一方面，又可避免青黄不接时高价买米谷。同时，粮食调剂局还能赚到一些利润而不赔本。在粮食调剂局的调节下，农民不必贱卖粮食，市场上的粮食价格也随之稳定下来。这种粮食调剂局深受根据地人民群众拥护，所以，发

[①] V. 拉坦：《诱致性制度变迁理论》，转载于《财产权利与制度变迁》，上海三联书店、上海人民出版社1994年版，第329页。

[②] 罗福林：《中央苏区粮食干部队伍建设》，《中国粮食经济》2001年第11期。

展非常快。到1931年4月，仅永定县就开办了34个粮食调剂局。① 随后，不少根据地苏维埃政府效仿闽西苏维埃政府的做法，纷纷组建粮食调剂局，以对根据地的粮食进行调剂。

在大量建立粮食调剂局的同时，闽西根据地还建立了粮食合作社。这种粮食合作社向群众募集股金，"此种募集不是普遍募集，而是向生活较好的人家募集，每股大洋一元。每乡组织一个调剂局（实际上是粮食合作社——笔者注），全区八个局，共有股金1810元。"② 粮食合作社的调剂方法与粮食调剂局的方法大体上差不多。粮食合作社区别于粮食调剂局的明显特征，就是前者更注重对红军家属和特困群众的照顾。如卖出米谷时，优先卖给红军家属和特别困难的群众；如果红军家属和群众无钱买粮，还可以借给他们粮食，待割禾时如数归还，不收利息。

1931年，中央苏区大部分地区粮食丰产，也有个别地区出现歉收的情况。但是，由于苏区政府客观上缺乏管理和调剂粮食的经验；主观上对粮食的储备和调剂没有引起足够的重视，也没有注意控制粮食出口，结果导致1932年个别地方发生夏季粮荒。为了解决粮食短缺问题，1932年8月，中华苏维埃共和国临时中央政府人民委员会发布了《发展粮食合作社运动问题》的训令（第七号），号召各地成立粮食合作社，与奸商富农作斗争。为什么成立粮食合作社要与奸商富农作斗争呢？因为在新粮登场时，特别是在粮食大丰收的年份，米谷价格极低，一方面，奸商富农就以低价收购大量米谷储藏在自家的粮仓里。另一方面，粮食这种农产品是需求缺乏弹性的商品，农户出售农产品的总收入与价格同方向变动，价格升高则总收入增加，价格下降则总收入也下降。老百姓在粮食大增产的一年粮食价格低贱，总收入比平时年份还少许多，增产不增收，谷贱伤农。这样，第二年，农户就减少粮食种植面积，粮食总产下降，粮食供不应求，米价猛涨。同时，在青黄不接之时，奸商和富农趁火打劫，肆意涨价，高价销售囤积的粮食。老百姓苦于米价太高无法购买，因此，许多地方闹饥荒或粮荒。所以要组织粮食

---

① 赵效民主编：《中国革命根据地经济史（1927—1937）》，广东人民出版社1983年版，第197—199页。

② 同上。

第五章 强制性制度变迁：成立粮食调剂局和国民经济部 ❙ 103

合作社与富农奸商作斗争。

1933年年初，在中央根据地许多地方发生粮荒。其原因也是这样的，一方面因受1932年部分地区粮食歉收影响，奸商和富农囤积居奇，乘机抬高粮价；另一方面，国民党反动派又开始了对中央革命根据地第四次"围剿"，红军兵力已发展到10万人，需要更多的粮食。所以导致中央苏区发生粮食恐慌。

为解决中央根据地缺粮这一严重问题，中央根据地苏维埃临时中央政府人民委员会于1933年2月26日召开会议，研究决定两件大事：一是以临时中央政府的名义向根据地人民举行借谷运动，为红军部队筹集足够的军粮；二是决定成立粮食调剂局。1933年3月4日，临时中央政府人民委员会颁发了第39号命令《为调节民食接济军粮》，标志着临时中央政府粮食调剂局的正式成立。第39号命令明确规定了粮食调剂局与粮食合作社之间是领导与被领导的关系，指出："中央政府已决定粮食调剂的计划，设立了粮食调剂局，各地政府应领导群众，快快组织粮食合作社，在粮食调剂局领导帮助下，努力进行。办米之外，还要办盐，以抵制富农、奸商的积藏操纵，以防备国民党的严厉封锁，以调节各地的民食，以接济前方的军粮。"[①] 1933年4月28日，中华苏维埃共和国临时中央政府人民委员会发布训令第10号，决定成立中央国民经济部，粮食调剂局划归国民经济部管理；省县两级也要成立国民经济部，内设相应的粮食调剂局等机构。到1933年5月，各地基本建立了粮食调剂局。

1933年8月12日至15日，中华苏维埃临时中央政府召开中央苏区南部17县经济建设大会。大会作出《中央苏区南部十七县经济建设大会的决议》，就粮食问题作了三点决定：一是关于设立粮食调剂局。要求没有粮食调剂局的县份，县苏主席团、国民经济部要立即找出适当的人才筹备粮食调剂局的工作，至九月十五日每县建立起一个粮食调剂局，每一大的圩场有一个粮食调剂支局。二是关于设立粮食合作社。要求各县以最大力量在每乡建立起一个起码有三百社员百元股金的粮食合作社，九月十五日以前收齐股金开始营业。三是关于设立粮仓，要求各

[①] 《为调节民食接济军粮》，载《革命根据地经济史料选编》（上册），江西人民出版社1986年版，第327页。

县建立的谷仓及各乡粮食合作社的谷仓，在八月底要一律建立（或修理）好。① 在中央苏区南部十七县经济建设大会的推动下，根据地的粮食调剂局有了较快发展。

至此，粮食调剂局这一制度变迁过程基本完成，制度不均衡状态基本结束，又回复到制度均衡状态。也就是说，粮食调剂局成立之前，根据地制度是不均衡的。因为，国民党军队对根据地的疯狂"围剿"和经济封锁，苏区与外界的贸易中断，根据地内部经济几乎停滞，根据地军民生活极度困苦，这就导致了制度不均衡。这种不均衡的状态有获得潜在外部利润的机会。新制度经济学认为，下列外在事件中的任何一个事件都能衍生出制度安排创新的压力，使制度均衡状态受到破坏，由均衡变成不均衡。一是某些外在性变动的发生导致了从前未曾存在的外部效应的产生，制度变迁的潜在收入可能会增加；二是法律上或政治上的某些变化可能影响制度环境，使某些集团实现一种再分配或趁机利用现存的外部利润机会成为可能。正是上述制度环境、制度结构的某些变化，要素相对价格的改变以及外部效应的产生等原因，使新的制度安排的成本降低或潜在收入可能增加，就表明现存制度安排处于一种非均衡状态。在这种情况下，如果实施制度变迁，创新制度安排，就能将外部潜在收入内在化，实现新的收入。这时，制度不均衡就变成了新的制度均衡。

在当时情况下，一些投机商人和富农，正是看准了这种制度不均衡的状态，以及可能获得的潜在外部利润，在粮食丰收年份低价买进，囤积居奇，在歉收年份高价卖出，疯狂地赚取高额利润或差价，加重了根据地粮食短缺和粮荒，也加重了根据地制度不均衡状态，从而进一步加重根据地经济困难及民众生活困难。

各根据地成立粮食调剂局这一制度创新为什么能实现呢？根据新制度经济学的分析，制度供给是国家的基本功能。由于根据地苏维埃临时中央政府在使用强制力时有很大的规模经济（至少在苏区内是这样），根据地苏维埃政府不仅可以比竞争性组织（如富农和奸商）以低得多的费用提供制度性服务（如发布政策命令或成立相应组织机构），以换

---

① 《中央苏区南部十七县经济建设大会的决议》，载《革命根据地经济史料选编》（上册），江西人民出版社1986年版，第142—143页。

取苏维埃政权合法性的最大化（获得根据地军民的最大限度支持和拥护）及临时中央政府的租金最大化，也使根据地税收增加，而且根据地苏维埃政府可以凭借其"暴力潜能"（即国家的强制力）强制实现一个由任何自愿的谈判都不可能实现的方案，即成立粮食调剂局，这样能大大降低制度变迁中的组织成本和实施成本。之所以各根据地成立粮食调剂局这一制度创新能实现，是因为这一制度变迁中的组织成本和实施成本低的缘故。

二 粮食调剂局与粮食合作社的关系

1933年7月14日，中央国民经济部颁布了《中央国民经济人民委员部关于粮食调剂局与粮食合作社的关系》的通知。该通知详细规定了各级粮食调剂局与粮食合作社的关系：

"一、粮食调剂局系调剂苏区粮食，保证红军及政府给养，并帮助改善工农生活的国家机关。而粮食合作社则是广大工农群众抵制奸商、富农剥削，改善自己生活的群众经济组织。

二、粮食调剂局与粮食合作社，虽然性质各不相同，组织系统各不相混，可是他们在工作上应该发生最密切的关系，粮食合作社可以说是粮食调剂局的群众基础的组织，经过粮食合作社，调剂局可与群众发生密切的联系。

三、粮食合作社与各县粮食调剂分局或支局发生关系。

四、粮食调剂局与粮食合作社的关系如下：

（一）粮食调剂局向粮食合作社购买政府及红军所需要的粮食，在新谷上市时，要使谷价不致跌得太低，在青黄不接的时期，要使谷价不致涨得太高。

（二）区乡二级政府及其他工作人员，所需要粮食，可用粮食调剂局所发的领米证向粮食合作社领取。最后，由粮食合作社向粮食调剂局支钱。

（三）粮食调剂局应帮助粮食合作社来获取农民所必需的其他粮食（粮食，可能系商品之误——编者注）的供给（如盐等）。

（四）在粮食合作社非常急迫地需要现款时，调剂局可设法帮助借款，反之，在调剂局急需时，亦可向粮食合作社暂时借用，迅速归还之。

（五）粮食调剂局应经过粮食合作社来帮助农业生产的发展，设法供给农民以必需的肥料如石灰、种子和农具等。

（六）粮食合作社应该帮助粮食调剂局来运输粮食（如帮助政府发动运输粮食的夫子等），在未设运输站的地方，该地粮食合作社在必要时，应该为粮食调剂局执行运输站的工作。

（七）在粮食调剂局建有谷仓的地方，粮食合作社应共同帮助调剂局的谷仓的管理。

五、只有在粮食合作社普遍发展，粮食调剂局与粮食合作社，发生密切关系的条件之后，调剂局才能很好起到调剂政府红军及群众粮食的作用，同时也只有在调剂局的领导与帮助之下，粮食合作社才能得到很好的发展与巩固，各级粮食调剂局与粮食合作社，应该根据上述几点，切实执行。"[1]

由于苏区党和政府的领导和号召，根据地都建立了相应的粮食调剂局，苏维埃临时中央政府设粮食调剂总局，省设粮食调剂局，县设分局，每个区和重要的圩场设粮食调剂支局。1934年3月在突击征集粮食运动中，毛泽覃同志写了一篇文章，强调要重视粮食调剂局的工作，文章指出："和粮食合作社同样重要意义的是建立粮食调剂局的问题，这种组织过去和现在在调剂粮食上起了重大作用，是一种国家经济组织，有许多县区还没有建立的，在建立了的地方也不大健全，在粮食突击运动中，经过粮食部与粮食调剂总局建立与健全各县的局与各中心区的支局，同样是为着革命战争的给养，改善群众生活的重大工作。"[2]之后，粮食调剂局又有进一步的发展。粮食调剂局和粮食合作社的建立，为解决根据地军需民食，发挥了极大的作用。

第二节 粮食调剂局的工作任务和绩效

一 粮食调剂局的工作职责和任务

1933年4月28日，中华苏维埃共和国临时中央政府国民经济部颁

---

[1] 《中央国民经济人民委员部关于粮食调剂局与粮食合作社的关系》，载《革命根据地经济史料选编》（上册），江西人民出版社1986年版，第334—335页。

[2] 毛泽覃：《为全部完成粮食突击计划而斗争》，转引自《革命根据地财政经济史长编》（下），中国社会科学院内部资料，第901页。

发了《中华苏维埃共和国各级国民经济部暂行组织纲要》，对粮食调剂局的工作职责作了明确规定："管理粮食的粜籴运输及仓库存储等事宜，使粮食有合理的分配，以适应红军、政府机关及全体国民的需要。"① 粮食调剂局的工作任务主要有两个大的方面：一是通过购买、销售、调剂、存储等业务，打击奸商富农的囤积居奇、暗中操纵，平抑粮价，保障根据地粮食的供需平衡；二是根据苏区军民的需要，组织粮食出口，以换回根据地所急需的食盐、洋油、药材及布匹等日用工业品，供给军用民需，粉碎国民党反动派的经济封锁。粮食调剂局的具体功能和工作任务有如下4项：

第一，调剂功能。即调剂粮食余缺，平抑粮食价格，打击奸商投机。为打破国民党反动派的经济封锁，苏维埃临时中央政府赋予粮食调剂局的职责是：除了调剂粮食之外，还要设法购买食盐……通过苏维埃政府以行政的手段配合经济手段，打破富农奸商的囤积操纵，打破国民党军队对根据地的铁桶般经济封锁，达到调节各根据地人民的粮食、食盐及其他日用品，以确保供给前方红军官兵的军粮。粮食调剂局对粮食的具体调剂方法有两种：一种是季节调剂。所谓季节调剂，就是在秋收后新粮上市时，以高于市场价格从农民手里收购粮食，将粮食储藏于专门的粮仓；等到次年青黄不接或春夏粮荒时，以低于市场的价格将粮仓里的粮食卖给群众，红军家属有优先购买的权利。另一种是地区调剂，就是从有多余粮食的地区，运到缺粮食的地区销售，同样是以低于市场的价格将粮食卖给根据地群众，同样是优先卖给红军家属。用这种办法能打击奸商的投机行为，使根据地粮食价格基本保持稳定，稳定了粮食市场秩序，解决谷贱伤农和农民吃贵米的问题，调动了根据地农民种粮积极性，保护农业生产。

第二，出口功能。就是有计划地组织根据地的粮食出口。革命根据地盛产粮食，粮食就成为革命根据地的最大宗商品。因此，有计划地组织粮食出口，从白区换回根据地军民必需的食盐、布匹、药品、洋油等各种工业品和现金，不仅能满足根据地军需民用，而且能一定程度增加根据地的财政收入；更重要的是，能有效地打破国民党的经济封锁。据

---

① 《中华苏维埃共和国各级国民经济部暂行组织纲要》，转引自《革命根据地财政经济史长编》（下），中国社会科学院内部资料，第901—902页。

史料记载，1933年秋季根据地粮食获得丰收，"中央苏区的粮食，有三百万担可以出口，这一出口可以分成三部分。第一，国家自己出口，第二，粮食合作社，第三，私人资本。"① 其中，国家自己出口约120万担。这120万担粮食由临时中央粮食调剂局从相关县区收集起来，然后集中交付给对外贸易局与白区商人进行出口交易。粮食调剂局通过这种方式组织根据地粮食出口，据统计，仅中央苏区粮食商品流转量按折算的货币计算，每月可达20万元以上。

第三，保管和储备功能。即保管和储备粮食。兵马未动，粮草先行。一方面为了确保红军部队的军粮供给，需要准备足够的粮食；另一方面，解决根据地苏维埃政府工作人员及根据地人民的吃饭问题，也需要储备粮食。因此，粮食调剂局必须储备大批粮食，才能解决根据地军民的粮食供给问题。所以，储备并保管粮食，就成为各级粮食调剂局的一项重要功能。

上述1933年秋季根据地粮食获丰收，为了处理好余粮，保障来年各根据地春夏粮食能正常供给，临时中央政府要求粮食调剂局，安排计划储藏二十五万担粮食（从根据地群众土地税内拨至二十五万担），各根据地建立能够储藏二十五万担粮食的谷仓。一是要求各地建立粮仓。每个乡要修建谷仓一处，乡谷仓至少能容纳三百石谷子；每区要建谷仓数处，粮仓要建在接近圩场，处于交通便利的位置。二是建立健全粮食管理制度，同粮食保管中的严重失职、贪污盗窃现象斗争。三是建立谷仓管理委员会，制定谷仓管理制度。四是抓紧运输，及时组织粮食入库。

第四，收集功能，即收集粮食的功能。"民以食为天"。要打败国民党反动派的军事围剿，打破敌人经济封锁，必须解决根据地军民的吃饭问题。因而，收集粮食就成为粮食调剂局最重要的一项功能。在当时，粮食收集工作具有十分重要的战略意义。这可以从以下四个方面说明：

"（一）我们工农红军需要充分的粮食给养，如果红军一方面作战，他一方面又时时忙于收买粮食（而且有时吃不够），那么红军的战斗力

---

① 《怎样进行粮食收集与调剂的运动》，1933年7月，转引自《革命根据地财政经济史长编》（下），中国社会科学院内部资料，第922页。

第五章　强制性制度变迁：成立粮食调剂局和国民经济部 ∥ 109

必致受到妨碍，所以充分粮食的供给，是保证红军战斗力的重要工作之一，现在民族革命战争一天天的发展，红军一天天的扩大，我们对于红军粮食的供给，应该努力使之有保证。

（二）我们苏区粮食的出产是很丰富的。我们粮食很多，而我们需要的工业品（如布、洋油、火柴及盐等）则需要由外面输入，现在敌人采用经济封锁的办法，我们应该用全力打破这种经济封锁，用我们苏区所余的物品，来交换我们所缺少的物品，在我们所能输出的物品中，最主要的是粮食（其余如烟、纸、木材及钨砂等，出口较少）。我们粮食很好地收集与出口，是采取苏区工农群众所需要的工业品之最重要的方法。

（三）随着我们苏区的发展和革命战争的扩大，苏维埃政权的财政上的支出，也一天天地增加起来，苏维埃中央政府已决定今年土地税收纳谷子。我们把所收得的粮食，大部分用来出口，从这上面，我们政府可以得到大批的进款，同时，商人在获得苏维埃政府许可的条件下，也可以出口粮食。从粮食出口上，苏维埃更加以得到大批关税的收入，政府粮食的出口与关税的征收，可使苏维埃政府得到现金输入，来巩固苏区的金融。

（四）在新谷上市的时候，农民急需钱用（买日用工业品，付收获时的短工工资等），于是把粮食大批出卖，奸商富农乘机操纵，狂跌价格，比如在万太、公略、赣县一带，甚至跌到每担只得五角钱。奸商富农以极低廉的价格收买囤积，待来年价格高涨时出售，等到次年青黄不接时，粮食的价格飞腾（比如在瑞金汀州高涨到每担米二十余元），贫苦的农民，缺乏粮食，不得不以极高的价格，籴进粮食，这是投机商人与富农对于农民的残酷剥削。在这价格狂跌与飞腾的过程中，吃亏的首先是苏维埃政府及农民群众。我们为着进一步改良农民生活，就需要对于粮食的价格有适当的调剂。

所以粮食收集运动的成功，对于红军供养的保证、工业品的获得、财政收入的增加，农民生活进一步的改善，都有非常密切的关系。"①

收集粮食的途径主要有两种：一是在收获季节新粮上市时，通过市

---

　　① 《怎样进行粮食收集与调剂的运动》，《革命根据地财政经济史长编》（下），中国社会科学院内部资料，第902—903页。

场购买的形式来收集粮食,这是收集粮食的主要方式。二是在青黄不接无粮可购时,在根据地群众中发动节省粮食运动,动员广大群众节省粮食卖给粮食调剂局。收集粮食所需要的资金,过去主要是采取向富农借款的办法,来年再偿还给富农。这种办法筹集的资金有限,而且往往容易侵犯中农的利益,引起中农恐慌。土地革命后期,粮食调剂局收集粮食所需资金,主要靠各级苏维埃政府财政拨款。

1933年3月,粮食调剂局在收集粮食的过程中面临两大难题:第一是正值青黄不接时节,农民手中的粮食本来就少,几乎没有余粮,粮食市场供不应求,粮食调剂局即使有资金也无法买到粮食。第二是秋收后大批新粮食上市季节,购买粮食的量比较大,需要资金的数量也大;而且购买粮食需要现金,要有大批现金才能完成粮食购买任务,但粮食调剂局财力不足。

为解决上述两大难题,各级苏维埃政府采取了一些行之有效的应对措施:

第一,广泛动员宣传,发动根据地广大人民群众节省粮食卖给粮食调剂局。1933年5月20日,临时中央政府国民经济部颁发训令,号召各根据地国民经济部发动群众节省粮食。该训令指出:"粮食一项尤为重要,不独关系红军的给养,且直接影响工农劳苦群众的日常生活。目前粮食缺乏,谷价飞涨,有些地方已经发生夏荒。我们为要解决这个问题,除由粮食调剂局分向各县区乡比较米谷多的地方采买外,各县国民经济部应即提出主席团召开区乡代表大会,……热烈讨论在最近两个月内每人要设法节省谷子一斗。卖给粮食调剂局的问题,要从各方面去鼓励群众,说服他们,使他们了解这是帮助战争。"[①] 训令要求各根据地之间开展节省粮食的竞赛,"造成群众节省谷子卖给粮食调剂局的热烈情绪",以便粮食调剂局能很顺利地完成粮食收集任务。

1933年6月,江西省委号召各地节省粮食,支援红军和根据地军民,提出:"大家将多的粮食甚至节省一点粮食卖给粮食调剂局,以接济红军和城市的工人贫民,经过粮食调剂局的作用来压制富农奸商的操

---

① 《红色中华》第81期,1933年5月20日,《革命根据地财政经济史长编》(下),中国社会科学院内部资料,第904页。

第五章　强制性制度变迁：成立粮食调剂局和国民经济部 ▎111

纵！"① 江西省委还要求各地发动群众，从自身的实际出发，对节省粮食卖给调剂局做到心中有数，强调指出："经过群众的讨论来决定可以卖多少担谷子给粮食调剂局，卖多少担谷子给本乡的粮食合作社，节省多少粮食准备接济明年缺乏粮食的群众和困难的红军家属，卖出和节省的数目，要根据每乡每村每家收获的实际情形来决定。"② 在苏区党和政府的领导下，在群众中开展的节省粮食卖给粮食调剂局的运动得到积极的响应，如兴国、会昌、瑞金等地"节省大批的粮食去帮助红军……这些都充分地表现出广大群众拥护革命的热忱"。③

第二，采取一些非常措施。为了克服粮食收集的困难，也为了筹集足够的经济建设资金和革命战争经费，克服财政困难，根据地苏维埃政府采取了一系列非常措施。主要包括以下几项：一是开展收集粮食突击运动，以农业税、公债形式突击购粮；二是向群众借粮；三是发行建设公债，从财政上支持粮食调剂局收集粮食。

二　粮食调剂局的工作绩效

粮食调剂局在调剂苏区粮食余缺，平抑粮食价格，打击奸商，维护市场稳定，调节民食军用，支持反"围剿"革命战争，调动根据地人民生产积极性等方面发挥了显著作用，做出了重大的贡献。

首先，在调剂根据地之间的粮食余缺，稳定粮食价格方面发挥了积极作用。以中央革命根据地为例，1933年，"根据地十二个粮食调剂分局（还有四个分局未有确切报告）在四、五、六三个月中间，他们能有四十万元的商品周转，并得到盈余一万元。粮食调剂总局，从四月到八月的五个月中，有二十七万元的商品流转，并得到七千余元的盈余。这就是说，在我们中央苏区内，每月已经有了二十万元的粮食的商品流转，是经过了我们国家调剂的机关，自然这一数量在我们苏区全部粮食的商品流转中，还占极小的地位。但是，调剂局的这一工作对于粮食价格的调剂与政府和红军的给养的解决，是起了相当的作用，这是毫无

---

① 《怎样解决粮食问题》，《省委通讯》第一期，转引自《革命根据地财政经济史长编》（下），中国社会科学院内部资料，第905页。
② 《省委通讯》第三期，1933年6月9日，《革命根据地财政经济史长编》（下），中国社会科学院内部资料，第905页。
③ 《各地群众节省粮食的热忱》，《红色中华》1934年4月24日。

异议的。"① 在稳定粮食价格方面，粮食调剂局所起的作用也十分显著。1933年春荒时期，中央粮食调剂总局出售的粮食价格比市场价格便宜60%，粮食调剂分局出售的粮食价格比市价便宜30%，"起了相当的调剂作用"。② 由于粮食调剂局对粮食市场供求的调节作用，1933年秋收新谷上市后，粮食价格有了相当的提高。据记载："在谷价素称低廉的区域（如公略、万太）每担谷子的最低价格只跌到一元七八角，而且还是短时期的，很快就到二三元以上。现在一般的价格，每担谷子大多是在三元以上，像去年那样一元大洋能买二担至三担谷的现象在今年是没有看到。这上面固然有其他的原因（如公债的发行、土地税收谷、农民不轻易出卖粮食、纸币跌价等），但是粮食调剂局的调剂的作用，也是其中重要原因之一。"③

又如瑞金米价，在1933年青黄不接时，粮价上涨到一元只能买米4升，并且有继续上涨的趋势。中央粮食调剂总局随即从兴国买来一批大米，以低于市场的价格出售，一元钱6升，红军家属可优先购买，这一调剂措施立即见效，市场粮价立刻回落，由原来的一元钱4升跌至一元钱5升都没人购买。于是，"一般操纵粮价的奸商，再也不敢横行了！昨日米市，粮食调剂局卖出每块钱六升半，红校粮食合作社卖出每块钱六升，市场上米价每块钱五升半，瑞金城市劳苦群众，在这解决粮食问题中得了深刻教训，就是苏维埃政府完全是为工农谋利益的。"④

其次，为保障红军粮食供给，支援革命战争作出了重要贡献。为了收集储藏粮食，"建立了5个粮食调剂分局，相当地收得了调剂粮食价格的成效，在江西、福建和瑞金县集中了60万元的公债谷，各分局收集的公债谷约15000担，出口谷约6000担，粮食储藏计划在东线、北线、瑞金、汀州共贮210000担。"⑤ 特别是1934年在第五次反"围剿"革命战争中，临时中央政府粮食调剂总局在根据地党和中央政府领导下，先后三次完成了粮食收集运动，有效地保证了红军部队的军粮供给。

---

① 吴亮平：《经济建设的初步总结》，载《革命根据地经济史料选编》（上册），江西人民出版社1986年版，第156—157页。
② 《中央审查国家企业会计的初步结论》，1934年3月27日，《红色中华》第169期。
③ 吴亮平：《经济建设的初步总结》，载《革命根据地经济史料选编》（上册），江西人民出版社1986年版，第157页。
④ 《红色中华》第93期，1933年7月11日。
⑤ 《关于经济建设中的几点意见》，《斗争》1934年第42期。

第三节 成立国民经济部及相应机构

一 建立国民经济部及相应机构

为了粉碎国民党的军事"围剿",打破敌人的经济封锁,解决根据地经济严重困难的问题,革命根据地必须冲破封锁发展对外贸易。1933年2月26日临时中央政府人民委员会召开了第36次常委会议,会议的主要议题是研究根据地的财政经济工作。会议研究分析了革命根据地的经济形势以及苏维埃政权面临的一系列困难,发布了《为打破敌人对苏区的经济封锁告群众书》。该文章指出:"帝国主义、国民党军阀不但用了五六十万白军向我中央苏区大举进攻,到处烧杀抢掠,使我们边区民众鸡犬不宁,而且在经济上封锁我们,使我们苏区的土产,竹、木、烟、纸、夏布、粮食等不得出口,使我们的日用品,食盐、药材、布匹、洋油等不得进口,想这样来使我们经济破产,使我们苦死病死,来推翻我们工农群众以鲜血换来的苏维埃政权,来夺去我们的土地、财产与一切我们已得到的权利。"文章号召各根据地人民迅速行动起来,有钱的出钱,有力的出力,积极参与苏区的经济建设,并大力开展与白区的贸易,强调"要保持我们以鲜血换来的苏维埃政权,要保持我们的土地、财产与一切我们所已得的权利,要能够把我们的粮食、竹、木出口去调换油、盐、布匹,那我们必须在我们中央政府领导之下,用一切的力量帮助前方红军作战,能够当红军的到红军中去,能够挑担的做夫子去,有钱的买公债票,有谷子的借谷子给红军。为了粉碎国民党军阀的大举进攻,为了打破国民党军阀的封锁,我们必须把财力、人力集中起来,去争取前方战争的胜利,同时在后方,我们应该加紧春耕,努力帮助红军家属耕种公田,应该想出许多办法去输出我们的土产,去输入油、盐、洋布,我们应该大家集股组织消费合作社,寻找许多交通小道到白区去,有组织地去进行买卖,使敌人无法封锁我们。"[①]

临时中央政府人民委员会第36次常委会议根据当时根据地的财政经济状况,作出决议成立国民经济部,由邓子恢任国民经济部部长,呈

---

① 《革命根据地经济史料选编》(上册),江西人民出版社1986年版,第115—116页。

请中央执行委员会批准。中央执行委员会批准了这一决议，同意在中央增设国民经济人民委员部（以下简称国民经济部），同时，在国民经济部下设立对外贸易局。1933年4月28日，临时中央政府训令第十号转发了《中华苏维埃共和国各级国民经济部暂行组织纲要》，规定了对外贸易局的工作任务："管理苏区对外贸易事宜，设法打破封锁，保证苏区境内的生产品与境外的商品，得有经常的交换，消灭农业生产品与工业生产品价格的剪刀差现象。"① 并要求在省、县两级增设国民经济部。按照临时中央政府人民委员会的要求及人民委员会第10号训令指示精神，各级苏维埃政府建立了国民经济部。

二　国民经济部的机构设置及工作职责

国民经济人民委员部隶属于人民委员会，设部长、副部长各1名。第一任部长为邓子恢，副部长为吴亮平。后来，由于邓子恢身兼数职，工作太忙，国民经济部部长一职由林伯渠接任。1934年1月，第二次全国苏维埃代表大会召开，吴亮平当选为第三任部长。国民经济人民委员部下设国民经济委员会，由9—15名委员组成，该委员会的职责主要是专门讨论国民经济发展计划。

1933年年初，国民经济人民委员部内设5个局：设计局、调查统计局、粮食调剂局、对外贸易局、国有企业管理局；一个委员会即合作社指导委员会；还设有总务处。到1933年底，上述内设机构有三大变动：一是新增设了工业局、商业局；二是粮食调剂局划归粮食部管辖；三是国有企业管理局分为国有企业局和运输管理局。各内设机构的职责权限如下：

设计局主要掌管全国工业、农业、商业、交通运输及矿业，以及其他事关国民经济发展的设计事项；调查统计局主要管理全国与工业、农业、商业、交通运输及矿业，以及其他事关国民经济发展的调查与统计事项；粮食调剂局主要管理根据地粮食的分配、运输、存储及平抑粮价；对外贸易局主要负责对外贸易事宜；国有企业管理局负责管理国有企业相关事宜；合作社指导委员会主要负责指导合作社的建设、监督其营业、调节物品供需、平准物价等；工业局和商业局主要管理国有工业

---

① 《革命根据地财政经济史料长编（土地革命时期）》（下）（内部资料），1978年，第942页。

第五章 强制性制度变迁：成立粮食调剂局和国民经济部

及商业的发展；国有企业局负责国有企业的发展，运输管理局主要负责国有企业产品及原料的运输事宜。根据地所在各省各县也成立了相应的机构，负责苏区各地国民经济的发展。①

临时中央政府人民委员会在第 10 号训令中还明确划分了国民经济部的职责权限，规定："过去由财政部管辖的一些工作，如粮食调剂局、合作社、对外贸易处等，应划归国民经济部管辖。过去归教育部管辖的国家印刷厂，亦暂时划归国民经济部。过去归司法部及省、县裁判部管辖的劳动感化院，应将制造与营业的部分划归国民经济部管辖。但内务部管辖的交通银行，只将运输部划归国民经济部，其邮电、路政等项仍归内务部管辖不变更。过去省、县两级的粮食部，应归并于国民经济部的粮食科。各级国民经济部内，均应设立国民经济委员会，以为规划及建议的机关。省、县两级国民经济部机关的建立，人员的委任，均应迅速报告中央国民经济人民委员部备案，至于该管区域国民经济的计划，及具体指导的方案，亦限早日拟妥，呈候中央国民经济人民委员部核准施行。"②

总之，根据地党和苏维埃政府通过实施一些强制性制度变迁，如组织粮食调剂局和粮食合作社，成立国民经济部、粮食部，建立消费合作社等，为打破敌人的经济封锁、缩小"剪刀差"，开展对外贸易，大力发展苏区经济以支援革命战争，提供了组织保证，奠定了重要的制度基础。此外，为了发展苏区经济，筹集足够的革命战争经费和粮食，保障军需民用，根据地还建立了生产合作社、供销合作社、信用合作社，发行粮食票据如粮票、米票、饭票、借谷证，发行一定数目的公债、股票等。这一系列刺激经济发展的制度创新或制度变迁，都是为了适应当时战争的需要而安排的，为确保革命战争胜利发挥了巨大的作用。本书从第六章开始，对革命根据地特殊的制度安排——票据变迁分别进行论述。

---

① 参见舒龙、谢一彪《中央苏区贸易史》，中国社会科学出版社 2009 年版，第 58—62 页。
② 《革命根据地经济史料选编》（上册），江西人民出版社 1986 年版，第 117—118 页。

第六章 土地革命时期根据地制度创新：发行票据

在土地革命时期革命根据地创建之初，没有稳定的财政收入来源。当时根据地的财政收入，主要取之于敌人，包括战争缴获敌人所得，以及打土豪筹款；向根据地人民筹借的款项所占比重不大，打土豪筹款是土地革命初期革命根据地解决经费问题的主要手段。随着土地革命的深入，一方面，苏区内的土豪越打越少，基本打完了，依靠打土豪筹款已经很困难；另一方面，国民党反动军队已经吸取以往教训，依靠战争缴获敌人所得，取之于敌人的财政来源也大大减少。同时，中国共产党领导的中国工农红军不断发展壮大，根据地也随之扩大，红军和根据地政府的开支大量增加。加之国民党反动派对革命根据地进行日益疯狂的军事"围剿"和经济封锁，革命根据地与外界的经济往来中断，导致根据地经济严重困难，财政收支状况日益恶化，财政支出缺口越来越大。根据新制度经济学理论，这时，根据地内部出现了制度不均衡状态和潜在的外部利润，因此，必须进行制度创新，广开财源，扩大财政收入。于是，整顿税收，奠定财政基础，发展根据地国营工商业，继续向边远地区打土豪和向富农筹款，就成为广开财源的主要途径。由于敌人的军事进攻和经济封锁，根据地经济建设受到严重破坏，税收来源也非常有限，仅靠正常的租税收入和打土豪、向富农筹款，仍然难以满足革命战争的需要和根据地政府的财政支出。因此，每当根据地财政十分困难，出现制度不均衡时，根据地苏维埃人民政府往往通过制度变迁或制度创新，包括发行公债、粮食票据和各种股票的办法，来筹集革命战争经费和经济建设资金，克服财政困难。

我国新民主主义革命时期人民政府发行的公债有近70种，其中，土地革命时期发行的公债有18种，抗日战争时期发行的有19种，解放战争时期发行的有32种，这些种类繁多的公债为我国新民主主义革命的胜利做出了巨大的贡献。

第一节 土地革命时期根据地发行的公债

我国新民主主义革命时期，根据地人民政府发行的公债有近70种之多，其中，土地革命时期发行的公债有18种。这18种公债有的是中央革命根据地发行的，有的是其他革命根据地发行的。

一 土地革命时期中央革命根据地发行的公债

从1930年到1934年，国民党反动军队对以江西瑞金为中心的革命根据地或中央苏区发动了五次大规模的军事"围剿"；与此同时，还对各根据地进行严密的经济封锁。加上各地奸商及反动势力对根据地金融和工商业的破坏，根据地出现了空前的经济困难。为了筹措革命战争经费，粉碎国民党反动派的军事围剿和经济封锁，中央革命根据地曾先后发行了三次公债。

（一）发行公债的目的

中央革命根据地发行公债的目的，主要有以下三个方面：

一是为了筹集革命战争经费。中央革命根据地发行公债的主要目的，就是为了筹措军费，保证反"围剿"战争的胜利。打仗，在一定程度上就是双方拼钱。正如毛泽东曾经指出的，"战争不但是军事和政治的竞赛，还是经济的竞赛。"[①] 因此，要粉碎国民党反动军队的军事"围剿"，必须要有充裕的战争经费。

1932年6月19日，蒋介石在庐山召开军事会议，制定"攘外必先安内"的反革命方针，重新部署兵力，开始对我革命根据地进行第四次"围剿"。随着"左"倾路线在中央占据统治地位，中共苏区中央局错误地将红军原来的三项任务缩小为单纯打仗一项，取消后两项：筹款和做地方工作的任务。筹款的任务只能由革命根据地苏维埃政府来承担了。1932年6月，中华苏维埃共和国临时中央政府决定"向全苏区工

[①] 《毛泽东选集》（合订本），人民出版社1964年版，第925页。

农群众募集革命战争短期公债六十万元,专为充裕革命战争的经费。"①本期发行的 60 万元短期公债,年息为 1 分,半年还本付息。

如前所述,随着土地革命的深入,打土豪筹款受到限制,因为土豪总有打完的时候。完全依靠以前的打土豪筹集款项以及依靠根据地正常的税收收入是无法满足革命战争的需要的。如何渡过难关,为红军部队筹集足够的军费给养,是确保红军能够取得反"围剿"胜利的前提条件,于是,筹款就显得格外重要。新制度经济学认为,法律或政治上的某些变化可能影响制度环境,使某些集团实现再分配或趁机利用现存的外部利润机会成为可能。在这种情况下,如果实施制度变迁,创新制度安排,就能将外部潜在收入内在化,实现新的收入。在当时,发行公债就是根据地苏维埃临时中央政府创新的制度安排。因此,"中央政府为充分筹措战争经费,使得红军用其全力于决战方面,特决定一方面提高营业所得税的累进税率,重新确定土地税率,征收城镇的房租,并责成地方苏维埃政府在发展新苏区中筹款,使一切税的重担放在最有财产的阶级身上;另一方面在全苏区募集革命战争短期公债六十万元,使广大工农群众在经济上来动员帮助红军,保障革命战争的经费,不受任何困难和阻碍。"② 这是因为,"发展大规模的革命战争,对红军作战经费经常供给与接济,是决定战争胜利重要条件之一,这是目前苏维埃临时中央政府发行革命战争公债的重大意义。"③

为了募集这六十万元短期公债,号召根据地工农群众踊跃购买公债,1932 年 6 月 25 日,中华苏维埃共和国临时中央政府专门发出第 9 号布告,指出:"为要保障革命战争更有力的向前发展,保障红军继续的去消灭敌人夺取江西首先胜利,必须广大工农踊跃的参加红军,加强红军的力量,同时要准备充分的战争经费与红军给养,这成为革命战争胜利的两个主要条件。现本政府为了充裕革命战争的经费,以保证革命战争的继续胜利与发展,特举行募集短期的'革命战争'公债六十万元,专为充裕战争的用费,规定以半年为归还期,到期由政府根据所定

---

① 《中华苏维埃共和国临时中央政府执行委员会训令执字第十三号——为发行革命短期公债券事》,《红色中华》1932 年第 24 期。

② 《中华苏维埃共和国中央执行委员会训令第 14 号》,载《革命根据地经济史料选编》(上册),江西人民出版社 1986 年版,第 101 页。

③ 伯钊:《怎样发动群众热烈的来购买"革命公债"?》,《红色中华》1932 年第 24 期。

利率偿还本息,其详细办法另列条例于后。"①

1932年10月21日,为了给第四次反"围剿"战争准备充足的经费,中央执行委员会发布训令,决定发行第二期革命战争公债一百二十万元。中央执行委员会在训令中强调:"为更充分的保障这一次战争的完全胜利,充分准备战争的经济,特别是动员一切工农群众,更迅速完成这一准备,中央政府特再发行第二期革命战争短期公债一百二十万元,专为充裕战争的用费。"②同时颁布了《发行第二期公债条例》。并且要求"全体群众动员与帮助,使第二期公债能比第一期更快的销售出去。"③

第二期革命战争短期公债发行后,得到了根据地广大人民群众的积极支持和坚决拥护,从发行之日起仅半个月,就推销了128万元,超出原发行计划8万元。为了进一步充实红军经费,支援革命战争取得胜利,在第二期革命战争短期公债的发行计划完成后,根据地不少人民群众倡议"退还二期公债不要还本",自愿地将公债券无偿地捐献给政府,不要政府还本付息。《红色中华》也号召根据地军民开展"节省每一个铜板"和"减少伙食费"的运动,群众的倡议和《红色中华》的号召立即得到根据地广大群众的热烈响应。第二期公债原定1933年6月偿还,可是还在5月上旬,广大群众已经退还公债券90余万元。④

1933年7月11日,临时中央政府召开会议,决定发行经济建设公债300万元,利息六厘,规定五年偿还,其中100万元"供给革命战争经费"。1933年7月22日,中央执行委员会颁布《关于发行经济建设公债的决议》及《发行经济建设公债条例》,决定发行经济建设公债300万元,其中,100万元"作为军事费"。这次发行的经济建设公债面额分为伍角、壹元、贰元、叁元、伍元共五种。1933年8月15日,中央苏区南部17县经济建设大会召开,参会的各县代表认定了推销经济建设公债3536500元,并决定在8月、9月、10月内完成公债的推销

---

① 《革命根据地经济史料选编》(上册),江西人民出版社1986年版,第422—423页。
② 《中央执行委员会第17号训令》,载《革命根据地经济史料选编》(上册),江西人民出版社1986年版,第441页。
③ 《财政人民委员部一年来工作报告》,载《革命根据地经济史料选编》(上册),江西人民出版社1986年版,第114页。
④ 《红色中华》第188期,1933年5月14日。

任务。① 而实际情况是，直到 1934 年 3 月才推销完毕。

二是为了抵制奸商的剥削。面对当时严峻的政治、经济和军事形势，根据地党和苏维埃政府清醒地认识到，要打破敌人的经济封锁，粉碎敌人的军事"围剿"，必须解决好根据地的内外贸易问题。一方面，为解决根据地内部贸易问题，根据地苏维埃临时中央政府成立了粮食调剂总局，并在每个县设立一个粮食调剂分局，重要的区、圩场设立粮食调剂支局。通过季节调剂和地区调剂，打击不法奸商，平抑粮食价格，保障根据地军需民用。另一方面，在对外贸易方面，通过设立对外贸易局等机构，统一管理根据地对外贸易事宜，用根据地所产的农产品与敌占区交易，换取苏区军民所需的食盐、布匹、药材和洋油等日用商品。

不管是根据地内部之间的贸易还是对外贸易，都需要现金交易，必须拥有大量的资金成本才能实现内外交易。就内部交易来看，粮食调剂局要在收获季节，通过市场购买粮食储藏在粮仓，需要支付大量资金；在青黄不接时，购买根据地群众节省下来的粮食，也需要支付不少的钱。就对外交易来看，不管对外贸易局是组织大批农产品输出到敌占区，还是从敌占区购买大量的日用品输入到根据地，同样需要大量的资金。所以，对内贸易加上对外贸易都需要大量资金，于是革命根据地就面临资金短缺的问题。

在现有的制度安排下如何解决经济建设所缺的资金问题？必须进行制度创新。1933 年 6 月 17 日至 21 日，临时中央政府主席毛泽东在瑞金等 8 县区以上苏维埃政府负责人大会上对筹款问题作出指示："抵制投机商人对广大群众的残酷剥削，发展整个苏区经济以抵制敌人的经济封锁，是当前重大的任务之一。为了迅速而且大规模地进行这一经济战线上的战争，需要有苏维埃与群众的伟大组织力量与大数目的资本。因此建议到中央政府请求发行经济建设公债三百万元，用粮食交付，好迅速进行这一工作。"② 1933 年 7 月 22 日，中央执行委员会作出《关于发行经济建设公债的决议》，决议指出："革命战争的猛烈发展，要求苏维埃动员一切力量有计划地进行经济建设工作，从经济建设这一方面把

---

① 《红色中华》第 103 期，1933 年 8 月 19 日。
② 《八县查田运动大会所通过的结论》，转引自许毅《中央革命根据地财政经济史长编》，人民出版社 1982 年版，第 491 页。

广大群众组织起来，普遍发展合作社，调剂粮食与一切生产品的产销，发展对外贸易，这样去打破敌人的经济封锁，抵制奸商的残酷剥削，使群众生活得到进一步的改善，使革命战争得到更加充实的物质上的力量，这是当前的重大战斗任务。为了有力地进行经济建设工作，中央执行委员会特批准发行经济建设公债三百万元，并准购买者以粮食或金钱自由交付。"① 1933 年 7 月 22 日，中共中央组织局作出《关于收集粮食运动中的任务与动员工作的决定》，号召"各地从现在起，应该立刻开始推销三百万元苏维埃经济建设公债，因为这一公债可以用粮食来购买，所以公债的推销同时就可以调剂粮食价格的作用。"② 在发行的 300 万元经济建设公债中，200 万元借给粮食调剂局和对外贸易局做本钱，大大缓解了粮食调剂局和对外贸易局资金紧张的压力，有力地打击了投机商人对根据地群众的残酷剥削，保障了根据地粮价的稳定，保护了人民群众的生产积极性，同时在一定程度上使根据地急需的而又短缺的粮油、药品、食盐、布匹等物资得到缓解。

三是资助各种类型的合作社建设。面临国民党反动派的军事"围剿"和严密的经济封锁，建立各种合作社也是当时革命根据地的制度创新；推动各种合作社的发展是革命根据地经济建设的中心任务之一。这是由于国民党反动派的军事"围剿"和严密的经济封锁，使革命根据地与白区之间的贸易和物资交换几乎停滞，根据地生产的农产品很难输出，而白区的工业品如食盐、布匹、药品和油类等无法输入到苏区。工业品因供不应求价格高涨，农产品供过于求价格非常低贱。在这种关键时期，一些奸商唯利是图，乘机囤积居奇，哄抬物价，导致革命根据地生产生活极为不便和人民群众经济上的重大损失，也严重影响根据地经济的发展。于是，如何搞活根据地商业，促进根据地与白区之间的贸易往来，就成为根据地经济建设的重要任务之一。而合作社作为一种新的制度安排，是各种生产或消费的有效组织形式。通过合作社这种制度或组织，能够把根据地人民有效地组织起来发展经济、打破敌人的经济封锁，从而进一步粉碎敌人的军事"围剿"，获取潜在的"外部利润"。

---

① 《革命根据地经济史料选编》（上册），江西人民出版社 1986 年版，第 456 页。
② 《中共中央组织局关于收集粮食运动中的任务与动员工作的决定》，载《革命根据地经济史料选编》（上册），江西人民出版社 1986 年版，第 132 页。

因为，"在城市中，我们组织各种性质的消费合作社，……这种合作社，他将以提高城市居民的利益，反对资本的中间剥削，同时和私人资本的投机、提高物价作斗争"；"在农村中，合作社运动有更重要的意义。他将组织商业的，借贷的以及供给农民工具的活动，更进而处在生产者资格，把散漫的农民小生产组织起来。他供给农民以需要的货物和资金，提高土地的生产力，增加农民土地合作所得的利益。他反对和减少富农和中间人的剥削，这些剥削正是使农民无法超脱于穷困的境遇。"从生产方面来说，"合作社更将以生产者的地位组织独立的手工业者及手艺工人的集体化的小生产，特别是对于目前苏区的失业手艺工人。这对于反对国民党经济封锁与资本家怠工闭业，以及国民党军事的骚扰破坏有很大的意义。"① 于是，根据地苏维埃政府首先从消费流通领域开展起了轰轰烈烈的合作社运动，其中，"发展得最盛的是消费合作社和粮食合作社，其次是生产合作社，信用合作社的活动才开始。"②

1933年7月22日，中华苏维埃共和国临时中央政府中央执行委员会在《关于发行经济建设公债的决议》中规定：所发行的经济建设公债300万元，"除以一部分供给目前军事用费外，以最主要的部分用于发展合作社、调剂粮食及扩大对外贸易等方面。"③ 1933年7月26日，临时中央政府颁布的《中华苏维埃共和国发行经济建设公债条例》对发行经济建设公债的目的作出了明确规定："中央政府为发展苏区的经济建设事业，改良群众生活，充实战争力量，特发行经济建设公债，以三分之二作为发展对外贸易、调剂粮食、发展合作社及农业与工业的生产之用，以三分之一作为军事经费。"④ 这300万元经济建设公债的具体分配是：100万元用来借给红军，主要用于红军作战经费；100万元用来借给粮食调剂局及对外贸易局，作为本钱；"一百万元用于帮助合作社的发展，其中分配于粮食合作社及消费合作社的各三十万元，分配

---

① 寿昌：《关于合作社》，载《革命根据地经济史料选编》（上册），江西人民出版社1986年版，第125页。
② 《毛泽东选集》合订本，人民出版社1964年版，第119页。
③ 《中央执行委员会关于发行经济建设公债的决议》，载《革命根据地经济史料选编》（上册），江西人民出版社1986年版，第456页。
④ 《中华苏维埃共和国发行经济建设公债条例》，《红色中华》1933年第96期。

于信用合作社及生产合作社的各二十万元。"①

1933年7月22日，中共中央组织局在《关于收集粮食运动中的任务与动员工作的决定》中明确指出："推销三百万经济建设公债，在每一个乡苏建立一个粮食合作社，一个消费合作社。粮食合作社，在江西要发展五十万社员，股金五十万元（每股一元），福建十万社员，股金十万元。消费合作社，在江西、福建的发展数目也是如此。"② 粮食合作社就是由一部分经济建设公债加上群众自己集股建立起来的经济组织，群众基础比较广泛。粮食合作社由于具备一定的资金，在收获季节以高于市价的价格收购粮食，储备起来，在青黄不接时以低于市场的价格将粮食投放市场，通过这种调节，使革命根据地的粮食价格趋于稳定，确保革命根据地军民打破敌人的经济封锁、克服粮食缺乏的困难，为红军作战提供物质保障。消费合作社，能以较低价格将日用工业品如食盐、布匹和油类等出售给社员，红军家属还享有优先购买权。借助于消费合作社，就可以抵制奸商的剥削，有效打破国民党反动派对根据地的经济封锁。

（二）发行公债的规定

各革命根据地发行公债都有严格的规定。这些规定主要分为两个层次，第一个层次是临时中央政府关于发行公债的决定、决议、通知、通告、训令等；第二个层次是以临时中央政府的名义签发的公债条例。这些规定对公债发行的目的、意义、利率、还本付息的时间、发行办法和要求，发行范围，公债的使用范围及流通等事宜作了明确的界定。中央革命根据地所发行的公债中，最早发行的是革命战争公债，经济建设公债发行相对较晚。根据新制度经济学的"路径依赖"理论，人们过去作出的选择如制度安排，会影响现在甚至未来的选择。因此，发行在先的革命战争公债的规定对经济建设公债的发行有很大程度的影响。

第一个层次，是临时中央政府对发行公债的有关规定。规定了发行公债的目的、区域范围及数量，公债券的使用及流通，发行的方法及工作纪律等。

---

① 吴亮平：《全体工农群众及红色战士热烈拥护并推销三百万元经济建设公债》，《红色中华》1933年第96期。

② 《中共中央组织局关于收集粮食运动中的任务与动员工作的决定》，载《革命根据地经济史料选编》（上册），江西人民出版社1986年版，第132页。

比如，1932年6月中央政府发行第一期革命战争短期公债60万元。临时中央政府于1932年6月25日发布第九号文告，明确规定公债的发行目的是"专为充裕战争的用费"；规定"以半年为归还期"；公债"能买卖抵押交纳租税，与其他财产有同等之价值与信用"；发行区域及数量："除以十万元在湘赣、湘鄂赣省发行外，在中央区发行五十万元，分五期发行，每期十万元，从七月一日至三十日发行完毕。"①中华苏维埃共和国临时中央政府执行委员会第13号训令，规定了60万元革命战争短期公债的具体发行办法：（一）各地各部门、机关发行分配的数目：红军共4万元；城市商人6万元；各县共39万元；其他党团政府共1万元。这里共50万元，由江西、福建两省分五期发行，每期发行10万元。还剩余10万元由湘赣、湘鄂赣两省推销。（二）由江西、福建分五期发行，共50万元公债的发行日期，分别定在1932年7月1日、5日、10日、15日、20日发出，每期发行后其款项集中的日期分别是7月15日、7月20日、7月30日、8月10日和8月15日。（三）以上规定的款项数目与集中交款的日期，必须严格执行，不得有丝毫贻误。同时规定了还本付息的具体办法，"这种债券限定半年照款（数）由政府归还，另按年利一分付息。六个月满后，除还本外，每元另付半年息洋五分，并准许买卖、抵押及完纳国家租税。"训令明确规定了发行公债的工作纪律："一、用宣传鼓动的方法，鼓动群众自愿来买公债券，而不能有强迫命令的方法，但对于富农、大中商人可以责令购买。二、由区市乡召集代表会议……用革命竞赛的方法。"②

又比如，1932年10月，临时中央政府发行第二期革命战争短期公债120万元。中华苏维埃共和国临时中央政府执行委员会于1932年10月21日发布第17号训令，指出本期短期公债发行的目的："专为充裕战争的用费。"第17号训令还对债款分配数目、发行和收款日期、动员群众办法作出了明确规定：1. 债款分配数目：商家共15万元；福建、江西各县共98.6万元；红军共6万元；党政团体共4000元。2. 此期公债分五期发行：从1933年10月26日开始至12月1日结束。3. 动员

---

① 《中华苏维埃共和国临时中央政府布告第9号》，载《革命根据地经济史料选编》（上册），江西人民出版社1986年版，第422—423页。

② 财政部财政科学研究所、财政部国债金融司：《中国革命根据地债券文物集》，中国档案出版社1999年版，第9页。

群众：用宣传鼓动的方法，鼓动工农群众自动购买，不能用命令强迫。但对于富农、大中商人，可以事前派定，责令购买。①

再比如，1933年7月11日，临时中央政府人民委员会召开会议，决定发行经济建设公债300万元。随后，中华苏维埃共和国临时中央政府中央执行委员会发布《关于发行经济建设公债的决议》（以下简称《决议》），《决议》规定：凡购买公债者，"准以粮食或金钱自由交付，除以一部分供给目前军事用费外，以最主要的部分用于发展合作社调剂粮食及扩大对外贸易等方面。"②

第二个层次的规定或制度安排，是以临时中央政府的名义签发的公债条例。公债条例详细地规定了公债名称、发行公债数量、利率、面值大小、还本付息的时间、公债的使用范围及流通、公债的信用要求、公债发行机关等。

例如，临时中央政府发行第一期革命战争短期公债时，颁布了由临时中央政府主席毛泽东和副主席项英、张国焘签署的《中华苏维埃共和国发行革命战争短期公债条例》（以下简称《条例》），该《条例》附印在每张公债背面。《条例》共十条，对公债的名称、数目、利率、公债票面额、还本付息日期等事项作了明确规定，现抄录如下：

第一条、临时中央政府为发展革命战争起见，特募集公债以充裕战争经费，故定名为"革命战争"公债券。

第二条、本项公债定额为国币六十万元。

第三条、本项公债利率定为周年一分。

第四条、本项公债票分为三种如下：一、五角；二、壹元；三、五元。

第五条、本项公债规定半年还本还息，以一九三三年一月一日起，为还本息时期，届时本利同时兑换。

第六条、本项公债完全得以十足作用的完纳商业税、土地税等等国家租税，但缴纳今年税款则无利息。

第七条、本项公债准许买卖、抵押，及代其他种现款的担保品

---

① 《中央执行委员会第17号训令》，载《革命根据地经济史料选编》（上册），江西人民出版社1986年版，第441—443页。

② 《中央执行委员会关于发行经济建设公债的决议》，载《革命根据地经济史料选编》（上册），江西人民出版社1986年版，第456页。

之用。

第八条、如有人故意破坏信用、破坏价格者,以破坏苏维埃与革命战争论罪。

第九条、本项公债负经售债票及还本付息,由各级政府财政机关、红军经理部、国家银行及政府所委托之各地工农银行、合作社等分别办理。

第十条、本条例自一九三二年七月一日公布施行。①

又如,临时中央政府1932年10月发行第二期革命战争短期公债120万元时,同样也颁布了《发行第二期革命战争公债条例》(以下简称《条例》),《条例》共十条,对发行第二期革命战争公债的目的意义、数目、利率、还本付息的期限等做出了明确规定。通过对比第一期、第二期革命战争公债条例可以看出,第二期公债利率、还本付息期限及票面额都与第一期规定相同。第二期公债《条例》第七条,关于公债买卖、流通,第八条对公债破坏的惩处,第九条还本付息的办理事宜,也与第一期公债《条例》的第七条、第八条、第九条相同。然而,第二期公债《条例》也有与第一期不同之处,如第一期公债条例第六条允许"本项公债完全得以十足作用的完纳商业税、土地税等等国家租税",即公债券可以部分充当现金流通,即使不到兑付期也可以作为有价证券抵付商业税和土地税等;第二期公债《条例》则明确规定"本项公债于满期后准予完纳一切租税,十足通用,期未满前不准抵纳租税。"② 由于第一期公债即使不到期限也允许代现金交纳租税,导致不到规定的公债兑付期(1933年1月1日),还在当年10月第一期公债已几乎提前回收完毕,根本没有起到公债的借贷作用,当然也就没有达到通过发行公债来缓解财政吃紧的目的。因此,第二期公债的发行吸取了第一次公债发行的经验教训,在《条例》第六条中规定:"本项公债于满期后准予完纳一切租税,十足通用,期未满前不准抵纳租税。"另外,第一期、第二期公债发行的区域范围也不同,第二期120万元公债只在中央革命根据地发行,比第一期公债发行的范围要小;而第一期

---

① 《中华苏维埃共和国发行革命战争短期公债条例》,载《革命根据地经济史料选编》(上册),江西人民出版社1986年版,第423页。

② 《中华苏维埃共和国发行第二期革命战争公债条例》,载《革命根据地经济史料选编》(上册),江西人民出版社1986年版,第445页。

革命战争公债除在中央革命根据地发行外，还在湘赣、湘鄂赣省发行。第二期的发行方法与第一期基本相同，都是采用宣传鼓动、群众自愿认购的方法。

再如，《发行经济建设公债条例》共12条。为分析方便，现抄录如下：

中华苏维埃共和国发行经济建设公债条例

（一）中央政府为发展苏区的经济建设事业，改良群众生活，充实战争力量，特发行经济建设公债，以三分之二作为发展对外贸易、调剂粮食、发展合作社及农业与工业的生产之用，以三分之一作为军事经费。

（二）本公债定额为国币300万元。

（三）本公债利率定为周年5厘。

（四）本公债利息，从1934年10月份起，分7年支付，每元每年利息大洋5分。

（五）本公债还本，从1936年10月起，分5年偿还。第一年即1936年还全额10%；第二年即1937年还15%；第三年即1938年还20%；第四年即1939年还25%；第五年即1940年还30%。偿还办法，届时由财政人民委员部另行制订公布之。

（六）本公债以粮食调剂局、对外贸易局及其他国营企业所得利润为付还本息之基金。

（七）本公债准许买卖、抵押并作其他担保品之用。

（八）购买本公债者中，交谷交银听其自便。交谷者谷价照当地县政府公布之价格计算。

（九）本公债票面价额分为伍角、壹元、贰元、叁元、伍元五种。

（十）如有故意破坏本公债信用者，以破坏苏维埃经济论罪。

（十一）本公债发行事宜，由各级政府公债发行委员会负责，所收款项，送交分支库；所收谷子，则交与仓库保管委员会。

（十二）本条例自1933年8月1日起施行。[①]

现对以上条例作一个简单讨论。条例第一、第二条清清楚楚地规定发行经济建设公债的目的、性质和名称。本期公债的名称是"经济建

---

① 《红色中华》第96期，1933年7月26日。

设公债",发行目的有两个主要方面:一是"以三分之二作为发展对外贸易、调剂粮食、发展合作社及农业与工业的生产之用",即"为发展苏区的经济建设事业,改良群众生活";二是"以三分之一作为军事经费","充实战争力量。"第二、第三、第四条规定了发行公债的数量、利率、还本付息的期限。第五条规定了公债的还本期限。第七条对公债的流通使用作了规定。第八条规定了具体的购买方式及价格折算方法。第九条规定了公债券的面值。第十条是对破坏债券信用的处置规定。第十一条规定了公债的发行机关及粮款的管理机关。第十二条规定了施行日期。从以上条例还可以看出,公债利率定为周年5厘。与革命战争短期公债相比较,经济建设公债发行的数额要大很多,其偿还日期也比较长。经济建设公债条例规定:公债利息,从1934年10月起,到1940年10月,分7年支付,每元每年利息大洋5分;本公债自发行三年后还本,从1936年10月起至1940年10月,分5年偿还。第一期和第二期"革命战争公债"还本付息期限都是半年,中央政府按照相应的条例规定在当时很短时间内就偿还了利息。发行经济建设公债后一年左右,即1934年10月中旬,中央红军被迫离开中央革命根据地,开始史无前例的战略转移即长征。因此,按条例规定的日期还本付息就不现实,后来很长时间才兑现。就流通或买卖而言,第一期和第二期革命战争公债"准许买卖、抵押,及代其他种现款的担保品之用",还可以用来完纳商业税、土地税等国家租税(或期满后完纳一切租税);经济建设公债只规定"准许买卖、抵押并作其他担保品之用"。至于购买本公债是交谷还是交银,则听其自便;同时条例还明确规定,如果以交谷的形式购买本公债,谷价按当地县政府公布之价格计算。

(三) 发行公债的方法

在当时的战争环境中,由于根据地经济发生严重问题,人民生活艰苦,根据地的公债推销工作面临一定的困难。为顺利完成公债的推销任务,筹集足够的款项和粮食,根据地党和政府采取各种办法和措施克服重重困难,基本上完成了各项公债推销任务。

一是各级苏维埃政府成立公债发行机构,推动公债按计划发行。为顺利完成公债推销任务,根据地许多地方县、区、乡三级都成立了公债发行委员会。1933年9月,临时中央政府就经济建设公债推销工作,给江西、福建、闽赣各省苏维埃,瑞金县苏维埃并转各级苏维埃政府的指示信指出:"中央财政人民委员部给各级公债委员会的指示信,把公债最后销完日期暂缓至十二月"。①信中提到"各级公债委员会",说明各级苏维埃政府确实成立了公债发行委员会。县一级公债发行委员会由9人至11人组成,县苏维埃政府主席为公债发行委员会主任,县苏维埃政府经济部长、工农检察部长、财政部长及群众团体若干人为委员。区级公债发行委员会由区苏维埃主席、财政部长、经济部长、检察部长等7人至9人组成,由区苏维埃政府主席任主任。乡级公债发行委员会由5人至7人组成,由乡苏维埃政府主席任主任,由乡代表选出委员,深入到各村宣传动员群众,组织各村群众开展认购公债的革命竞赛。如毛泽东同志在《长冈乡调查》一文中,介绍长冈乡"公债的推销"情况,该乡"公债发行委员会五人,每村另有一个主任。乡主席到县到区开会认销5千元,后又加认456元,共5456元。乡主席回来召集代表会议,由各村代表承认本村的销数。"②由此可以判断出,长冈乡苏维埃主席是该乡公债推销委员会主任。根据地各级苏维埃政府,也成立了相应的公债发行委员会,具体负责落实本地公债推销工作。

二是通过政治动员、广泛宣传鼓动,避免强迫命令的方式。中华苏维埃共和国临时中央政府及其执行委员会在发行公债前,做了大量的宣传动员工作,包括下发相关文件,宣传发行公债的意义。"公债"这种信用票据作为新的制度安排,在根据地民众眼里还是非常陌生的;如果没有反复的思想动员工作,根据地广大民众不一定能接受,更不用说在经济很困难的情况下掏钱认购。1932年6月26日,临时中央政府执行委员会发出训令,强调宣传动员工作的重要性,指出:"我们苏区在目前发行公债时,工农群众开始当不易了解这一伟大意义。因此,各级政府立即向广大群众作宣传鼓动,解释公债意义与工农群众购买的义务,帮助革命战争有力发展的作用。使每个工农都踊跃地来买公债,要造成这种'不买公债是一件革命战士的耻辱的空气'。"训令对宣传动员的步骤与方法做出了安排,要求"各级政府应执行以下的工作:1.用宣传鼓动的方法,来鼓动群众自愿来买公债券,切不能用命令强迫,但对

---

① 《中央政府给各级政府的信》,《红色中华》1933年第113期。
② 革命根据地财政经济史编写组:《革命根据地财政经济史长编》(下),1978年,第1412页。

于富农、大中商人可以责令购买。2. 由区、市、乡召集乡代表会议作报告，讨论推销和鼓励群众的办法，由城乡政府和代表召集商民大会，报告政府发行公债的意义与公民的义务，特别是从政治上、参加革命战争上来鼓励，使群众自动购买。……最主要的是靠我们动员与鼓动群众工作如何来决定，谁能积极去动员群众，谁就能够达到任务，必须严厉纠正过去不发动群众，专靠用命令的错误工作方式。"[1]

临时中央政府对地方各级苏维埃政府在推销公债过程中可能出现或已经出现的强迫、命令购买的情况，再三从政治的高度，通过党和苏维埃政府各级文件和训令给予严厉批评和禁止，并指出强迫命令方式的重大危害性，明确提出："各级政府主席团及乡苏主席，必须严格防止平均摊派的错误，要晓得平均摊派是十足的官僚主义，是阻碍公债推销的极端错误办法"，其危害是："一方面使反革命分子容易造谣欺骗，另一方面不能使工农群众发扬其革命热忱"[2]。对于不少地方苏维埃政府采取强迫命令方式推销公债的做法，临时中央政府及其相关部门对此提出严厉批评，强调指出："公债是政府向群众所借之债款，除商人、富农可以指令摊派外，其余中农、贫农以及小商人等，概须用宣传鼓动方法，劝人自动购买，绝对不准指派强迫。只有这样，才不致引起群众反感，妨碍公债之销行。这种意思在人民委员会训令中，已经三令五申。乃近闻各级政府仍有采用命令摊派方式，甚至如会昌某处尚有按照人口均摊、每人摊派六毛之事。这简直是军阀时代土豪劣绅勒派捐款的办法，是破坏苏维埃信仰脱离群众的办法，这等于断送群众替反革命造机会的自杀行为。"要求"各级政府以后对于自己阶级群众，无论如何须任人自由购买，不准再有摊派勒迫行为，违者查出严厉处分。"[3]

1934年1月23日，第二次全苏代表大会主席团和中国共产党中央委员会作出《关于完成推销公债征收土地税收集粮食保障红军给养的突击运动的决定》，对推销建设公债的方式方法提出了要求，特别批评

---

[1] 《中华苏维埃共和国临时中央政府执行委员会训令执字第十三号》，《红色中华》第24期，1932年6月23日。
[2] 《中央人民委员会关于推销公债方法的训令》，转引自财政部财政科学研究所、财政部国债金融司《中国革命根据地债券文物集》，中国档案出版社1999年版，第16页。
[3] 财政部财政科学研究所、财政部国债金融司：《中国革命根据地债券文物集》，中国档案出版社1999年版，第12页。

了强迫命令的官僚作风,指出:"要完成上述任务,必须真正依靠于广泛的群众动员,必须学习兴国永丰区、瑞金云集区、长汀红坊区的动员方式,特别是兴国长冈乡,博生七里乡的经验,必须事先组织积极分子,在群众中起领导作用,带头先买先交,必须彻底消灭过去对于推销公债的命令摊派,及不做宣传解释,便进行推销公债征收土地税的官僚主义强迫命令方式。一切消极怠工,不去动员群众,不相信群众帮助战争的热忱,只说'群众困难不能推销'、'非摊派无办法'的机会主义与官僚主义的分子,必须受到无情的打击。"①

三是通过开展竞赛的方法,层层分解落实公债推销任务。通过宣传动员、鼓动工农群众自动购买公债的同时,临时中央政府要求各级苏维埃政府采用各种竞赛的方法积极推销公债。1932年6月26日中华苏维埃共和国临时中央政府执行委员会,为发行革命战争短期公债发布了第13号训令,于1932年10月21日,又为发行第二期革命战争公债发布第17号训令,在这两份训令中明确提出要"用革命竞赛的方法,县与县、区与区、乡与乡、村与村、团体与团体比赛,谁购买得多,缴款得快,谁就胜利,由上一级政府,给奖旗和名誉奖。"② 1933年8月28日,为发行第三期公债即经济建设公债,中央人民委员会发布了毛泽东主席签署的《关于推销公债方法的训令》,训令指出:"各苏区应该领导各乡,订立推销公债的竞赛条约,竞赛条约上不单规定数目字,还要规定不得用强迫摊派等官僚主义办法。"③ 1933年6月26日,中共湘赣党团省委作出了《关于发行第二期革命公债票的决定》指出:要"充分的运用革命的竞赛方法,团体与团体,个人与个人,乡与乡,区与区,均应用竞赛方法来实现其完成,优胜者给以奖偿。"④

1933年8月15日,中央革命根据地苏维埃政府制定并颁布了《中央苏区南部17县经济建设大会中的竞赛条约》,竞赛的内容包括"推销经济建设公债、发展合作社、筹款"等项目。其中,推销经济建设

---

① 《第二次全苏代表大会主席团中国共产党中央委员会关于完成推销公债征收土地税收集粮食保障红军给养的突击运动的决定》,载《革命根据地经济史料选编》(上册),江西人民出版社1986年版,第459—460页。
② 转引自财政部财政科学研究所、财政部国债金融司《中国革命根据地债券文物集》,中国档案出版社1999年版,第10—11页。
③ 同上书,第16页。
④ 同上书,第22页。

公债的竞赛时间为1933年8月、9月、10月三个月，苏区南部十七县共分四组，每一县有推销公债的竞赛数目，层层分解落实：第一组，瑞金415000元、兴国450000元、胜利310000元、博生400000元；第二组，雩都300000元、赣县260000元、上杭150000元、长汀300000元；第三组，宁化200000元、汀东50000元、石城150000元、会昌300000元；第四组，新泉80000元、寻邬10000元、武平20000元、安远40000元、信丰1500元。①

在推销经济建设公债时，闽赣省总共承担推销30万元的任务②，这30万元的推销任务由省苏维埃政府分解到各县区，通过竞赛的方式完成认购任务，其中闽北分区发行20万元。闽北分区20万元经分解下达到各县、市及红军部门，其中，"崇安90000元、铅山50000元、上铅10000元、建阳10000元、广丰7000元、浦西3000元、邵武10000元、市苏10000元、红军10000元"，并要求"应用竞赛方法来实现这一经济建设公债规定的数目，在十一月内要按数目发行出去三分之二"。③ 1933年7月至11月，湘赣省苏维埃政府发行第二期革命公债共计40万元，推销办法是先将任务分解落实到各县，再由各县分解落实到各区乡，然后开展革命竞赛，由群众自愿认购。据不完全统计，各县推销的数目如下：分宜36000元、新峡26000元、吉安40152元、安福41310元、茶陵21035元、宁冈2000元、萍乡13000元、莲花30891元。④

各级苏维埃政府通过宣传鼓动、政治动员和开展革命竞赛的方法推销公债外，对认购公债的先进单位和个人进行表扬，通过表扬先进，号召根据地人民向先进学习，促进公债推销工作按计划完成。1933年8月28日，中央人民委员会在《关于推销公债方法的训令》中对中央革命根据地瑞金的云集区提出了表彰，训令指出："云集区苏对各乡的动员方法正确，对乡一级的干部有详细的说明，再由这些干部向群众作了

---

① 《中央苏区南部十七县经济建设大会中的竞赛条约》，载《革命根据地经济史料选编》（上册），江西人民出版社1986年版，第145—146页。
② 《中华苏维埃共和国闽赣省革命委员会对全省选民工作的报告》，《斗争》第31期，1933年12月1日。
③ 《闽北分苏财政部训令》第29号，《斗争》第28期，1933年9月11日。
④ 湖南省财政厅编：《湘赣革命根据地财政经济史料摘编》，湖南人民出版社1986年版。转引自陈洪模《谈湘赣苏区第二期革命公债发行量》，《南方文物》2005年第4期。

第六章 土地革命时期根据地制度创新：发行票据

很好的宣传，所以得到了极大的成绩，全区共认销 40700 元，不到三星期，已推销 25500 元。其中以洋溪乡的工作做得最好，该乡担任的 4600 余元，业已全数销完。云集区及洋溪乡的光荣例子，值得全苏区来学习。"① 临时中央政府在给各地政府的信中表扬了推销公债的先进地区，指出："经济建设公债发行以来，在短期内已得到很大成绩，凡是动员方法好的地方，广大群众热烈起来拥护公债，如瑞金的云集区，福建的才溪区，红坊区等都是好榜样。"②

四是公债的认购方式和流通方式灵活方便。在购买公债时，既可用钱又可用粮交纳公债。中央政府发行第三次公债的目的，除了为红军筹集军费外，另外一个重要目的是解决粮食问题，因此，1933 年 6 月 17 日，临时中央政府主席毛泽东在瑞金主持召开瑞金等八县区以上苏维埃政府负责人查田运动大会上明确指出："为了迅速而且大规模地进行这一经济战线上的战争，需要有苏维埃与群众的伟大组织力量与大数目资本。因此，建议到中央政府请求发行经济建设公债三百万元，用粮食交付，好迅速进行这一工作。"③ 1933 年 7 月 22 日，中华苏维埃共和国临时中央政府中央执行委员会发布《关于发行经济建设公债的决议》规定："发行经济建设公债 300 万元，并准购买者以粮食或金钱自由交付"。《关于发行经济建设公债条例》也有规定："购买本公债者，交谷、交银听其自便。交谷者谷价照当地县政府公布之价格计算。"④ 1933 年 9 月，闽赣省闽北分区为推销 20 万元经济建设公债，也曾规定"购买者无论交银交粮都能购买公债，其中交粮者可按干谷 50 斤或熟米 36 斤折合银元，以作为购买公债款项"。⑤

根据第一、第二期革命战争短期公债条例及有关规定，公债可以用作代现金完纳商业税、土地税等国家租税。因此，第一期公债发行后不

---

① 《中央人民委员会关于推销公债方法的训令》，1933 年 8 月 28 日，转引自财政部财政科学研究所、财政部国债金融司《中国革命根据地债券文物集》，中国档案出版社 1999 年版，第 15 页。

② 《纠正推销公债的命令主义——中央政府给各级政府的信》，《红色中华》第 113 期，1933 年 9 月 27 日。

③ 《八县区以上苏维埃负责人员查田运动大会所通过的结论》，载《中央革命根据地财政经济史长编》，人民出版社 1982 年版，第 491 页。

④ 《红色中华》第 96 期，1933 年 7 月 22 日。

⑤ 刘庆礼：《中华苏维埃共和国经济建设公债考略》，《文物春秋》2009 年第 5 期。

久，还没有到规定期限，距收回的期限还有两三个月，"这些执行公债券的商人、农民（尤其是富农），就因为这一点在交纳商业税、土地税的时候，就完全把公债券还给政府。"① 这是制度设计上存在的漏洞，所以第一期革命战争短期公债的发行没有达到预想的效果。但第二期公债的发行吸取了第一期公债发行的经验教训，规定"本项公债于期满后完纳一切租税，十足通用。期满前不准抵纳租税。"第二期革命公债发行后，进度比较迟缓，于是中央财政人民委员部于1933年4月发布第17号训令，规定农民可用二期公债票抵纳土地税和山林税。②

后来，由于根据地和红军军粮供应困难，严重影响红军作战；同时，根据地粮食价格高涨。要素相对价格的变化，再次导致制度不均衡，必须对制度进行调整。因此，之前"购买本公债者，交谷、交银听其自便"的政策就调整为以粮食来购买公债券或交土地税。1934年1月23日，临时中央政府与中共中央发出命令，各种租税及公债以收集粮食为主，"限二月底以前各县公债，须照以前承认的数目，完全报销，土地税全部征收完毕，红军公谷悉数集中。要做到将公债谷子、土地税谷，红军公谷，完全集中到仓库，将仓库收条送到县财部报账为准。一切消极怠工，或只推销债票而不收集谷子，或收到谷子不送交仓库，不将仓库收条送县财部转账者，概作为违反命令，应给以苏维埃纪律的制裁。土地税完全收谷了，不准折谷收钱，公债也须以收谷子为原则，使能充分保障红军给养。"③

1934年2月2日，中央粮食人民委员部召开粮食工作会议，会议指出："谷价到处高涨，……已涨到七八元一担。应该收集的土地税和公债谷子还差着很大的数目，即在江西一省和瑞金直属县就有三十七万担谷子没有收清"。④ 会议决定集中农业税、公债收买谷子，倘无特别情形不得以现款替代。⑤

---

① 《在新的胜利面前财政经济问题》，转引自财政部财政科学研究所、财政部国债金融司《中国革命根据地债券文物集》，中国档案出版社1999年版，第10页。
② 《红色中华》第71期，1933年4月21日。
③ 《第二次全苏代表大会主席团中国共产党中央委员会关于完成推销公债征收土地税收集粮食保障红军给养的突击运动的决定》，载《革命根据地经济史料选编》（上册），江西人民出版社1986年版，第460页。
④ 《红色中华》第146期，1934年2月6日。
⑤ 同上。

二 土地革命时期湘赣革命根据地发行的公债

为了扭转苏区经济困难的局面，增加湘赣革命根据地财政收入，以补充军费不足，1932年至1933年，湘赣省革命根据地曾先后两次发行革命战争公债。1932年12月，湘赣省苏维埃政府发行了第一期革命战争公债8万元，根据地军民踊跃认购，实际发行公债11万元，超过原发行计划3万元。

国民党军队对革命根据地的第四次"围剿"被粉碎后，蒋介石立即调集重兵对湘赣革命根据地进行第五次军事"围剿"，同时在经济上进行更为严密的封锁。为粉碎敌人的第五次军事"围剿"和经济封锁，湘赣省苏维埃政府1933年7月决定发行第二期革命公债15万元，实际印制了20万元。[①] 与此同时，湘赣省苏维埃政府颁布了《湘赣省革命战争公债条例》（以下简称《条例》），《条例》指出："湘赣省苏维埃政府为发展革命战争，彻底粉碎敌人的围剿……特募集第二期公债以充裕战费，故定名第二期战争公债。"本次公债有伍角、壹元、伍元三种不同的面额，利率为周年1分，从1934年9月1日起为还本付息日期。[②]

1933年10月18日，湘赣省苏维埃政府召开全省经济建设大会，会议通过了《湘赣全省经济建设会议的决议》，会议指出，为了粉碎国民党反动派第五次军事"围剿"，必须设法打破敌人的经济封锁，通过发展根据地工农业生产，扩大对内对外贸易，发展合作社运动，调剂粮食，加紧筹款，增加国家财政收入。会议决定，省苏维埃政府增发20万元二期革命公债。同年10月22日，中共湘赣省委作出《关于国民经济建设问题的决定》，提出"再补发二十万公债，可用于粮食、棉花等农产品的购买"。[③] 1933年10月22日，湘赣省苏维埃财政部发布了《增发二十万二期革命公债发行工作大纲》，指出："自九县查田大会一致要求省苏增发二十万二期革命公债用于经济建设以后，跟着全省经济会议、永新合作社代表大会、军区及许多机关、各地方都纷纷继续要求

---

① 陈洪模：《谈湘赣苏区第二期革命公债发行量》，《南方文物》2005年第4期。
② 湖南省财政厅编：《湘赣革命根据地财政经济史料摘编》，湖南人民出版社1986年版，第506页。
③ 赵增延、赵刚：《中国革命根据地经济大事记（1927—1937）》，中国社会科学出版社1988年版，第95页。

省苏迅速批准发行。省苏对群众的这一热烈的请求，已经正式批准。并确定将原印发之二十万公债迅速完成，供给革命战争经费外，其余补发之二十万以八万用于对外贸易，八万用于粮食调剂，四万帮助合作社。"[1] 同时规定，公债的购买方式可以灵活多样："购买本次公债者，交银或谷、棉花，任其自便，交谷与棉花价格由当地县政府公布之。"[2]

综上所述，湘赣省苏维埃政府发行两期革命战争公债与革命公债，金额共计48万元。第一期革命战争公债发行计划量本来就不大，进展非常顺利，超额完成3万元。第二期革命战争公债与革命公债金额共计40万元，由于种种原因推销进度缓慢，直到1934年4月，"全省还有七万公债没有推销，做到四万全部收谷子，三万收现款"。[3] 总体来看，湘赣革命根据地发行的两期公债任务基本完成。

第二节 土地革命时期革命根据地发行的粮食票据

一 土地革命时期革命根据地发行的借谷票

在土地革命战争时期，粮食问题是关乎苏维埃红色政权能否巩固的大问题，因此，在苏区内"为粮食而斗争就是为苏维埃政权的斗争"[4]，各根据地为解决粮食问题曾先后多次向当地群众借粮借谷，并发给借粮群众借谷票或借粮收据。

（一）向群众借谷的背景和原因

1. 为弥补革命根据地红军和苏维埃政府粮食不足

在土地革命时期，各根据地苏维埃政权建立起来后，红军和苏维埃政府的粮食供给主要通过三种途径解决：一是征收土地税。如中央革命

---

[1] 《湘赣省发行革命战争公债第三期条例》，载《湘赣革命根据地财政经济史料摘编》，湖南人民出版社1986年版，第506页。

[2] 《中华苏维埃共和国湘赣省苏第二期革命公债条例》，转引自财政部财政科学研究所、财政部国债金融司《中国革命根据地债券文物集》，中国档案出版社1999年版，第24页。

[3] 《为了进行收集粮食突击运动给各级政府的指示信》，载《湘赣革命根据地财政经济史料摘编》，湖南人民出版社1986年版，第365页。

[4] 源远：《鄂豫皖苏区为粮食而斗争》，载《革命根据地经济史料选编》（上册），江西人民出版社1986年版，第79页。

根据地从1932年起，"土地税已逐步征收"，全苏区土地税谷总量，1934年秋已达到20万担。二是收集红军公谷。《中国工农红军优待条例》第二条规定："凡红军战士，家在白色区域的，以及新由白军中过来的，则有苏区内分得公田，由当地政府派人代耕。"在"苏区内分得的公田"就是红军公田，在红军公田上生产的谷子即为红军公谷。1934年秋，中央革命根据地红军公谷任务数为5000担。三是经济建设公债。[①] 1934年1月23日，第二次全苏代表大会主席团、中国共产党中央委员会作出《关于完成推销公债征收土地税收集粮食保障红军给养的突击运动的决定》，指出："收集粮食保障红军给养，同时调剂粮食市价，发展苏区经济，是彻底粉碎敌人五次'围剿'的主要条件之一。这一粮食的来源，最大的是建设公债，其次是土地税与红军公谷。"但是，由于敌人对革命根据地长期的经济封锁和红军反"围剿"战争消耗，加上敌军的抢掠骚扰以及自然灾害带来的粮食歉收，还有我们的宣传动员工作没有完全到位等原因，导致土地税和红军公谷的征收效果并不理想，通过发行建设公债征集粮食的计划也没有如期完成。"根据中央财政部报告，建设公债的发行，至今五个多月，到金库的谷款还不及半数，其中最严重的为鄜都、赤水、广昌、宁化、宜黄、汀东等县，集中谷子还不及十分之一，博生、胜利、赣县、万泰、长汀等县也还不及百分之三十；土地税征收，虽已于十二月在各县普遍开始，但至今征收总数，还不及十分之一……红军公谷也大部分未交到仓库，以致红军部队及政府机关食米不够供给。这些严重现象，当然是由于公债推销与土地税征收没有成绩的结果。目前是冬尽春初，米价日益腾贵，如公债及土地税谷子，再不迅速收集，直接影响红军部队及政府机关粮食的供给，间接更将便利于富农奸商的操纵，引起米价飞涨，而影响到工人、农民及一般贫苦群众的生活。"[②] 为解决红军部队及苏维埃政府机关的粮食供给不足问题，根据地苏维埃政府不得不多次向群众借粮食。

2. 为扩大红军作战部队，首先必须解决粮食供给问题

1933年2月8日，中共苏区中央局作出《关于粉碎敌人四次"围

[①] 参见温时明《中央苏区时期粮食工作概况》，《中国粮食经济》2003年第3期。

[②] 《第二次全苏代表大会主席团、中国共产党中央委员会关于完成推销公债征收土地税收集粮食保障红军给养的突击运动的决定》，载《革命根据地经济史料选编》（上册），江西人民出版社1986年版，第459页。

剿"的决战前面党的紧急任务决议》,要求"最大限度地扩大与巩固主力红军,在全国各苏区创造一百万铁的红军"。为了解决第四次反"围剿"战争中大规模扩大红军而发生的粮食困难,1933年3月1日,中华苏维埃共和国临时中央政府发布第20号训令,决定向苏区群众借谷二十万担,要求在两个月内完成。1933年3月5日,中央内务人民委员部发布《关于解决粮食问题》的布告,指出:由于敌人对革命根据地连续不断疯狂进攻,粮食问题日益严重,要求各根据地人民群众齐心协力,共同支持红军的粮食给养。① 同年5月20日,中央国民经济人民委员部颁发第一号训令《为发动群众节省谷子卖给粮食调剂局》,该训令指出:粮食问题尤为紧迫,不仅关系红军的给养,而且直接影响工农劳苦群众的日常生活。目前粮食缺乏,谷价飞涨,中央革命根据地有些地方已经发生粮荒。训令要求:"我们为要解决这个问题,除由粮食调剂局分向各县、区、乡比较谷米多的地方采买外,各县国民经济部应即提出主席团召开区、乡代表联席会议,此项会议,须有贫农团、工会及妇女代表的参加,热烈讨论在最近两月内每人要设法节省谷子一斗。卖给粮食调剂局的问题,要从各方面去鼓动群众,说服他们。使他们了解这是帮助战争。"②

3. 向根据地群众借粮也是为了保护群众粮食免遭白军抢劫

1933年年初,中央革命根据地遭到国民党军队的大规模军事"围剿",根据地许多地方被敌人洗劫一空,粮食和猪牛等财物被敌人抢去无数。1933年3月1日,中华苏维埃共和国临时中央政府执行委员会发出向根据地人民群众借谷的第20号训令,该训令指出:根据江西、福建省许多地方政府报告,各根据地革命团体纷纷请求,认为帝国主义国民党现在实行大举进攻,对苏区群众实行大烧、大杀、大抢政策。其中,福建的龙岩已全县被摧残,群众损失不可数计。"永定的溪南区被白军抢去谷子2万余担。江西方面,过去三次战争被白军杀人数千,烧屋数万,抢去谷米数十万担,猪牛各数万头。目前,蒋介石、陈济棠的几十万白军,又已开始向苏区猛进,烧杀抢劫,业已开始。我英勇红

---

① 赵增延、赵刚:《中国革命根据地经济大事记(1927—1937)》,中国社会科学出版社1988年版,第84页。

② 《为发动群众节省谷子卖给粮食调剂局》,载《革命根据地经济史料选编》(上册),江西人民出版社1986年版,第329页。

军，正在各地和白军作残酷的战斗，但缺乏粮食，各地革命群众愿意自己节省食用，借出谷米，供给红军，好把万恶白军完全消灭，彻底粉碎帝国主义国民党的大举进攻，才保得住苏区群众不受摧残。"①

实际上，从1933年开始苏区粮食奇缺，依靠征收土地税、红军公谷、公债谷已经无法满足红军的不断扩大和战争费用不断增长的需要。对此，临时中央政府不得不做出决定，在各根据地开展大规模的借谷运动。

(二) 开展借谷运动

借谷运动是中华苏维埃共和国临时中央政府依靠根据地群众解决粮食问题的非常举措。从1933年起，临时中央政府在全苏区开展了3次借谷运动，较好地缓解了军粮紧缺的局面。

第一次借谷运动。1933年春天，国民党军队向我根据地发动猛烈进攻，根据地军民奋起反击，这正是第四次反"围剿"战争最激烈的时候。为了取得第四次反"围剿"战争的胜利，红军迅猛扩大，粮食供给发生了严重困难。为了保障红军的供给，1933年2月8日，中共苏区中央局作出《关于粉碎敌人四次"围剿"的决战前面党的紧急任务决议》，强调指出："集中一切经济力量，为了战争，借20万担谷子来帮助革命战争，应该是目前战斗任务。"② 于是，决定向群众借谷20万担。1933年2月16日，《红色中华》报发表了临时中央政府人民委员会主席张闻天的署名文章《借二十万担谷给红军的号召》，要求"在两个月内完成这一任务"。1933年3月1日，中华苏维埃共和国临时中央政府中央执行委员会发布第20号训令，决定向根据地群众借谷二十万担，这是第一次借谷运动。在临时中央政府人民委员会、中共苏区中央局和临时中央执行委员会的号召下，第一次借谷突击运动迅速在各革命根据地轰轰烈烈地开展起来。革命根据地各级苏维埃政府采取各种形式动员宣传群众开展借谷竞赛运动，实际上向群众借谷16万担，据记载："去年（指1933年，笔者注）我们工农群众热烈的借了十六万担谷子给苏维埃，解决了前方红军的粮食问题"。③ 许多地方群众自动提出"借谷给红军不要还"，并纷纷退回政府发给的借谷票，借谷运动取

---

① 转引自财政部财政科学研究所、财政部国债金融司《中国革命根据地债券文物集》，中国档案出版社1999年版，第17页。

② 转引自温时明《中央苏区时期粮食工作概况》，《中国粮食经济》2003年第3期。

③ 《红色中华》第198期，1934年6月2日。

得良好效果，为红军取得第四次反"围剿"战争的胜利作出了积极贡献。如江西省"胜利县平安区平安乡的群众很兴奋地将自己的粮食节省出来，自愿借给红军，有借五升的，一斗的，甚至五斗的，更有些最积极的群众，自动从五担谷子中借出二担给红军的，所以不到两天已集中了一百二十余担谷子。"①

第二次借谷运动。1934年6月，正是第五次反"围剿"的关键时期。为了取得第五次反"围剿"战争的胜利，红军迅速增加，需要供给大量的粮食给红军。1934年6月2日，中共中央委员会、中央政府人民委员会在《红色中华》第198期上联合发布《为紧急动员二十四万担粮食供给红军致各级党部及苏维埃的信》，指出："在我们党中央与人民委员会的号召与领导之下，红五月扩大红军已达二万七千，在六、七两月我们更要进一步的为完全实现并超过五万新战士而坚决斗争。红军的猛烈扩大与革命战争的急剧开展，要求我们以更大批的粮食，来供给我们的英勇作战的红军。可是我们把现在所有粮食的数量和我们所需要的数量相比，我们的粮食还是不够得很，我们还差二十四万担谷子。为着保证红军的给养，为着保证前线的战斗，我们无论如何必须动员二十四万担谷子来给与红军"。为完成这一战斗任务，该信要求各级党部及苏维埃必须："第一，真正开展群众的节省三升米的运动，从节省中得到七万五千担谷子……来供给大批新战士与前方战争的需要。""第二，必须没收地主，征发富农的粮食六万五千担。""第三，必须努力发动群众借十万担谷给红军。因红军的大量需要，而我们节省及没收征发不够供给红军的需要时，我们必须发动广大群众借谷给红军。"并要求"于七月十日前完成"借谷任务。信中号召："为粮食而斗争，也就是为着前线胜利而斗争。"② 根据地群众热烈响应党和苏维埃政府的号召，踊跃投身粮食动员运动之中，纷纷节省粮食借给苏维埃政府和英勇的红军部队，使第二次借谷运动取得了良好的效果，百分之百完成了任务。各省、县收集粮食的统计数字见表6-1。

---

① 《一百二十余担谷子借给红军》，《红色中华》第61期，1933年3月5日。
② 《为紧急动员二十四万担粮食供给红军致各级党部及苏维埃的信》，载《革命根据地经济史料选编》（上册），江西人民出版社1986年版，第471—474页。

表 6-1　　　　　　　　各省县收集粮食数目① 　　　　　单位：担

县别		没收征发谷	群众节省谷	向群众借谷	合计	各省合计
中央直属县	瑞金	1200	6000	4000	11200	37700
	西江	1700	5000	4000	10700	
	长胜	1500	4000	3500	9000	
	太雷	1300	3000	2500	6800	
江西省	广昌	600	500	3000	4100	125200
	洛口	3000	5000	20000	28000	
	乐安	3000	1500	10000	14500	
	赤水	5000	2000	10000	17000	
	宜黄	500		500	2500	
	博生	2000	5000	5000	12000	
	石城	1800	3000	4000	8800	
	胜利	1500	5000	4000	10500	
	兴国	1000	6000	5000	12000	
	龙冈	1000	1000	5000	7000	
	永丰	800		2000	2800	
	万太	2000	2000	1000	5000	
赣南	杨殷	1000	1500			25800
	赣县	2000	5000		2000	
	登贤	1600	2500		2000	
	鄱都	2200	4000	2,000	8200	
福建省	长汀	1500	2000		3500	10300
	兆征	1000	1500			
	连城	500		300	800	
	汀东	1000	1000		2000	
	新泉	500	500	500	1500	
闽赣省	宁化	2000	3000		5000	34000
	归化	1000			1000	
	泉上	3000		1000	4000	
	澎湃	15000	500	4000	19500	
	建太	2000	500	2000	4500	

① 资料来源：《革命根据地经济史料选编》（上册），江西人民出版社1986年版，第474—475页。

续表

	县别	没收征发谷	群众节省谷	向群众借谷	合计	各省合计
粤赣省	会昌	2000	3500	3000	8500	9000
	门岑	500			500	
总计		64700	75000	102300	242000	242000

第三次借谷运动。1934年夏天，在第五次反"围剿"战争中，由于军事上的"左"倾路线，中央革命根据地红军处于不利地位，根据地日益缩小。与此同时，红军不断扩大，粮食供给十分紧张。在这种情况下，临时中央政府在6月初第二次借谷运动后，7月下旬决定再次向根据地群众借谷60万担。1934年7月22日，中共中央委员会、中央政府人民委员会作出《关于在今年秋收中借谷六十万担及征收土地税的决定》，决定号召："这里粮食的继续不断的供给，是极端重要的条件。为了保证红军今后粮食的供给，中央特批准各地苏维埃与工农群众的请求：举行秋收六十万担借谷运动，并决定立即征收今年的土地税，随着武装保护秋收的运动，争取迅速切实的完成，以供给各个战线上红军部队的需要。"①

第三次借谷运动在党和苏维埃政府的领导下，根据地人民群众积极参与，在不到一个月的时间，就完成了预定目标任务。1934年9月30日，《斗争》杂志第73期发表了中央政府粮食人民部部长陈潭秋的文章《秋收粮食动员的总结》，文章指出：秋收借谷运动，不到一个月的时间，就大大超过了预定计划。原定计划是借谷60万担，动员的成绩是动员借谷68.8万担，实际收集58.2万担，未收集的大部分是迟熟的地方，还未割禾。②

(三) 借谷运动的规定及方法

1. 借谷规定

临时中央政府向根据地群众的三次借谷运动，在各级苏维埃政府的

---

① 《中共中央委员会中央政府人民委员会关于在今年秋收中借谷六十万担及征收土地税的决定》，载《革命根据地经济史料选编》（上册），江西人民出版社1986年版，第476页。

② 陈潭秋：《秋收粮食动员的总结》，载《革命根据地经济史料选编》（上册），江西人民出版社1986年版，第487页。

领导下，按照借谷运动的有关规定，采取广泛宣传动员、群众自愿的原则有序地进行。第一次借谷运动，按照原来的规定要在两个月内完成既定计划。根据中华苏维埃共和国临时中央政府中央执行委员会1933年3月1日发布的向群众借谷的训令要求，借谷任务由原来的两个月缩短为一个月。该训令规定：1. 借谷运动的完成，一定要靠很好的宣传鼓动工作，禁止不做宣传而用强迫摊派的命令主义方法。2. 各地借谷数目的分配，一定要从实际出发，绝不可搞"一刀切"。在新苏区和老苏区，产粮丰盛与产粮少的地方要有所区别，不可平均摊派。在老苏区，产米素丰的地方要多借；产米较少的地方应少借。在新苏区，群众基础较好、斗争深入的地方应多借，否则应少借。3. 各级苏维埃政府要层层召开会议，如各乡主席联席会议、各区乡代表会、贫农团、雇农工会、选民大会等，将借谷计划层层分解落实，并开展竞赛活动。4. 凡群众借谷，均以取得中央财政人民委员部印发的借谷票为凭。5. 借谷的对象为贫、雇农、中农，不向富农借谷，但富农必须捐款。6. 借谷票可于1933年下半年抵纳土地税。完税或抵税有余的，到时凭票向区政府领还现款。7. 借谷票由乡苏主席盖章，并限在本区使用（抵税）。没有乡苏主席盖印的票和不是本区的票，作为废票无效。[①]

第二次借谷运动，向群众借10万担谷子给红军，规定完成期限大约1个月时间（从1934年6月2日发布指示信起至7月10日完成止）。中共中央和中央政府人民委员会致各级苏维埃政府关于动员24万担粮食的指示信强调：所借之谷，或是由群众自己从后方运取公谷来归还，或是由下年收土地税时归还，究竟采取哪种方式，由当地粮食机关按所有粮食数量来具体规定。该指示信要求，动员粮食中必须有具体的领导，在各地应按照实际情形，决定收集粮食的主要方式。比如在北线，除努力没收征发外，应抓住借谷运动；在东北线，如像在澎湃县，则应特别着重于没收征发；在西北线及中心苏区，则应着重于节省。必须坚决反对一切官僚主义与平均主义的做法。中央要求各级党部与苏维埃政府，必须采取宣传动员广大人民群众的办法，坚决反对一切强迫命令的方式征集粮食，指出："各级党部与苏维必须利用一切可能的宣传鼓动

---

① 参见财政部财政科学研究所、财政部国债金融司《中国革命根据地债券文物集》，中国档案出版社1999年版，第16—18页。

方式，经过支部会议、城乡代表会议与各种群众团体的会议，以及利用各种个别谈话、讲演等通俗的方式，把动员粮食的战斗意义，明白地解释给群众听，把粮食问题与扩大红军及革命战争的中心任务最密切的连系起来。一切强迫命令的方式都是有害的。"①

第三次借谷运动，中共中央和苏维埃中央政府同样要求发动群众，指出："六十万担借谷与土地税征收的迅速完成，完全依靠于各级党与苏维埃，动员乡村的组织与得力的干部，向着每村、每乡的广大群众进行普遍有力的宣传动员。"强调要"引导群众铁一般的团结起来，积极拥护中央的号召，自愿地借出谷子交纳土地税为着红军。如果抛弃了宣传鼓动，而用摊派的方式借谷，用强迫的办法收土地税，那是完全不对的。"三次借谷运动都有相应的规定，但大体上有几个相同的原则：一是坚决反对摊派、强迫命令的方式向群众借谷；二是在群众中广泛开展政治宣传和动员，开展借谷竞赛运动；三是不搞"一刀切"和平均主义；四是凡向群众借谷要发给借谷票或借谷证。

同时，中央还规定了借谷运动的负责机关，明确提出："借谷与征收土地税的总领导机关是各级武装保护秋收委员会，因此各级秋收委员会，在组织上、工作上须立即建立与健全起来。秋收委员会的责任，不但要领导群众完成秋收，而且要完成一切国家粮食（借谷、土地税、红军公谷等）的收集、运输与保管。"②规定由各级粮食部负责收集工作，财政部和军事部给粮食部以人员、技术上的帮助和运输上的支持。

2. 开展借谷运动的方法及效果

各级苏维埃政府主要通过政治宣传和动员，在群众中开展节省粮食的竞赛活动来完成借谷任务。1933年5月20日，中央国民经济人民委员部以《为发动群众节省谷子卖给粮食调剂局》为题，发布训令第1号，要求根据地各级政府召开各种形式的会议，用竞赛的方法，鼓动宣传根据地人民群众，在最近两月内每人要设法节省谷子一斗，卖给粮食

---

① 《为紧急动员二十四万担粮食供给红军致各级党部及苏维埃的信》，载《革命根据地经济史料选编》（上册），江西人民出版社1986年版，第472—473页。

② 《中共中央委员会中央政府人民委员会关于在今年秋收中借谷六十万担及征收土地税的决定》，载《革命根据地经济史料选编》（上册），江西人民出版社1986年版，第476—477页。

调剂局，去调剂苏区粮食和保证红军以及战时粮食的充分供给。1934年4月19日，中央政府人民委员会发出《为节省运动的指示信》，指示信要求：第一，各级政府主席团及后方军事机关，必须立即定出具体的节省计划。第二，为了充分保障红军给养，立即在群众中开展每人节省三升米帮助红军的群众运动。第三，每人节省三升米的群众运动，必须依据深入的广泛的群众动员，依靠群众自觉自愿的原则，及干部带头节省的模范领导作用，防止一切强迫摊派的现象发生。第四，各级苏维埃政府及后方军事机关工作人员，要多开辟苏维埃菜园、多种杂粮、蔬菜、养猪、养鸡、养鹅等，做到完全能供给工作人员的食用，并以收获的1/3来帮助前方红军。① 1934年5月14日，中共湘赣省委作出《关于经济粮食突击总结与节省运动的决定》，号召政府机关、红军部队深入开展节省一切经济的运动，规定各级党、团、苏维埃政府、各群众团体，应裁减不需要的工作人员，作到人省工精；机关工作人员每人每天节省二两米。

在各级苏维埃政府的号召下，根据地机关工作人员、干部、学校教员、各群众团体、人民群众积极参加到节省粮食的运动中来。如机关工作人员和干部带头节省口粮，支援前线，由一日三餐改为一日二餐，许多地方的机关工作人员由一天节省二两米到一天节省四两米。机关干部还利用空闲时间在房前屋后开辟荒地、菜园，栽种蔬菜、杂粮，平时吃杂粮，节省米谷支援红军部队。由于充分的政治宣传和鼓动，根据地军民热烈响应，使"借谷运动成了真正的群众运动"，收集粮食的任务比较顺利地完成。各级苏维埃政府在根据地开展节省粮食卖给或借给红军的竞赛运动，许多地方的群众自动退回借谷票，将借给红军的谷子改为节省的粮食，捐献给红军和政府，不要苏维埃政府还。如瑞金陂下区的群众，自动退回借谷票7500斤。1934年秋季的粮食突击运动，到9月30日，仅用了一个半月时间，就征集了粮食71.2万担，其中借谷58.2万担，完成了借谷60万担的97%。因为闽赣各县与江西北部各县最大部分是迟禾，所以不能如期完成任务。除此以外的20个县中，有18个县的借谷动员都超过了中央给予他们的任务（共超过5.2万余担），收集的数目，有12个县超过了原定计划（共超过2.6万余担）。各县群

---

① 《为节省运动的指示信》，《红色中华》第179期，1934年4月19日。

众自动交回借谷票，要求把借谷改为节省，不要国家归还的约 10 余万担，其中："兴国三万八千余担，胜利三万七千余担，杨殷的茶元、拌溪两区、西江的赤鹅区、兆征的德联区、博生的城市，都是全部借谷改为节省。""兴国在热烈动员之下，发动了广大群众的竞赛精神，一个人借几十担以至百余担的很多，并有八十二岁的老妇人节省五十多担，十岁的儿童借谷五担的光荣壮举。"①

又如，在江西省"胜利县平安区平安乡的群众很兴奋地将自己的粮食节省出来，自愿借给红军，有借五升的，一斗的，甚至五斗的，更有些最积极的群众，自动从五担谷子中借出二担给红军的。所以不到两天已集中了一百二十余担谷子。"②"兴国杰村、永丰两区的借谷，进行得很好，每个群众都知道借谷意义，是为着要粉碎敌人大举进攻。所以在借谷运动中，该两区的群众异常兴奋、踊跃，特别是永丰区的群众借谷七十余担，杰村区溪源、横江、杰村三乡群众借谷一百五十担，自动借给红军，也不要政府归还。"③福建省各地在借谷运动中表现也不凡，"在秋收借谷六十万担的战斗任务下超过了六万五千担谷子的最低限度的数目字，根据八月底的检查，全省各县共超过了一万多担。"④

（四）发行借谷票或临时借谷证

土地革命时期，中华苏维埃共和国临时中央政府向根据地群众举行三次借谷运动，并责成财政人民委员部向借谷群众统一发给借谷证、借谷票或临时借谷收据。目前发现的借谷票据主要有以下几种：

1. 中华苏维埃共和国临时中央政府临时借谷证

这批临时借谷证目前只发现有两种面额：一种是 10 斤的，另一种是 20 斤的。10 斤面额的临时借谷证上方是借谷证名称，从右至左弧形书写"中华苏维埃共和国临时中央政府临时借谷证"；借谷证冠名下方是由镰刀和斧头组成的党徽图案。党徽图案下方有一装饰线，装饰线下

---

① 陈潭秋：《秋收粮食动员的总结》，载《革命根据地经济史料选编》（上册），江西人民出版社 1986 年版，第 487—490 页。

② 《一百二十余担谷子借给红军》，《红色中华》第 61 期，1933 年 3 月 5 日。

③ 陈高棋：《兴国热烈借谷运动》，《红色中华》1933 年 5 月 5 日。转引自《革命根据地财政经济史长编》（上），第 1549 页。

④ 革命根据地财政经济史编写组：《革命根据地财政经济史长编》（上），1978 年内部出版，第 1550 页。

第六章 土地革命时期根据地制度创新：发行票据 | 147

方则是借谷的数额，由右向左书写"干谷十斤折米七斤四两"；以冠名中的"谷"、面额中的"两"是属繁体还是简体为标志，临时借谷证可以分为 5 种不同版式：即繁体"谷"、繁体"两"字版，繁体"谷"、简体"两"字版，简体"谷"、繁体"两"字版，简体"谷"、简体"两"字版，倒"特"、倒"委"字版。借谷证中央盖"中华苏维埃共和国临时中央政府财政人民委员部"红色圆形印章；左下方盖临时中央政府财政人民委员（即部长）邓子恢的方形红色印章。借谷证数额下面竖印有三条关于借谷证的说明（类似"条例"），对借谷的目的、用途、还谷的日期等作出了明确规定："一、中央政府为借给战时紧急军食，暂向群众借谷，特给此证为凭。二、借油盐者可按时价折成米谷，发给此证。三、持此证者，于一九三三年早谷收成后，可向当地政府如数领还新谷。"落款是"财政人民委员邓子恢"。① 面额 20 斤的借谷证其构图与 10 斤的一模一样，弧形冠名从右至左书写"中华苏维埃共和国临时中央政府临时借谷证"；冠名下面同样是镰刀与斧头组成的图案。图案下面由右向左书写"干谷贰十斤折米十肆斤半"；下半部的三条说明与 10 斤的一样，字体和红色圆形印章比 10 斤的大许多。上述两种中华苏维埃共和国临时中央政府临时借谷证都是用毛边纸铅字印刷的。（见图 6-1、图 6-2）

图 6-1 10 斤借谷票

---

① 参见洪荣昌《红色票据——中华苏维埃共和国票据文物收藏集锦》，解放军出版社 2009 年版，第 62—66 页。

图 6-2　20 斤借谷票

2. 中华苏维埃共和国红军临时借谷证

这批红军临时借谷证目前发现有面额"干谷壹千斤"、"干谷伍百斤"、"干谷壹百斤"、"干谷伍拾斤"4种。第一种，面额为"干谷壹百斤"、黑色版的红军临时借谷证。此种借谷证由中华苏维埃共和国中央政府人民委员会发行，落款是人民委员会主席张闻天、粮食人民委员陈潭秋。此证为竖式，正面上方由右向左弧形书写"中华苏维埃共和国"8个字，左右两边各有一个黑底圆圈白色五角星；下面一弓形图案，图案下方从右至左横书"红军临时借谷证"7个字，这7个字的左右两边分别是3个黑色的小五角星。"红军临时借谷证"下面画有一粗一细的两条黑线，粗细线下方为借谷数额，由右向左书写"干谷壹百斤"5个红字。此证白底黑字红印章，中间为使用此证的规定和说明共三条：

一、此借谷证，专发给红军流动部队，作为临时紧急行动中沿途取得粮食供给之用。

二、红军持此借谷证者，得向政府仓库、红军仓库、粮食调剂局、粮食合作社、备荒仓及群众借取谷子，借到后即将此证盖印交借出人收执。

三、凡借出谷子的人，持此借谷证，得向当地政府仓库领还谷子。或作缴纳土地税之用，但在仓库领谷时，证上注明在甲县借谷者，不得持此证向乙县领取。

在上述三条规定的文字上盖有中华苏维埃共和国中央政府人民委员会的圆形红色印章；落款处分别盖有人民委员会主席张闻天、粮食人民委员陈潭秋的方形红色印章。在红色圆形印章正下方，有红色方形空印框架，内为黑色文字：此借谷证已在××县××区向××借得谷子由领谷机关在此处盖章为证。此证在"中华苏维埃共和国"与"红军临时借谷证"之间的弓形图案上有红色编号：036609；但此证没有注明具体发行时间。

第二种，面额为"干谷伍百斤"、黑色版的红军临时借谷证。这种借谷证除面额不同外，与第一种红军临时借谷证相比，其版式和构图一模一样。（见图6-3）

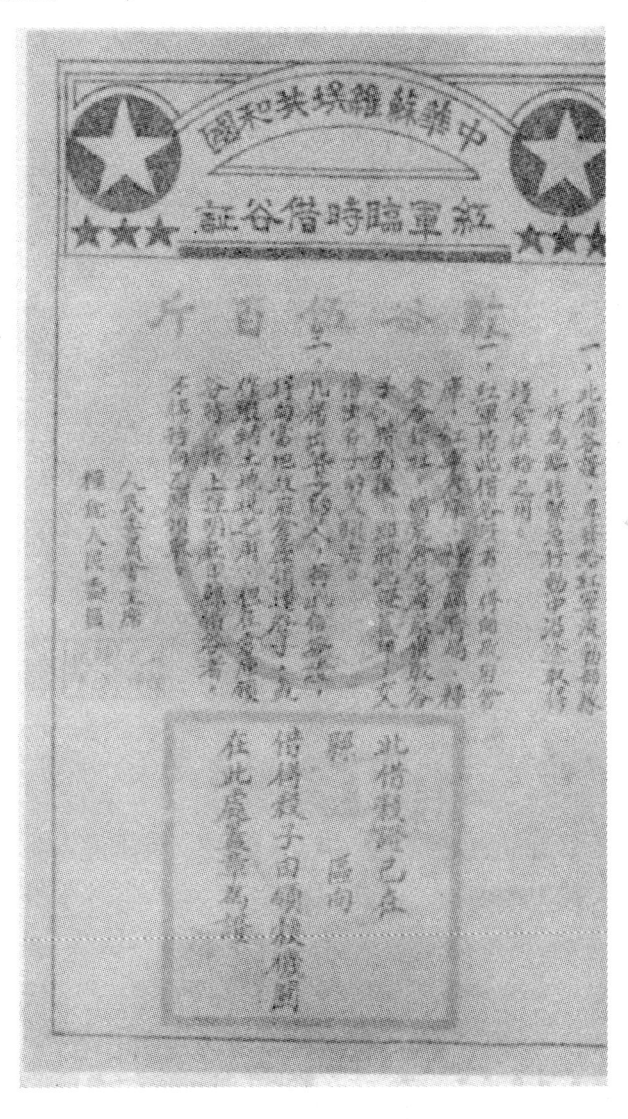

图6-3　红军临时借谷证

第三种，面额为"干谷伍拾斤"的蓝色版红军临时借谷证，这种借谷证除面额不同、蓝色字体外，其版式与构图与第一种相同。

第四种，面额为"干谷壹千斤"的黑色版红军临时借谷证，除面额不同外，其构图、版式与文字说明与第一种一模一样。

3. 中华苏维埃共和国红军借谷票

此种借谷票有面额 50 斤、100 斤两种。面额 50 斤的票为花边框，正面框内上方从左至右弧形印有"中华苏维埃共和国借谷票"。下方印有面额"干谷 50 斤"。中间为群众挑粮上前线支援红军的图案。下方印有"此票专为一九三四年向群众借谷充足红军给养之用"，落款"粮食人民委员陈潭秋"（加盖小方印章）。票的四角均印有红色字体"伍拾"。此票背面为两小长方形框格，左、右框格里分别竖写还谷的说明："凭票于一九三六年九月向苏维埃仓库取还干谷 25 斤正"，落款为"粮食人民委员陈潭秋"（并加盖印章）；"凭票于一九三五年九月向苏维埃仓库取还干谷 25 斤正"，落款同样是"粮食人民委员陈潭秋"（并加盖印章）。面额 100 斤的借谷票，与 50 斤票类似，不同之处为：面额不同（干谷 100 斤），正面的图案也不同，是红军战士行军图；四角印的数字不同，上面左右两角在圆圈中印有阿拉伯数字"100"，下面左右两角圆圈中印有红色"一百"字样。背面与 50 斤借谷票类似，不同的是在一九三五年九月、一九三六年九月分别还干谷 50 斤。

图 6-4 50 斤借谷票

第六章 土地革命时期根据地制度创新：发行票据 | 151

图 6-5 50 斤借谷票背面

图 6-6 100 斤借谷票

图 6-7 100 斤借谷票背面

（五）借谷运动的经验总结

在第四次、第五次反"围剿"战争期间，中共中央和中华苏维埃共和国临时中央政府在各革命根据地开展了三次大规模的借谷运动。第一次向群众借谷20万担，实际借谷16万担。第二次向群众借谷10万担，从1934年6月开始，到当年7月基本完成预定借谷计划。第三次借谷60万担，实际完成58.2万担。借谷、征集粮食任务的顺利完成，为保障红军和苏维埃政府机关的粮食给养，特别是为取得第四次反"围剿"战争的胜利，确保中央主力红军实现战略大转移奠定了坚实的物质基础，也为革命战争时期如何做好部队和政府机关的粮食供给工作积累了宝贵的经验。

第一，各级党组织和苏维埃政府的坚强领导和组织协调，是借谷运动顺利完成的组织保证。"秋收粮食动员是胜利的完成了。这种伟大胜利的取得，最基本的是由于党的坚强的正确的领导"。[1] 在粮食征集运动中，从党中央、中华苏维埃共和国临时中央政府到各省、县、区、乡党部和各级苏维埃政府，都非常重视粮食征集工作，通过发布决定、训令等各种文告，召开各种会议，将借谷、粮食征集任务层层分解落实，使借谷任务有布置、有落实执行、有效果、有检查总结。通过借谷、征集粮食运动，各级党组织和苏维埃政府得到了锻炼，领导力、执行力、组织能力得到增强。

第二，政治宣传与鼓动，是完成借谷和粮食征集任务的重要途径。在借谷运动中，各级党部、苏维埃政府和粮食部进行了充分的政治动员，在群众中深入开展宣传鼓动工作，"利用一切可能的宣传鼓动方式，经过支部会议、城乡代表会议与各种群众团体的会议，以及利用各种个别谈话、讲演等通俗的方式，把动员粮食的战斗意义，明白地解释给群众听，把粮食问题与扩大红军及革命战争的中心任务最密切的联系起来"[2]，提高了群众"一切给予战争"的热情，自动自愿地借谷给红军，使借谷运动成了真正的群众运动。

第三，借谷运动要一切从实际出发，不能搞平均分配和摊派，坚决

---

[1] 陈谭秋：《秋收粮食动员的总结》，载《革命根据地经济史料选编》（上册），江西人民出版社1986年版，第489页。

[2] 《为紧急动员二十四万担粮食供给红军致各级党部及苏维埃的信》，载《革命根据地经济史料选编》（上册），江西人民出版社1986年版，第473页。

反对一切官僚主义与平均主义。在老苏区与新苏区、产米多的地方与产米少的地方、在边区等不同地方，要有所区别。有的地方适合借谷，有的地方着重节省粮食，产米多的地方要多借，产米少的地方则少借，不能搞"一刀切"。同时，向根据地群众借谷，还要遵守群众自愿的原则，反对强借摊派的命令主义方法。这是确保借谷运动成功的客观前提。

第四，充分发动群众，相信和依靠群众，通过真心实意为人民群众谋利益来赢得广大群众的支持和参与，是顺利完成借谷任务的群众基础。在创建革命根据地和反"围剿"战争过程中，红军及各级苏维埃政府、粮食部门解决借谷、征集粮食问题的主要办法是依靠群众、发动群众。通过开展土地革命，使农民有史以来第一次分得土地，得到最大实惠，充分调动了农民的劳动生产积极性。在此基础上，在党和苏维埃政府的领导下，通过组织各种形式的生产合作社、犁牛站、耕牛合作社等，大力发展根据地的农业生产，把发展粮食生产当作革命根据地经济建设的最重要任务之一。农业生产的发展，使各根据地人民群众得到了实实在在的实惠，加上在征集粮食、借谷运动中，各级党组织和苏维埃政府广泛开展宣传动员群众、组织竞赛活动，激起了根据地人民群众更加相信和拥护共产党、支援红军、支持苏维埃政府的革命热情，积极投身于节省粮食借给红军和苏维埃政府的运动中来，根据地群众为支援红军反"围剿"战争，省吃俭用，很多群众自愿吃野菜充饥，省出粮食支援红军，做出了巨大牺牲。"各县群众自动交回借谷票，要求把借谷改为节省，不要国家归还的约十余万担。"[①]

二 土地革命时期根据地钱粮借据

在土地革命战争时期，特别是在各革命根据地创建初期，为解决红军和地方工作人员的财粮急需，红军或根据地苏维埃政府向群众临时借钱粮，印发了一些临时钱粮借据和粮食票据。

（一）苏维埃粮米餐票

1. 发行粮米餐票的背景

1931年，中央苏区大部分地区粮食获得丰收。但是，由于对粮食

[①] 陈潭秋：《秋收粮食动员的总结》，载《革命根据地经济史料选编》（上册），江西人民出版社1986年版，第487页。

工作的管理缺乏经验，更主要的是由于对粮食的储备、调剂、控制出口等没有重视，导致个别地方1932年发生夏季粮荒。1933年年初，由于反"围剿"战争的需要，红军兵力迅速扩大到10万人，需要更多的粮食；同时，由于受1932年个别地方闹粮荒影响，奸商、富农囤积居奇，故意抬高粮价，导致根据地许多地方发生粮荒。就是在根据地不同地方，粮食价格因地区不同而价格相差非常悬殊，给根据地军民特别是部队的给养工作带来极大的不便。据《斗争报》1933年5月10日报道，当时粮食价格各地差价很大，长汀县稻谷每担为18.2元，而万太、公略县每担仅为6.6元。① 为了解决根据地粮食问题，临时中央政府人民委员会于1933年2月26日召开会议，决定在根据地向群众借谷，为红军筹集足够的军粮，同时决定成立粮食调剂局。粮食调剂局除"办米之外，还要办盐，以抵制富农、奸商的积藏操纵，以防备国民党的严厉封锁，以调节各地的民食，以接济前方的军粮。"② 根据临时中央政府的指示，到1933年5月，各地基本建立了粮食调剂局。1933年5月20日，中央国民经济人民委员部颁发《关于发动群众节省谷子卖给粮食调剂局》的训令，指出：粮食不仅关系到红军的给养，而且直接影响工农劳苦群众的日常生活。而且粮食缺乏，谷价飞涨，使中央苏区有些地方已经发生粮荒。③

随着战争形势的不断发展，特别是国民党反动派在发动第五次军事"围剿"的同时，对各根据地实行更为严密的经济封锁，使根据地财政经济更为困难，农业生产遭到巨大破坏，军民粮食供给严重不足。这种粮食严重短缺的问题，尽管通过各地粮食调剂局进行调剂平衡，但仍然无法从根本上解决问题。为了支持革命战争，解决红军粮食供给，特别是为解决部队和地方工作人员出差执行任务时就地供应粮食问题，中华苏维埃临时中央政府决定以"中华苏维埃共和国中央政府粮食人民委员部"的名义，发行米票。毛泽覃、陈云等领导同志还纷纷撰文，进

---

① 洪荣昌主编：《红色票据——中华苏维埃共和国票据文物收藏集锦》，解放军出版社2009年版，第2页。
② 《为调节民食接济军粮》，载《革命根据地经济史料选编》（上册），江西人民出版社1986年版，第327页。
③ 赵增延、赵刚：《中国革命根据地经济大事记（1927—1937）》，中国社会科学出版社1988年版，第87页。

行宣传发动，以推动发行米票这一措施的顺利实施。1934年2月2日，陈云在《为收集粮食而斗争》的文章中指出：收集粮食不论是收集公债谷、土地税谷或者红军公谷，都是一个动员广大群众积极地为了革命战争的运动。因此，这必须是深入艰苦的群众工作，要向群众宣传解释充裕粮食是保证红军的给养，改善群众生活的前提。上述所有这些，为米票的顺利发行提供了必要的政治、思想和组织上的保证。

2. 中华苏维埃共和国中央政府粮食人民委员部米票

根据收集到的资料，根据地政府最早开始发行粮票，始于1934年3月中华苏维埃共和国中央政府粮食人民委员部发行的各种米票。① 这些米票面额主要有8两、9两、10两、11两、1斤、1斤2两、1斤4两、1斤6两、5斤10两、6斤4两共10种。后来，由于反"围剿"的形势更为严峻，粮食供给更加困难，部队开展节约粮食的运动，将米票面额作了改动。目前发现有三种改值票，即5斤10两票加盖"作5斤用"；1斤2两票加盖"作1斤用"；9两票加盖"作8两用"。这些米票中面额为11两和1斤6两的形状近似正方形，其余各种米票为长方形。米票上部冠名"中华苏维埃共和国中央政府粮食人民委员部"，面值11两、1斤6两、6斤4两3种米票是横排式，其中，11两、1斤6两米票从右至左横书，6斤4两米票从左至右横书；其余面值米票，冠名"中华苏维埃共和国中央政府粮食人民委员部"为弧形。米票顶端印有六位阿拉伯数字红色编码；米票上半部盖有与冠名同样文字的红色圆形印章图案。紧接着冠名下面印有米票面额"×斤×两米票"，这些面额的书写都是横排，其中，10两、1斤4两、6斤4两3种是从左至右横书，其余米票面额"×斤×两米票"则是自右向左横书。中间部分是米票的说明，多数为五项规定，10两、1斤4两、6斤4两3种为横式书写，其余7种为竖式书写。

所有不同面额的米票，其说明（规定）完全相同，对米票的用途或发行目的、使用范围、流通时间等方面都作了详细规定，现抄录如下：

一、此票是为政府机关、革命团体工作人员及红色战士出差或巡视

---

① 财政部财政科学研究所、财政部国债金融司：《中国革命根据地债券文物集》，中国档案出版社1999年版，第91页。

工作之用；

二、持此票可按票面米数到各级政府机关革命团体及红色饭店等处吃饭，油盐柴菜钱另补；

三、持此票可向仓库、粮食调剂局、粮食合作社兑取票面米数或谷子（以六十八斤米兑一百斤谷计算），如当地仓库、调剂局、合作社谷子缺乏，可向支库按谷米市价领取票面米数的现款；

四、此票适用于××境内，不拘政府机关、革命团体、红色部队、工农民众均可凭票兑米谷，但兑钱者须有当地粮食部及仓库负责人证明；

五、此票自一九三四年三月一日起至同年八月三十一日止为通用期，过期不适用。

在上述规定后面有两种版式的落款，其一为"粮食人民委员陈潭秋"（印章）；其二为"粮食人民委员陈潭秋，副人民委员张鼎丞"（印章）。在第四条规定中使用区域空格栏有盖"中央苏区"红色印章的，也有盖各县县名的。

此外，还有其他各级苏维埃政府发行的米票，如以"中华苏维埃共和国江西省政府财政经济委员会"名义发行的米票，使用期限为1934年12月1日至1935年8月31日；公万县苏维埃政府财政经济委员会发行的米票，规定使用时间为1934年11月16日起至同年底止；红军长征到达陕北后，曾以"中华苏维埃共和国中央政府西北办事处粮食部"名义发行过米票。①

当然，在关于米票的说明中，除了上述五条规定的版式外，也有四条规定的版式，只不过这种版式的米票目前发现的数量太少。

3. 闽浙赣省苏财政部印发的红军饭票

闽浙赣苏维埃政府是土地革命时期全国六大苏区政府之一，是中央苏区东北方向重要的根据地。1934年，第五次反"围剿"处于最艰难的时候，各根据地尤其是中央革命根据地作战经费和粮食短缺的问题非常严重，不仅红军部队和苏维埃地方政府工作人员粮食缺乏，根据地人民生活也异常艰苦。为了充裕战争经费，开展苏区的经济建设并救济困

---

① 洪荣昌主编：《红色票据——中华苏维埃共和国票据文物收藏集锦》，解放军出版社2009年版，第2—3页。

第六章 土地革命时期根据地制度创新：发行票据

难群众，1934 年 7 月，闽浙赣省苏维埃政府决定发行 10 万元"粉碎敌人五次'围剿'的决战公债"。通过募集公债款项，以其中的 80% 作为决战经费，以 10% 救济苏区受难群众，10% 用于根据地经济建设。① 当时由于战事频繁，加上开展各项建设事业的需要，红军部队指战员和各级苏维埃政府工作人员经常往返于根据地各地之间，如遇在群众中用餐时必须按照规定付给群众现金或打欠条。群众持欠条在规定的时限内到苏维埃财政部门结算，就餐时的菜钱可领取现金，吃饭按照一定标准折算成大米或将米按当时市价折算成一定金额，可抵交土地税。这种结算方式既不方便又不规范，很容易出差错，导致群众利益受到损害。为了提高办事效率，方便红军指战员及地方人员出行办事，并维护群众利益，1934 年，经闽浙赣省苏维埃政府主席方志敏批准，闽浙赣省苏财政部决定印制和发行使用红军饭票。该红军饭票为竖式版面，上面从右至左横书"红军饭票"4 个字；正文 4 行，竖写"兹有红色战士在群众家吃饭壹餐特给此票为证（该票准群众转送各级财政部兑铜元拾枚）；"落款单位和发行饭票的日期 4 行，也是直书："闽浙赣省苏财政部"、"部长张其德"、"副部长谢文清"、"公历一九三四年×月×日"。在饭票所落款的闽浙赣省苏财政部部长、副部长之间盖有"闽浙赣省苏维埃政府财政部"红色镰刀斧头圆形公章。

按照闽浙赣省苏维埃政府财政部当时的规定，红军饭票由省苏财政部发给红军部队和各级苏维埃政府机关，再由部队或机关发给出差需要在群众家就餐的相关人员，省苏财政部要扣除规定发给他们的菜金和大米。使用红军饭票每票一餐，可凭票到各级苏维埃政府财政部，按照每一张饭票兑换铜元 10 枚的比例兑现。红军饭票不仅可以兑换铜元，也可以抵纳土地税，甚至还可以凭票到苏维埃商店购买各种商品，但不可以在社会上流通或转让。

（二）临时借粮收据

1934 年 6 月和 7 月，当时正处于中央苏区第五次反"围剿"战争的关键时期，为支援反"围剿"战争，解决红军粮食问题，中共中央和中华苏维埃共和国临时中央政府决定在全苏区开展第二次、第三次借

---

① 赵增延、赵刚：《中国革命根据地经济大事记（1927—1937）》，中国社会科学出版社 1988 年版，第 110 页。

谷运动；同时，要求各地在苏区群众中广泛开展"节省3升米"运动，动员群众将节省的粮食借给红军，较好地缓解了军粮紧缺的局面。在借谷运动和节省3升米运动中，当地群众将粮食借给红军或地方政府时，得到红军或苏维埃政府印发的借粮收据。

1. 每人节省3升米捐助红军三联收据

这种收据是各地自行印制的，因此，规格和品种较多，木刻版和蜡纸油印版占大多数。这种收据左右两边为存根联，中间联即为借粮收据，交给被借粮群众。此收据为表格式，表格顶端从左向右横书"存根都要当节省人的面填写"，上部横式书写"第三联"，底部从左向右书写"此联交缴米谷人"。表格式收据从右至左竖式书写，第一行是收据名称："每人节省三升米捐助红军三联收据"，以及编号："×字第××号"；第二行是节省人、全家共几人、节省数量（又分为米子、谷子两栏）；第三行则对应第二行内容填空，分别填写节省人姓名、全家人口数、节省粮食的具体数量。接下来一行则书写"右米（或谷）已照收无误特给此据为凭"。左边两行则分别是借粮单位的落款和发出收据的时间，落款为"××县××区××乡主席（印）经手人（印）"。①

2. 群众借谷证收据

在土地革命战争时期，各地苏维埃政府向当地群众借米谷时，原本是要发放借谷票给借谷群众的，但由于战争原因，国民党反动派对革命根据地进行疯狂"围剿"，红军反"围剿"战争避实就虚，打打走走，正式的"中华苏维埃共和国借谷票"并未及时印出。于是，各地苏维埃政府临时印制了"群众借谷证收据"发给借谷对象。这种借谷收据也是采用三联形式，与前述"每人节省3升米捐助红军三联收据"颇为类似，左右两边为存根，中间联即为借谷收据，发给借谷群众。此类收据也是表格形式，上部从右至左横书"群众借谷证收据"，底部从左至右书"当面交借出谷子的人"。表格为竖式结构，从右至左直书，第一行为"群众借谷三联收据"、"×字第××号"；第二行分两栏，分别是"借出谷子人"、"借出谷子的数目"，第三行对应第二行，分别填写借出谷子人的姓名、借谷数量。接下来一行竖书此借据的说明："右谷

---

① 洪荣昌主编：《红色票据——中华苏维埃共和国票据文物收藏集锦》，解放军出版社2009年版，第98—100页。

照收无误，请保存此据作为领谷或抵纳土地税之用"；左边有"粮食人民委员陈潭秋"落款。左边第二行直书"经手人××（印章）××省××县××区××乡主席（印章）"，最左边一行直书发出收据的日期。

除上述两类比较正式的借粮收据外，根据地各县苏维埃政府为解决军食民用，按照苏维埃临时中央政府的统一部署，印制了各种不同形式的临时借谷证及收据收条，作为借谷的凭证发给借谷给政府的群众。收据收条还有不少是临时手写的，其格式比较简单，大多数为竖式，从右向左直书，首先写被借人的名字，然后写借谷数量，最后写借谷单位名称和借谷日期，并加盖印章。临时借谷证如代英县临时借谷证，借谷收据如永定第一区借谷凭条、公略县收据等。①

第三节　土地革命时期苏维埃政府发行的股票

一　消费合作社及股票

1927年大革命失败后，中国共产党领导中国工农红军，在广大农村地区开创革命根据地。国民党军队在加紧对我根据地进行军事"围剿"的同时，还对根据地实行严密的经济封锁，妄图将新生的苏维埃政权扼杀在摇篮里。为粉碎敌人的经济封锁，我党领导根据地军民大力发展经济，先后办起了各种形式的合作社，如消费合作社、生产合作社、粮食合作社等，并发行了相应的股票。

（一）消费合作社的创立、组织原则和任务

由于敌人的军事围剿和经济封锁，根据地内农副产品运不出去，白区所生产的工业品无法运到苏区来，工业品价格高昂，农产品价格低贱，工农业产品出现"剪刀差"现象，根据地人民群众生活困难，生活状况急剧恶化。为了减轻中间商人的剥削，缩小工农业产品价格"剪刀差"，活跃根据地的商品流通，根据地党组织和苏维埃政府组织农民成立各种形式的合作社。

消费合作社就是在这一时期兴起的。据记载，1928年10月，赣西

---

① 洪荣昌主编：《红色票据——中华苏维埃共和国票据文物收藏集锦》，解放军出版社2009年版，第98—108页。

南革命根据地吉安县东固区率先创办了中央革命根据地第一个消费合作社，即东固消费合作社。随后，闽西根据地上杭县才溪区先后创办了14个专业消费合作社。上杭县才溪区创办消费合作社的成功经验很快在苏区各地推广开来，到1931年4月，仅闽西根据地永定县就办起了57个消费合作社，共有基金5445元5角。1931年2月，赣东北根据地建立了东北消费合作社，各县设县社，区设支社，乡设分社，社员共有万余人。1931年夏季，湘鄂西根据地已建立消费合作社130个。到1931年9月，赣西南根据地已普遍建立起消费合作社。[1] 1933年12月5日，中央苏区消费合作总社在江西瑞金正式成立，1934年3月又成立了中国工农红军消费合作社，下设闽、赣两个省，17个县总社，1140个分、支消费合作社。

各级消费合作社的组织架构是：中央苏区消费合作总社—各省消费合作总社—各县联社—各区支社—各乡分社。《消费合作社标准章程》规定："消费合作社以社员大会为最高组织，由全体社员组织之；社员大会选举、罢免或处分管理委员及审查委员，管理委员会由社员大会选举7人至11人组织之，设正副主任各一名；审查委员会由社员大会选举5人至7人组织之。消费合作社社员只限于工农劳动群众，富农、资本家、商人及其他剥削者不得加入。"[2]

消费合作社的主要任务有两项，一是收购农副产品如生猪、茶油、棉花等，然后设法将这些物资运到边界，换回根据地所需要的各种工业品。二是以合理价格向农民销售工业品。消费合作社成员在社里购买商品可以得到两个好处，第一是可以廉价购买，购买价格要低于市场价格；第二是可以优先购买。1933年9月苏维埃政府制定的《消费合作社标准章程》规定："本社商品应以极低廉的价格售给社员"；"必需品缺乏时，社员有优先购买之权"。[3]

（二）消费合作社股票及管理

为了促进根据地经济发展，改善根据地群众生活，革命根据地各级消费合作社积极发行各种债券和股票，广泛吸纳民间闲散资金。比如，

---

[1] 中国社会科学院经济研究所中国现代经济史组：《革命根据地经济史料选编》（上册），江西人民出版社1986年版，第65—78页。

[2] 同上书，第336—338页。

[3] 王卫斌：《苏区消费合作社与红色股票》，《金融经济》2009年第19期。

第六章　土地革命时期根据地制度创新：发行票据　｜　161

临时中央联合消费合作总社共发行了两期股票，股金达 322525 元。中央联合消费合作总社发行的第二期股票，面额只有伍角一种，正面左边是列宁肖像，右边是马克思肖像，上方有 6 位阿拉伯数字编号，下方有合作总社管理委员会的印章并有负责人签字。县、区、乡消费合作社发行的股票，大多为竖式表格版面，上方横书"××××合作总（或分）社股票"、"第××号"；中间部分为固定表格，分别横书并相应填写"社员姓名□□□"、"住址□□□□"、"成份□□"、"家庭人口"□□、"股数□□"、"共计股金□□"；下部落款为该消费合作社"管理委员会主任"，并加盖方形小印章，底部一行为发行该股票的日期。

各级消费合作社在发行股票的同时，还发行入股证、社员证、购买证等。由于当时根据地条件和技术有限，各地消费合作社所发行的股票多用棉纸、芦苇纸或毛边纸等作材料，主要用油墨石印制作而成。为防止不法之徒伪造股票，各级消费合作社设专人登记社员认购的股权，存档备查，以此为分红依据。①

对消费合作社股票的购买、管理及分红，主要有两个层面的制度约束。一是《消费合作社标准章程》的规定：合作社股金定为每股大洋壹元，以家为单位，其一家可购买任意股数；凡交足股金之社员，均有选举权、被选举权、表决权，但每一社员（代表一家）不论入股多少，均以一权为限。凡交足股金之社员，由本社发给股票及购买证。消费合作社经营所得，每期纯利以 50% 为公积金，10% 为管理委员及职员奖励金，10% 为社会公共事业，30% 照购买额为标准比例分还社员之消费者。② 二是股票条例的规定。比如，中央联合消费合作总社发行的第二期股票，背面附印第二期股票条例共 10 条，条例对发行第二期股票的目的、股金总额、股票面额、利率等作出了明确规定：发行本期股票，其目的是为了发展苏维埃经济、抵抗奸商富农资本家的剥削，扩大本社资本。本期股票的股金定额为 2500 元，股票面额只有 5 角一种；股票利率为周年 5 厘。条例还规定，本项股票不能当作现金在市面流通；本股票准许买卖，但须经管委会许可；如有故意破坏本项股票信用及价格

---

① 中国社会科学院经济研究所中国现代经济史组：《革命根据地经济史料选编》（上册），江西人民出版社 1986 年版，第 336—338 页。

② 洪荣昌：《红色票据：中华苏维埃共和国票据文物收藏集锦》，解放军出版社 2009 年版，第 140—141 页。

者，以破坏苏维埃经济建设论罪；本股票的推销及还付利息，由总社及各分社办理；本股票如有损坏及遗失时，须立即向总社或分社管委会报告登记，于半月后再补发。①

又如，1934年4月，古田乡《消费合作社简章》对发行股票的范围、股金数额、认购股数等作了规定，"股金以群众集股为主，股金每股不得超过5元；社员入股数目限于10股以下，以防少数人操纵合作社。社员入股时，不能马上完全缴纳股金的，可分为两期缴纳，一期为4个月。股金不限于现金，如米谷杂粮、公债票也可以。"②

(三) 消费合作社的发展和绩效

消费合作社的主要工作职责，就是以合理的价格向农民销售工业品和收购农副产品；消费合作社的社员可以优先购买、廉价购买商品。消费合作社可以获得如下优惠政策：一是合作社免向政府缴纳所得税；二是合作社有向工农银行借贷优先权；三是合作社有向苏维埃工厂及商店购货之优先权；③ 四是合作社有向政府廉价承办没收来的财产的优先权；五是合作社的货物运输、业务经营等，政府予以帮助和保护。由于各根据地苏维埃政府对合作社给予大力支持和帮助，因此，各根据地农民参加消费合作社的积极性很高，消费合作社发展非常迅速并取得较好的绩效。1933年12月17日，中央根据地消费合作社取得了很大成绩，消费合作社社员增加到15万人。④ 1929年11月，上杭县才溪区成立消费合作分社，在创立时只有社员80余人，各交股金5角大洋，共有股金40余元，同时向苏维埃政府借了一些公款，立即开始在当地收购农副产品运到边界与白区商人及群众交换，换取食盐和布匹等根据地紧缺物资。按照合作社全体社员大会的决定，合作社社员、红军家属、红军部队及机关，来合作社购买物品，一律照本出售；如果向非社员群众出售物品则照本赚5%。到1931年12月结算时，除去一切开支外，该消费合作社共赢利300元大洋，经社员大会决定，每一股（5角）分得红

---

① 洪荣昌：《红色票据：中华苏维埃共和国票据文物收藏集锦》，解放军出版社2009年版，第151页。
② 中国社会科学院经济研究所中国现代经济史组：《革命根据地经济史料选编》（上册），江西人民出版社1986年版，第307页。
③ 同上书，第344页。
④ 同上书，第155、348页。

利大洋5角。到1933年7月结算时,除去一切开支外,共赢利741元,经社员大会决定不分红,作为合作社公积金,以充裕资本。自1933年8月经济建设大会以后,加入消费合作社的社员增多,达到1041人,社员投资入股的股金达到1041元,平均每位社员股金1元(2股)。

根据地一般处于内陆山区,交通不便,信息闭塞,民众与外界少有接触,刚开始根本不知道消费合作社和集资入股为何物,也不知道购买股票参加合作社有什么好处,合作社干部就反复耐心做群众的工作,出于对苏维埃政权的信任,不少群众纷纷加入消费合作社并购买股票。有的用自家少有的积蓄认购股票,没有现金的就以物资折股。上杭县才溪区消费合作社与瑞金县壬田区、武阳区消费合作社因在收购农产品、销售工业品,发展根据地经济方面成绩显著,被评为苏区"模范消费合作社",多次受到表彰。

1933年8月江西南、北部28个县经济建设工作会议之后,各根据地消费合作社发展非常快。例如,瑞金县在1933年8月以前只有9000名消费合作社社员,11000元的股金,在8月以后的一个月中,社员就增加了5300人,股金增加了5500元;兴国县在大会以后的一个月中,消费合作社社员增加14600人。这一增加的数目,也差不多等于以前整个时期发展的数目。①

二 粮食合作社及股票

土地革命时期,为粉碎国民党的军事"围剿"和经济封锁,我党领导根据地军民大力发展经济,建立了粮食合作社并发行了股票。

(一)粮食合作社的建立、主要任务和工作方法

革命根据地建立粮食合作社的背景有两个方面:第一,1931年,中央革命根据地大部分地区粮食丰收,增产一至二成,个别地区也有歉收的情况。但是,由于对粮食的管理和调剂的经验不足,没有十分重视粮食的储备和组织调剂,也没有注意控制粮食出口,结果导致1932年个别地方发生夏季粮荒。为了解决粮食短缺问题,苏维埃临时中央政府曾采取了一些补救措施。如1932年8月,中华苏维埃共和国临时中央政府人民委员会发布了《发展粮食合作社运动问题》的训令第七号,

---

① 中国社会科学院经济研究所中国现代经济史组:《革命根据地经济史料选编》(上册),江西人民出版社1986年版,第154—155页。

号召各地成立粮食合作社,同奸商富农斗争。第二,为粉碎国民党的军事"围剿",打破其经济封锁,解决根据地军民的粮食给养和供给,以及进一步改善工农群众的生活,消除根据地工业品与农产品价格"剪刀差","党及苏维埃政府必须进行必要的经济建设。合作社运动之开展是这个战线上主要的一环,秋收与粮食收集储藏运动同样是目前的战斗任务"。① 为此,中华苏维埃共和国临时中央政府国民经济部于1933年5月27日发出《关于倡办粮食合作社与建立谷仓问题》的训令,要求各地倡办粮食合作社,这是解决工农群众粮食供给的最主要的办法。该训令规定了粮食合作社的性质、任务和作用,指出粮食合作社是集合雇农、贫农、中农以及其他农村中的劳苦群众的股份而成立的,它与消费合作社做粮食零星门市买卖者不同,它的主要任务是在预储大量的粮食,调剂苏区粮食价格的过高或过低,提高农民的生产兴趣,增加生产量,同时反抗富农、奸商的投机剥削和充裕红军以及政府机关的给养,改善劳苦工农群众的日常生活。并要求各地从现在开始,在每一乡成立一个粮食合作社。同时,要求各县国民经济部,帮助和催促各区、乡政府修缮和建造谷仓,供粮食合作社储存粮食之用。② 按照临时中央政府及国民经济部的要求,每乡建立一个粮食合作社,全苏区要有入股社员50万人,股金50万元。这些粮食合作社要能储蓄粮食30万担。③ 其实,早在根据地创立之初,由于敌人的封锁,奸商的捣乱破坏,工农业产品价格"剪刀差"现象十分严重。如闽西革命根据地,为了防止"剪刀差"现象扩大,解决群众基本生活问题,闽西根据地在大力发展由苏维埃政府经营的粮食调剂局的同时,还兴办了由群众集资入股的粮食调剂局,后来改名粮食合作社。如上杭县才溪区在1930年就创办了这种类似于粮食合作社的粮食调剂局,它是"由群众募集股金,此种募集不是普遍募集,而是向生活较好的人家募集,每股大洋一元。每乡组织一个调剂局,全区八个局,共有股金1810元。"这种群众入股的调剂局,调剂办法是,"每年向群众买进谷米,比私人买的少收二升,如

---

① 《我们在经济战线上的火力》,载《革命根据地经济史料选编》(上册),江西人民出版社1986年版,第137页。
② 《关于倡办粮食合作社与建立谷仓问题》,《红色中华》第83期,1933年5月27日。
③ 《我们在经济战线上的火力》,载《革命根据地经济史料选编》(上册),江西人民出版社1986年版,第140页。

私人每元一斗七升，调剂局只收一斗五升，卖出时，先卖给红军家属，后卖给困难群众，但群众是否困难，要经过乡代表会调查通过。卖出时，也不照当时市价，仅照买进价格略除耗失。例如买进每元一斗五升，卖出则为一斗四升五合，除去耗失五合。红军家属无钱的，群众特别困难的，可以借给，割禾后照数归还，不取利息。每年收谷出谷工作完后，由乡苏通知群众，举出代表，向调剂局负责人算账，并发公告。每年秋后收谷子量入谷仓，用乡苏长条标封。春夏出谷一次二次不定，群众需要了，即开仓。由群众购买。大概每年三月插田时与五月青黄不接时，均是出谷时节。"[1] 自从有了群众入股的粮食调剂局（实际是粮食合作社）后，粮食价格就稳定下来。因此，这种性质的粮食调剂局在闽西、赣南等根据地得到了发展。到1931年4月，永定县就办了群众集体性质的粮食调剂局34个，募集股金12245元5角。[2]

粮食合作社的做法是：劳苦工农群众自己集股，股金既可用钱缴也可用谷缴（扣成钱数），秋收后社员需用钱时，就可将粮食以比较市价高些的价钱，卖给合作社，合作社收买的谷子，可以存储一小部分供给来年青黄不接时社员的急需，其余大部分可陆续运到粮价高的地方出卖或出口，这样继续不断地籴进粜出，不但可以扩大资本，而且可以使社员得到很多的盈余。运用这种方法可以调剂市价，使苏区内粮食价格在常年内不致过高或过低。同时可以保障农民不受粮食缺乏的困难，免去奸商、富农的残酷剥削，工农生活得到更大的改善。因此，1933年7月4日，中央政府人民委员会发布《关于倡办粮食合作社问题》的布告，强调组织好粮食合作社，"这是保证群众粮食，巩固苏维埃政权，使革命战争迅速顺利发展的重要工作，绝不准有丝毫的忽视。"[3]

（二）粮食合作社的发展及股票发行

在江西省南北部经济建设大会（1933年8月12日、20日）之前，全苏区粮食合作社只有513个，社员112000人，股金90000元。大会

---

[1] 毛泽东：《才溪乡调查》，载《毛泽东农村调查文集》，人民出版社1982年版，第346—347页。
[2] 《闽西苏维埃政府经济委员会扩大会议决议案》，载《革命根据地经济史料选编》（上册），江西人民出版社1986年版，第69页。
[3] 《关于倡办粮食合作社问题》，载《革命根据地经济史料选编》（上册），江西人民出版社1986年版，第332—333页。

之后，根据地粮食合作社发展较快。以瑞金县为例，粮食合作社在1933年8月以前是很少的，在8月以后，社员增加到6800人，股金增加到1900元。兴国县在大会后的一个月中，粮食合作社社员增加15000人；胜利县有粮食合作社社员12000人左右。1933年8月，福建省工农民主政府召开第四次扩大会议，决定："为收集大量粮食，完成粮食的调剂及充裕红军粮食，中央决定每乡发展粮食合作社一个，福建发展10万个社员，资本10万元。"中共湘赣省委于1933年10月决定，全省建立粮食合作社，要发展10万社员、股金10万元（每股股金1元）。到1934年2月，中央革命根据地粮食合作社发展情形见表6-2（闽浙赣省10余万社员还不算在内）。[1] 在这一时期，闽浙赣根据地贮粮合作社吸收了很多的群众，共有20余万股，年年分红利给社员。[2]

表6-2　　　　　　　　　中央根据地粮食合作社数目

	1933年8月以前	1934年2月
社数（个）	457	10712
社员（人）	102182	243904
股金（元）	94894	242079

此外，在兴国、博生县还先后成立了城市粮食合作社。粮食合作社组织机构比较简单，一般是按照政府系列组织并运行，分别以省、县、区、乡统一印制发行股票。粮食合作社股票存世很少，目前所见有：（1）汀州市工人粮食合作社股票，面额为伍角一种；汀州市调剂粮食合作社股票，面额也为伍角，均为横式版面，有列宁头像，印制比较精美。（2）闽浙赣省贮粮合作社社证，上方横印"贮粮合作社社证"；该证为竖式版面结构，从右至左直书"兹有××县××区××乡××村×××同志自愿加入贮粮合作社××股计谷××石××斗特给此为证。"落款为"省贮粮合作总社正主任×××、副主任×××"，左边一行直书发行日期："公历一九三三年十二月三日发"。（3）古田乡粮

---

[1] 亮平：《目前苏维埃合作运动的状况和我们的任务》，《斗争》1934年第56期。
[2] 革命根据地财政经济史编写组：《革命根据地财政经济史长编——土地革命时期》（下），第1012—1016页。

食合作社股票，为竖式横书表格结构，与消费合作社股票类似。上方横书"古田乡粮食合作社股票，第××号"；中部横书并填写相应内容"社员姓名□□□"、"住址□□□"、"成份□□□"、"家庭人口□□□"、"股数□□□"、"共计股金□□□"；下部横书"管理委员会主任"并加盖个人方形印章，最下边为发行股票的日期。

（三）粮食合作社的作用

1933年7月14日，中央国民经济部对粮食调剂局与粮食合作社的关系作出详细的规定：粮食调剂局系调剂苏区粮食，保证红军及政府给养，并帮助改善工农生活的国家机关。而粮食合作社则是广大工农群众抵制奸商、富农剥削，改善自己生活的群众经济组织。粮食调剂局与粮食合作社的关系具体如下："（一）粮食调剂局向粮食合作社购买政府及红军所需要的粮食，在新谷上市时，要使谷价不致跌得太低，在青黄不接的时期，要使谷价不致涨得太高。（二）区乡两级政府及其他工作人员，所需要粮食，可用粮食调剂局所发的领米证向粮食合作社领取。最后，由粮食合作社向粮食调剂局支钱。（三）粮食调剂局应帮助粮食合作社来获取农民所必需的其他商品的供给（如盐等）。（四）在粮食合作社非常急迫地需要现款时，调剂局可设法帮助借款，反之，在调剂局急需时，亦可向粮食合作社暂时借用，迅速归还之。（五）粮食调剂局应经过粮食合作社来帮助农业生产的发展，设法供给农民以必需的肥料如石灰、种子和农具等。（六）粮食合作社应该帮助粮食调剂局来运输粮食（如帮助政府发动运输粮食的夫子等），在未设运输站的地方，该地粮食合作社在必要时，应该为粮食调剂局执行运输站的工作。（七）在粮食调剂局建有谷仓的地方，粮食合作社应共同帮助调剂局的谷仓的管理。"①

从以上规定可以总结出根据地粮食合作社的主要作用：首先，是向政府工作人员和工农红军供应粮食；同时，平抑粮价，在青黄不接和新谷上市时，防止粮食价格大起大落，确保根据地粮食价格稳定在一定水平。其次，粮食合作社通过粮食调剂局帮助，能解决根据地人民需要购买的其他商品，如食盐、煤油等；粮食合作社还从多方面帮助人民群众发展农业生产，向农民提供必需的生产资料如肥料、石灰、种子和农具

---

① 《中央国民经济人民委员部关于粮食调剂局与粮食合作社的关系》，载《革命根据地经济史料选编》（上册），江西人民出版社1986年版，第334—335页。

等。极大地方便根据地人民的生产生活。最后,各根据地粮食合作社还肩负着为苏维埃政府和红军运输粮食和管理粮仓的重任,等等。总之,粮食合作社为革命根据地经济建设、为支援工农红军粉碎国民党军队的"围剿"做出了巨大的贡献。

三 生产合作社及股票

(一)劳动互助社、犁牛合作社的建立

在革命根据地创建之初,由于各种原因,导致农业生产中出现一些亟待解决的重大问题,其中以劳力不足和耕牛缺乏最为严重。劳力不足主要有两个原因,一是1927年大革命失败后,国民党反动派对革命群众残酷杀戮,直接导致人口大量减少,劳动力严重不足。二是根据地群众纷纷参加红军,大量青壮年脱离农业生产。由于农村劳动力缺乏,农业生产受到极大影响。为组织农业生产,发展根据地经济,解决粮食供应问题,在根据地党和苏维埃政府领导下,各地把农民组织起来,在自愿的基础上实行劳动互助合作。1930年春,才溪乡农民每村组织了一个耕田队。耕田队设队长一名,下设几个耕田小组,每组一般由四五户农户或七八家农户自愿结合而成。由队长统筹劳动力,负责劳动力的调剂工作,主要任务是每月由队里安排一定数量的劳动力帮助红军家属耕种田地,同时,也帮助劳动力不足之家。后来扩大为以乡为范围的劳动合作社。调剂方法主要是:优先解决红军家属困难。在一村中劳动力有余之家,帮助不足之家;一乡中,劳动力有余之村帮助不足之村。这种组织耕田队和劳动合作社的做法,有效地解决了劳动力不足的问题,推动了农业生产的发展,才溪乡粮食产量增产了一成。

根据地许多地方缺乏耕牛的原因:一是由于经常受到国民党军队和地主武装的"围剿"和进攻,农民的耕牛多被抢去;二是富农、奸商为谋取利益而将耕牛贩卖到白区去;三是有的地方随意杀牛;四是自然灾害所造成耕牛大量死亡。耕牛对于农业生产非常重要,为了解决耕牛的缺乏,根据地党和苏维埃政府采取了各种措施,如鼓励农民饲养耕牛、禁止随意宰杀耕牛,特别值得一提的是组织耕牛互助和允许租牛,即在农忙季节需要牛力耕田和耕地时,实行耕种互助,牛多的村帮助牛少的耕田。

根据地农业生产对反"围剿"革命战争和根据地经济建设日显重要,但随着战争的发展,劳力不足和耕牛缺乏的矛盾更加突出。于是,根据地开展起大规模的农业生产互助合作运动,各地成立了各种形式的

生产合作社，如劳动互助社、犁牛社和犁牛合作社。如江西兴国县1934年2月，劳动互助社只有318个，社员人数15615人；到同年4月，劳动互助社增加到1206个，增长279%，社员人数达22118人，增加了41.6%。瑞金县1933年只有劳动互助社社员1919人，到1934年4月发展到4429人，增加了130.8%。而犁牛合作社具有集体性质，因为"犁牛社所有耕牛和农具，归全体社员所有"。犁牛社的犁牛、农具来源主要有两部分，一是没收地主富农的耕牛农具，分给雇农、贫农及红军家属，这部分是集体所有；二是发动群众入股集资购买耕牛和农具，也是集体性质的资产。此外，发动那些自己有耕牛、农具的人加入合作社。① 犁牛合作社的出现，很快得到中央政府的支持和推广，毛泽东曾给予高度评价，他在长冈乡调查中指出，解决耕牛不足的方法，"莫妙于领导群众组织犁牛合作社，共同集股买牛。办法是在自愿原则下（经过社员大会同意），每家照分田数每担谷田出谷二升至三升。例如，长冈乡每人分田六担二斗，无牛的一百零九家，平均每家四人，共四百三十六人，分田共二千七百零三担，每担三升得谷八十一担，每担五元得钱四百零五元，以二十元买一牛计，得二十头。每牛耕田八十担，共可耕田一千六百担，对于二千七百零三担，已解决了一大半，明年再出两升，即可完全解决。而租牛每年每担谷田即须出牛租五升。这一办法是石水乡群众提出来的，他们已在实行。我们希望各地都能实行。这不但解决贫苦农民一大困难，对于增加农业生产更有大的意义。"② 由于这一办法符合当时农村根据地发展的实际，因此很快就在各地推广开来。表6-3是中央革命根据地3个县犁牛合作社的发展情况。

表6-3　　中央苏区1934年上半年犁牛合作社发展情况③

县名	社数（个）	社员人数	股金（元）	耕牛头数0
瑞金	37	3638	1539.5	不详
兴国	72	5552	5168	121
长汀	66	不详	不详	143

---

① 赵效民：《中国革命根据地经济史（1927—1937）》，广东人民出版社1983年版，第184—190、310—313页。

② 毛泽东：《长冈乡调查》，《毛泽东农村调查文集》，人民出版社1982年版，第313页。

③ 赵效民：《中国革命根据地经济史（1927—1937）》，广东人民出版社1983年版，第314页。

(二) 劳动互助社、犁牛合作社的组织原则

1933年上半年，临时中央政府为了指导各根据地农业生产互助合作运动的健康发展，先后颁布了一系列文告，明确规定了建立劳动互助社、犁牛合作社的原则。第一，加入劳动互助社的对象。按照规定，加入互助社者，以家为单位，凡是农民（贫农、中农）、农业工人及其他有选举权的人，不论男女老幼，都可加入，但地主、富农、资本家以及其他无选举权的，一律不准入社。① 犁牛站的加入对象，以"分得耕牛、农具的雇农、贫农及红军家属等为该犁牛站的基本站员"，而非站员的基本农民群众，如要求加入犁牛站，愿出相当的入站基金（即股金），也可加入；富农及一切阶级异己分子则不让他们加入。② 第二，自愿加入，不可强迫命令。《临时中央政府劳动互助社组织纲要》规定，要把互助社的作用，向群众作详细的宣传解释，使每人自愿入社，不得用强迫命令方法。临时中央土地部也强调，犁牛社的创立，一定要在基本农民群众自愿原则之下组织之，苏维埃政府绝对不可强迫命令，只可处在领导与帮助的地位，将它的好处告诉群众，发动群众来组织。③ 第三，要贯彻互利原则。首先是人工、牛力的调配要相对合理。劳动互助社调剂劳动力的办法，是每个入社的社员须在事先将自己那一天割禾（或别种工作），须要雇几多人工，要几天完毕，一个月内自己能有几天帮助别人做工等，向互助社委员会报告，由委员会分别登记在簿上，然后统筹安排。人工之分配，互助社委员会应事先做好计划，分成若干小组，经社员大会通过，某组哪几天帮助哪一家，都须当场使大家讨论磋商，不满意便须对调，这是最重要的一件事。分配人工时，必须注意到各个人住处相近，能力技术配合适当，与过去感情关系。同时，须将社员中应帮助红军公田、红军家属耕田的人工一并计算在内，做个调剂，并须先与耕田队长商订红军公田及红军家属耕田的时间，按时调社员前去工作。犁牛站所备耕牛、农具，归全体站员公有。每个站

---

① 《临时中央政府劳动互助社组织纲要》，载《革命根据地经济史料选编》（上册），江西人民出版社1986年版，第261页。
② 《中央土地部关于组织犁牛站的办法》，载《革命根据地经济史料选编》（上册），江西人民出版社1986年版，第240—241页。
③ 《临时中央政府劳动互助社组织纲要》，载《革命根据地经济史料选编》（上册），江西人民出版社1986年版，第261页；《中央土地部关于组织犁牛站的办法》，载《革命根据地经济史料选编》（上册），江西人民出版社1986年版，第240页。

员都有借犁牛站的耕牛、农具之权。但每人所借期限和数量多少一定要分配均匀。① 其次是劳动报酬的计算要合理。社员按照委员会之分配,帮助其他社员做工时,应照工计算工资,请其他社员来帮助时,也须照工资计算。"互助社工资多少,须按照各地生活程度与往年习惯斟酌增减,由社员大会多数决定之,不能过高,也不能过低,须兼顾到雇农、贫农、中农各方面的利益,但社员对社外做工时,仍按照时价,不受本社限制。"同时规定,"这个工资应按照各人的工作能力与技术的高低分别规定,不能死板一律规定,致使能力强者,反而不愿意入社,但高低、差别不能过大。"在结算工资时,"如某人应补出多少,即应交钱,但确实无钱者,可准其照价交谷,由互助社向调剂局设法卖钱,其应补出工少而银谷两无或不够者,在社员同意之下,可准其以后帮别人做工,将工资扣抵。"② 最后是对租金的规定要合理。对"那些自己有耕牛、农具的人加入合作社,给他以相当的租金,用互助两利的办法,来解决贫苦农民缺乏耕牛、农具的问题。"③ 同时,对"每个借犁牛站的耕牛、农具的站员,一定要出相当租钱,为供给耕牛饲料和修理农具以及津贴管理者相当经费的用处。"④ 上述原则的贯彻和实施,一定程度上推动了劳动互助组、犁牛合作社的建立和发展。

(三)手工业合作社的发展和股票的发行

1. 手工业合作社的发展

"一苏大"(即中华工农兵苏维埃第一次全国代表大会的简称,下同)前,由于根据地不稳定,手工业合作社发展较慢。如闽西根据地永定县,从1929年到1931年4月,仅创办手工合作社4个,基金只有628元。在赣西南、湘赣、湘鄂西等根据地也建立了少数几个手工生产合作社。但这些合作社并非群众投资入股建立起来的,主要是由苏维埃政府投资或没收来的。"一苏大"之后,各根据地苏维埃政府把发展手

---

① 《临时中央政府劳动互助社组织纲要》,载《革命根据地经济史料选编》(上册),江西人民出版社1986年版,第261—263页;《中央土地部关于组织犁牛站的办法》,载《革命根据地经济史料选编》(上册),江西人民出版社1986年版,第240页。

② 《临时中央政府劳动互助社组织纲要》,载《革命根据地经济史料选编》(上册),江西人民出版社1986年版,第262页。

③ 《中央土地部关于组织犁牛站的办法》,《红色中华》第57期,1933年3月3日。

④ 《中央土地部关于组织犁牛合作社的训令》,载《革命根据地经济史料选编》(上册),江西人民出版社1986年版,第242—243页。

工业合作社当作发展苏区经济的重要措施，并总结过去组织手工业生产合作社的经验教训，研究制定了促进手工业合作社发展的政策和措施。1933年8月江西南、北部经济建设大会后，各根据地手工业合作社发展迅速，成绩显著。中央苏区在1933年8月以前，手工业生产合作社只有76个，社员9276人，股金29351元；到1934年2月，手工业生产合作社发展到176个，社员增加到32761人，股金达58552元。① 其他根据地手工业生产合作社发展也较快，到1933年12月，闽浙赣苏区手工业生产合作社已发展到了50多个。②

2. 手工业生产合作社的组织原则

临时中央政府于1932年4月发布了《关于合作社暂行组织条例》，对包括手工业生产合作社在内的合作社组织原则作出了明确规定。一是符合创办手工业合作社的条件，并经批准领证，才能开始营业。按照规定，手工业生产合作社之社员，不仅兼股东，并且是该社的直接消费者，不合此原则者，不得称为合作社；同时规定，凡组织手工业生产合作社，须先将办社章程、股本、社员人数和营业项目等向当地苏维埃政府报告，经县政府审查登记后，领取合作社证书，才能开始营业。二是社员入股金额和股数。社员必须先交纳股金才能入股，本社股金定每股大洋1元，以劳动力为单位，其一个参加生产的劳动力愿入数股者听便。每个社员其入股的数目不能超过10股。有的地方每股金额是一元，有的地方是五角，但最多不能超过5元，以防止少数人之操纵。三是实行民主管理，社员大会是其最高权力机关，一切重大问题均须经过社员大会讨论。社员大会须有2/3以上社员出席，才能开会。社员大会选举、罢免和处理管理委员和审查委员，任期为3个月，可连选连任；制定或修改本社章程及办事细则；决定工资及工作时间；通过或开除社员。凡交足股金参加生产之社员，均有选举权、被选举权、表决权，但每一社员不论入股多少，均以一权为限。四是盈利分配原则。每期纯利，除酌提若干为常务委员会及职员之奖励金外，以50%为公积金，

---

① 亮平：《目前苏维埃合作运动的状况和我们的任务》，《斗争》第56期，1934年4月21日。

② 《闽浙赣苏区的近况》，《红色中华》第139期，1934年1月1日。

20%为办社员公共事业费（如文化教育等），以30%照社员人数平均分配。①

3. 手工业生产合作社发行的股票

按照《生产合作社标准章程》规定，手工业生产合作社社员须入股交纳股金，凡交足股金之社员由本社发给股票。同时还规定，本社股票概用记名式，盖上本社图记，由管理委员会主任签名盖章。社员如欲转让其股于继承人时，须该继承人仍愿参加本社生产者，方能许可。股票如有遗失情事，应先报告管理委员会挂失，一面登报声明作废后，再向本社请求补发新股票。② 由此可知，手工业生产合作社是发行股票的。发行的股票种类比较多，如纸业生产合作社股票、刨烟生产合作社股票、铁业生产合作社股票、耕牛合作社股票、织布生产合作社股票等。如闽赣省纸业合作社发行的股票，面额有1元、5角共两种。股票正面中央为列宁头像，票面顶部横书"发展苏区生产"；列宁头像左右分别印"壹"、"圆"；左右两边空白处直书"股票"；列宁头像下面第一行横印本股票的编号"××字第××号"，第二行为发行股票的日期："一九三×年×月×日"，最底部一行横书"闽赣省纸业合作社"。股票背面从左至右直印发展合作社的口号："扩大合作社股金，是为着发展纸业生产，改善工农业生活。工农劳苦群众，热烈的购买推销合作社股票，扩大合作社组织，发展纸业生产。"③

此外，刨烟合作社股票、列宁书局股票、苦力运输合作社股票、铁业生产合作社股票与纸业生产合作社股票版面结构类似，都为横式版面，正面都有列宁头像，有的股票除列宁头像外还有马克思头像。面额有1元、5角两种。犁牛合作社和药业合作社股票版面结构比较简单，为竖式表格，股票上部横印"××县××区××合作社股票"、"第××号"；股票中部6行分别横印"股东（或社员）姓名□□□"、"住址□□□"、"成份□□□"、"家庭人口□□"、"股数□□"、"共计股金

---

① 《生产合作社标准章程》，载《革命根据地经济史料选编》（上册），江西人民出版社1986年版，第264—267页；赵效民：《中国革命根据地经济史（1927—1937）》，广东人民出版社1983年版，第352—353页。

② 《生产合作社标准章程》，载《革命根据地经济史料选编》（上册），江西人民出版社1986年版，第264—265页。

③ 洪荣昌：《红色票据：中华苏维埃共和国票据文物收藏集锦》，解放军出版社2009年版，第128—131页。

□□□";下部横书"管理委员会主任",签名并加盖个人方形印章,最下边为发行股票的日期。犁牛合作社和药业合作社股票均为大洋5角一股。①

四 信用合作社及股票

(一)信用合作社的建立

信用合作社是由根据地群众集资入股组织起来的金融机构,它吸收存款,同时经营放款、贴现、代理发行公债票等业务,为工农大众提供生产和商业资金,是土地革命时期苏维埃银行的得力助手。毛泽东同志早在1927年就指出:"合作社,特别是消费、贩卖、信用三种合作社,确是农民所需要的。他们买进货物要受商人的剥削,卖出农产品要受商人的勒抑,钱米借贷要受重利盘剥者的剥削,他们很迫切地要解决这三个问题。"② 在土地革命时期,信用合作社最早在闽西革命根据地建立。1930年3月25日,闽西第一次工农兵代表大会提出,"各地尽量宣传合作社作用,普遍发展各种合作社组织。有乡合作社的地方,要进一步组织区或县合作社。政府经常召集合作社办事人开会,讨论合作社进行方法。"会议特别强调,要"普遍发展信用合作社组织,以吸收乡村存款。"③ 随后,信用合作社在闽西革命根据地有所发展。1931年4月25日,闽西苏维埃政府经济委员会召开扩大会议并作出决议案,该决议案肯定了永定县在建立合作社方面所取得的成绩:永定县共建立信用合作社9个,群众集资入股形成的基金共有10528元。同时,要求进一步发展信用合作社。④

(二)信用合作社的缓慢发展

1931年11月中华苏维埃临时中央政府成立后,多次发布文告,阐明信用合作社的性质和任务,指出建立信用合作社,是为发展苏维埃经济的一个主要方式,为"便利工农群众经济周转和借贷,以抵制私人

---

① 洪荣昌:《红色票据:中华苏维埃共和国票据文物收藏集锦》,解放军出版社2009年版,第135—136页。
② 毛泽东:《湖南农民运动考察报告》,载《毛泽东文集》第1卷,人民出版社1991年版,第40页。
③ 《经济政策决议案》,载《革命根据地经济史料选编》,江西人民出版社1986年版,第50页。
④ 《闽西苏维埃政府经济委员会扩大会议决议案》(1931年4月25日),载《革命根据地经济史料选编》,江西人民出版社1986年版,第69页。

的高利剥削"，是"保障工农劳苦群众利益的有力武器"。同时规定，信用合作社是专门管理社员金融之借贷及储存的机关，它一方面吸收群众存款，并向国家银行取得款项帮助；另一方面借款给需要用钱的工人、农民，并借给他们发展工农业生产与商业流通的资本，使工农群众不再受到无处借钱，资本缺乏及因无钱用而贱价出卖产品的困难。苏维埃政府在提倡发展信用合作社的同时，还从经济上支持信用合作社的发展。如1933年7月，临时中央政府决定在发行300万元经济建设公债时，计划拿出"100万元用于帮助合作社的发展，其中分配于粮食合作社及消费合作社的各30万元，分配于信用合作社及生产合作社的各20万元。"① 为进一步扩充信用合作社股金，临时中央政府国民经济部1934年5月决定，群众可以用手里购买的公债票向信用合作社入股，并"特许各地信用合作社吸收此项债票向各地银行抵押借款"。②

在苏区党和苏维埃政府支持下，根据地信用合作社有一定发展，从原来闽西一个根据地发展到江西省、湘鄂西、湘赣省等革命根据地。如1933年11月，湘赣省第三次党代表大会作出决议，指出信用合作社是由群众集股开办，专门管理社员的信贷及存储工作，有利于为湘赣革命根据地集中更多的闲散资金，方便社员低息借贷，是银行的有力助手。大会要求各地在大力组织生产、消费、粮食合作社的同时，要抓紧创办信用合作社。当时安福县八个区的群众向信用合作社集股，每股一元，股金达1500元。③ 然而，同其他合作社如粮食合作社、消费合作社相比，信用合作社的发展是比较缓慢的。信用合作社发展迟缓的主要原因在于，当时战争形势不断恶化，根据地人民的经济负担过重，除了纳税、买公债，借谷给红军外，他们还要向生产合作社、消费合作社、粮食合作社投资入股，因此，根本没有能力再挤出钱来向信用合作社入股了。

（三）闽西根据地永定县、兆征县信用合作社股票

1930年4月，闽西苏区永定县第一区信用合作社发行的股票是目

---

① 吴亮平：《全体工农群众及红色战士热烈拥护并推销三百万经济建设公债》，《红色中华》第96期，1933年7月26日。
② 赵效民：《中国革命根据地经济史（1927—1937）》，广东人民出版社1983年版，第479页。
③ 罗开华、罗贤福：《湘赣革命根据地货币史》，中国金融出版社1992年版，第89页。

前发现的苏维埃政府最早发行的股票。据记载，"永定第一区信用合作社，1930年春成立于湖雷（市），资金预定五千元，以募股方式筹集，每股一元，由群众中募集和指定商店认股，总共募集了三千余元的股金，群众募集了百分之四十，商店认购了百分之六十。"① 该合作社发行的这张股票为竖式版面，上部是股票冠名：最上方从左至右弧形书写"永定县第一区信用合作社"，其下面横书"股票"。在"股"与"票"中间是一个地球图案，上面书写"世界大同"。在地球上方是两面交叉的象征苏维埃政权的红旗。股票是表格形式，横书"姓名□□□"、"住址□□□"、"年龄□□□"、"职业□□□"、"股数伍股"、"股金大洋伍元整"、"入股期第一期"、"给票（日期）1930年4月30日"。底部一行为"给票经手人"（盖章）。

1934年兆征县信用合作社发行了两股一张的股票。股票为竖式版面。股票上方第一行从左至右横书"兆征县"；第二行从左至右弧形书写"信用合作社股票"；第三行为股票编号。股票中间直书"贰股"，并加盖"兆征县信用合作社股票"印章。左右两侧分别直书"管理委员会主任"（并加盖印章）、"社员□□□收执"。下部横书"每股壹圆"，底部一行为发行股票日期"1934年9月18日"。

信用合作社除了发行股票外，还发行了临时股金收据。如，1930年4月，永定县第六区信用合作社发行过股金收据，可能是信用合作社在筹集群众股金时，临时发给股员作为入股的凭证，待信用合作社正式营业时，凭股金收据到信用合作社换回正式股票。这张收据是竖式版面，收据边缘盖有永定县第六区信用合作社印章。收据从右至左直书"兹收到□□□缴来信用合作社股金大洋×圆正，此据"。落款为"永定县第六区信用合作社经手人"（签章）。最左侧一行是发行日期"一九三〇年四月拾四日"。1934年7月，兴国县信用合作社发给入股社员临时收据，目前发现两张，也是竖式版面。第一张收据上方梯形线框，里面两行从右至左分别横书"兴国县信用合作社"、"临时收据"。收据正文从右至左直书"今收到竹字第××号，××同志交来股金贰股，金额公债，所收是实。此据"。落款是"区信用合作社经手人"（签

---

① 《赖祖烈回忆》（1979），转引自刘敬扬《永定第三区信用合作社流通票》，《福州大学学报》（哲学社会科学版）2004年第4期。

章）。左边一行直书发给收据的日期："公历一九三四年七月十五日给"。第二张是长方形竖式版面，顶部小长方形内从右至左两行分别横书"兴国县信用合作社"、"临时收据"；收据全文也是从右至左分行直书"今收到浒字第137号"、"（余定森）同志股金国币（伍角）正给此为据"、"以后即凭此收据换取正式股票"。落款为"兴国县信用合作社筹备委员会主任"（签章）、"经手人"（签章）。收据左侧为发行收据的日期："公历一九三四年七月十三日"。

此外，兆征县信用合作社一九三四年也发行过临时收据。目前所发现的这张临时收据为竖式版面，上方为一等腰梯形线框，梯形线框顶部横书"××字第××号"，梯形内从左至右横印"兆征县信用合作社临时收据"。收据正文从右至左直书"今收到兆征县××区××乡××村××同志加入信用合作社股金大洋壹元正此据"。落款为"兆征县信用合作社筹备委员会主任"（盖章）、"经手人"（盖章）。收据左下角处直书日期"一九三四年八月十九日"。在收据右侧第一行"今收到"三个字下方，印有6位阿拉伯数字编号。

第七章 抗日战争时期革命根据地发行的票据

第一节 抗日战争时期革命根据地发行的公债

战争不但是军事和政治实力的比拼，还是经济实力的对决。抗日战争时期，为筹措抗日、经济建设经费，或为了赈灾济民，各敌后抗日根据地民主政府先后发行了公债。

一 抗日根据地建立初期（1937—1940年年底）发行的公债

由于抗日根据地处于残酷的战争环境之中，经常遭受日本侵略者的疯狂扫荡和野蛮的"三光"政策摧残，导致了根据地人民生产生活的困难和经济的衰落；更为严重的是，日本鬼子对各抗日根据地实行包围封锁政策，禁止一切日用必需品和军需物资出入根据地，妄图切断我抗日根据地与外界的经济联系与贸易往来，以达到断绝我抗日前线军需给养的目的。"经济是社会结构的基础，无论在抗日战争或任何革命过程中，财政经济始终是一个重大的问题"。[1] 在上述背景下，抗日根据地在创建之初实行"力争外援，休养民力"的财政方针。这一时期，中国共产党领导的抗日武装力量和民主政府抗日经费的供给，主要来源于三个方面：一是在战场上缴获敌人的装备、粮草和资财，没收汉奸卖国贼的财产；二是争取外援与爱国民众的捐助，包括对地主募捐抗日基金；三是国民政府的拨款。[2] 但不少抗日根据地依靠上述三个方面的经费来源仍然不能缓解财政困难。在万不得已的情况下，通过发行公债向根据地民众举债的办法来解决财政困难问题。晋察冀边区行政委员会、

---

[1] 林伯渠：《抗战中两条经济路线的斗争》，《解放》第130期，转引自李占才主编《中国新民主主义经济史》，安徽教育出版社1990年版，第179页。

[2] 潘国旗：《抗战时期革命根据地公债论述》，《抗日战争研究》2006年第1期；赵效民主编：《中国革命根据地经济史（1927—1937）》，广东人民出版社1983年版，第526页。

晋冀鲁豫边区、华中抗日根据地等抗日根据地（或部队）在这一时期先后发行过公债。

（一）晋察冀边区行政委员会救国公债

（1）发行公债的缘由——为了解决边区抗战经费的不足。晋察冀边区是抗战时期中国共产党创建的第一块敌后抗日根据地。由于当时国共两党合作抗日的大环境良好，全国各族人民抗日热情高涨，边区抗日武装发展迅猛，需要大量的军需给养。边区政府靠上述三种主要途径和征收合理的税收，远远不能满足日益增加的军费开支。据记载："边区财政现状：半年开支需四百余万，而半年税收只八十余万"，因此，晋察冀边区临时行政委员会成立后面临的一个最急迫的问题就是抗战经费严重不足。为了缓解紧迫的财政问题，"故须发行公债以资弥补"。①

（2）发行的额度及规定。1938年1月15日，晋察冀边区军政民代表大会作出《关于财政经济问题的决议》，决定实行战时财政调度，依照中央募集救国公债之原则，准备发行小额低利救国公债。1938年5月10日，晋察冀边区晋东北各县县长联席会议决定，征集20000担粮食，同时发行200万元公债，并依照国民政府募集救国公债的原则，报请国民政府批准后，于1938年6—7月在边区各地发行。随后，冀西各县县长联席会议亦决定发行公债100万元。这样，晋察冀边区共发行救国公债300万元。1938年7月1日，晋察冀边区临时行政委员会颁布救国公债条例，对公债名称、发行公债目的、购买对象、发行日期、利息、还本付息办法、发行方式等作了规定。条例规定公债的名称为"救国公债"，发行公债的目的是为抗日救国募集费用。购买公债的对象为个人或团体。可用现金或有价物品购买公债。本公债的发行日期为：从民国二十七年（即1938年）七月一日起照票面十足发行。条例规定本公债年息4厘，自民国二十八年（1939年）起还息，每年6月底付给；自民国三十一年（1942年）起还本，每年抽签还本一次，分30年还清。"本公债还本付息基金，由财政处于全区赋税项下指拨之。"②

---

① 柳林：《晋察冀边区的财政经济》，载《革命根据地经济史料选编》（中册），江西人民出版社1986年版，第10页。

② 《晋察冀边区行政委员会救国公债条例》，转引自财政部财政科学研究所、财政部国债金融司《中国革命根据地债券文物集》，中国档案出版社1999年版，第32页。

（3）发行公债的方法——宣传动员，层层分解，自愿认购。晋察冀边区行政委员会向各县分配公债的发行任务，各县级政府、群众团体及富绅通过组织"救国公债推销委员会"，依靠政治宣传和动员，采取劝募方式，绝不强迫命令，"完全以自愿认购为原则"。① 通过采取各种形式，借助各种机会和场合，如群众大会、庙会、演戏等积极推销公债，使群众意识到"多买一份救国公债就是多增加一份抗日力量"、"多买一份救国公债等于多尽一份保卫边区的责任"、"借钱给政府帮助抗战"，在边区内部造成一种自愿购买救国公债的热烈气氛。

（4）购买方式及绩效。购买方式灵活多样：边区群众购买救国公债不限于用现金，也可用粮食、布匹、棉花等物品折价购买。由于通过广泛的政治宣传动员、采取自愿认购的原则，公债的推销深受群众欢迎和拥护，认购公债的爱国行动在整个晋察冀边区广泛掀起。"有些县份如平山县，七日之内就超过了预定数目十一万，半月之久，全边区已完成全数十分之八，这实在是我们中国从来没有的事！"② 边区各县农民和群众认购公债的热情十分高涨，"他们不惜以血汗所得，五元、十元的来换一纸公债票，甚至有些苦力因无力购买，特地去为地主、富户接连做几昼夜的工，以工资所得购买公债。在群众大会上，在演剧台上，小孩老妇以他们的糖果钱与几十年前陪嫁过来的首饰当众交出来换购公债。"③ 还有一些地方富户绅士，一方面由于我党和边区各级政府抗日统一战线工作做得好，每个县都能由有声望的富户为首组织"救国公债推销委员会"进行劝募；另一方面，受到群众购买公债浪潮的冲击和影响，特别是贫苦农民亦能出资购买公债，使得富户们觉得难为情，因此，大部分富户均能踊跃购买，例如有一富户就购买了 3500 元。又如平山县，在公债推销任务分配下来后，由县政府召集一个地方绅士的联席会议，解释政府推销发行公债的目的、性质和意义，说明政府的财政困难问题必须得到解决，只有实行合理的负担。地方绅士受到鼓舞，

---

① 柳林：《晋察冀边区的财政经济》，载《革命根据地经济史料选编》（中册），江西人民出版社 1986 年版，第 9 页。

② 同上书，第 10 页。

③ 陈克寒：《模范抗日根据地晋察冀边区》，转引自财政部财政科学研究所、财政部国债金融司《中国革命根据地债券文物集》，中国档案出版社 1999 年版，第 33 页。

纷纷当场签字认购，甚至有独户认购1000元以上者。① 在边区政府的宣传鼓动下，连敌占区如定县、崞县一些地方民众，为支援边区筹措抗日经费、早日驱逐日寇，纷纷行动起来，通过各种方式暗地里购买救国公债；还有敌占区民众偷偷将自家储粮运到晋察冀边区，折价购买公债。② 由于通过广泛的政治动员，坚持自愿认购、反对强迫命令的原则，采取正确的劝募方式，晋察冀边区这次发行救国公债得到了边区各界群众的积极拥护和支持，不仅如期完成了推销任务，不少地方还超额完成。以冀中区为例，原定推销任务为100万元，结果完成了154万元，超额完成原定推销任务的54%③，充分显示敌后抗日根据地各界人民群众拥护抗日的巨大热情。

（5）公债的面值及样式。晋察冀边区行政委员会发行的救国公债票面额分为壹元、伍元、拾元、伍拾元、壹佰元共5种。每种公债票正面上方从右向左弧形印有"晋察冀边区行政委员会救国公债票"15个字，下方是公债票面额"壹元"、"伍元"、"拾元"、"伍拾元"、"壹佰元"字样；公债票正面印有"本公债条例"共十条，条例文末落款为晋察冀边区行政委员会主任委员宋劭文、副主任委员胡仁奎。在条例的文字上，盖有边区行政委员会的红色方形大印章。公债票正面用花边方框围起来，方框每个角上印有面额"壹元"、"伍元"、"拾元"、"伍拾元"、"壹佰元"字样；公债票正面条例上面、左右上方分别盖有发行公债票的编号。在公债票背面印有还本付息登记表，共有33格，表格右侧竖印"以下三十三格于每年付息或还本后由付机关填记一格"23个字。本公债壹圆券、拾圆券、壹佰圆券为蓝色字体，伍圆和伍拾圆券为红色字体。

（二）晋冀鲁豫边区发行的公债

晋冀鲁豫边区抗日根据地所辖冀南行政主任公署，1939年曾发行过救灾公债。

发行救灾公债的原因。1939年夏季开始至8月期间，冀南区连下

---

① 参见财政部财政科学研究所、财政部国债金融司《中国革命根据地债券文物集》，中国档案出版社1999年版，第33页。
② 参见潘国旗《抗战时期革命根据地公债论述》，《抗日战争研究》2006年第1期。
③ 参见财政部财政科学研究所、财政部国债金融司《中国革命根据地债券文物集》，中国档案出版社1999年版，第33页。

大雨，山洪暴发，区域内卫河、漳河、滏阳河等河流同时泛滥，受灾地区房屋倒塌，成片庄稼被洪水淹没，灾民流离失所。据调查所属28个县的受灾情况，被淹村庄3183个、被淹土地55110顷，受灾群众达1718717人，灾情非常严重。为了救济灾民，冀南行政主任公署，采取以下应对措施：一是对受灾地区的灾民减免田赋，实行休养生息政策；二是在受灾地区各县设粥场，接济、收容背井离乡的灾民；三是召开本署行政扩大会议及冀南参议会，决定在冀南区募集救灾公债，借资救济。

救灾公债发行数额、方法、使用范围。本救灾公债自1939年11月10日起开始发行，以政治宣传、鼓动的方式进行劝募。由于印制正式的公债票需要一定时间，在较短时限内不能完成，但救济灾民刻不容缓，因此，收到救灾公债款后暂时先发给临时收据，待全部公债款收齐后再凭临时收据换取正式收据（即公债票）。冀南行政主任公署将募集救灾公债共50万元的任务分配到各县，要求各地必须于1940年3月底悉数完成募集任务。这次冀南行政主任公署发行的救灾公债，采取自愿捐款、认购的方法，由于政治动员工作到位，措施得力、方法得当，如期完成了50万元的募集任务。所筹措的50万元款项，由冀南行政主任公署统一支配，分别用于冀南区灾区河道治理、恢复农业生产、调剂粮食供给和安置灾民生活等方面。①

冀南行政主任公署发行的救灾公债债券，由于战争和年代久远等原因，在民间流传较少，目前还没有发现实物。

(三) 华中抗日根据地发行的公债

由于当时财政困难的问题十分严重，安徽部分地方发生灾荒，为了筹措抗日经费、救济受灾群众，华中各抗日根据地民主政府曾多次发行公债。

1. 定凤滁三县发行赈灾公债

发行公债的原因。定凤滁三县为什么要发行公债？是为了救济灾民的需要。1940年，安徽省定远、凤阳、滁县一带发生灾荒，灾区群众的生产生活发生很大困难。为了救济灾区群众，定远、凤阳、滁县三县

---

① 《新华日报》（华北版），1940年5月13日；财政部财政科学研究所、财政部国债金融司《中国革命根据地债券文物集》，中国档案出版社1999年版，第33—34页。

抗日民主政府于 1940 年 5 月发行赈灾公债 2 万元。

发行公债的相关规定。根据定凤滁三县联防办事处发布的《赈灾公债发行条例》，这次发行的公债券票面额一律为 5 元，公债年利为 4 厘；公债以定远、凤阳、滁县三县粮赋为担保，三县发行公债的任务分配为定远 12500 元，凤阳 2500 元，滁县 5000 元。本次公债自 1940 年 5 月开始发行，还本付息期限为一年，于 1941 年 5 月一次还本付息。本公债到期，可由持券人持券到本县税局核算本息缴纳田赋。①

赈灾公债的样式。本公债票为竖式，正面为一长方形边框，上方一行从右至左书写"定凤滁三县"5 个字，下行为"赈灾券"3 个字。票面中部竖印面额"伍圆"两字，用椭圆花边围起来。面额下方落款为"定凤滁联防办事处主任魏文伯"，并盖有魏文伯的红色方形印章。票面左侧竖书"中华民国二十九年五月"10 个字。公债票背面印有《赈灾公债发行条例》共六条。

2. 阜宁县政府发行建设公债

（1）发行建设公债的缘由。从地理位置上看，阜宁县地处苏北平原中部，东邻黄海。1939 年 8 月 30 日，黄海发生大海啸，海水滔天，沿海防潮大堤被冲垮，滨海受灾群众不计其数，损失严重，纷纷背井离乡，靠乞讨度日，灾区群众盼望政府修复海堤。1940 年秋天，八路军到达阜宁建立了阜宁县抗日民主政府。1940 年 10 月，阜宁县召开参议会议，会上参议员提出修复防潮海堤的请求，苏北党政军委员会批准了这一提议，并责成阜宁县政府成立修堤委员会，具体负责修堤事宜。为了解决修堤经费问题，阜宁县参议会议决定：修堤所需费用不由阜宁人民负担，以县政府名义发行建设公债 100 万元。

（2）发行建设公债的规定。此次发行的 100 万元建设公债，以阜宁县盐税作抵押或担保；至于偿还时间，"经过六个月还偿一半，一年还清，至偿还时间并可抵完田赋"；本项公债发行的标准是，每纳公粮 1 斤，应购公债 3 角 5 分。②

（3）发行建设公债的数额及公债样式。本次募集修堤经费，共发

---

① 财政部财政科学研究所、财政部国债金融司：《中国革命根据地债券文物集》，中国档案出版社 1999 年版，第 37 页。

② 参见财政部财政科学研究所、财政部国债金融司《中国革命根据地债券文物集》，中国档案出版社 1999 年版，第 38 页。

行建设公债60万元，保证了修堤的需要。修堤工程竣工后，修堤委员会向县参议会和全县民众公布了修堤所用的实际费用，整个修复工程实际支付经费为国币516986.85元，实际募集到60万元，而修复大堤的行政管理费用不到1/10，因此募集的60万元足够支付。本次公债，1942年由阜宁县政府全数还清了。①

阜宁县政府发行的本次建设公债，由于资料缺乏，债券面额有几种不详。但据相关资料显示，拾元券是竖式蓝色版面，正面为长方形花纹边框，边框内右侧竖印"阜宁县政府建设公债券"；左侧印"中华民国三十年×月×日"；票面中央竖印面额"拾圆"，"拾圆"印在圆形花纹图案上；票面底部印有"第××号"；票面中央盖有方形红色印章，字迹不太清晰，估计是阜宁县政府印章。本债券背面也为竖式版面，上部为"海水倒灌"图案，"海水倒灌"4个字从左至右印在图案上方，图案为海水淹没了房屋、庄稼和人。图案下方从左至右印有债券说明，最下面一行为印制公债券的时间："民国三十年四月×日印"。

阜宁县通过发行建设公债修复的防潮大堤，全长共95华里，工程竣工后，防潮效果非常显著，当地百姓受益匪浅，此项工程受到了根据地群众高度称赞。为了表彰该县县长宋乃德在修堤工作中的突出表现和功绩，当地群众一致要求并报请相关部门批准，将该堤命名为"宋公堤"，并在大堤附近树立《宋公堤碑文》。②

二 抗日根据地严重困难时期（1941—1942年）发行的公债

（一）发行公债的原因

1941年至1942年，抗日战争进入相持阶段，也是抗日根据地严重困难时期。这主要体现在三个方面：一是政治和军事形势日益严峻；二是经济形势严峻；三是自然灾害严重。

首先，从政治和军事形势来分析。这一时期，日军对华侵略的重点转向敌后抗日根据地，并对敌后抗日根据地实行惨无人道的"三光"政策。因为自全面抗战爆发以来，在中国人民及其各种抗日武装力量的顽强抵抗下，日本侵略军无论在正面战场还是在敌后战场，都受到沉重

---

① 参见财政部财政科学研究所、财政部国债金融司《中国革命根据地债券文物集》，中国档案出版社1999年版，第38页。

② 同上。

第七章 抗日战争时期革命根据地发行的票据 | 185

打击，其"速战速决"灭亡中国的企图遭到挫败，日军很难在较短时期内集中优势兵力消灭中国的抗日武装力量。于是，中国的政治、军事形势发生了快速转变。主要表现：侵华日军改变了对华侵略政策的重点。一是日军将原来对国民党军队正面战场以军事进攻为主，调整为以政治诱降为主、军事进攻为辅；二是日本侵略军逐渐将主要兵力从正面战场转移到敌后战场，对敌后抗日根据地展开了疯狂的"扫荡"，日军对所到之处实行灭绝人性的"三光"政策，妄图一举消灭共产党领导的抗日民主政权及其抗日武装力量。

与此同时，随着国民党顽固派在正面战场的失利，共产党领导的抗日武装力量日益发展壮大，蒋介石为代表的国民党顽固派预测将来的独裁统治会受到严重挑战，于是改变了对共产党领导的抗日民主政权的政策，将抗日战争初期与中共团结、联合抗战的政策，改变为对中共及其领导下的抗日根据地、八路军、新四军等抗日武装力量实行封锁、限制甚至消灭的反动政策。1941年1月4日，国民党军包围袭击新四军，制造震惊中外的"皖南事变"。国共两党的关系处于历史上空前的紧张阶段，这一时期抗战的政治军事形势处于内忧外患之中。

其次，从抗日根据地所处的经济环境来看。"皖南事变"后，国民党军队对陕甘宁边区和其他抗日根据地实行全面的经济封锁；国民政府自1940年10月起完全停发了八路军、新四军的军饷，复又切断对外邮路，使外界与华侨捐助大部分断绝。国民党反动派加上日军对我抗日根据地的经济封锁，基本上切断了海外爱国人士及国内民众对抗日根据地的捐助，抗日根据地的外援基本断绝。

最后，从自然灾害方面来看。这一时期，华北地区又连续几年发生了严重的水灾、旱灾、虫灾等自然灾害。以陕甘宁边区为例，1941年，受灾面积达603558亩，损失粮食79720担，受灾人口为90470人；1942年，受灾面积扩大为856185亩，损失粮食79720担，受灾人口增加为352922人。①

在上述背景下，抗日根据地财政经济状况急剧恶化。一是外援锐减；二是脱产人员猛增，生活需求激增，使财政总支出大幅度上升；三是人民群众负担逐年加重。以陕甘宁边区为例，从外援来看，这项收入

---

① 潘国旗：《抗战时期革命根据地公债论述》，《抗日战争研究》2006年第1期。

在边区财政收入中一直占较大比例（1938年为51.6%，1939年为85.79%，1940年为74.7%），从脱产人员增加的速度来看，1937年至1941年分别为1.4万、4.9万、6.1万和7.3万，增加过快的脱产人员势必导致财政支出的过快增长，财政困难问题更为严重。从边区百姓负担来看，一年更比一年重，以公粮为例，1937年实征1.4万石，占边区本年粮食总产量的1.28%，人均负担一升。1938年1.5万石，1939年6万石，1940年10万石，1941年实征20万石，已占该年总产量的13.85%，人均负担1.4斗，都是1937年人均负担的十多倍。1941年到1942年，边区"几乎弄到没有衣服、没有纸、战士没有鞋袜、工作人员冬天没有被盖"。困难真是大极了。[1] 其他抗日根据地的情况与陕甘宁边区也大致相似。对敌斗争的外援被断绝，频繁发生自然灾害，加上日伪对我根据地的疯狂扫荡、国民党顽固派蓄意制造摩擦和经济封锁，使1941年至1942年成为我抗日根据地对日伪和国民党顽固派斗争最严酷的阶段，也是抗日根据地财政情况最困难的时期。

为了战胜困难，巩固根据地，坚持持久抗战，中共中央和毛泽东提出了"发展经济，保障供给"的财政经济工作总方针，为抗日根据地制订了一系列发展经济的政策和措施。一是在抗日根据地号召军民同时发动大规模生产运动。二是厉行节约，开源与节流并重。三是重视根据地财政金融建设，向根据地民众征收合理的税赋、发行公债，以充裕抗日经费。因此，陕甘宁边区、豫鄂边区、华中抗日根据地、华南抗日根据地、晋冀鲁豫边区共5个抗日根据地通过发行公债，向根据地民众募集抗日经费或根据地经济建设费用，以缓解各根据地抗日民主政府财政困难问题。

（二）各抗日根据地发行的公债

1. 陕甘宁边区政府发行的公债

1941年2月20日，陕甘宁边区政府决定发行建设救国公债500万元（法币）。[2]

（1）发行建设救国公债的相关规定。在发行公债条例和实施细则

---

[1] 雷云峰：《任弼时与陕甘宁边区以经济建设为中心的理论与实践》，《人文杂志》1994年第5期。

[2] 财政部财政科学研究所、财政部国债金融司：《中国革命根据地债券文物集》，中国档案出版社1999年版，第39—43页。

中，对发行公债的目的、总额、利率和还本付息等事宜作了说明。发行公债的目的是为了保卫边区以粉碎日寇及反共分子的经济封锁，充裕边区政府财力，发展生产事业，争取抗战最后胜利。关于还本付息，本公债利息定为周年7厘5毫，即7.5%；还本付息期限，自民国三十一年（即1942年）起，每年7月还10%，本利并付，10年还清。本次公债准备金，由边区的盐税及商业税担保，由边区财政厅按照公债每年还本付息数目表，拨交边区银行专款储存备付。公债还本付息经办机构，指定由陕甘宁边区银行、光华商店及本政府指定的各县合作社为经理机关；本公债的使用及流通，为法定的有价证券，可以自由抵押，每年还本付息时的部分，准以之交纳税款及向陕甘宁边区银行、光华商店及合作社兑换法币或光华票，或可作为购买货物之用。本次发行的公债票由本政府主席林伯渠、厅长霍维德签字盖章，并盖有陕甘宁边区政府的印章。

（2）公债的购买方式。为了鼓励群众购买公债，公债实施细则还规定，凡民间持有银元、白银（元宝）、法币、边钞、生金银或制成品、首饰、粮食、干草及边区土特产品（盐、皮毛、药材、蜂糖等）等有价之物者，均准从优作价换购公债。具体的购买办法和标准如下：凡以硬币（现洋）抵交债款，按其面价计算；生金银及其制成品，按其所含金银成色重量折合法币计算，折成债款；各项货物之有市价而易于变卖者，以其实价进行折算。实物换公债，必须公平作价。群众将粮食、土产换公债的：粮食可照市价折钱，并送交附近政府所指定的仓库保管；公债发行委员会以仓库收据为据，折算多少，则发给公债票，多的退钱，少的补足。甘草、药材、皮毛等土产品，由群众送合作社或光华商店或公家商店，自由买卖，不得限制，群众将卖得的钱即兑换公债票。

（3）公债的募收原则。规定用政治动员与政府法令相结合，必须坚持自愿原则，由人民自愿认购，反对、禁止任何方式的强迫摊派。各部队、机关、学校、团体工作人员，不论团体或个人自动献购者，应尽先购买、以作倡导，并帮助政府动员宣传广大群众，一次销不完，再宣传；二次销不完，又宣传，耐心说服，必能完成。各经收机关收到各项财物时，如法币或边钞或可立时以法币计算数额者，应即如数填给正式收据；其须变价或估价者先给该财物一临时收据（写清数量品名等），俟变价或估定后，再换给正式收据。凡持有正式收据者，向原经收机关按收据所载金额，换取建设救国公债票。

（4）募购奖励。为顺利完成公债推销任务，建设救国公债实施细则规定了募购公债的奖励办法：团体承购本公债1万元以上或劝募20万元以上至30万元者，给予明令褒奖并颁给荣誉旗一面或颁发匾额；个人承购公债5000元以上至10000元，或劝募公债5万元以上至20万元者，明令褒奖并颁给奖章；个人承购本公债1000元至5000元或劝募1万元以上至5万元者，颁给奖状或登报表扬。

（5）募购效果。陕甘宁边区政府原计划发行建设救国公债500万元，由于政治宣传和动员群众的工作到位，发行公债的方法得当、措施有力，更是由于边区人民群众对边区政府的热烈拥护，以实际行动支持抗战，踊跃认购，实际完成发行额618万元。此债款当年用于经济建设投资500万元，主要用于农业方面兴修水利，建设模范农场，购棉种，开林场，改良家畜种子等；工业方面，办制造日用品的各种工厂，贷款给私人开矿、办工业，以及生产合作等；商业方面，发展消费合作社，帮助公私经营的商店等。其余118万元作抗战经费开支。

（6）公债样式。陕甘宁边区政府发行的建设救国公债券，面额分为伍元、拾元、伍拾元三种。三种面额的公债券都为竖式版面，正面分为两部分，上边1/3部分为主体部分，结构和图案相同，用长方形花边框围起来，上边框从右向左印有"陕甘宁边区政府建设救国公债"，长方形边框内竖印"陕甘宁边区政府建设救国公债条例"，左侧印有"还本付息表"。条例上盖有陕甘宁边区政府方形红色印章。下面2/3部分为分年偿还的还本付息票，三种不同面额的公债票都有10张还本付息票，分别为31年、32年、33年、34年、35年、36年、37年、38年、39年、40年，以便分年偿还，每年还本付息一次，则收回一张。面额为伍元的公债票，其还本付息票为每张伍角本金，根据不同的还本年限印有付息金额。面额为拾元的公债票，其还本付息票为每张本金壹元，利息随偿还的年限不同而异。面额为伍拾元的公债票，其还本付息票每张本金为伍元，利息按偿还年限计算。

2. 晋冀鲁豫边区发行生产建设公债

（1）发行生产建设公债缘由。"皖南事变"后，由于国民党政府停发了八路军、新四军军饷，八路军所属一二九师所需军费，全部由边区政府筹措,当时边区政府财政十分困难。为了克服财政困难,必须开展边区的经济建设事业,因为"生产建设是巩固根据地重要的一环。是提高币价平抑物价,平衡输出入的前提工作,是财政工作的基础,我们全区军政民,对此要引起极大的注意。根据地的'自给自足'、'自力更生'的政策,主要是依据生产建设,如离开此,则一切均谈不到"。[①]为此,必须筹集足够的建设资金。1941年7月,晋冀鲁豫边区临时参议会召开,决定发行生产建设公债600万元,由晋冀鲁豫边区政府1941年10月公布,在所属冀南、太行、太岳三区发行。

(2) 发行生产建设公债的数额及规定。晋冀鲁豫边区政府原计划发行生产建设公债600万元,后因冀鲁豫区并入晋冀鲁豫边区,1941年12月25日,冀鲁豫区根据地军政民要求边区政府增发生产建设公债150万元,由冀鲁豫区推销,于是晋冀鲁豫边区政府发行生产建设公债的总额由原定的600万元增至750万元。本次公债原定1941年10月发行,实际上是到1942年年初才发行。根据晋冀鲁豫边区政府发布生产建设公债条例,规定公债名称为"晋冀鲁豫边区生产建设公债";募集本项公债主要用于以下四个方面:一是水利建设;二是人民工、农、林、畜等生产事业;三是重要公营工业;四是商业。条例规定了还本付息期限:年利息定为5厘,即5%,自1942年起,每年9月15日付息一次;本金10年还清,自1944年起,每年9月15日抽签还75万元。本公债还本付息的准备金,指定由边区政府已办及新办公营事业收入及建设余利担保,由冀南银行专户储存;前项基金如有不足时,由边区政府金库如数拨补足额。还本付息的办理机构,指定由冀南银行及其他临时委托之机关来办理。这次公债本息基金,本项公债在未还本前,不负资产负担,其利息收入不负收入负担;公债券可以自由买卖、抵押,可用作公务上须缴纳保证金时的代替品,可作为银行之保证准备金。条例还规定,本次公债本息基金担保及每年拨款还本事宜,由边区参议会、政府及有关部门组织管理委员会进行管理。

(3) 推销情况。晋冀鲁豫边区政府生产建设公债发行后,各地的推销工作并不顺利,推销任务十分艰巨。主要是由于1942年边区的形

[①] 《加强经济战线开展对敌的经济斗争——戎伍胜在财经会议上的总结报告》,载《晋冀鲁豫抗日根据地财经史料选编(河南部分)一》,中国档案出版社1985年版,第69页。

势发生了很大的变化。一方面,日寇对抗日根据地进行疯狂的大扫荡,实行惨无人道的"三光"政策,晋冀鲁豫边区各根据地遭受重大损失,最为严重的是冀南根据地。另一方面,边区各地发生了大范围的严重灾荒,这对于生产生活本来就比较困难的晋冀鲁豫边区来说,更是雪上加霜,边区群众生活陷入窘困境地。面临这样的情况,生产建设公债的推销工作就大打折扣,很难按预定计划进行。在冀南、太行、太岳及冀鲁豫区中,公债推销工作做得最好的太行区,也只完成推销任务的42%,其他各行政区推销公债的任务就完成得更少了。针对这种不利的形势,为减轻人民群众的生产生活困难,边区政府从实际出发,不久即向冀南、太行、太岳及冀鲁豫区发出指示,停止了推销生产建设公债的各项工作。所以,晋冀鲁豫边区政府发行的生产建设公债就未能按计划完成原定的推销任务。[1]

3. 豫鄂边区发行的公债

为粉碎敌人的经济封锁和军事扫荡,坚持持久抗战,需要不断扩大边区抗日根据地和新四军抗日游击队的规模,这需要解决边区政府财政困难的问题。同时,边区个别地方发生了自然灾害,边区政府必须救济灾民。这同样需要解决财政困难问题。为此,必须独立自主地开展根据地的经济建设。要发展根据地经济和救济灾民,没有一定的资金是办不到的。为了筹集建设经费和赈灾,豫鄂边区各级抗日民主政府曾先后多次发行公债。

一是襄西区发行建设公债。1941年7月,襄西区发行了建设公债10万元(法币),公债票面额分伍元、拾元、伍拾元三种。襄西区规定,公债的担保以襄西区1940年、1941年的田赋、地契税作为保证;还本期为两年:第一年抽签还本一半,第二年全部还清。[2]

二是豫鄂边区发行建设公债。1941年4月,豫鄂边区行政公署按"三三制"原则正式建立。1941年10月1日,豫鄂边区行政公署正式发行建设公债100万元(法币),并颁布建设公债条例。条例规定:

---

[1] 财政部财政科学研究所、财政部国债金融司:《中国革命根据地债券文物集》,中国档案出版社1999年版,第34—37页;潘国旗:《抗战时期革命根据地公债论述》,《抗日战争研究》2006年第1期。

[2] 财政部财政科学研究所、财政部国债金融司:《中国革命根据地债券文物集》,中国档案出版社1999年版,第43—44页。

（1）募集公债的目的是发展边区经济、推动边区各种生产事业，因此，本次公债定名为"民国三十年豫鄂边区建设公债"。（2）关于利息及还本付息周期，规定公债利率为年息5厘，即5%；从1943年10月1日起，分5次还本付息，每年10月1日起还本付息一次，每次偿还总额的1/5。（3）关于本公债还本付息的担保，规定以豫鄂边区税收作为基金，按还本付息表到期本息，拨交边区建设银行专储备付。并指定建设银行及各县分行为经理支付本息机关。（4）关于公债的流通及使用，本公债到期本息债券，可抵纳边区一切捐税。豫鄂边区建设公债券面额分为伍佰元、壹佰元、伍拾元、拾元四种，均为无记名式。债券背面附印公债条例全文。①

除了上述两地发行公债外，豫鄂边区孝感县发行赈灾公债5万元法币，本公债有作一切商务契约及法律上之保证、抵押或准买卖，但不得作完粮纳税之用。② 1941年4月，豫鄂边区行政公署为创办鄂豫边区建设银行，发行救国建设公债50万元，以应城膏盐矿救国捐作为担保。本项公债年息6厘，每年还本息1/10，以10年偿清。③

三 抗日根据地恢复、发展时期（1943—1945年）发行的公债

从1943年开始，抗日战争进入了战略反攻阶段。在这一重要历史时期，中国共产党面临两大战略任务，一是准备对日军的战略反攻；二是随时准备粉碎国民党军队对我解放区的进攻，为解放全中国做好准备。在某种意义上说，打仗就是拼钱拼财政实力，没有足够的军费，无法进行战争。为完成这两项重大战略任务，各抗日根据地必须大力加强财政经济建设，以便为抗日根据地和边区提供足够的给养。为此，各根据地发行了公债。

（一）豫鄂边区行政公署发行建国公债

（1）发行建国公债的背景及主要原因。一是天灾导致边区财政经济严重困难。1944年秋天，边区半数以上的县遭遇严重的旱灾，田赋

---

① 刘跃光等主编：《华中抗日根据地鄂豫边区财政经济史》，武汉大学出版社1987年版，第70页。

② 同上书，第17页；财政部财政科学研究所、财政部国债金融司：《中国革命根据地债券文物集》，中国档案出版社1999年版，第44页。

③ 刘跃光等主编：《华中抗日根据地鄂豫边区财政经济史》，武汉大学出版社1987年版，第61页。

公粮收入减少,财政发生严重困难。二是边区的财政赤字相当严重。边区经济建设因各种客观因素制约没有搞好,财政没有厚实的经济作基础;加上边区政府缺乏领导经济建设的经验,运用货币政策和财政手段调控经济的能力有限,导致边区财政赤字达3亿元。1945年春,边币发行额已达2亿元,其中半数作为财政开支,加上贸易入超,在部队集中开支较多的地区边币贬值到六七折。1944年冬到1945年春,边区辖区内的新四军五师部队缺6个月的军费给养。三是党中央要求边区党委和政府开展生产自救,进行开源节流发展经济。1944年12月4日,边区党政军领导致电中央,要求给予财政支援,并提出发行公债的计划。中央及华中局均强调五师要生产自给,开源节流。毛泽东致电边区党委指出,除粮食外,其他费用应由主要依靠税收转到主要依靠生产自给,放手由各区自行生产解决。中央在给五师的复电中也强调指出,解决财政困难,不外是开源节流。开源方面,除整顿税收外,主要应组织机关、部队进行生产,即自己动手,种菜、种粮、喂猪、喂鸡鸭、打鱼及采集各种山货,进行各种手工业生产,财政问题才能得到解决。

(2)发行建国公债的相关规定。为克服边区财政困难,迎接反攻和就地建国之急需,豫鄂边区政府于1945年发行建国公债5亿元(边币)并颁布了建国公债条例。条例对建国公债的名称、发行数额、保证金、面值、流通及使用管理、购买方式、还本付息等事宜作了明确规定。关于公债名称,本公债供就地建国准备反攻之用,定名为豫鄂边区行政公署建国公债。关于发行额及保证金,规定本项公债发行总额为5亿元(边币),以边区田赋及关税收入为担保。公债面额分为甲乙丙丁四种:甲种边币拾万元,乙种边币伍万元,丙种边币壹万元,丁种边币伍千元。关于认购方法及公债兑付事宜,为避免债券购买人或债券持有人因货币跌价受损失,公债票面钱数一律按当地当时谷价折实物,以樊斗计算,还本时付谷或依照还本时之当地谷价折成钱偿还。关于还本付息,此公债年息五厘,自认购之日起,每逾一年付息一次,由原购买地县政府凭息票付给。公债还本期限,自购买之日起,满3年后分3期还本,每年1次各为票面额的1/3,由原购买地县政府凭还本证付给。关于公债流通,公债为不记名证券,可以自由转让。上项息票到期时可用以抵缴原购买地之田赋公粮。本次债券可作一切保证金之用,购入满1

年后必要时可用以向边区建设银行抵借现款,但不得超过票面额的30%。①

(3) 公债的推销对象。豫鄂行政公署明确规定了本公债的推销对象。推销公债的对象为边区的富商、沦陷区与大后方的商富。劝销委员或其他人领取债券外出销售时,应签给收据,专署县政府凭收据进行登记。为预防意外弊端及减少争执起见,各县应将全县按谷价之高低分成数区,每区指定一中心集镇,全区谷价折算均以该集镇之谷价为准数区,购买公债时其谷价之折算,应以附近我区之谷价为标准。债券售出时应办下列手续:甲,债券上谷数按上项规定将票面金额折成谷数填明。乙,还本证上谷数各按债券上谷数三分之一填明。丙,息票上谷数第一、第二及第三年各按债券上的谷数5%或(二十分之一)填明,第四年按债券上谷数的3.3%(或三十分之一)填明,第五年按债券上谷数的1.67%(或六十分之一)填明。丁,以上三项计算时,如有零数应以四舍五入办法处理。戊,存根上之谷数照债券上谷数填明。己,债券还本证息票及存根上之月日均按销售日期填明。公债推销标准应不拘土地之多少而以生产力之大小、资本之多少、生活之有余与不足、丰厚与俭约为正比例。②

(4) 公债推销办法。各地为了按期完成推销公债任务,根据边区行政公署的指示精神,对推销工作做了具体部署,明确规定以说服、自愿的方式为主,坚决反对强迫命令的做法。如黄安县政府专门发出了《关于进行劝销公债的几点指示》,要求本县各区抓紧将已成熟和定夺的公债款收起,对未成熟、未定夺的购买户加紧说服,迅速定夺,也就是随劝、随收、随交。一面随劝、随收,注意购买户有意无意地拖延;一面注意购买户的实际困难或筹措时间,在说服工作中就给予帮助解决或约定交款期限,不能主观地硬逼,形成偏向。对于规定的任务,要求各区力求超过。关于推销公债的方式方法,县政府强调,要以劝募为

---

① 财政部财政科学研究所、财政部国债金融司:《中国革命根据地债券文物集》,中国档案出版社1999年版,第44—45页;刘跃光等主编:《华中抗日根据地鄂豫边区财政经济史》,武汉大学出版社1987年版,第70页。

② 财政部财政科学研究所、财政部国债金融司:《中国革命根据地债券文物集》,中国档案出版社1999年版,第45—46页。刘跃光等主编:《华中抗日根据地鄂豫边区财政经济史》,武汉大学出版社1987年版,第71页。

主，耐心做艰苦细致的说服工作，坚决反对摊派、强制、行政作风。有的地方因发行公债，发生很多购买户卖田买公债的事，如果是完全自愿的，政府自无理由拒绝；如果是干部或少数中间人士的强制作风使然，那就必须防止与纠正。许多地方认为光劝不行，要求用行政力量。县政府再次强调，不能丝毫有行政作风，必须完全以苦劝达到我们的目的；只有对于最顽固的户，磕头也不中，万不得已的时候，才能经过民主实行舆论的制裁，即和平地请来开会，在会议上众人予以批评、鄙弃，甚至要求政府法办。① 总之，公债的劝销方式，以说服为主，避免行政命令；但对个别不开明的商富对象，采取民主评议方式，使其认购达到相当数量，这样既维护了广大贫苦群众的利益，在方式上又注意争取和团结了富商中的大多数，因而赢得了边区各界群众的积极支持与踊跃认购。

（二）晋察冀边区政府发行胜利建设公债

（1）发行胜利建设公债的目的。为了开展对日寇的战略大反攻，需要大幅度增加财政收入支援前线作战部队。1945年8月，晋察冀边区行政委员会向全区发布《关于发行胜利建设公债的指示》，该指示指出：在此全国大反攻的时期，为了动员人民集中财力、物力，加强支援前线，并大量收回边币，猛烈打击伪钞以活跃城市贸易金融，开展各种建设事业起见，边委会特发行胜利建设公债。1945年8月20日，晋察冀边区政府正式发行胜利建设公债20亿元，以解决边区大反攻时期的财政困难。

（2）发行公债的相关规定。为了顺利完成本公债的推销工作，晋察冀边区行政委员会《关于发行胜利建设公债的指示》，对发行此项公债的意义、推销办法、各区分配任务等作了详细规定。关于公债还本付息的准备金、利息及还本付息期限：以边区统一累进税作担保，年利一分，期限一年，本利一次付清；到期后的公债券可以用来缴纳1946年统一累进税款。本项公债票额分500元、1000元、5000元、1万元四种。关于认购方式的规定，不论干部群众，不论个人团体，一律以边币或金、银、布匹、粮食等购买本公债，但目的是大量收回边币；如果实

---

① 财政部财政科学研究所、财政部国债金融司：《中国革命根据地债券文物集》，中国档案出版社1999年版，第46—47页。

在无边币，而又乐意购买本项公债者，必须以指定物资购买。各区债券分配任务为：冀晋区7亿元，冀中区8亿元，冀察区5亿元，由各行署具体分配各县政府，商同抗联商店、合作社经募之。①

（3）公债发行的绩效。一是将公债推销活动推向了高潮。公债发行后，边区政府要求各地对所在边区部队、机关、学校和广大群众进行广泛深入的宣传和动员，使边区全体人民都知道发行胜利建设公债的目的和意义。由于在机关、部队中广泛宣传、动员，号召机关干部带头购买胜利建设公债；同时，通过开展竞赛等形式推销，推动广大群众踊跃购买，在全边区中掀起购买公债的热潮。二是为抗日战争战略大反攻集聚了必要的货币和军费。此次胜利公债的发行，对解决抗日战争大反攻时的财政困难问题确实起到了应急的作用。三是取得了沉痛的教训。在发行胜利建设公债的过程中也出现了一些问题，主要是对市场物价稳定产生了一定的负面影响。据史料记载："一九四五年秋反攻后，由于地区扩大，加上为准备进城发行胜利建设公债，紧缩了一批货币，致使物价大跌，谷贱伤农；没有掌握物资，四六年青黄不接时，物价大涨，又无力稳定物价。"② 这是一个教训。主要是由于当时在残酷的战争年代，对于金融和市场调控缺乏正确的理解和深入的把握，尤其是对于迅速扩大的解放区市场所需货币流通量，缺乏正确的判断所造成的。③

（三）华南抗日根据地东江纵队发行生产建设公债

（1）发行生产建设公债的目的和宗旨。发行生产建设公债，以发展农村生产、充裕农村金融、扶持工业合作、救济无力生产之农民，解决粮食恐慌和财政困难问题，以克服我区之经济困难，争取抗战之早日胜利为宗旨。

（2）发行生产建设公债的有关规定。东江纵队第二支队于1945年4月，在广东省东江抗日根据地发行了"生产建设公债"7000万元（法币）。④ 发布了《生产建设公债条例》，对发行本公债的宗旨、性

---

① 晋察冀边区行政委员会：《关于发行胜利建设公债的指示》，1945年8月20日；魏宏运主编：《晋察冀抗日根据地财政经济史稿》，中国档案出版社1990年版，第389—390页。
② 南汉宸：《晋察冀边区的财经概况》，载《革命根据地经济史料选编》（下），江西人民出版社1986年版，第102—103页。
③ 魏宏运主编：《晋察冀抗日根据地财政经济史稿》，中国档案出版社1990年版，第390页。
④ 刘磊：《试论华南抗日根据地财政工作特征》，载财政部财政科学研究所编《抗日根据地的财政经济》，中国财政经济出版社1987年版，第337页。

质、利息、期限、担保等事宜作出了规定。关于公债的使用，规定本公债不能当作通货使用，但可转让、抵押、出卖，唯必须向本公债管理委员会声明和登记之。关于利息和还本时间：公债还本期限为2年，于1947年4月1日偿还。利息为周息1分5厘，每半年付息一次。第一次付息时间为1945年9月1日至10月1日；第二次付息时间为1946年3月1日至4月1日；第三次付息时间为1946年9月1日至10月1日；第四次付息时间为1947年3月1日至4月1日。关于公债还本付息的担保及办理机关：公债还本付息，概由东江纵队第二支队及路东各区政府负责担保。条例还规定，购买本公债一律以法币为标准；公债的还本付息及发行推销诸事宜，均由公债管理委员会处理。

（四）山东抗日根据地胶东行政公署发行战时借用物品偿还券

（1）发行战时借用物品偿还券的目的。在抗战后期，山东抗日根据地胶东行政公署因准备反攻，向群众借用军需物资。由于当时物价飞涨，如按价发给群众债券分期偿还，群众的经济利益将会受到损害。为了保护群众利益，胶东行政公署于1944年10月决定发行"胶东区战时借用物品偿还券"，将战时借用群众的各种军需物资，一律按当时的价折算成苞米（即玉米），发给群众债券，分期偿还。

（2）发行战时借用物品偿还券的规定。胶东区行政公署于1944年10月10日公布了《胶东区战时借用物品偿还券发行办法》，该发行办法对偿还时期、使用、流通管理作了明确规定。如对偿还日期规定：偿还券由胶东区行政公署统一发行，以苞米为计算单位，券面总额分为100斤、50斤、10斤三种，交县政府依各户庄得之偿还数折成苞米，发给本券，按券面总额分5期偿还。使用偿还券的规定：各户主收到偿还券后，须慎重保管，应视为实粮，不得出卖出借转与他人，如有丢失或火烧、水湿霉烂，以致难辨真假与字号、粮额号，一概不予兑换。发行办法对偿还券抵交公粮或领取粮食的具体操作程序做出明确规定，各户征收秋粮时，须将分期偿还券割下一联到村政府领粮或抵交公粮，最后一期须连同偿还券同时交到政府始为有效；村政府每期收到人民交来之分期偿还券，领粮或抵交公粮时，得审查是否有伪造、冒用、涂改之弊，无诈后村长在反面盖章证明，并于收齐后按号码顺序装订成本，当公粮交县政府转解行政公署。

（3）偿还券的"使用规则"。偿还券中间附印"使用规则"共4

条：一、应将偿还数目折成苞米计算，以本偿还券按数发给各户，照券面总额分五期偿还。二、各户要按期割下下面的分期偿还券一个，在征收秋粮到村政府领粮或抵缴公粮。三、领粮或抵交公粮时，村长要在分期偿还券的背面盖章证明，村政府收到分期偿还券的可当公粮解缴上级。四、本券不得出卖、出借、转与他人。如有丢失或火烧、水湿霉烂，至难辨真假与字号、粮额号，一概不予兑换。

第二节　抗日战争时期革命根据地发行的粮食票据

抗日战争时期，为解决我党领导的抗日武装的粮食给养问题，根据地各抗日民主政府曾先后发行了大量粮食票据。

一　晋察冀边区发行的粮票

抗日根据地最早发行粮票的是晋察冀边区。1939年1月，为了保证抗日部队的粮食供给，晋察冀边区临时行政委员会开始发行各种粮票。

（1）粮票的使用对象。晋察冀边区政府开始发行的粮票只限于部队使用。粮票面额分为5斤、20斤、100斤、500斤、1000斤、5000斤六种，并分别注明粮食品种如玉面、小米、莜面、花料等。早在1938年11月初，为了印发并规范使用军用粮票，晋察冀边区政府颁布了《晋察冀边区军用粮票使用办法》，该办法规定："每月月终由本委员会按各部队人数马匹驮骡应需供给养花料数目，发给下月之适量的粮票，各部队凭军用粮票向村中领用救国公粮"，"各村公所于接到粮票时须立即按粮票所开粮类斤数照付食粮"，"各部未持军用粮票者均不准向地方要粮食，违者法办。"① 后来由于抗战的需要改发为公粮票，不仅部队人员使用，地方政府、革命团体工作人员一律通用。

（2）军用粮票的样式及使用办法、管理规定。以面额为小米20斤的军用粮票为例，该种军用粮票为竖式版面，上部为等腰梯形结构，里

---

① 晋察冀边区行政委员会：《指示信》第2集，1939年7月，转引自柳敏和《晋察冀敌后抗日根据地的财政预算制度简析》，《历史教学》2004年第9期。

面从右至左两行横印"晋察冀边区"、"军用粮票"。下部为长方形框架结构，为竖式版面，整个长方形又为分两部分，右边一小长方形内直书"小米贰拾斤"；左边为一较大长方形，从右至左直书使用本粮票的"注意事项"共六条。"注意事项"具备发行军用粮票条例性质，对粮票的使用办法、管理等作了明确规定，内容如下："一、凭票根据晋察冀边区军用粮票使用办法，赴本边区各村村公所，即付如票面规定之粮额。二、各部队未持军用粮票者均不准向地方要粮食，违者法办。三、军用粮票只限军用，不得转移民商，违者以贪污论。四、军用粮票上所开之粮种粮数，不准挖补涂改，违者粮票作废并依法惩处。五、伪造军用粮票以伪造钞票论罪。六、本军用粮票不准遗失，不挂失票。"[①]

（3）公粮票的版面样式。晋察冀边区发行的各种公粮票，多为竖式版面，分为上下两部分，下部分为回执，三行分别横书"回执"、"××（粮食品种如'小米'）××斤"、"限×月份有效"。上部分为粮票正面，是一长方形花边框架，在框架内最上方从左至右两行分别横书"晋察冀边区"、"公粮票"；在粮票中央直书"××（粮食品种如'小米'）××斤"。目前所见的公粮票面额，有小米拾两、小米拾壹两、小米拾壹斤、小米壹佰斤、小米拾叁两、小米壹斤、小米拾肆两和壹斤陆两等种类。公粮票也有横式版面的，如晋察冀边区察哈尔地区发行的公料票、冀东区公粮票、冀中区发行的小米、小麦票等，有不少就是横式版面的。[②]

二 晋冀鲁豫边区发行的粮票

1940年1月，冀南行政主任公署最开始发行军用粮票，分粮票和料票。后来又发行了在本区内通用的党政军民团体通用粮票。为节省物力减轻民众负担，更好地支援抗战，冀南行政主任公署作出明确规定，从1940年2月1日起，将现行的粮秣征集办法改为粮票制度，以粮票制取代公粮征集制，开创了中国历史上以粮票代征公粮的先河。[③] 随

[①] 财政部财政科学研究所、财政部国债金融司：《中国革命根据地债券文物集》，中国档案出版社1999年版，第94—95页。

[②] 财政部财政科学研究所、财政部国债金融司：《中国革命根据地债券文物集》，中国档案出版社1999年版，第94—95页；中国人民银行金融研究所、财政部财政科学研究所：《中国革命根据地货币》，文物出版社1982年版，第198—203页。

[③] 财政部财政科学研究所、财政部国债金融司：《中国革命根据地债券文物集》，中国档案出版社1999年版，第91页。

后，晋冀鲁豫边区政府也都先后在本区发行了粮票、米票和柴草票，以方便部队及地方政府机关人员就餐之需。

（一）冀南行政主任公署印发的军用粮票

（1）军用粮票的版面结构。军用粮票又分为一般军用粮票和小额军用粮票两种，都为竖式版面印制。一般军用粮票正面为一长方形框架，框架外边上方从左至右横印××字第××号。框架内上方从右至左横书"冀南区军用粮票"7个字；框架内右边第一行直书"食粮（或花料）×斤"（于斤数上加盖村公所付讫戳记）。中部从右至左直书军用粮票的"注意事项"共7条。军用小额粮票版面结构也为一长方形竖式排版，根据"小额食粮票样"，长方形内从右至左竖式排印，右边第一行为"冀南区军用小额粮票"，第二行为"×斤"（于斤数上加盖村公所付讫戳记），中部为发行小额粮票的"注意事项"共三条。

（2）军用粮票的使用及管理规定。一般军用粮票票面上的"注意事项"，对粮票的使用、管理作了明确规定："一、凭票根据冀南军用粮票使用办法赴本区各县区所指定地点领取如票面规定之粮额。二、各部队及机关团体未持军用粮票者均不准向地方索要粮食，违者法办。三、军用粮票只限军队、政权机关、救亡团体使用，不准转移于民商，违者以贪污论。四、军用粮票上所开之粮种粮数，不准挖补涂改，违者粮票作废，并依法惩处。五、伪造粮票以伪造钞票论罪。六、军用粮票上之月日由各领取粮秣负责人填写，以便稽核。七、本军用粮票不准遗失，不挂失票。"① 小额军用粮票其使用办法与注意事项与军用粮票同。但也有不同于军用粮票的地方，就是"领粮部队盖本部戳于后面。"②

军用小额粮票的印制，冀南行政主任公署作了专门规定。根据这一规定，由于小额粮票过于零碎且需用极多，冀南行政主任公署统一制作并核发"冀南区军用小额粮票"票样，分别由冀南行政主任公署、各专署及办事处印发；部队所需用者，由军区及军分区印发。

（二）冀南行政主任公署印发的通用粮票

（1）通用粮票的版面结构及样式。1940年5月印发的通用粮票，

---

① 财政部财政科学研究所、财政部国债金融司：《中国革命根据地债券文物集》，中国档案出版社1999年版，第94页。

② 同上书，第95页。

面额为1斤、3斤、5斤、10斤、200斤、300斤、400斤、500斤、1000斤的都为横式版面结构，粮票正面上方从右至左横印"冀南区通用食粮票"，粮票中央从右至左横印粮票面额数（大写汉字）"×斤"，下部边框中从右至左横书"中华民国二十九年"。粮票右边直书"党政军民一律通行"，右边外侧直书"民（专指民众团体）"；左边直书"月终索报概抵公粮"。在各种面额粮票背面，附印使用粮票的"注意事项"及"食粮花料折合办法"。

（2）通用粮票使用及管理规定。关于通用粮票的使用管理办法，共7条规定："一、一律市秤弄鬼作弊以贪污论。二、凭票赴政府指定村索用粮秣。三、粮票不准转借民商，违者法办。四、粮种粮数不准挖补，违者法办。五、无票不准强索粮秣，违者法办。六、伪造粮秣票以伪造钞票论罪。七、月终索报超过应纳下月平衡。八、遗失不补。"关于食粮花料折合办法，共4条规定："一、麦子1斤折合小米1斤；二、麦麸13两折合麦子1斤；三、小米1斤折合干柴12斤；四、花料1斤折合碎草10斤"。[①]

（三）晋冀鲁豫边区印发的兑米票——太岳区行署的兑米票

在晋冀鲁豫边区各级政府印发的兑米票中，有晋冀鲁豫边区政府印发的兑米票、冀鲁豫区的米票、太岳区行署的兑米票等。下面介绍太岳区行署的兑米票。

（1）兑米票的票面结构及面值。太岳区行署印发的米票，就目前所见面额有10两、11两、14斤、140斤三种。其中，10两、14斤两种面额米票，版面结构差不多，都为横式版面，左上方从左至右横印"太岳行署战时米票"；中间左半部花框内横印面额"拾肆斤"（或"拾两"），中间右半部从左至右两行分别横书"军政机关"、"一律通用"；紧接下面一行为发行米票时间"中华民国三十三年印"。在米票印发日期和使用说明上，盖有太岳行署的方形印章。面额为11两的米票，为横式版面，其结构与10两、14斤两种面额的米票类似，略有差异：冠名"太岳行署战时米票"横印在票面的正上方；面额"拾壹两"印在票面中央；票面右、左两侧分别直印"军政机关"、"一律通用"，

[①] 财政部财政科学研究所、财政部国债金融司：《中国革命根据地债券文物集》，中国档案出版社1999年版，第98—99页。

其余与 10 两、14 斤两种面额的米票相同。面额 140 斤的兑米票，为竖式版面，上部从左至右弧形书写"太岳行署兑米票"，中间直书面额"壹百肆拾斤"，面额上加盖太岳行署方形印章，底部从左至右横书发行日期"民国三十三年印"；上边左右两角花边框内附印"一百四十斤"，下边左右两角花边框内附印"140"。

（2）兑米票的使用规定。兑米票背面是米票的"使用说明"，其实具有条例性质。一是规定了使用地域范围，兑米票的使用范围限于本地，即在太岳区范围内使用，出境使用无效。"出差人员持此票到各级仓库领取票面数额的粮食；只限在就地兑取不准出境兑米"；二是不准民间流通买卖。"禁止买卖，不准流通民间"；三是规定了计量标准，"面额依据山西十六两秤作为标准"；四是对遗失、涂改的票面的规定，"不挂失票，挖补涂改作废"；五是规定了使用时间，战时可使用，平时不能使用，"此票战时在全区通用可到各级仓库内兑米，但不能向民众使用，平时不许使用。"①

三 华中抗日根据地发行的粮票

抗日战争时期，华中抗日根据地各行政区如苏南、浙东抗日根据地等先后发行过饭票、米票。

（一）苏南区行政公署发行的饭票②

（1）饭票的票面结构。1944 年，苏南区行政公署发行的饭票（粥票），所见面额分别为吃饭 1 餐、2 餐，吃粥 1 餐共 3 种。饭票设计很简单，均为横式版面，正面上方从左至右横书"苏南区行政公署财政经济处"。中间上下 3 行，从左至右分别横书"凭票吃饭（或粥）×餐"、"饭（或粥）票"、"折米×市斤"。下边一行从左至右横书"三十三年十二月印发"，印发日期后面为饭票的编号（5 位或 6 位数字）。在这些饭票中，吃饭 1 餐折米 1 市斤，吃饭 2 餐折米 2 市斤，吃粥 1 餐折米半市斤。此外，苏南第一行政分区财经分处于民国三十四年发行过

---

① 财政部财政科学研究所、财政部国债金融司：《中国革命根据地债券文物集》，中国档案出版社 1999 年版，第 99—100 页；中国人民银行金融研究所、财政部财政科学研究所：《中国革命根据地货币》，文物出版社 1982 年版，第 207—212 页。

② 李金海：《浙东粮票和抗币的红色历史》，《浙江档案》2005 年第 5 期，第 22 页；财政部财政科学研究所、财政部国债金融司：《中国革命根据地债券文物集》，中国档案出版社 1999 年版，第 102 页。

粥票，票面额为折米半市斤，凭票吃粥1餐。

（2）饭票的使用规定。饭票背面附印具有条例性质的注意事项，对饭票的使用对象、用途作了明确规定：本饭票只能在部队或地方机关工作人员中使用，不准借给民众或当作钞票使用；民众持此饭票可作公粮抵缴，也可持票向各级粮站或粮管员兑米；民众持此饭票不能在指定区域吃饭。

（二）浙东抗日根据地粮票

（1）发行粮票的背景。自1942年开始，浙东抗日根据地各地先后建立抗日民主政权。为了有效配合新四军浙东纵队与敌伪顽进行斗争，保证抗日根据地军政人员的粮食供应，自1943年起浙东抗日根据地先后建立了四个粮站，负责粮食筹备、接收、转运、储存和加工，并同时先后印发了各种粮票。为了方便作战部队和地方人员急需，部队和地方抗日民主政府机关工作人员可凭粮票向粮站提取大米，亦可就近向村民交换粮食，村干部和群众凭交换的粮票或饭票与当地粮站结算领取粮食和现金。

（2）粮票的票面结构。浙东抗日根据地发行的粮票，目前所见有两种版面，一种是民国三十三年（1944年）印发，另一种为民国三十四年（1945年）印发。民国三十三年印发的粮票，面额有食米50斤、食米100斤两种，均为竖式版面。粮票正面顶部第一行为粮票冠名，从右至左弧形书写"浙东敌后临时行政委员会粮票"；上半部分从右至左横书"食米50斤"或"食米100斤"；下半部分为农民砻谷的图案。图案下方为5位数字的编号；底部是印发本粮票的日期："中华民国三十三年"。粮票背面附印该粮票的5条说明。

民国三十四年（1945年）印发的粮票，票额均为食米念伍（25）市斤，为单面印刷竖式版面。票面上方第一行为粮票冠名，从右至左横书"浙东行政公署粮票"，旁边盖有财经处长小方印；中部为面额，从右至左横书"食米念伍市斤"，下一行为本粮票的编号；票面下部为使用本粮票的5条说明，从左至右横书，其内容与浙东敌后临时行政委员会发行粮票的说明基本相同。底部一行为发行日期，从左至右横书"中华民国三十四年八月发行"。

（3）粮票的使用规定。粮票背面附印的"说明"具有发行本粮票的条例性质，规定了粮票使用范围、作用等规则。内容如下：一、本粮票照票面斤额十足兑取食米；二、凡存有本会粮食之处或当地乡镇公所，俱可兑取；三、本粮票可作现米缴解本会之公粮田赋；四、本粮票若有涂改污损至不能辨认真伪者，不得兑取；五、若有冒印本粮票者严予惩处。并在背面说明上盖有浙东敌后临时行政委员会方形大红印章。①

四　八路军野战供给部印发的粮票

抗日战争时期，除了各根据地印发的粮票外，部队也印发了部分粮票。如八路军野战供给部1941年1月印发了军用粮券和军用马料券。

（1）军用粮券和军用马料券的票面结构。军用粮券和军用马料券票面样式设计比较简单，均为长方形横式版面，票面中部正上方从右至左横印"军用粮券"或"军用马料券"；正中央为一花形图案，粮券图案上从右至左横印"小米贰两"，马料图案上直印"马料四斤"；面额上加盖"第十八集团军野战供给部"方形红色印章；票面中部底端落款为"第十八集团军野战供给部"。粮券和料券两侧均为使用本券的说明。

（2）军用粮券和军用马料券的使用规定。粮券和料券两侧的"说明"规定了粮券或马料券的使用对象、范围和标准。对军用粮券的使用规定如下：一、因便利我军外出人员捎带，特发行本券；二、在我军中一律通用，不许流行民间；三、日食两餐，每餐按拾壹两收授；四、日食三餐按干饭每餐九两、稀饭四两收授；五、菜金按规定另收现金。对军用马料的使用规定也有4条，其中第一、二条与军用粮券"规定"相同；第三条：骡马每匹每天按马料4斤收授；第四条：干草按市价另收现金。发行日期与军用粮票相同。②

五　山东抗日根据地印发的粮票

抗战时期，山东抗日根据地所属各行政区政府先后印发了粮票。目前所见主要有山东省粮食总局印发的粮票、滨海区饭票等。

（一）山东省粮食总局印发的粮票

山东省粮食总局于民国三十五年印发的粮票，主要有秋粮票（50

---

① 财政部财政科学研究所、财政部国债金融司：《中国革命根据地债券文物集》，中国档案出版社1999年版，第102页。

② 中国人民银行金融研究所、财政部财政科学研究所：《中国革命根据地货币》（下册），文物出版社1982年版，第250页。

斤、100 斤两种面额）、餐票（有麦粮餐票 1 餐，秋粮餐票 2 餐、5 餐共 3 种面额）、小麦票（面额 100 斤）。

1. 山东省粮食总局印发的秋粮票

（1）秋粮票的版面结构。民国三十五年，山东省粮食总局印发的秋粮票为横式版面，本粮票正面上方从右至左横印"山东省粮食总局秋粮票"；中央左半部为一印花图案，图案上从右至左横印粮票面额"伍拾斤"（或"壹百斤"），右半部附印植物图案，上面加盖"山东省粮食总局"方形印章；粮票底部从右至左横印"中华民国三十五年印"。粮票四角附印大写面额"伍拾"或"壹百"。

（2）秋粮票的使用规则。粮票背面附印本粮票的"使用规则"，内容大致如下：一、本券只限于解放区军队及地方机关使用；二、本券只可向各级粮库兑换现粮，并须有机关部队正式证明，否则不予兑换；三、本券兑换粮食后要上解，不得自行继续使用；四、本券绝对禁止买卖。

2. 山东省粮食总局印发的餐票

（1）餐票的票面结构。山东省粮食总局民国三十五年印发的餐票，面额分别为麦粮餐票 1 餐，秋粮餐票 2 餐、5 餐，小麦饭票 2 餐，共 4 种。面额为 1 餐的麦粮餐票，为横式版面，上方从右至左横书"山东省粮食总局"；粮票中间左半部上下两行，第一行从右至左横书"麦粮餐票"，第二行在椭圆形花环中，为面额（从右至左横书"壹餐"）；右半部为山东省粮食总局的方形印章。该印章下面印有发行本粮票的日期："中华民国三十五年印"。粮票右、左两侧分别直书"合理"、"负担"。餐票背面附印"麦粮餐票使用规则"。面额为 2 餐、5 餐的秋粮餐票，其票面结构与版式均与麦粮餐票相类似。

（2）餐票的使用规则。餐票背面附印本票使用规则，内容大致如下：一是规定了使用对象，本票券只限于解放区军队及地方机关工作人员使用；二是规定了餐票的兑换机关，此票只限于向村或村以上机关换取给养，凭票向各级粮库兑换现粮；三是规定了兑换标准，此票每餐兑换小麦壹斤四两（包括柴草粮二两在内）；四是规定此票绝对禁止充当货币流通。①

(二) 滨海区印发的饭票

1945年，滨海区行政主任公署印发了饭票，目前所见面额，为秋粮饭票贰餐1种。此饭票为竖式版面，长方形花边框架，上方从右至左横印"秋粮饭票"，中间花纹图案上直印面额"贰餐"，左右两侧直书"滨海"，底部从右至左横印"中华民国三十四年"。本饭票背面附印具有发行条例性质的"饭票使用说明"，内容如下：一、此票只限于抗日军队及地方工作人员使用，商旅及老百姓不准使用；二、此券只限于向当地村及以上机关粮仓换取粮食，不得当作货币流通；三、此票每餐兑换高粱壹斤柒两、草壹斤半，每月终村长持粮券到部队及地方机关领取粮和柴草；四、本券无论平时战时一律使用。②

第三节　抗日战争时期革命根据地发行的合作社股票

抗日战争时期，共产党领导的敌后抗日根据地和解放区民主政府，开展大规模的生产合作运动，成立了各种形式的合作社并发行了股票，为打破严重的物质困难，坚持持久抗战奠定了物质基础。

一　合作社再度兴起的原因

(一) 建立并发展各种形式的合作社，是粉碎日寇、伪军、国民党顽固派对抗日根据地的经济封锁，缓解根据地的财政经济困难的需要

在土地革命时期，中国共产党曾领导苏区军民开展互助合作运动，最早可追溯到1929年福建上杭县才溪乡创建的劳动互助社，随后各根据地创建的合作社有劳动互助合作社、粮食合作社、消费合作社、信用合作社等。抗日战争时期，特别是1941—1943年，在日、伪对我敌后抗日根据地进行疯狂扫荡的同时，国民党顽固派对解放区进行包围封锁和进攻。由于日、伪、顽的夹攻，加上华北地区连年发生了严重的水、

---

① 中国人民银行金融研究所、财政部财政科学研究所：《中国革命根据地货币》，文物出版社1982年版，第218—220页。

② 财政部财政科学研究所、财政部国债金融司：《中国革命根据地债券文物集》，中国档案出版社1999年版，第100页。

旱、虫等自然灾害，抗日根据地和解放区财政经济陷入极端严重的困境。当时根据地军民面临极大的生产生活困难，正如毛泽东所说的："我们曾经弄到几乎没有衣穿，没有油吃，没有纸，没有菜，战士没有鞋袜，工作人员冬天没有被盖。……我们的困难真是大极了。"[1] 在这生死攸关的时候，我党清醒地认识到，为了粉碎日寇、伪军、国民党顽固派对抗日根据地的封锁，缓解根据地的财政经济困难，为夺取抗战的胜利奠定物质基础，必须领导根据地广大军民开展生产自救活动。建立并发展各种形式的合作社，是抗日根据地开展生产自救活动、发展经济的有效形式。

1942年12月，在陕甘宁边区高级干部会议上，毛泽东作了《经济问题和财政问题》报告，提出了"发展经济，保障供给"的经济工作和财政工作的总方针；指出了延安南区合作社式的道路，就是边区合作社事业的道路。1943年10月，还是在陕甘宁边区高级干部会议上，毛泽东作了《论合作社》的报告，全面论述了革命根据地合作社的性质及意义，指出发展经济的重要方法是通过合作运动来发展农业生产和其他方面的经济，为根据地合作社事业的发展进一步指明了方向。1943年11月，在陕甘宁边区第一届劳模代表大会和边区生产展览会上，毛泽东作了《组织起来》的讲演，号召根据地军民"组织起来"，开展大规模的大生产运动，要求"把一切老百姓的力量、部队机关学校的力量，一切男女老少的全劳动力半劳动力，凡是有可能的，就要毫无例外地动员起来，组织起来，成为一支劳动大军"。而把群众组织起来开展经济自救活动的最重要的方式，就是发展合作社；"发展生产的中心环节是组织劳动力，要求各地在自愿和等价的原则下使广大农民普遍开展劳动互助"。[2]

（二）通过发展多种形式的合作社，不仅能发展根据地公私经济，克服敌后抗日根据地的财政经济困难，而且能把农民组织起来，最大限度地把根据地民众团结到抗日民族统一战线中来

正是在党的一系列方针的正确引导下，根据地军民认识到，合作社经济是根据地、解放区重要的经济形式之一；合作社能把有限的力量和

---

[1] 《毛泽东选集》第三卷，人民出版社1991年版，第892页。

[2] 同上书，第77页。

生产资料集中利用，发挥集体优势，提高劳动生产效率。只有通过发展多种形式的合作社，才能发展根据地公私经济，克服敌后抗日根据地的财政经济困难。更为重要的是，这种合作社，是生产资料个人私有和集体使用相结合的经济制度，"农民参加了这种新的劳动互助，他们仍旧保存着各人的土地、耕畜、生产工具和各种财产的私有权，但是在进行生产的时候却是把他们的人力、畜力以至工具几家合作起来进行集体的劳动，这就是建筑在个体经济基础上的集体劳动。这是一种新型的农民生产合作社。"① 这种合作社，是以农民个人占有生产资料为基础的合作社，而不是集体所有制的合作社。当时毛泽东明确指出："我们的经济是新民主主义的，我们的合作社目前还是建立在个体经济基础上（私有财产基础上）的集体劳动组织。"② 也就是说，加入合作社后，在保证原有私人财产不受侵犯的基础上，还可以解决自身劳动力或生产资料不足的问题，这是吸引广大农民加入生产合作社的关键所在，因此很快受到大多数人的支持和响应。到1943年，陕甘宁边区有完全劳动力共338760个，参加劳动合作社的共81128个，占24%。到1944年，晋察冀边区，参加合作社的劳动力达23万人，占整个劳动力的28%还多。③ 到1945年，晋绥边区共组织大型合作社285个，共有社员63275人，共有资本金6.3亿元；同时各村庄还组织了各种小型的变工合作社，仅1944年全边区发展到777个，拥有社员46226人，共有入股资金347677450元。④ 抗日根据地合作社的发展对活跃根据地农村经济，促进根据地生产自救发挥了积极的作用。更重要的是，通过合作社这种有效的经济组织，能把抗日根据地人民最大限度地团结起来，组成最广泛的抗日民族统一战线，为抗击日本侵略军共同努力奋斗。

二 抗日根据地合作社的发展及股票

（一）合作社在调整、整顿中得到发展

抗日根据地合作社有消费合作社、生产合作社、运输合作社、手工

---

① 陕甘宁边区财政经济史编写组：《边区的农业劳动互助》，载《抗日战争时期陕甘宁边区财政经济史料摘编》（第二编，农业），陕西人民出版社1981年版，第485页。
② 《毛泽东选集》（第三卷），人民出版社1991年版，第931页。
③ 史敬棠等：《中国农业合作化运动史料》上册，三联书店1957年版，第257、311页。
④ 晋绥边区财政经济史编写组、山西省档案馆：《晋绥边区财政经济史资料选编》（工业编），山西人民出版社1986年版，第396页。

业合作社和信用合作社等多种形式。由于党实行正确的方针和政策，1942年开始，根据地各级民主政府对已有的各种合作社进行清理整顿，贯彻"克服包办代替，实行民办官助"的方针，合作社事业开始走上正轨，合作社发展取得显著成效。以陕甘宁边区为例，1941年到1942年，该区消费合作社数量由155个增加到207个，增加33.6%，股金由1362384元增加到9346875元，增加6倍；生产合作社也由34个单位增加到50个单位，增加47.1%，资金由103200元增加到2491600元，增加23倍。1943年至1944年6月，一年半来，合作社数量由207个增至435个，增加了一倍多；社员由15万人增至245884人，增加了64%；股金由9346876元增至138800多万元，资金有21亿元。经过对合作社的调整和整顿，合作社资产结构发生了质的改变：在21亿元资产中，消费仅7亿元，占1/3，而运输、生产、信用、医药等占2/3，改变了过去消费占优势，甚至压倒优势的局面，这就不仅是量上而且也是质上的进步。"这个发展超过了过去八年成绩的一倍，可以说是空前未有的成绩"。通过调整和整顿，1944年7月至抗战胜利，边区合作社由1944年的691个减少为370个，社员由26万降为15万，股金由25亿元变为32亿元（因货币贬价）。从表面上看，合作社的数量大大减少了，但质量有所改进，即在大发展中一些质量上确实不好、为群众不满的合作社解散了，较差的合作社因整顿改造而站稳了脚跟。在整顿中实行了分红、退股、清理股票，不强迫摊派股金，挽回了一些极坏合作社在群众中丧失了的威信。[①] 陕甘宁边区1937—1945年7月合作社发展概况如表7-1所示。[②]

表7-1　陕甘宁边区合作社发展概况统计（1937—1945年7月）

年份	数量（个）	社员（人）	股金（边币元）
1937	142	57847	55225
1938	107	66707	75629
1939	115	82885	125848
1940	132	123297	332943

① 《抗日战争时期边区合作社的新发展》，载《抗日战争时期陕甘宁边区财政经济史料摘编·第七编·互助合作》，陕西人民出版社1981年版，第81—84页。
② 同上书，第86、199页。

续表

年份	数量（个）	社员（人）	股金（边币元）
1941	155	140018	1632384
1942	207	143721	9340276
1943	260	150000	170000000
1944.3	634	182878	733918403
1944	691	245866	440266800
1945.7	882	265777	3890869948

注：1944.3 为 1944 年 3 月；1945.7 为 1945 年 7 月数据。

其他抗日根据地合作社发展也较为迅速。以晋察冀边区冀中区为例，从 1939 年 9 月到 1942 年 5 月，合作社的发展共分三个时间段，该区有近一半人口都参加了合作社，其经营管理也很有成绩。1940 年 5 月至 7 月的短短三个月中，合作社营业额达 2300 余万元，盈余达 390 余万元，每一股分红超过原股金，因此获得广大群众的拥护。合作社发展情况如表 7-2 所示。

表 7-2　冀中区合作社发展情况（1939 年 9 月—1942 年 5 月）

	1939.9—1940.4	1940.5—1940.7	1940.7—1942.5
数量	2529	3338	4037
社员	553356	1130000	2059084
股金（元）	661051	2725560	7021472

1943 年以后，晋察冀边区的合作事业有了突飞猛进的发展。边区合作社 1944 年至 1945 年的情况如表 7-3 所示。

表 7-3　晋察冀边区合作社发展情况（1944—1945 年）

时间	数量（个）	社员（人）	股金（元）
1944	3819	688478	37718548
1945	7410	1128819	138263603

从表 7-3 可看出，边区合作社发展迅猛，仅从 1944 年到 1945 年，

合作社的个数、社员数、股金分别增长94%、64%、267%。①

各根据地的合作社中，也包括一定数目的各种工业、手工业生产合作社。如陕甘宁边区，到1945年7月，各种工业和手工业合作社增加到253个，社员达2920人，股金45000万元，月产值43750万元，成为边区工业生产的一支重要力量。又如山东抗日根据地，仅胶东区1945年就有纺织合作社740处、缫丝合作社740处、油业合作社40处、渔盐业合作社20处、农具合作社18处②，等等。

各抗日根据地信用合作社也有较快发展。如太行区陵川平城，到1946年建立了一个全区性的信用合作社，社员达到4171户，社员集资入社股金达到274.15万元。③

（二）合作社发行的股票

（1）合作社股票的种类及面值。上述抗日根据地合作社有多种，常见的有消费合作社、生产合作社、粮食合作社、运销合作社、信用合作社等。各种形式的合作社都是采用集股的方式筹集资金并发行股票，因而，合作社股票可分为消费合作社股票、生产合作社股票、粮食合作社股票、运销合作社股票、信用合作社股票等类型。合作社股票面额较小，一般为1元，也有5角、5元和10元的票面。

（2）对合作社股金及股票的购买、使用、流通的管理规定。一是关于合作社股票股金的额度、社员购买股票的下限和上限规定。1939年中共中央财政经济部颁发的《各抗日根据地合作社暂行条例示范草案》（以下简称《草案》）第四章第二十条，对同边区内合作社的社股金额、认购上限、投票表决等作出明确规定："在同一边区内社股金额须一律一元，少则认购一股，至多不得超过股金总额百分之二十，但选举、表决等限每人一权，不得按股份多少计算。"二是关于社员购买合作社股票方式，既可用现金购买股票，也可用实物如粮食、棉花、布匹、山货、羊皮等农产品或土特产折价入股，《草案》第二十五条规定："社员认购社股除现金外，可以粮食或土产等折价代付股款。"甚

---

① 张洪祥：《论抗日战争时期晋察冀边区的合作事业》，载《抗日根据地的财政经济》，中国财政经济出版社1987年版，第195—203页。

② 李占才：《中国新民主主义经济史》，安徽教育出版社1990年版，第221—222、226页。

③ 同上书，第235页。

至可以用劳动力入股，即由合作社组织的某种生产，如采药、割草、打核桃、搞运输等，有劳力的参加赚了钱，以其中一部分入股。三是关于股金交纳规定，《草案》第四章第二十四条规定："社员之股金须一次交清，并由合作社立即发给股票，但有随时继续入股权"。① 四是关于合作社股票的转让，也有统一、明确的规定：合作社股票如赠与他人或因本人死亡，由亲属承继时，均应向合作社履行登记与换票手续；社员转股须先经合作社同意并在会计年度终了时办理转让手续。五是关于股票的流通，规定合作社股票为有价证券，得为债务之抵押品。六是关于股息及分红，合作社股息不得超过月利一分；关于合作社红利，必须是在合作社有盈余的基础上才能进行分配。上述《草案》第五章"盈余"对此有专门规定条款，第三十一条规定："合作社暂定每年为一个会计年度（结算一次），期间为每年元月底及十二月底。"第三十二条规定："合作社之盈余除弥补亏损及付息外，其余按下列比例分配之：（一）公积金30%，为准备弥补合作社之损失，应存于银行、信用合作社或贸易局，不得随便动用，亦不得请求分配。但如超过股金总额时可由社员大会决议提出五分之一或十分之一投于其他企业中。（二）公益金10%，为举办当地经济建设、文化教育等公益事业之用。（三）救济金5%，为救济抗属及贫苦社员之用。（四）奖励金5%，作为奖励全体工作人员及救济贫苦工人与职员之用。（五）红利50%，按股分配之。"②

（3）合作社股票个案：胶东军区油业部临时股票。上述各种合作社发行的股票，由于战争年代条件十分艰苦，所发行的股票，纸张、印刷质量都比较差，能保存至今的甚少，只在某些博物馆中偶尔能见几张，或者民间股票收藏者手里偶尔收藏。笔者在交艺网上寻找到一张山东抗日根据地胶东军区油业部1944年临时发行的股票。该股票为记名复式竖式版面，股票由四页组成。第一页为正面或封面，上部第一行从左至右横书"股票"，第二行从左至右横书"有限责任"，第三行从左至右弧形书写"荣成县俚岛油业合作社"。中间两行分别横书"社员姓

---

① 《抗日战争时期陕甘宁边区财政经济史料摘编·第七编·互助合作》，陕西人民出版社1981年版，第517页。
② 同上书，第518页。

名性别"、"籍贯",并在上面加盖"胶东军区油业部临时发行"方形紫色印章;下面两行横书"社章"(加盖印章)、"常务理事章"(加盖印章),底部为填发股票日期"中华民国三十三年四月一日填发"。股票第二页为"注意事项",共8条,从右至左竖式书写:"一、资本,本社社员股金为无定额。二、股票,每个社员发股票一张,可按社章规定日期添股退股。三、本社股票概为记名式。四、股票应由社员保存,不准假借外人。五、股票转让必须经过社方同意,方可更换新股票。六、股票概不准涂抹损坏,坏者作废。七、社员凭股票领取股红。八、本社股票概不准抵押借款,如有遗失损坏由入股人声明发给新股票收股票费"。第三页为登记表格,有登记日期"×年×月×日",登记内容有"入股款数"、"退股款数"、"结余款数"、"经手人戳"。第四页为"分红率"、"分红款数"、分红日期等内容登记。[①]

[①] http://shanzuoren.artronmore.net/g_works_list.php?WorkCode=1766928&WorkClassPersonId=17516#showPic.

第八章　解放战争时期各解放区发行的票据

第一节　解放战争时期各解放区发行票据概述

一　解放区发行票据的背景及原因

国民党反动派为了维护和加强法西斯独裁统治，妄图消灭共产党及其所领导的八路军、新四军及其他人民革命力量，在抗日战争胜利后，企图摘取抗战胜利果实，发动内战。1946年7月，国民党军队向解放区全面进攻，从东北到关内，9个省份全被战火所燃烧。这就决定了中国共产党领导全国人民推翻国民党反动派的统治，建立新中国的解放战争，即第三次国内革命战争将是不可避免的。

由于经过十四年抗战，根据地经济枯竭，人民负担能力减弱。在解放战争时期，由于战争发展迅速，部队规模扩大；由于交通和重要生产事业都亟待恢复发展；由于要向新解放区派出工作人员组织民主政权、实行土地改革；还由于每解放一地，共产党和民主政府对一切不抵抗的国民党军政人员采取"包下来"的政策，因此，各边区和解放区政府的财政支出大大增加。解放区虽在迅速扩大，但是在广大的新解放区，生产遭到国民党反动派的严重破坏，城乡交流没有恢复，能够征收的税收极为有限，常常是入不敷出。为了克服新形势下出现的财政困难，共产党和民主政府一方面继续贯彻"发展经济，保障供给"的经济财政工作总方针，大力恢复和发展农、工、商业，从发展经济中去保障供给；另一方面，不得不增加老解放区的税收（主要是农业税）。1947—

1948年，各老解放区的农民负担大体提高到占粮食产量的15%—22%。① 与此同时，边区和解放区民主政府，都根据各地实际需要，发行了一些公债、粮食票据及股票，募集资金，以支援解放战争需要。

二 各解放区及边区政府发行的票据概述

在解放战争时期，边区政府及解放区发行的票据有各种公债券、粮食票据和股票等。

（1）关于公债的发行。包括晋察冀边区各级民主政府发行的公债，主要有晋察冀边区胜利建设公债，冀东区行政公署土地公债；华东解放区各级民主政府发行的公债，包括苏皖边区政府发行救灾公债，皖南人民解放军长江纵队救国公债，苏皖边区第六行政补偿中农损失公债，胶东区爱国自卫公债；东北解放区各级民主政府发行的公债，包括双城县政府治安保民公债，松江省第一行政专署胜利公债，大连市政建设公债、哈尔滨市建设复兴公债；陕甘宁边区政府试办发行征收地主土地公债；中原解放区发行的借粮公债；华南解放区各地民主政府发行的公债，包括粤赣湘边区公粮公债、云南人民革命公债、粤桂边区公粮公债、华南解放区胜利公债等。

（2）关于粮食票据的发行。主要有以下边区发行过粮食票据：晋察冀边区政府发行的公粮票；晋冀鲁豫边区各地印发的粮柴票，包括冀南区印发的粮票、冀鲁豫区印发的粮票、太行行署兑米票、太岳区发行的粮票；华北根据地印发的粮票；陕甘宁边区印发的粮票，包括陕甘宁边区军用粮、料票，陕甘宁边区粮食局粮、料票，陕甘宁边区旅途粮、料票；晋绥边区政府印发的粮食票据，包括晋绥边区公用粮票、晋绥边区旅途粮草票；东北解放区印发的粮票等。

第二节 解放战争时期各解放区发行的公债

一 晋察冀边区发行的公债

晋察冀边区各级民主政府发行的公债，包括晋察冀边区胜利建设公

---

① 李占才主编：《中国新民主主义经济史》，安徽教育出版社1990年版，第304—305页。

债和冀东区行政公署土地公债。前者在第七章第一节中作过介绍，这里只简要介绍冀东区行政公署土地公债。

（一）冀东区行政公署发行土地公债的背景

一是边区广大农村进行土地改革已经是大势所趋。抗战胜利后，中国共产党为实现国内和平，在所领导的解放区内继续实行抗战时期的减租减息运动，并开展反奸清算运动。1946年4月至5月，由于国民党倒行逆施，调动兵力对我解放区进行封锁和包围，全面内战的危机十分严重。中国共产党清醒地认识到，内战是不可避免的，阶级矛盾已上升为国内的主要矛盾；必须充分发动广大农民，准备进行自卫战争，粉碎国民党的进攻。在广大解放区农村，农民们已经不再满足减租减息，而是要求改革封建土地所有制，实现"耕者有其田"。要打败国民党反动派，不团结占全国人口总数80%的农民是不行的，因此，必须满足农民对土地的要求。1946年5月4日，中共中央向各地发出《关于反奸清算与土地问题的指示》，即"五四"指示，根据国内阶级矛盾已经上升为主要矛盾，农民群众迫切要求清除封建剥削的形势，将党在抗战时期实行的减租减息政策改变为没收地主土地分配给农民的政策，提出以土地改革的方式实现"耕者有其田"。

二是中共中央"五四"指示规定不可侵犯中农土地。"五四"指示的主要内容是：要坚决地向汉奸、豪绅、恶霸作斗争，使他们完全孤立，"并拿出地来"；要坚决拥护群众从反奸、清算、减租、退租、退息等斗争中，从地主手中获得土地，实现"耕者有其田"。解决土地的方式是"没收分配大汉奸土地"，通过减租、清算使地主把土地"出卖"给农民。要团结多数，结成反封建的广泛统一战线。指示还规定不可侵犯中农土地，"必须坚决用一切方法吸收中农参加斗争，并使其获得利益；凡中农土地被侵犯，应设法退还或赔偿，整个运动必须取得全体中农的真正同情和满意，包括富裕中农在内"；对富农和地主、地主中的大中小、恶霸与非恶霸有所区别，保护工商业，对开明绅士等应适当照顾等。各解放区根据中央这一指示，先后作出了贯彻执行中央"五四"指示的决定或指示，并迅速展开了土地改革运动。中共晋察冀中央局于1946年8月29日作出了关于传达与执行中央"五四"指示的决定，根据该区新、老解放区与沿边区三种地区的不同情况，确定了执行"五四"指示的不同重点。①

三是为了补偿在土地改革中被侵犯的中农利益。晋察冀边区大部分地区开展了土地改革运动,到1947年初,全边区已有近1000万亩土地从地主手中转入农民手中。但是,在土地改革过程中,也出现了一些问题。有些地方虽然土地大部分重返农民手中,但由于采取按农会内外、积极态度、功劳大小分配土地的错误做法,使得到土地的农民仅仅占应分得土地的农民的少数或半数,其余的未分到土地或分得很少土地;有的地方实行打乱平分的办法,还有损害中农利益的现象。比如,冀东区在1946年贯彻执行中央"五四"指示的工作中,部分地区发生了侵犯中农利益的错误,使中农恐惧,害怕斗争,不敢增加生产发家致富。1946年12月10日,中央曾电示冀东区党委,"对于中农利益被侵犯者务必迅速补救,以稳定全部中农站在我们方面,对于受打击的地主、富农应采取适当拉的政策,以缓和他们的反对"。根据这一精神,1947年1月,冀东区党委指示冀东区行政公署,采取发行土地公债的办法,补偿在贯彻执行中央"五四"指示中被侵犯中农所受的损失。冀东区行政公署土地公债就是在这样的背景下发行的。

(二)土地公债的发行及相关规定

1948年1月30日,冀东区行政公署发布《关于发行土地公债的指示》,对发行土地公债的目的、对象的认定、利息和偿还,以及发行须注意的事项作了详细说明和规定。

(1)发行土地公债的目的。之所以发行本土地公债,是为了团结农民中的大多数,团结一切能够团结的力量。因为在土地改革中,一部分中农的土地曾被侵犯,除已直接由群众赔偿退还一部分土地外,还有未被赔偿的中农。为了巩固贫农的既得利益,加强对中贫雇农的团结,确保农民优势,并照顾被斗过苦的富农及被斗后不能维持生活的地主,通过发行土地公债,对尚未赔偿之中农被侵土地,按土地价格予以公平赔偿。

(2)发行土地公债的对象。发行土地公债的对象分为三类:第一,

---

① 李占才主编:《中国新民主主义经济史》,安徽教育出版社1990年版,第304—305页;中国社会科学院经济研究所现代经济史组:《中国革命根据地经济大事记(1937—1949)》,中国社会科学出版社1986年版,第77—78页。

凡被侵犯之中农（包括富裕中农及政治上有错误已向群众承认错误的中农在内）土地，但已由群众直接赔偿过土地者不再变动外，均应按此公平赔偿原则发给相当价格的土地债券；被侵中农如系因当敌伪爪牙或贪污取得的土地，不属赔偿之列即不再赔偿，但在其认识改正过后，应用救济形式，酌情发给一部分债券。第二，对那些被斗过苦，其生活水平降至中农以下之富农，经县、区、村农会与政府评议同意后，可用救济形式自此项债券中酌情发给一部分。第三，对被斗后不能维持生活之地主，经县、区、村农会与政府评议后，提出必须之救济，亦可发一部分债券，但须经专署批准后执行。

（3）土地公债发行的程序。本土地债券发行程序包括以下步骤：一是主要由县、区、村农会负责调查评议，政府予以协助。在评议中必须有被侵中农本身参加。二是评议后，由被侵中农填具请领表格，村农会出具证明，经县区农会审查合格，然后将登记表报县政府。三是由县政府派员协同区、村干部直接发给各户债券。

（4）土地价格的补偿标准、利息的偿还、公债的使用规定。根据规定，土地价格一般为每亩小米100斤至300斤，但太好或太差的地，可按具体情况酌情增减。债券票额分为50斤、100斤、200斤三种；债券按年利1分加息偿还，按券面规定年份偿还；规定每年阳历10月1日到12月底为偿还期，可按期持券到政府或指定机关领取粮食或折款，如在交公粮公款期间，亦可代交公粮公款。冀东区行政公署规定，此项公债不能在市面流通；此项工作须在1948年4月底完成，5月15日以前连同表格、总结向行署汇报，在发行期间执行情况亦须及时报告。①

二 华东解放区发行的公债

解放战争期间，为支援战争、落实土地改革政策和救济灾荒，华东解放区各地民主政府曾先后多次发行公债。

（一）苏皖边区政府发行救灾公债

（1）发行救灾公债的原因。据《解放日报》（1946年5月25日）报道：苏皖边区各地自1945年以来连续发生自然灾害，先旱灾，后水灾，又蝗灾，受灾群众占全边区总人口的25%。受灾地区群众生产生

---

① 财政部财政科学研究所、财政部国债金融司：《中国革命根据地债券文物集》，中国档案出版社1999年版，第52—53页。

活极其困难。特别是进入1946年以来，受灾群众生活更为困难。又据《群众》1946年9月22日介绍：当年，全边区面临四十年来空前大灾荒，700万以上人民濒于饥寒的死亡线上，以山芋叶、野菜、榆树皮等充饥。灾荒最严重的淮海区，三月至麦收前青黄不接时期，全区缺粮人口达80%以上，完全断炊户有24.3%，计56万多人口。对于这次长时间的灾荒，边区政府一方面组织灾民生产，进行灾后重建、生产自救；另一方面通过发放贷款和公债等，救济受灾群众。

（2）边区政府组织发行救灾公债。1946年3月15日，中共中央华中分局发出《关于紧急救灾工作的指示》，指出华中各地，自去年以来由于天灾人祸（水旱蝗灾加上敌伪顽烧杀劫掠），灾荒四起，受灾人口达400余万，灾区群众生活极为艰难，各地饿死人的现象时有发生。因此，决定发行救灾公债9000万元，并规定了完成发行公债的最后期限为5月10日。同时，提出了具体救灾的办法，要求各级党委站在第一线，领导群众同灾荒作斗争。1946年3月16日，苏皖边区临时参议会召开驻会委员临时会议，鉴于边区各地灾情严重，边区受灾人口超过420万，为救济灾民，开展生产自救，将受灾损失降至最低程度，会议通过决议，请边区政府发行救灾公债1亿元。边区政府立即同意这一决议，决定发行苏皖边区1946年短期救灾公债9200万元。为紧急救灾，苏皖边区政府于1946年3月19日在《新华日报》（华中版）上发表了一篇《脚踏实地紧急抢救灾荒》的社论。社论对灾情的严重程度和后果进行了分析和论述，并宣传了边区政府在救济灾民方面所做的具体工作。除拨款3000万元作为救灾基金外，边区政府决定发放救灾公债9200万元（华中银行币）。边区政府号召，第一，各级党政军民应在群众中广泛宣传动员，推动各界人士踊跃购买救灾公债，务求迅速，不失救灾时机；第二，迅速组织有关机构在有决定意义的城镇举办平粜，平抑粮价，并奖励粮食进口，调剂各地粮食；第三，厉行节约，全边区党政军民脱产人员，每人每天节粮2两，全部就地购买公债，救济灾荒。

（3）救灾公债的相关规定。苏皖边区政府随后发布了《救灾公债条例》，规定了公债的名称、发行定额、利率、期限、各行政区分配任务、公债的用途等。一是规定公债名称。本公债定名为民国三十五年救灾公债，发行总额为边币9200万元。二是公债用途分两部分：40%直接救济灾民，60%以工代赈。三是公债的印制。各行政区按下列分配任务自行印制，于 1946 年 4 月 1 日按票面价值十足发行。第一行政区 3000 万元，第二行政区 1500 万元，第三行政区 500 万元，第四行政区 200 万元，第五行政区 1500 万元，第六行政区 600 万元，第七行政区 1100 万元，第八行政区 600 万元，边府直属 200 万元。四是关于利率和还本付息。公债利率月息 2 分，还本时一次付清；第一行政区于 1946 年 8 月 1 日平均分偿本息一半，其他各行政区及第一行政区之其余半数均于 1946 年 11 月 1 日开始本息全部清偿。五是关于公债还本付息担保，以 1946 年夏秋两季粮赋收入为基金，由边区政府财政厅依照本公债还本付息所规定应付还之边币数额，按期如数拨交华中银行备付。六是关于公债的流通及兑付规定，本公债债券未到期前不得在市面作通货流通，到期后得依票面金额连同利息完纳 1946 年 11 月 1 日后各种赋税，或向华中银行兑现。

（4）此项公债在各行政区的预定分配数额及面额大小。按各行政区灾情轻重预定分配如下：第一、第二行政区共 1500 万元，第三行政区 1000 万元，第四行政区 500 万元，第五行政区 2200 万元，第六行政区 1500 万元，第七行政区 2200 万元，第八行政区 300 万元。边区政府规定，各行政区按分配的发行数额必须于 1946 年 4 月 10 日前完成；应拨助他区之数额，必须于 4 月 15 日前完成汇交各该区，华中分行汇寄总行分配。由于救灾公债是以各专署为单位印制发行的，债券面额各不相同。第一行政区的公债券，面额分为 50 元、100 元、500 元、1000 元四种；第二行政区发行的债券，分 50 元、100 元、200 元、500 元四种；第三行政区债券分为 50 元、100 元、500 元三种；第五、第六、第七行政区债券分为 50 元、100 元、200 元、500 元四种。[1]

关于这次救灾公债的作用，据记载："由于全体党、政、军、民节衣缩食，努力抢救，政府发放贷款、贷粮、平粜、救灾公债等。共达三万万八千四百万元华中币，并号召领导生产，贫富互助，大家动手，使灾荒得以安然度过。"[2]

---

[1] 财政部财政科学研究所、财政部国债金融司：《中国革命根据地债券文物集》，中国档案出版社 1999 年版，第 53—56 页。

[2] 《日寇投降一年来苏皖边区民主建设成绩》，1946 年 9 月 22 日，《群众》第十二卷，第 9 期；财政部财政科学研究所、财政部国债金融司：《中国革命根据地债券文物集》，中国档案出版社 1999 年版，第 53 页。

(二) 皖南人民解放军长江纵队救国公债

(1) 救国公债发行的背景。解放战争时期，皖南人民解放军长江纵队转战于皖南国民党统治区泾青南一带，长期坚持游击战争。当时泾青南一带游击区还未建立民主政府，部队和地方人员的经费来源主要通过三种途径来解决：一是向地主、资本家借款；二是收税；三是征收田赋。但是，在国民党的严密清剿下，靠收税和征收田赋来解决经费非常困难。为解决部队和地方工作人员的给养，长江纵队于1947年上半年发行了一期救国公债，即临时借款，通过向当地商人、地主、富农和农村油坊老板借款的办法解决供给问题。借到款后，向借款对象发放救国公债。

(2) 本公债券的相关规定。本公债面额有三种，分别为100万元、500万元、3000万元法币。债券背面附印了发行本公债的五条说明。在说明中对利息、归还期限、认购方式等作了具体规定：一是关于公债利率及付息，按年利1.5%给息，限一年归还；二是关于本利的兑付，皖南各县民主政府建立时，在规定期限内，公债承购人可凭本券向各县民主政府领取本利；三是关于认购方式，本公债券概由地方爱国民主人士自愿认购，不得强迫摊派及转售。

(三) 苏皖边区第六行政区赔偿战时人民损失公债

(1) 发行赔偿战时人民损失公债背景。1946年下半年，国民党发动新一轮反共高潮，开始对解放区全面进攻。在华东解放区战场，解放区军民奋力抗击国民党军的疯狂进攻，解放区人民为支援前线作战，付出了巨大的人力、物力代价，蒙受了很大损失。由于连年战争，解放区民主政府财力有限，无法对支前群众蒙受的损失立即补偿，于是通过发行公债，对支援前线作战的群众所受到的损失，分期给予赔偿。

(2) 赔偿战时人民损失公债相关规定。1947年7月，苏皖边区第六行政区专员公署颁布《赔偿战时人民损失暂行办法》，对赔偿的范围、原则、标准、使用管理作了明确规定。一是关于赔偿的范围，凡本区人民在反顽战争服务后勤服务中所损失之牲畜、农具如牛驴、大小车辆，依据当时损失情况，分别予以赔偿或补偿。二是赔偿的原则，在政府无实物赔偿时，一律依据赔偿时之当地市价，折合小麦计算，赔以公债。三是赔偿日期和数额，公债自1948年夏季起至1949年秋季，按粮额多寡分四期偿还；在1948年（两季）各县偿还公债，最高额不得超过 50 万斤。四是关于公债利息，1948 年夏季偿还者，按偿还粮额 10% 计算；秋季偿还者，按偿还粮额 15% 计算利息；1949 年夏季偿还者，为偿还粮额 20%；1949 年秋季偿还者，为偿还粮额 25%。五是关于公债的使用、流通管理规定，公债券为有存根之三联式记名券，不得转移买卖；公债券到期，可抵交公粮田赋，或持向当地粮库兑取粮食。①

（四）苏皖边区第六行政区补偿中农损失公债

（1）发行补偿中农损失公债的背景及原因。为贯彻中共中央"五四"指示，中共中央华东局于 1946 年 9 月 1 日发出《关于实行土地改革的指示》，根据华东的具体情况，提出了实现"耕者有其田"的五种办法，并规定不得侵犯中农土地和不得过分伤害富农利益。苏皖边区第六行政区在实行土地改革中，由于对政策的理解和掌握出现偏差，加之工作方法有一定问题，曾发生侵犯中农利益的"左"倾错误，严重违反了党关于团结中农的政策，造成不良影响。1946 年 9 月 1 日，中共华中分局发出《关于团结中农的指示》，批评有的地方在土改中发生的片面照顾贫农利益、侵犯中农利益的"左"倾偏向；强调团结中农的重要性，规定了纠正错误补偿中农损失的办法。②

为了贯彻中共华东局和华中分局的指示，纠正土改运动中侵犯中农利益的错误，对被侵中农给予补偿，1947 年 7 月，苏皖边区第六行政区专员公署决定发行补偿中农损失公债，以分期补偿在土改中被侵中农的损失。

（2）发行补偿中农损失公债相关规定。①关于补偿原则。凡本区各地土改中，中农所受损失，无适当土地偿还时，以发行公债补偿之。②关于补偿标准。规定补偿标准如下：每亩每年收获量在 100 斤以上者，每亩赔偿粮食 60 斤；收获量在 80—100 斤者，每亩赔偿粮食 50 斤；收获量在 50—80 斤之间，每亩赔偿粮食 40 斤；收获量在 50 斤以下者，每亩赔偿粮食 30 斤。③关于公债偿还期限及偿还粮食种类。自 1947 年秋季起，按粮额多寡分期偿还：偿还额在 500 斤以内，分 1947 年秋季及 1948 年麦季两次偿还，每次各还一半；赔偿额在 500 斤以上

---

① 财政部财政科学研究所、财政部国债金融司：《中国革命根据地债券文物集》，中国档案出版社 1999 年版，第 57—58 页。

② 中国社会科学院经济研究所现代经济史组：《中国革命根据地经济大事记（1937—1949）》，中国社会科学出版社 1986 年版，第 78、84 页。

者，分3次偿还，即1947年秋季、1948年麦季及秋季3次偿还，每期各偿还1/3。偿还粮食种类，在麦季归还者为小麦；秋季归还者为稻头。④公债利息，在1947年秋季归还者，按还粮额10%计算；1948年麦季偿还者按还粮额15%计息；在1948年秋季归还者，按还粮数20%计息。⑤公债券的使用及流通管理。公债券为多联式记名券，不得转移买卖；到期后的债券，可抵交公粮田赋，或持向当地粮库兑取粮食。①

(五) 胶东区爱国自卫公债

(1) 发行爱国自卫公债的背景。根据中共华东局1946年9月1日《关于土地改革的指示》精神，胶东区1947年进行土地改革，发动农民要求地主阶级减租减息、退租退息，并以汉奸、恶霸、豪绅为主要斗争对象，清算他们在抗战期间所欠农民的负担、劳役，没收了许多金银财宝，这是一笔宝贵财富。当时，由于脱产人员空前增加，出现了粮食和财政两大困难。因此，必须采取措施，将土改中清查出的这些金银财宝集中于解放区民主政府手中，既可以防止这些财宝流入国统区、增加蒋介石反动统治的财富，又能充实人民自卫战争经费，解决我解放区的财政困难。1947年1月3日，华东区财委扩大会议召开，要求全区精简机构、开展节约、清查物资、献金献物运动。同年2月1日，中共中央华东局发出《关于开展献金献粮献物资运动的指示》，要求前方、后方、机关和个人、党员和群众都积极参加献金献粮献物资运动。1947年8月，中共华东区胶东区党委作出《关于动员群众捐献复查中清算之金银、元宝、首饰、银洋等与发行爱国自卫公债的决定》，采取发行公债的方式，收回群众在土地改革中没收的地主阶级的金银财富。

1947年8月15日，胶东区行署发布了《关于发行爱国自卫公债的命令》并公布公债劝募条例。上述决定、命令和条例要求，在"一切为了战争胜利的需要"的口号下，广泛宣传、动员群众，在自愿自觉的基础上，发动热烈的"支前献金"运动；估计到"支前献金"可能发生某些困难，决定由政府发行"爱国自卫公债"进行购买。

(2) 发行爱国自卫公债的规定。一是关于金银折算成本币的标准。劝募的金银以十成色折本币计算，黄金每两（市称）作价18万元；银

---

① 财政部财政科学研究所、财政部国债金融司：《中国革命根据地债券文物集》，中国档案出版社1999年版，第58页。

块、银宝、银饰、银器每两（市称）作价1500元；银元每元作价1400元。二是关于发行公债总额、时间、购买原则。公债总额暂定为本币20亿元，自民国三十六年9月1日起开始劝募，以自愿认购为原则。三是关于还本付息及担保。本公债以按月1分5厘给息，自民国三十六年10月1日起计息。公债本息，在5年3个月内分8期清还；公债还本付息，由胶东行政公署拨出公粮3000万斤为担保基金。四是公债券使用管理。公债券不得作货币流通，自第一期付息后，根据当时金融财政状况，来决定公债持券人可将本公债向北海银行胶东分行及各支行与办事处作抵押借款。本公债券面额分为1000元、5000元、10000元、50000元四种。[①]

三 东北解放区各级民主政府发行的公债

抗日战争结束后，根据中共中央的指示，八路军迅速挺进东北建立革命根据地，并在各地建立民主政权。由于东北人民遭受日本法西斯十四年的残酷的掠夺、摧残和破坏，生活陷入极端困苦的境地。东北解放区各地财政面临着严重困难。为恢复根据地重建和支援解放战争，解决当时财政所面临的困难，许多地方政府发行了公债。

（一）双城县政府治安保民公债

为筹措经费维持地方治安，松江省双城县政府于1946年发行了双城治安保民公债。1946年1月，双城县政府发布《双城县治安保民公债发行要纲》，这个"要纲"具有公债条例性质。本公债定名为"双城治安保民公债"，为治安保民之用。关于本债券的担保，以双城县内所有汉奸逆产拍卖充为偿还；持本债券，可抵交、完纳租税。关于偿还期限，债券以俟逆产拍卖后，即行分为两期偿还之。关于购买原则及债券管理，债券可由人民任意购买；本债券虽因水火焚失或窃盗等情，概不予再为补发。

双城治安保民公债券面额分为20元、100元、500元、1000元（东北银行地方流通券）四种，为无记名式。100元券票面为浅黄色，上部两行横书"双城治安保民公债"，中间横书"壹佰圆"；下部直书"此项债券出售价格定为与票面同额而偿还时亦照票面同额支付之"；

[①] 财政部财政科学研究所、财政部国债金融司：《中国革命根据地债券文物集》，中国档案出版社1999年版，第58—60页。

左侧三行直书"中华民国三十五年一月双城县政府主席孙新仁";右侧盖有债券种类的印章,此张100元债券右侧盖有"丙种第5026号"印章。债券背面印有《双城县治安保民公债发行要纲》全文,共八条。①

(二) 松江省第一行政专署胜利公债

1946年6月,松江省第一行政专员公署发行了一期胜利公债,以筹措本行政区的建设资金。本公债背面附印发行胜利公债的说明共六条,对发行本公债的目的、发行期限、还本付息、流通使用、公债管理等作了明确规定。一是关于公债的发行目的,"建设公债为保护地方治安,推行和平民主建设而发行。"二是本公债的发行期限,"自发行日起至民国三十七年六月十五日止。"三是还本付息规定,"本公债以年利1分计算,分期归还,至民国三十六年六月为第一期,归还一半;至民国三十七年六月本利还清。"四是关于公债的流通使用,规定"本公债不得在市面流通使用。"五是关于本公债的管理,规定"本公债以盖有松江省第一专员公署、专员之官印者为有效";"本公债如有伪造者依法论罪"。②

(三) 哈尔滨市建设复兴公债

(1) 公债有关规定。为建设哈尔滨市,1946年8月4日,哈尔滨市市政府召开行政委员会,决定发行建设复兴公债8000万元(东北银行地方流通券),主要用于哈尔滨市的市政设施建设、医疗卫生事业、教育事业、地方治安等。本公债年息定为8厘,发行期限为7年,第一、二年只付利息,由第三年起,用抽签方法每年偿还总额的1/5,即1600万元,至第七年全部偿清。公债还本付息以哈尔滨市政府接收之全部敌产为担保。公债照票面金额实收,不折不扣;公债可以随意买卖和抵押;债券及息票,自偿本付息到期之日起,得以完纳哈尔滨市税捐及其他费款之用。③

(2) 公债票面结构。公债债券分为1000元、5000元、10000元、50000元、100000元五种,为不记名式。面额为1000元的债券,票面为浅黄色,债券正面上部两行横书"哈尔滨市建设复兴公债券",中部

---

① 财政部财政科学研究所、财政部国债金融司:《中国革命根据地债券文物集》,中国档案出版社1999年版,第61页。
② 同上。
③ 同上书,第62页。

横书面额"壹仟圆",下部印有"哈尔滨市政府发行",左侧两行直书"哈尔滨市市长"(及签章)、"中华民国三十六年十一月一日"。票面底部分别为中华民国三十六年度、三十七年度、三十八年度、三十九年度、四十年度、四十一年度、四十二年度息票,每年一张,共 7 张。债券票背面竖印《哈尔滨市建设复兴公债条例》全文共十二条。

(四)大连市政建设公债

为筹措市政建设所急需的资金,大连市政府于 1946 年 10 月发行了"大连市政建设公债",发行总额为"苏联红军票"3 亿元。关于本公债的有关规定如下:

一、认购原则:本公债以自愿购买为原则。

二、本公债票面数额及用途:公债票面分为 500 元、1000 元、5000 元、10000 元四种。公债主要用于文化教育建设、水陆交通建设、卫生建设、其他建设事业。

三、本公债利息及还本付息期限:自民国三十五年十月一日发行,利率定为年利 8 厘,分 5 期还本付息,5 年付清;自民国三十六年十月一日起,开始第一期还本付息;民国三十七年十月一日,开始第二期还本付息;民国三十八年十月一日起,开始第三期还本付息;民国三十九年十月一日起,开始第四期还本付息;民国四十年十月一日起,开始第五期还本付息。

四、本公债的担保:公债还本付息,以大连市经常税收及市有房产为担保,依照还本付息金额,按月向基金保管委员会存入之。

五、本公债本息票,期满后之 5 年内定为有效付款期,逾期不付。

六、公债持票人可行使下列权利:到期之公债抵押有效;到期之公债担保有效;到期之公债票缴税有效;本公债买卖有效。①

四 陕甘宁边区发行征收土地公债

(一)发行征收土地公债背景

为了贯彻中共中央"五四"指示,1946 年 11 月,陕甘宁边区政府决定"在土地未经分配区域以贯彻减租,并采用土地公债,征购地主

---

① 财政部财政科学研究所、财政部国债金融司:《中国革命根据地债券文物集》,中国档案出版社 1999 年版,第 63—64 页。

超额土地的办法,以消灭封建剥削,实现耕者有其田。"① 1946年12月20日,陕甘宁边区政府颁布了《陕甘宁边区征购地主土地条例草案》,规定在未经土地改革区域,发行土地公债,征购地主超过应留数量之土地,分配给无地或少地之农民,以达到耕者有其田之目的。

(二) 发行征收地主土地公债规定

①关于征收土地对象及范围。凡地主之土地,超过下列应留数量者,其超过部分,均得征购之:一般地主,留给其家中每人平均地数,应多于当地中农每人平均地数50%(假如中农每人6亩,地主每人应是9亩);在抗日战争及自卫战争中,著有功绩之地主,留给其家中每人平均地数,应多于当地中农每人平均地亩之一倍(假如中农每人6亩,地主每人应是12亩)。同时规定,地主自力耕种土地和富农土地不得征购。②关于征购土地价格。被征购土地之地价,采取超额递减办法;政府征购之土地,按征购原价之半数,分配给无地或少地之农民承购。地价分为10年付清。③土地征购原则。土地之承购,应以现耕为基础,进行合理调剂,使每人所有土地之数量与质量达到大致平均。④关于土地公债还本付息:土地公债分10年还清,年息5‰,清偿期为每年秋末。⑤土地公债基金,为边区农业税及承购者之交价。⑥土地公债之票面,以细粮计算。⑦土地公债券的流通及管理。每年到期土地公债之本息,可以抵交农业税,但只限于本县范围;本土地公债可以转让抵押,但不得在市面流通。②

五 中原解放区发行的借粮公债

(一) 发行借粮公债背景

根据中共中央指示,晋冀鲁豫边区两支野战部队于1947年夏季先后渡过黄河,挺进中原大地建立解放区。由于当时中原解放区尚未建立人民民主政权,部队的军需给养主要通过两个途径来解决,一是依靠打胜仗缴获国民党军所得;二是在所到之处就地向群众筹措。特别是粮食的供给,主要是向当地群众筹借。

早在1947年3月20日,还在上述两支大军未进入中原之前,晋冀

---

① 李占才主编:《中国新民主主义经济史》,安徽教育出版社1990年版,第277页。
② 财政部财政科学研究所、财政部国债金融司:《中国革命根据地债券文物集》,中国档案出版社1999年版,第73—76页。

鲁豫野战军政治部就颁布了《关于新区借粮条例》，因为早就预料到开辟新解放区必然遇到向群众借粮的情况。条例规定向群众借粮只限于粮、米、面、柴、料之项；借粮对象只限于地主，禁止向其他阶层特别是基本群众借粮，并应先向大地主借，然后向中小地主借，借粮数量应大、中、小数量有所区别。借粮户一律由民主政府给予"借粮证"，借粮证以后可抵交公粮。条例还规定，向地主借粮，应先请来谈话，晓以我军爱国自卫战争的大义，责其赞成，并承认所借之粮将来可抵公粮；对有粮不肯借的顽固地主可酌情施以限制，但禁止以吊打等手段。借粮不得没收地主任何东西。

（二）发行借粮公债规定

上述晋冀鲁豫边区两支野战部队挺进中原后，就地向群众借粮，大体上是按照上述规定执行的。下面是收集到的两种借粮证（借粮公债）：

（1）晋冀鲁豫战地行政委员会印发的借粮证收据。此借粮证上有三条说明：一、此证以户为单位开给。二、斤数以市秤为标准，借啥写啥不折合。三、被借户持此证向当地县、区政府可抵交公粮。（借粮机关盖章方有效）

（2）中原野战军印发的战时借粮证。此战时借粮证左上角的说明是：此据系按公粮征收办法征收，可向民主政府抵公粮。[①]

六　华南解放区发行的公债

为了迎接大军南下和全国解放，解决各根据地的财政困难，华南解放区各地民主政府于1949年曾先后发行过多次公债。

（一）粤桂边区公粮公债

（1）发行公粮公债背景。为解决粤桂边区部队、地方人员粮食供给，以及救济边区广大缺粮群众，1949年6月，中共粤桂边区党委决定发行公粮公债。同年6月15日，边区党委发出《关于发行公粮公债的指示》，要求各地党政军高度重视这一工作，动员一切力量开展突击运动来推销债券，使公债推销工作变成一个群众运动。为了胜利完成公粮公债推销工作，边区党委要求各级党委成立公粮债券委员会，专门负

[①] 财政部财政科学研究所、财政部国债金融司：《中国革命根据地债券文物集》，中国档案出版社1999年版，第77页。

责此项工作。

（2）发行公粮公债规定。一是公债的分解。公粮债券发行总额为5万担（每担重量以当地度量衡制度为准），其中雷州20000担；粤桂南边12000担；六万大山5000担；十万大山5000担；桂中南5000担；高州3000担。二是购买方式。推销时可收实物，或按时价折收金银、外币，但不收蒋币。三是规定了公债推销时间，为1949年7月1日至同年11月底。四是规定了公债利率及还本付息时间期限。公粮债券年利率为1分，认购时实收9折，其余1折为预付利息；1950年年底前，偿还全部本利，或折缴明年底公粮、税额亦可。五是关于公粮公债纳税规定。还本若以债券交纳公粮及税额，按票面十足通用。六是规定了还本付息的办理机构。其偿还责任，届时由边区最高行政机构，指定各地人民政府或人民银行偿还之。七是规定了公粮或折收金银、外币等用途范围如下：各地区军粮及斗争费用占20%；救济缺粮群众占10%；提交区党委占30%；预备粮占40%。八是规定公粮公债推销对象，以地主、富农、城镇商人为主，次及中农、贫农（但视各地情况而定，不可呆板），应用说服、宣传动员办法，切勿强迫、平均摊派。九是关于债券面额。公粮债券面额分为甲、乙、丙、丁四种，均以中谷为准，丁种5斗、丙种1担、乙种5担、甲种10担。①

（二）粤赣湘边区公粮公债

为解决边区部队及地方工作人员和群众生活困难，1949年4月，中共粤赣湘边区党委决定向全区发行"公粮债券"，并发布《关于发行"公粮债券"致各地委的指示》。发行公粮债券的规定如下：

（1）本公粮债券在边区内的分配任务。本公粮债券发行总额为15万担，分配各地任务如下：江南4万担，九连4万担，江北2.5万担，翁江2万担，五岭5000担，其余2万担由党委直接发行。

（2）关于公粮债券的利息。此债券月息谷2斤，销债时九成实收，一成则为预付利息。

（3）本债券还本及用途规定。本债券还本，分夏收秋收两次均还；债券可作缴纳公粮之用。

---

① 财政部财政科学研究所、财政部国债金融司：《中国革命根据地债券文物集》，中国档案出版社1999年版，第80—83页。

（4）关于本公债的认购方法：认购者可以现金或其他实物依时价折算。要求各地在1949年6月底结束债券的销售。

（5）推销公粮债券的原则和认购对象。推销公粮债券的原则为"拥军增产，军民兼顾，民主认购，合理负担。"规定认购对象的重点在地主富农及商人，其次才是有余力负担的中农，贫农不负担而享受免息农贷的利益。不同地区要有所区别：在新解放区用销债来代替对地主的强征强借或罚款；在老区实行双减及收公粮；在收复区用销债代替补征公粮；在国统区也可推销公债。因此，推销公债应是行政命令、统战工作和发动群众三者结合起来。

后来，公粮公债发行数调整为10.5万担，各地分配任务如下：江南4万担、九连2.5万担、江北3万担、翁江1.5万担、五岭5000担。①

（三）云南人民革命公债

1949年4月和8月，人民解放军滇黔桂边区纵队曾先后发行了两期云南人民革命公债，以解决战争及政权建设之急需。

1949年4月，中共桂滇黔边工委前委决定以桂滇黔纵队司令部的名义，在罗盘区云南境内3县发行"云南人民革命公债"。同年4月15日，"边纵"司令部发布布告，宣称经上级批准发行革命公债。本项公债规定收受与归还办法，均由各县人民政府统一办理，一律以粮食实物折合银元市价作基准。并规定由本边区人民政府负责担保，在滇黔桂三省完全解放后，准凭本债券持交各该县政府，汇向三省政府银行，分期于半年内按原来粮食实物或银元实数折合当时市价完全付还，不计利息。本项公债认购对象为富户，罗平县完成了认购半开3万元（半开：云南地方货币单位，一元半开相当于银元5角）任务，并认购了实物公债稻谷220万斤。

为集中主力部队作战及解决当时财政困难之需，并举办贸易局、合作社及农贷、社会福利事业等，中共滇黔桂边区党委于1949年8月决定发行"云南人民革命公债"70万元（半开）。规定本公债利率为3%，为期一年还本付息。原来分配在各区的发行计划，后来由于各种

---

① 财政部财政科学研究所、财政部国债金融司：《中国革命根据地债券文物集》，中国档案出版社1999年版，第78—79页。

原因，只在开广区、罗盘区以及滇北个别县实施发行。上述两次云南人民革命公债，在云南省解放初期大部分以折抵公粮的形式作了偿还。云南人民革命公债，分为半开银元壹元、伍元两种。债券是分区自行印制的，有的是油印版，有的是石印版。还有一种"滇黔桂边区贸易局流通券"，加盖"公债券"戳记改作云南人民革命公债发行。[①]

（四）闽粤赣边区军粮公债

为支援前线，保障作战部队的军粮供给，1949 年 7 月，中共闽粤赣边区财经委决定发行军粮公债1750万斤。发行军粮公债的规定如下：

（1）规定了推销时间和各地分配任务。本次发行军粮公债共1750万斤，一次发行，限期民国三十八年七月底劝销完毕。规定潮汕地区推销750万斤，梅州地区500万斤，闽西地区500万斤。

（2）票面价值。公债为无记名式，票面分为糙米1000市斤、2000市斤、4000市斤三种。

（3）公债的流通管理。公债照面额十足发行；购买者可自由买卖、抵押，并准抵交田赋。

（4）关于公债利率及还本付息。公债利率为周息 2%（6 个月计），于各期还本之同时付息。但第一期应得之息，准在开交时扣除。公债于认购之时起，24 个月内分 4 期偿清本息。

（5）关于推销对象、推销及认购方式。军粮公债推销对象主要是地主和富裕户，尽量采用劝销方式，必要时也须采用强销方式。公债认购及偿还本息，得用现钞或金银按时值折抵。[②]

此外，华南解放区各地民主政府及部队发行的公债还有：（1）潮梅人民行政委员会于1949年7月发行的"民国三十八年公粮公债"，发行总额为十五万担，债券面额为五斗、一石、一石、十石、五十石、一百石六种，利率定为年息4厘；债券可用作抵押、按揭自由买卖。（2）粤桂边区人民解放军二十团、二十一团于1949年下半年联合发行胜利公债。发行期限定为一年，1950年随时清还本息；票面额分为越南币 20 元、100 元、500 元三种，本公债年利率定为 20%，以本两团

[①] 财政部财政科学研究所、财政部国债金融司：《中国革命根据地债券文物集》，中国档案出版社 1999 年版，第 79—80 页。
[②] 同上书，第 84—85 页。

之政治信用保证之。清还之日，按照当时兑换比率，以中国人民银行发行的钞票收兑之。(3) 琼崖临时民主政府借粮公债。为解决1949年解放战争作战需要，早日解放全琼，琼崖临时民主政府于1949年2月23日向全琼同胞发出训令，决定举行一次向全琼群众借粮运动。此次借粮，一律发给借粮收据，实际是一种实物公债，规定于琼解放后一年内归还。在清还期间，民众可将该借据所注粮数或款数，当作现粮或现款交纳公粮或赋税给政府。并规定，富户及城市商人，可以按照实情，特别规定借款。(4) 琼崖临时人民政府解放公债。1950年2月26日，中共琼崖区党委发出《关于发行解放公债的通知》，决定在全区发行公债40万元，分为40万票，每票银元1元，认购数额以票数为准。本公债利率定为年息5厘，不满1年清还者，仍以1年计息；公债票可以让与转卖，但不能用以缴纳赋税及作通货用。公债定于1950年4月1日发行，同年4月底结束，并定于1951年内分期还清。①

第三节　解放战争时期各解放区印发的粮食票据

随着解放战争的胜利，解放区不断扩大，为方便部队、地方政府工作人员外出行军打仗或出差，各解放区所属行政区政府都发行了大量粮票、餐票和柴草票。

一　晋察冀边区印发的粮票

晋察冀边区政府发行的粮票，包括各地区发行的公粮票、公柴票、公料票等。

（一）晋察冀边区政府发行的公粮票

中华民国三十七年（1948），边区政府印发了公粮票，所见面额有小麦13两、小米14两共种，为竖式版面，这两种公粮票正面上方从左至右横书"晋察冀边区公粮票"，中部直书面额"拾叁两"或"拾肆两"，面额上加盖边区政府的方形印章，下边两行从左至右分别横书粮

---

① 财政部财政科学研究所、财政部国债金融司：《中国革命根据地债券文物集》，中国档案出版社1999年版，第86—90页。

票有效日期"限七八九月份有效",及发行日期"民国三十七年印"。①

(二)晋察冀边区政府发行的公柴票

1948年,晋察冀边区政府发行了公柴票,面额为市秤1斤的柴票,是横式版面,上方从左至右横书"晋察冀边区战时公柴票";票面中间横书面额"壹斤",并加盖"晋察冀边区政府"印章;票额"壹斤"左、右两侧分别直书"公柴"、"市秤";右边直书"只准战时凭此取粮",左边直书"限四至九月份有效"。此票四周边缘线中间附印"壹斤"。②

(三)晋察冀边区察哈尔地区发行的公料票

1946年,晋察冀边区察哈尔地区发行了公料票,面额分为花料4斤、10斤、60斤共三种。这些公料票为横式版面,上方从左至右横书"晋察冀边区公料票",中间印有"花料×斤",下边从左至右横书发行本票的日期"中华民国三十五年印",票面右边直书"察哈尔",左边直书"限×月份有效"。同年,察哈尔地区还印发了公粮票,面额分为小米10两、1斤7两,共两种,为竖式版面。本公粮票上部从右至左分别横印冠名"晋察冀边区公粮票"、"察哈尔";中部横书粮种"小米",直书粮票面额"×斤×两";下边两行从右至左分别横书"限×月份有效"、"中华民国三十五年印"。③

(四)冀中行政公署发行公粮票

1947年、1948年,冀中行政公署发行了公粮票,所见面额分别为小米10斤、小米1斤6两,共两种。这两种面额的粮票都是横式版面,结构简单,上方从左至右横书"冀中区公粮票";中间从左至右横书"小米拾斤"或"小米壹斤陆两",并加盖"冀中行政公署"印章;左边直书发行粮票的日期:"民国三十六(或七)年",右边直书"限×月份有效"。民国三十七年,冀中区行政公署还发行了小麦票,所见面额为"小麦壹斤贰两伍钱,折白面拾伍两,计米拾叁两",也为横式版

---

① 中国人民银行金融研究所、财政部财政科学研究所:《中国革命根据地货币》(下册),文物出版社1982年版,第199页。

② 财政部财政科学研究所、财政部国债金融司:《中国革命根据地债券文物集》,中国档案出版社1999年版,第102页。

③ 中国人民银行金融研究所、财政部财政科学研究所:《中国革命根据地货币》(下册),文物出版社1982年版,第200页。

面，与上述两张公粮票结构类似。另见一张民国三十五年冀中区印发的"冀中区粮柴票"，为竖式版面，面额"小米壹斤拾两，木柴叁斤"。①

（五）冀东区公粮票、饭票

从 1946 年至 1949 年间，冀东区行政公署印发了公粮票、饭票。民国三十七年印发的"冀东区公粮票"，为竖式版面，所见面额分别为小米伍斛、细粮壹斛、细粮伍拾斛，共 3 种。票面上部从左至右横书"冀东区公粮票"；中部直书面额"小米（或细粮）×斛"；下部从左至右横书"民国三十七年度"、"限×月份有效"；底部一行从左至右横书"冀东区行政公署印发"。从民国三十五年至民国三十八年，冀东区印发了派饭票，既有竖式版面又有横式版面。其中，面额分别为小米 18 两（1 顿）、小米 12 两公柴 1 斤（2 顿）、小米 18 两（1 顿）、小米 15 两、小米 10 两的饭票均为竖式版面；面额为小米 1 斛 1 两、小米 1 斛 3 两的饭票是横式版面。②

二 晋冀鲁豫边区各地印发的粮柴票

解放战争时期，晋冀鲁豫边区各级政府印发了各种粮柴票。现分述如下：

（一）冀南区印发的粮票

解放战争时期，冀南区曾先后发行了麦票、米票、柴票。麦票、米票所见面额为 1 斤，柴票面额为 10 斤。面额为 1 斤的冀南区麦票和米票都为横式版面，上方从左至右横书"冀南区麦票（或米票）A"；中间横书面额"小麦（或小米）壹斤"，面额上加盖冀南区方形红色印章；底部从左至右横书本粮票使用期限"至民国三十六年六月底止"。粮票上方左右两角印有大写"壹"，下方左右两角印有阿拉伯数字"1"。粮票左边直书"禁止买卖"。冀南区发行的米、柴票也有竖式版面的，如民国三十七年一月印发的米票，上方横书"冀南区米票"，下一行印有"B"；中间直书米票面额"小米壹斤"，并加盖"冀南区"

---

① 中国人民银行金融研究所、财政部财政科学研究所：《中国革命根据地货币》（下册），文物出版社 1982 年版，第 201—202 页；财政部财政科学研究所、财政部国债金融司：《中国革命根据地债券文物集》，中国档案出版社 1999 年版，第 102 页。

② 同上书，第 203 页；《民国 36 年晋察冀解放区粮票 15 斤》，http：//www.shuoqian.net/view－6409642.html#bigpic。

印章；下方从左至右横书"民国三十七年一月一日发行"。另一张"冀南区柴票"也为竖式版面，上方横书"冀南区柴票"，下一行也印有大写英文字母"B"；面额"拾斤"直书在票面中部，面额上加盖冀南区印章；底部从左至右横书本柴票作废日期"民国三十五年十二月底作废"。[1]

（二）冀鲁豫区印发的粮票

解放战争期间，晋冀鲁豫边区政府冀鲁豫区行署的粮票，目前所见有民国三十六年印发的，也有民国三十八年印发的，面额有10斤、5斤、1斤半3种，均为横式版面。面额为1斤半的米票，印发时间为中华民国三十六年，票面左侧直书"除找零用外，可作一顿，饭票粮票菜金均在内"。面额为5斤的米票，与面额1斤半的米票结构类似，上方从左至右横书"冀鲁豫区米票"；面额"伍市斤"横印在票面左部，并加盖"冀鲁豫区行署"印章，右部为一束粮食作物图案；左侧直书"禁止买卖"；底部从左至右横书米票使用期限"民国三十八年七月一日起至九月底有效"。面额10市斤的"冀鲁豫区米票"，票面结构、版式及本米票使用期限均与5市斤的米票相同。

冀鲁豫区行署于中华民国三十六年发行了在河北地区使用的粮票，面额分别为100市斤、5市斤、1市斤半3种，为竖式版面。其中，面额5市斤的为麦票，另外两种为米票。票面上半部分第一行，从左至右横书"冀鲁豫米票（或麦票）"，接下来是粮票的编号；第三行为面额，从左至右横书"××斤"，第四行自右至左横书"河北"。票面下半部分，是使用本粮票的"说明"，从右至左横书，包括对粮票的使用期限、使用对象、是否能流通等作了详细规定。面额5市斤的麦票，根据"说明"条款，规定本粮票有效期自民国三十六年六月十日起，至九月十日止。本粮票严禁买卖。"说明"还规定，非军政人员不准使用本粮票；在使用粮票时，使用机关须加盖公章；本粮票只准使用一次，使用后即行作废，严禁流通。票面底部从左至右横书"冀鲁豫行署印"。面额分别为100市斤、1市斤半的米票，其票面结构与面额5市斤的麦票

---

[1] 中国人民银行金融研究所、财政部财政科学研究所：《中国革命根据地货币》（下册），文物出版社1982年版，第205页；财政部财政科学研究所、财政部国债金融司：《中国革命根据地债券文物集》，中国档案出版社1999年版，第103页。

结构相同,"说明"也大同小异,不同之处在于米票的使用期限不同,其"有效期自三十六年七月一日起至十二月底止"。

上述冀鲁豫区发行的米票,也有河南地区使用的,所见面额为1市斤半,为竖式版面,其版面结构与上述在河北地区发行使用的米票相同,米票的使用"说明"共6条,前5条与河北地区米票"说明"完全相同,并多了第六条:"只准河南使用,不准河北兑粮"。①

(三) 太行行署兑米票

1948年,太行区行政公署发行了兑米票,所见面额分为22斤、10斤、5斤、8两,共4种,均为竖式版面。票面上方横书或弧形书写"太行行署",接下来横书或直书"兑米票",中下部直书或横书面额"×斤",底部横书"民国三十七年度"。②

(四) 太岳区发行的粮票

1948年,太岳区印发了军用兑米票,面额分为24斤、12两、6斤,共3种。这三种军用兑米票均为横式版面,上方为冠名"太岳区军用兑米票";票面中央直书面额"×斤"或"×两";面额两侧附印本粮票的使用"说明",对粮票的使用对象、范围等作出明确规定。此粮票只准部队在作战行军时兑吃粮食,不准兑粮兑料带走或出卖。票面底部横书本粮票发行时间"民国三十七年度印"。1948年,太岳行署还发行了"太岳区军政民通用兑米票",票面额为1斤6两,版面结构与军用兑米票大同小异。

1946年,太岳行署发行了兑米票。面额分别为70斤、42斤、14斤、4斤8两、2斤15两、1斤8两、1斤6两、12两、11两,共9种。其中,面额为70斤、42斤的两种兑米票为竖式版面,其他为横式版面。横式版面的兑米票,票面上方从左至右横印"太岳行署",中央横书面额"×斤"或"×两";左右两侧直书"兑米票",底部横书"民国三十五年印"。背面是使用本粮票的"说明",对使用范围、对象等作出明确规定。凡出差人员可凭此票在附近政府仓库兑米;只限就地食用,不准大批兑米;本粮票禁止买卖,不准在民间流通。粮票面额如

---

① 中国人民银行金融研究所、财政部财政科学研究所:《中国革命根据地货币》(下册),文物出版社1982年版,第206—207页。

② 同上书,第208—209页。

果挖补涂改，即行作废。面额为70斤、42斤的两种兑米票是竖式版面，票面上部横印"太岳行署兑米票"，下部横印面额"×斤"，底部从右至左横书"中华民国三十五年印"。

民国三十六年，太岳行署发行了面额为10两、2斤8两的兑米票，横式版面，票面结构与民国三十五年发行的横式兑米票相同。民国三十六年，太岳行署还发行了面额为140斤的兑米票，为竖式版面，正面结构与面额70斤的兑米票相同；背面附印本粮票的使用"说明"，内容与横式版面的"说明"大致相同。

太岳行署发行的军用马草兑米票、料票。民国三十五年发行的兑料票为竖式版面，面额分别为4斤、6斤、12斤，共3种。票面上部从左至右横书"太岳行署兑料票"；下半部从左至右横书面额"×斤"，并加盖太岳行署方形印章；底部从右至左横书"中华民国三十五年印"。料票背面附印使用说明，内容大致如下：持此票可在仓库兑粮；只准就地食用，不准大批兑粮；本料票禁止买卖，不准在民间流通；面额以山西16两秤为衡量标准；不挂失票，挖补涂改作废。民国三十六年度发行的军用马草兑米票，目前所见面额，分别为小米25斤、小米2斤8两，共两种，均为竖式版面。票面上方从左至右横书"军用马草兑米票"，票面中间直书"小米×斤"，左右两侧分别直书"无米付麦者"、"一斤兑一斤"，底部从左至右横书"太岳行署发行、三十六年度印"。背面附印马草兑粮"说明"，规定了兑换的比例关系。此票只供军队使用；部队持此票可兑米、购买马草或向各村兑草；一般规定小米4两兑换谷草1斤（麦秆2斤顶谷草1斤）；此票兑换粮草后逐级转到行署；此票不准买卖、挖补涂改，违者以贪污论处。民国三十七年，太岳区发行了"太岳区通用兑料票"，面额有马料12斤、马料4斤两种，均为竖式版面，上方从左至右横书"太岳区通用兑料票"；票面中间直书"马料×斤"，底部从左至右横书"民国三十七年度印"。背面附印兑料使用说明，只准当地兑料喂用，不准兑吃米麦，也不准兑料带走或出卖。①

三 华北根据地印发的粮票

民国三十七年、三十八年，华北根据地各地民主政府发行了各种粮

---

① 中国人民银行金融研究所、财政部财政科学研究所：《中国革命根据地货币》（下册），文物出版社1982年版，第209—213页。

票。最常见的是竖式版面的"华北区公粮票",粮种有小米、小麦,面额有 11 两、12 两、13 两、14 两、1 斤 2 两、1 斤 4 两、10 斤、14 斤、60 斤、100 斤等多种,版面结构较为简单,上方从左至右横书"华北区公粮票",下一行横书粮食品种"小米"或"小麦";票面中间直书面额"×斤",并加盖"华北区公粮票"印章;下方两行横书公粮票的使用期限及发行日期。民国三十八年,山西省发行过公粮票,公粮品种为小米,面额为 2 两、6 两、8 两等,为竖式版面,票面结构与"华北区公粮票"结构大致相同。①

四 陕甘宁边区印发的粮票

(一) 陕甘宁边区军用粮、料票

(1) 军用粮票、料票的票面结构。解放战争时期,陕甘宁边区政府印发了军用粮、料票,有 1949 年版式,也有民国三十八年版式,面额为 30 斤、50 斤、150 斤、250 斤共 4 种。这些军用粮票和料票版式结构大致相同,为横式版面(150 斤的为竖式版面),正面上方从左至右横书或弧形书写"陕甘宁边区军用粮(或料)票",票面中间直印或横印面额"××斤",并加盖"陕甘宁边区粮食局"红色方形印章。

(2) 军用粮票、料票的使用规定。本粮票使用说明附印在左右两侧(面额为 150 斤的印在下部),规定本粮票不准买卖,违者法办;粮票以小米为标准,料票以花料为标准;同时还规定以 16 两秤为计量单位,凡有涂改挖补一律作废。票面底部附印"1949 年度用"或"民国三十八年度用"。面额为 50 斤、250 斤,"民国三十八年度用"的军用粮票,在"说明"中专门规定了"只准军用"。

(二) 陕甘宁边区粮食局粮料票

(1) 票面结构。民国三十六年度制印的"陕甘宁边区粮食局料票",面额分为 2 升、1 升、1 斗、5 斗 4 种,为横式版面,票面上方冠名"陕甘宁边区粮食局",上方左右两角分别附印"料"、"票";票面中间直印面额数量,左右两侧附印本料票使用"说明"。

(2) 使用规定。规定本料票不准买卖,能在本区通用;本料票能抵交公粮,以三十斤斗计量。票面下方左右两边盖有粮食局长、副局长

---

① 中国人民银行金融研究所、财政部财政科学研究所:《中国革命根据地货币》(下册),文物出版社 1982 年版,第 215—217 页。

的方形小印章。料票下边从左至右横书"民国三十六年度制印"。1947年、1948年制印的"陕甘宁边区粮食局粮票",面额分为11两、1斤半两种,也为横式版面,票面结构与上述料票大致相同。

(三)陕甘宁边区旅途粮、料票

(1)票面结构。1949年,陕甘宁边区印制了旅途粮票和料票,面额分别为粮票11两、12两,料票1斤、1斤半、3斤,共5种,均为横式版面。票面上方从左至右弧形书写"陕甘宁边区旅途粮(或料)票",票面中间从左至右横书面额"×斤"或"×两",面额3斤的料票为直书。

(2)使用规定。票面左右两侧直书本粮票或料票的使用"说明",规定以16两秤作为计量。本粮票或料票不准买卖,挖补涂改作废。同时还规定,料以花料为标准,粮以小米为标准;只准就地食用,不准带现票面底部横书"1949年度制"。①

五 晋绥边区政府印发的粮食票据

晋绥边区各级政府于1947年先后印发过公用粮票、旅途粮草票等粮食票据。

(一)晋绥边区公用粮票

(1)公用粮票的票面结构。目前所见一张"晋绥边区公用粮票",是1947年印制的,面额为2000斤,粮票正面上方从右至左横书"晋绥边区公用粮票",中间横书"贰仟斤",并加盖"晋绥边区公用粮票"印章。该印章左右两边分别直书"小米",票面右、左两边分别直书"军政机关"、"一律通用"。票面下边从左至右直书"一九四七年印"。粮票四角横印阿拉伯数字"2000"。

(2)公用粮票的使用规定。粮票背面附印使用"说明",对使用本粮票的条件、范围等作出明确规定。此票当作收粮证据,不得随意向群众支粮。凡持此粮票取粮,得有拨粮条,否则概不付粮。同时,还规定,此票严禁买卖交易,违者以贪污论罪;此票只限于边区村粮站,到群众手中不能抵消公粮,更不能在边区外使用。此票按当地规定折合支

---

① 中国人民银行金融研究所、财政部财政科学研究所:《中国革命根据地货币》(下册),文物出版社1982年版,第187—190页;财政部财政科学研究所、财政部国债金融司:《中国革命根据地债券文物集》,中国档案出版社1999年版,第104页。

付各种粮食。严禁挖补涂改此票，违者以伪造论罪；战争时期可持此票直接支付粮食，平时则需有政府拨粮证。

（二）晋绥边区旅途粮草票

晋绥边区政府曾在1947年、1948年、1949年度发行了旅途粮草票。旅途粮票面额分别为小米4两、8两、9两、10两、11两、12两、5斤、3斤、2斤4两，共9种。其中，面额为8两、12两、3斤的粮票，为竖式版面，其他均为横式版面。横式版面的旅途粮票，正面上方横书"晋绥边区旅途粮票"，票面中间书写"小米×斤"，并加盖"晋绥边区旅途粮票"印章，左右两侧分别直书"严禁涂改挖补或买卖"、"违者以伪造和贪污论"，票面底部横印使用本粮票的年度。竖式版面的旅途粮票，版面结构与横式类似。

（三）晋绥边区旅途料票

晋绥边区政府还发行了1948年度、1949年度使用的旅途料票，其中有横式版面也有竖式版面。横式版面的面额分别为花料3斤、4斤、6斤、30斤四种，都是1949年度使用。票面上方从右至左横书"晋绥边区旅途料票"；中间横书料票面额"×斤"，面额两侧直书"花料"；票面右、左两侧分别直书"严禁涂改挖补或买卖"、"违者依伪造和贪污论"；票面底部横书本料票的使用年限。竖式版面料票有1948年度使用，也有1949年度使用的，面额分别为花料5斤、8斤、10斤共3种。票面上部横书"晋绥边区旅途料票"；中部直书"花料×斤"，中部右、左两侧分别直书"严禁涂改挖补或买卖"、"违者依伪造和贪污论"；票面底部也横书本料票的使用年限。

（四）晋南区粮料票

民国三十八年四月，晋南区印发了米票，面额分别为小米12两、3斤、150斤共3种。票面上方从右至左横书"晋南区米票"，中间横书小米"×斤"，右侧直书使用本粮票期限："自三十八年五月一日至六月三十日为有效期间，过期作废"，左侧直书使用本粮票说明："1. 无米付麦斤半折付一斤；2. 严禁买卖，违者依法重办"。底部横印粮票发行日期："民国三十八年四月印"。民国三十八年六月，晋南区印发了旅途麦票和料票。晋南区旅途麦票，面额分别为市秤1斤、1斤2两、1斤5两、7斤8两共4种。票面上方从右至左弧形书写"晋南区旅途麦票"，中间横书"市秤×斤"，票面右、左两侧分别直书"严禁涂改挖补或买卖"、"违者依伪造和贪污论"；底部横印粮票发行日期："民国三十八年六月印"。晋南区旅途料票，面额分别为市秤3斤、6斤，共两种，票面结构与上述旅途麦票相同。①

六 东北解放区印发的粮票

民国三十六年，辽宁省粮食局发行了"辽宁省粮票"。

（一）粮票的票面结构

所见面额分别为粗粮1斤、2斤共两种，均为横式版面。票面上方从右至左横书"辽宁省粮票"，中间横书"×斤"，并加盖"辽宁省粮食局"方形印章，两侧直书"粗粮"，底部两行从右至左分别横书"辽宁省政府粮食局"、"民国三十六年印"。

（二）本粮票的使用规定

粮票背面附印本粮票的使用规则：

（1）明确规定本粮票只限于军队及地方工作人员使用。

（2）领粮在200斤以下者可到村级粮食部门领取，200斤以上者须到区以上机关领取。

（3）并不得凭此票兑换除粗粮以外的任何物品或充当货币流通。

（4）凭此票领取200斤以下者须有连级首长证明，支领200斤以上者须有团级供给机关证明，否则无效。

（5）本粮票的使用期限为半年，即民国三十六年一月一日至六月三十日。

辽宁省粮食局还印制了粗粮饭票，所见面额为1餐（粗粮1斤），横式版面，票面上方从左至右横书"辽宁省粗粮饭票"，中间上下两行分别横书"壹餐"、"粗粮一斤"，下边落款为"辽宁省粮食局制"。面额"壹餐"左右两侧分别直书"烧柴斤半"、"豆子一两"，票面左右两侧直书"只准吃饭"、"不准兑粮"。此外，民国三十六、三十七年，热河省发行了公用粮票和地方粮票，面额分别为小米19两、1斤8两、9两5钱、8两、7两5钱共5种，均为竖式版面。②

---

① 中国人民银行金融研究所、财政部财政科学研究所：《中国革命根据地货币》（下册），文物出版社1982年版，第191—197页。

② 同上书，第248—249页。

七 华东解放区印发的粮柴票

（一）山东省印发的粮票、柴票

1. 票面结构

民国三十五年山东省粮食总局印发了秋粮、麦粮餐票，民国三十六年印发了秋粮、麦粮饭票，面额分别有一餐、两餐共两种，均为横式版面。民国三十六年印发的饭票，票面右部上方横书"秋粮（或麦粮）饭票"，右部下方横书"壹餐"或"贰餐"；右部底边横印发行日期"中华民国三十六年"。票面左部上方横书"山东省粮食总局"，左部中间加盖"山东省粮食总局"方形印章。民国三十五年发行的餐票，票面正上方横书"山东省粮食总局"；中间右半部盖"山东省粮食总局"方形印章，下边横书发行日期"中华民国三十五年印"；左半部上边第一行横书"秋粮（或麦粮）餐票"，左半部中间横印面额"×餐"。餐票或饭票背面附印使用规则。民国三十五年，山东省粮食总局还印发了面额为100斤的"小麦票"，为横式版面。本粮票正面结构与民国三十五年印发的秋粮餐票大致相同，不同的是印发日期，秋粮餐票印发日期在右下方。而100斤的小麦票其印发日期在左下方。

民国三十八年，山东省粮食局印发了麦（或秋）粮饭票，面额所见为一餐、二餐，为竖式版面，上方横书"麦粮（或秋）饭票"，中间直书"壹（或贰）餐"，下部直书"山东省粮食局"并加盖同名方形印章。①

2. 使用规定

背面附印了本粮票的使用规则，本券只限于解放区部队及地方机关使用；本券只可向各级粮库兑换现粮，并须有机关部队正式证明书，否则不予兑换。使用规则还规定，本券付粮后，按期上解，不得自行循环使用；本券绝对禁止转卖。

3. 山东省粮食总局柴草票

民国三十五、三十六年，山东省粮食总局印发了柴草票。民国三十五年印发的柴草票，面额为100斤、50斤两种，均为竖式版面。票面上方横书"山东省粮食总局柴草票"，中部盖"山东省粮食总局"方形

---

① 中国人民银行金融研究所、财政部财政科学研究所：《中国革命根据地货币》（下册），文物出版社1982年版，第218—222页。

印章，下部直书面额"×斤"，底部横书发行日期。本柴草票背面附印"使用规则"，规定：（1）此票只能是解放区部队及机关使用，本券绝对禁止转卖。（2）超过200斤只限向各级粮库领取，200斤以下者得向村长兑换柴草，但须有部队或机关之正式证明书，否则不予兑换；同时规定，各级粮库及村长凭票付给柴草后，按期解缴上级粮库结算账目。（3）此票不论战时还是平时，一律通用。

此外，民国三十六年，山东省粮食总局印发的马料票，面额为1斤、300斤两种，为横式版面，票面右部上方横书"马料票"，右部中间横书"×斤"，右部底边横书发行日期；左部上方书写"山东省粮食总局"，左部中间盖同名方形印章。马料票背面为花纹图案，图案中印有阿拉伯数字"1"或"300"。[①]

（二）渤海区粮食分局发行的饭票和柴草票

（1）票面结构。民国三十六年发行的此种粗粮饭票又分为"普用"、"军用"两种，面额有普用粗粮1餐、2餐，军用粗粮2餐之分，均为横式版面。以普用粗粮饭票为例，票面上方从右至左横书"渤海区粮食分局"；中间左半部横书面额"×餐"，右半部盖有"渤海区粮食分局"方形印章；票面左边直书"粗粮饭票"，右边直书"普用"2字，左下方横书此票发行日期"中华民国三十年印"。普用粗粮饭票背面附印"饭票使用规则"，此规则具有条例性质。

（2）使用饭票的规定。此饭票只限于解放区地方工作人员使用；此票只限于向村长或村以上机关换取给养，凭票供给后，得向各级粮库兑换现粮。规定此票每餐兑换麦子1斤4两，包括柴草粮2两在内。并且绝对禁止转卖此票或当货币流通。军用饭票票面结构与普用饭票大致相同，使用规则除限于解放区军队人员使用外，其他各条完全相同。

（3）渤海区民国三十六年印发的柴草票，票面结构正面与上述饭票类似，面额10斤的柴草票为横式版面，面额"拾斤"印在票面中间左半部，其上横书"柴草票"，右半部也是盖"渤海区粮食分局"方形印章。此柴草票背面附印"使用规则"。本使用规则明确规定，此券解放区军队及地方机关使用，不准民间使用；本券只可向各级粮库兑换柴

---

① 中国人民银行金融研究所、财政部财政科学研究所：《中国革命根据地货币》（下册），文物出版社1982年版，第222—223页。

草，兑换时须有部队或机关正式证明，否则不予兑付。同时还规定，本券付柴后，按期上解，不得自行循环重复使用，并绝对禁止转卖此票。①

（三）华东财经办事处印发的各种粮草票

1. 中华民国三十八年印发的大米票

票面结构。面额分别为 10 斤、50 斤、100 斤 3 种，均为竖式版面，票面上部横书"大米票"；中部花纹图案中直书或横书面额，其中"壹百斤"或"伍拾斤"为直书，"拾斤"为横书；下部中间直书"华东财经办事处"并加盖同名方形红色印章，底部横书发行此票日期。

使用规定：此券背面附印"使用规则"，共 5 条。（1）规定本大米票只限于江南地区部队机关使用。（2）凭本票可抵缴本年度公粮。（3）本票禁止买卖、涂改、伪造，违者严惩。（4）本票如兑换杂粮，兑换比例按民主政府规定的标准折合计算。（5）本票以市秤为计量单位。

2. 中华民国三十八年印发的柴草票

面额为 200 斤，票面结构为竖式版面，与上述大米票类似，不同的是发行本票的日期横印在票面中部拦腰部位。本票背面也附印了"使用规则"，规定使用范围也限于江南地区部队及机关，凭本票可抵交本年度公草；本票以当地一般柴草为标准，其他杂草按民主政府规定折合。本票也是以市秤为单位计算。

3. 限于民国三十八年度使用的米票和麦票

面额分别为米票 10 市斤、50 市斤、100 市斤、300 市斤、500 市斤，麦票 10 市斤、50 市斤、100 市斤、300 市斤、500 市斤，均为横式版面，票面左上方横书"华东财政经济办事处"，右上方为六位阿拉伯数字的编号，左上角横印"米票或麦票"，左下角横书"华东区"；票面中间横印面额"×市斤"；右下方盖"华东财政经济办事处"方形印章；底部横书"本票限于民国三十八年度使用"。② 票背面附印本票的

---

① 中国人民银行金融研究所、财政部财政科学研究所：《中国革命根据地货币》（下册），文物出版社 1982 年版，第 224—225 页；财政部财政科学研究所、财政部国债金融司：《中国革命根据地债券文物集》，中国档案出版社 1999 年版，第 107 页。

② 财政部财政科学研究所、财政部国债金融司：《中国革命根据地债券文物集》，中国档案出版社 1999 年版，第 108—109 页。

使用"说明",该说明与民国三十八年华东财经办事处印发的大米票背面的"使用规则"内容大同小异。

八 中原解放区印发的粮票及借据

解放战争期间,中原解放区所属各地包括中原财经办事处、鄂豫行政公署、江汉行政公署、桐柏行政公署、湖北省政府先后印发了各种粮食票据。

(一)中原财经办事处粮食票据

民国三十七年,中原财经办事处印发了一批粮票,包括大米票、小麦票、杂粮票。

1. 票面结构

大米票有10斤、50斤两种面额,小麦票有10斤、200斤两种面额,杂粮票有50斤、100斤两种面额,均为竖式版面。以大米票为例,票面分为上、下两部分。上部分上方横书"大米票";中间横书面额"×斤",并加盖"中原财经办事处粮票印章";左右两边分别直书"中原";面额下边直书"此票专供野战军用"。下部从右至左直书本粮票的使用"说明"。

2. 票据使用规定

票面的"说明"对此票的使用作出具体规定。(1)此票可抵交公粮或凭票到政府换粮;(2)粮票只能使用一次,以老秤16两计量;(3)不准买卖此票或以此票交换物品;(4)本粮票的使用期限为半年。粮票底部横书发行日期。

小麦票、杂粮票的版面结构、使用规则与大米票大同小异,不同之处在于使用"说明"的个别规定,小麦票和杂粮票在用时必须在背面盖章,无章无效。杂粮包括高粱、玉米、谷子及大麦。

3. 中原财经办事处马草票

民国三十七年十二月,中原财经办事处印发了一批马草票。其版面结构如下:目前所见面额有马草票12斤、马料票7斤两种,为竖式版面,票面结构与该办事处发行的粮票类似。面额12斤的马草票,上部正上方横书"中原财经办事处马草票",紧接下面横书面额"拾贰斤",并加盖中原财经办事处粮票印章。下部直书此马料票的使用规则,共7条。本票有效期至民国三十八年六月十五日止。从上述中原区印发的粮票有效使用期推断,其马草票有效使用期也应为半年,本票印发日期大致为民国三十七年十二月十五日。本批马草票使用规定：（1）本票规定在中原区专供野战军使用；（2）斤两以通用 16 两老秤为标准；（3）使用本票机关必须在此票背面加盖机关印章；（4）本票只准向区以上政府或机关兑换马料；（5）本票只准使用一次，不准重复使用。

面额为 7 斤的马料票，为竖式版面，分上下两部分，上部分上方横书"马料票"，上部中间横书"柒斤"并加盖"中原财经办事处粮票印章"，上部两侧分别直书"中原"。票面中间横书"此票专供野战军用"。票面下部直书本票的使用"说明"，本"说明"规定：（1）本票可抵交征收任务或到政府换取马料。马料包括黑豆、豌豆、大麦。(2)本票只用一次，以老秤 16 两计算。（3）不准买卖本票或用本票交换物品。（4）有效期自民国三十八年一月一日起至六月底止。

（二）鄂豫区行政公署印发的米票和兑米票

鄂豫区行政公署于民国三十七年印发了米票和兑米票。米票面额有 13 两、3 斤 4 两，共两种。票面上方横书"鄂豫区米票"；中间横书面额"×斤×两"，并加盖鄂豫区粮票印章；左右两侧分别直书"禁止买卖"、"非军政民人员不准使用"；底部横书"中华民国三十七年度印"。兑米票面额为 2 斤、10 斤两种，为竖式版面。票面上方横书"鄂豫行署兑米票"；中间直书面额"×斤"，并加盖鄂豫行署粮票印章；左右两侧直书使用本粮票的"说明"。规定本票不准买卖、不准涂改，只限于军政人员使用；兑米数量限于当地食用，并以 16 两市秤为标准计量。

（三）江汉行政公署米票

江汉行政公署于民国三十八年印发了米票，面额有 2 斤、50 斤等种类，为横式版面。票面上方横书"江汉行政公署"；右半部上边横书"米票"，右边中间横书面额"×斤"并加盖江汉行政公署粮票方形印章。本粮票底部横书"民国三十八年三月印"。票面附印了使用本票的规定：此票只限军政人员使用，严禁变价买卖；本票可抵交公粮。使用本粮票的期限为 9 个月。

（四）桐柏行署粮票

桐柏行署于民国三十七、三十八年分别印发了粮票，包括小米、大米、小麦等。

1. 粮票的票面结构

民国三十八年印发的"桐柏行署粮票"，面额分别为小米 1 斤、小米50斤、小米100斤，大米10斤、大米50斤共5种，均为横式版面。票面正上方横书"桐柏行署粮票"，中间横书面额"小米（或大米）×斤"，并加盖"桐柏行署粮票"方形印章；左右两侧分别直书"不准流通"、"禁止买卖"；下边横书"中华民国三十八年制"。桐柏行署于民国三十七年印制的粮票，面额分别为大米500斤，小麦500斤、100斤、50斤、10斤、2斤、1斤共7种，均为竖式版面。本粮票结构分上下两部分，上部分顶部横书"桐柏行署粮票"；上部分中间横书面额"小麦（或大米）×斤"；上部下边，即整个粮票中间横书"中华民国三十七年×月制"。粮票下半部直书本票使用"说明"。

2. 粮票使用规定

（1）本票只限于军政人员使用，禁止买卖流通；（2）100斤以下者可直接到当地政府粮食部门兑粮，100斤以上者须办理领粮手续，由领粮机关出示证明；（3）本粮票可抵交公粮；粮票使用期限依据印制时间不同而有区别，一般在3—6个月。[①]

1946年，中原军区为解决部队粮食给养，曾向当地群众借粮，发行了借粮借据。此借据是竖式版面，为表格形式，顶端横书"借据"；借据从右至左直书，第一行为"兹借到"、"××字第××号"；第二行、第三行为"××先生大米××（斤），在半年之内如数归还。此据"。落款为"国民革命军八路军、新四军中原军区司令员李先念、政委郑位三"，日期为"中华民国三十五年×月×日"。[②]

（五）湖北省政府粮票

解放战争期间，为了解决部队给养，湖北省政府于民国三十八年发行了一批粮票。面额分别为大米票2市斤、5市斤、10市斤、50市斤，小麦票2斤，共5种。其中，大米票为横式版面，票面上方横书"湖北省人民政府大米票"；中间右半部横书面额"××市斤"，左半部加盖"湖北省人民政府粮票印"方形印章；下边横书本粮票使用期限"本粮票于三十九年七月底以前使用"；粮票底部横印"三十八年八月印"。

[①] 财政部财政科学研究所、财政部国债金融司：《中国革命根据地债券文物集》，中国档案出版社1999年版，第110—111页；中国人民银行金融研究所、财政部财政科学研究所：《中国革命根据地货币》（下册），文物出版社1982年版，第238—242页。

[②] 财政部财政科学研究所、财政部国债金融司：《中国革命根据地债券文物集》，中国档案出版社1999年版，第110页。

面额为2斤的小麦票，是竖式版面，票面上方弧形书写"湖北省人民政府小麦票"，上半部横书面额"贰斤"并加盖"湖北省人民政府粮票印"方形印章。下半部直书本粮票的使用说明，规定本粮票只限于军政人员使用；严禁变价买卖或换物；本票可抵交公粮；同时规定本票使用期限为三十八年十二月底以前有效。

民国三十八年，湖北省沔阳行政专员公署印发了米票，面额分别为11两、5斤，均为横式版面。票面正上方从左至右横书"湖北省沔阳行政专员公署"；右半部上方横印"米票"，中间横印面额"拾壹两"或"伍斤"并加盖"沔阳行政专员公署粮票"印章；票面右半部是使用本粮票的相关规定。本粮票只限于军政人员使用；严禁变价买卖；本票可抵缴公粮；限三十八年九月以前有效。①

第四节 解放战争时期各解放区建立的合作社

一 解放区建立合作社的原因

解放战争时期，各解放区民主政府建立各种形式的合作社，不仅是发展解放区经济的需要，而且是把广大农民群众组织起来，结成最广泛的统一战线，实现解放全中国的有效形式。

（一）为了克服小农经济的局限性，必须开展互助合作运动

抗战胜利后，各解放区经过土地改革，农民分得了土地、生产工具，生产积极性空前提高，促进了农业的发展。但是，分散的数量极大的小农经济仍然是以家庭为单位的个体经济，由于规模小、资金缺乏等原因，在发展生产上有较大的局限性，如抗风险、抵抗自然灾害等能力低下，不能合理地使用劳动力、土地和生产工具，劳动生产率低，还不能彻底摆脱贫困落后的状况。只有通过组织生产合作社，个体小农之间互助合作，才能打破小农经济的局限性，帮助农民群众搞好生产生活，

---

① 中国人民银行金融研究所、财政部财政科学研究所：《中国革命根据地货币》（下册），文物出版社1982年版，第244—245页；财政部财政科学研究所、财政部国债金融司：《中国革命根据地债券文物集》，中国档案出版社1999年版，第111页。

合理调剂劳动力、生产工具,提高农民的生产效率和生产生活水平,引导广大农民群众摆脱贫穷的局面。

(二) 建立合作社是解决劳动力不足的最有效的制度创新

随着解放战争的发展,人民解放军规模不断扩大,需要越来越多的农民子弟参加人民军队或参加支前工作,势必造成农业劳动力大量减少的问题、参军参战或支前人员家中土地无力耕种的问题,以及如何合理负担部队军费开支等问题。这时,由于劳动力等要素相对价格变化(此时劳动力价格升高)导致制度不均衡,出现了潜在的外部利润。只有推行制度创新,将群众组织起来,建立合作社,开展广泛的互助合作运动,有效实现劳动力和农具的余缺调剂,才能获得潜在的外部利润(劳动力资源或农具资源获得最佳配置),合理解决劳动力不足等问题。

(三) 建立和发展合作社是建设新民主主义经济的重要方针和必要手段

首先,合作社经济是新民主主义社会发展到社会主义社会的必要条件,没有合作社经济,就不可能由新民主主义社会发展到将来的社会主义社会。解放战争时期,以毛泽东同志为代表的中国共产党人对解放区的经济结构进行了科学的分析,指出解放区的经济由国营经济、合作社经济、私人资本主义经济、国家资本主义经济、个体经济5种经济成分所组成。这种经济称为新民主主义经济。新民主主义的国营经济在5种经济成分中居于领导地位,是社会主义性质的经济。合作社经济是建立在个体经济基础之上的劳动群众的集体经济,在一定程度上带有社会主义的性质,它将人民群众分散的劳力、资金、工具等要素集中起来统一使用,对于提高劳动生产率、减少中间商人的剥削、发展解放区经济发挥了重要作用,是国营经济的坚决同盟者和带有决定意义的助手。中国共产党根据中国新民主主义革命的总任务和总政策,通过对解放区经济结构的客观认识和正确分析,提出了经济建设的方针:一是优先发展国营经济;二是积极发展合作经济;三是组织国家资本主义经济,容许私人资本主义经济在一定范围内存在和发展。[①] 只有普遍建立和发展合作社经济,通过合作社经济与国营经济的密切结合,才能巩固和发展社会主义性质的国营经济,才能引导分散的个体农业和手工业向社会主义方

---

① 李占才:《中国新民主主义经济史》,安徽教育出版社1990年版,第265—268页。

向的现代化和集体化方向转化,完成由新民主主义革命向社会主义革命的转变。

其次,要引导千千万万分散的个体农业经济和手工业经济向现代化和集体化方向发展,最有效的途径就是建立合作社。1949年3月5日,中国共产党在西柏坡召开了七届二中全会,毛泽东在会上作了重要报告,指出:"由于中国的经济遗产是落后的,所以新民主主义革命胜利之后的一个相当长的时期内,必须谨慎地逐步地而又积极地引导分散的个体农民经济和手工业经济,使中国稳步地由农业国转变为工业国,创造出雄厚的经济基础,否则就不可能由新民主主义的社会发展到将来的社会主义社会。"而引导分散的个体农业经济和手工业经济向现代化和集体化方向发展,其根本途径就是组织各种合作社。他指出:"必须组织生产的、消费的和信用的合作社和中央、省、市、县、区的合作社的领导机关。这种合作社是以私有制为基础的在无产阶级领导的国家政权管理之下的劳动人民群众的集体经济组织。中国人民的文化落后和没有合作社传统,可能使得我们遇到困难;但是可以组织,必须组织,必须推广和发展。单有国营经济而没有合作社经济,我们就不可能领导劳动人民的个体经济逐步地走向集体化,就不可能由新民主主义社会发展到将来的社会主义社会,就不可能巩固无产阶级在国家政权中的领导权。"①

最后,合作社经济是联系小生产经济与国营经济和集体经济的桥梁。1949年9月,中共中央东北局在《关于农村供销合作社的方针与任务的决议》中指出:"合作社经济是新民主主义经济的主要构成部分之一。新民主主义经济的主体是具有社会主义性质的国营经济,因之合作社经济必须在国营经济的领导之下,成为国营经济的助手与联系小生产者经济的桥梁,而国营经济则必须积极地扶助合作经济发展。"② 1947年10月,《华北财政经济会议决定草案》指出:"为着提高生产力,应当改造分散的、落后的、个体经济的生产方式,奖励互助合作,组织变工组和合作社扶助群众生产,发展农村副业。土地改革后,更须

---

① 《毛泽东选集》第四卷,人民出版社1991年版,第1432页。
② 《中共中央东北局关于农村供销合作社的方针与任务的决议》,载《革命根据地经济史料选编》(下册),江西人民出版社1986年版,第714页。

帮助农民组织纪来，生产发家，发放大量贷款，帮助贫苦农民解决缺乏生产资金的困难，调剂耕畜、农具，保证生产品的销路。公营经济应当扶助私营经济和合作社经济，公私兼顾，照顾群众利益，照顾社会经济发展。"① 1948年11月东北行政委员会召开了各省市商业厅局长会议，会议讨论并通过的《关于目前发展东北合作社几个问题的意见》指出："在东北完全解放形势下，必须大量发展合作社，增加生产，支援全国战争；特别是办理供销合作社，使千千万万农民小生产者组织起来，和公营经济直接结合起来，提高生产，增加财富，推动新民主主义经济的加速发展，是一个极迫切、极现实的巨大任务。"② 综上所述，大力发展合作社经济不仅是重大的经济问题，更是一个严肃的政治问题，必须通过组织合作社发展新民主主义经济，并逐步实现由新民主主义革命向社会主义革命的过渡。

二 解放区各种合作社的发展状况

1945年8月抗日战争胜利后至1949年10月，在四年艰苦卓绝的解放战争中，各解放区的合作社经历了一个不平衡的发展过程，有的解放区合作社发展较快较好，有的解放区合作社被压缩或撤销，数量急剧下降。但总体上看，解放区合作社发展势头良好。

（一）总体上解放区合作社发展势头良好

以晋察冀边区合作事业为例，到1947年年初，全边区合作社个数发展到8342个，社员人数106万，股金达到8.19亿元。③ 就晋察冀边区合作社的个数而言，1947年8342个比1945年7410个增加了932个。到1948年晋察冀边区大部分地区完成土改后，据冀中区18个县的统计，建立互助合作社共3.5万个，到1949年建立互助合作社7.5万个，增加了114%。

在其他解放区，合作社发展也很快。晋冀鲁豫边区的太行区，据1945年对18个县的统计，参加农业互助合作社的劳动力达36万多人；

---

① 《中共中央关于批准华北财经会议决定的指示》，载《革命根据地经济史料选编》（下册），江西人民出版社1986年版，第168页。
② 王文举：《我国革命根据地和解放区的农民专业合作社》，《合作经济与科技》2008年1月号上，第31页。
③ 李金铮：《论1938—1949年华北抗日根据地和解放区合作社的借贷活动》，《社会科学论坛》1999年第7—8期。

到 1946 年，参加互助合作社的劳动力达 72 万人，相当于 1945 年的 2 倍多，占全区劳动力的 78%。到 1947 年年底，据晋冀鲁豫太行区 29 个县的统计，发展合作社 5300 个，拥有社员 92 万人。①

在东北解放区，为了解决农业生产中劳动力、畜力不足的问题，早在 1946 年就在一些地区建立生产合作社，在农户之间开展互助合作运动，合理调剂劳动力和畜力的使用。到 1947 年下半年，在黑龙江、嫩江、松江、吉林、辽北、牡丹江和南部地区相继建立了农业互助合作社，其中在吉林省，参加了互助合作的劳动力占全部劳动力的 85% 以上。②

在陕甘宁边区，1946 年上半年，通过建立合作社开展互助合作运动，"劳动力的组织较为普遍和广泛，据不完全统计，各县劳动力短期或长期参加过变扎工等劳动组织的，最高如延安县曾达全部劳动力的 62%，最低如固临亦达 23%，即半劳动力的妇女小孩，亦大量地参加了变工。"由于开展互助合作，全边区农业生产获得显著丰收，1946 年粮食总产量达到 180 万石，比 1945 年增产 60 万石，增产了 50%，可以解决全边区的吃饭问题。"1946 年全边区共种植棉花 351000 余亩，足苗 265000 余亩，估计收花二百万斤左右，穿衣问题可望部分解决"。③

在山东解放区的胶东地区，农业互助合作发展迅速，到 1946 年上半年，据东海、北海、西海 17 个县统计，共组织变工组 25694 组，参加变工的户数 107936 户，劳动力 143835 人；组建帮工组 63377 组，有劳动力 198367 人；农业合作社 10 处。④

到 1949 年新中国成立前夕，全部解放区共有各类合作社 30000 个，社员达 3000 万人。⑤ 其中供销合作社所占比重最大，其他类型的合作社如生产合作社、消费合作社和信用合作社等也有较快发展。到 1949 年 5 月，据东北解放区 6 个省的统计，共有农村供销合作社 5335 个，

---

① 《中国合作社发展史》，http://www.zhnhw.com。
② 邢乐勤：《新民主主义革命时期中共农业互助合作运动的实践与理论》，《浙江工业大学学报》（社会科学版）2002 年第 6 期。
③ 林伯渠：《陕甘宁边区政府工作报告》（1946 年 10 月 29 日），载《中国农业合作化运动史料》，生活·读书·新知三联书店 1957 年版，第 763 页。
④ 田萍：《半年来胶东生产介绍》，《大众日报》1946 年 8 月 22 日。
⑤ 王文举：《我国革命根据地和解放区的农民专业合作社》，《合作经济与科技》2008 年 1 月号上。

约占 6 省全部行政村数的 1/6，共有社员 2693819 人，资金达 8826 亿元，对扶助农民生产和调剂解放区供销起了积极作用。① 到 1949 年年底，东北全区除成立大区供销总社外，建立省市社 14 个，县市社 175 个，基层社 8319 个，有社员 528.7 万人。② 1944 年，晋冀鲁豫边区有商业合作社 1074 个，社员 20 万人；1947 年村级商业合作社增加到 5370 个，社员增至 922350 人，合作社个数和社员人数都比 1944 年增加了 4 倍。具体情况如表 8-1 所示③：

表 8-1　　1944—1947 年上半年晋冀鲁豫边区商业合作社发展情况

年份	合作社数（个）	社员数（人）	资金（万元）
1944	1074	200000	2700（冀边币）
1946	4166	1740000	60980
1947	5370	2429040	197682

注：1946 年商业合作社数据为村社数；1947 年上半年的数据只统计了边区内 29 个县中的村商业社。

（二）个别地区合作社数量下降有多种原因

以晋察冀边区冀中区为例，由于"在总的领导上忽视合作事业，对发展合作社经济缺乏明确的认识与方针；主管首长如政府的实业部门与团体的农会在领导上也很放松，一年来没有对合作社工作有一个专门的单独指示，而下级也缺乏汇报。"④ 上级与下级有关部门对合作社的重视不够，加上其他方面的原因，导致合作社的数量下降很快，冀中区村合作社到 1946 年 7 月、1947 年 10 月、1948 年 8 月分别减少到 874 个、537 个、249 个。但这只是个别情况，总体上看，解放区合作社数量增加，质量有极大改善。

---

① 《中共中央东北局关于农村供销合作社的方针与任务的决议（草稿）》，载《革命根据地经济史料选编》（下册），江西人民出版社 1986 年版，第 711 页。
② 李智：《我党领导的合作社运动》，《中国供销合作经济》2001 年第 6 期。
③ 钟廷豪：《解放战争时期华北解放区的合作社商业》，《北京商学院学报》1996 年第 2 期。
④ 冀中行署农林厅：《冀中一年来的合作事业》，《晋察冀日报》1946 年 9 月 5 日，转引自李金铮《论 1938—1949 年华北抗日根据地和解放区合作社的借贷活动》，《社会科学论坛》1999 年第 7—8 期。

三 几个具体的合作社

（一）解放战争时期的良乡县北窑村农民合作社

1. 合作社建立的背景

上述良乡县农民合作社中，北窑村农民合作社是 1946 年 2 月建立的该县第一个合作社。该村四处环山，果木遍布山野，煤矿蕴藏量丰富，七七事变前该村是个富庶的山庄。七七事变后北窑村受到日军铁蹄蹂躏，当地经济社会遭到严重破坏，抗战胜利后又连遭地主反动武装抢掠，人民群众生存十分困难。解放战争期间，由于国民党反动派的严密封锁，全村 20 座煤窑因煤无法运出被迫停产，当地的大批核桃、杏核等也无法运输到外地，群众生活极度困难。在当地党和政府领导下，于 1946 年 2 月集资 100 万元边币股金，建立了北窑村农民合作社，以收购推销群众的剩余产品，贩买群众需要的盐、油、粮食等生活必需品为主要业务。

2. 合作社的发展壮大和绩效

后来不久，该合作社由单纯的消费合作社转变为供销合作社，按照人民政府提出的"生产渡荒"方针，开展多种经营，为群众解决生活生产困难。北窑农民合作社开展的第一宗业务，是收购群众无法运销外地的杏核三十石共 6000 斤、核桃 20 万斤，运往外地全部销售出去；合作社还组织全村老少妇女 800 多人砸瓢子、推碾子熬油，运送瓢子到长操换回粮食。不仅解决了群众的生产生活困难，还为群众赢得了收益。一是原来无法运输出去的三十石杏核、二十万斤核桃全部销售完；二是群众获得砸瓢子、运输瓢子的工资、运费共 682 万元；三是合作社积累了 800 万元资金，还分给村民 300 斤核桃酱。

由于合作社为群众服务，受到群众拥护和积极支持，村民纷纷加入合作社，合作社股金由成立时的 100 万元增加到年底时的 1100 万元。合作社组织社员开展"生产自救"，根据社员的专长和技能，开展手工业生产，主要经营活动如下：

（1）组织村民纺纱织布。将原来家里有纺车的妇女组成一个纺纱组，棉花由合作社供给，规定每斤花交纱半斤，剩下的纱作为给纺工的工钱，可用余下的纱到合作社换回粮食。合作社组织一个织布小组，用收上来的纱每天可织布一匹 52 尺，每匹布可换小米 1 石 5 斗。

（2）组织铁匠打造小型农具，除供应本村外，还外销邻村或邻县。

(3) 组织原来空中运煤工人打造鞋钉。由于煤窑关闭，7户运煤高线工失业，由合作社借给7户高线工小米100斤、玉米105斤，帮助他们开展生产自救。第一个冬天就打出大帽鞋钉23000个，由合作社负责将产品销售到张坊、宛平等地，按每千元6个的价格，销售金额为383.33万元，解决了7户高线工共34口人的生活问题。

(4) 组织有编筐手艺的人编筐。北窑村原来有3户手艺人为煤窑编筐，后来由于本村煤窑关闭，这3户人就失业了。合作社将这3户手艺人组织起来，与外村外乡尚在运营的煤窑签订供筐合同，编筐材料由合作社提供，合作社按编筐数量向手艺人支付工钱，待藤筐售出后再统一核算结账。由于合作社的服务，使这3户编筐家庭的生活困难问题得到解决。

(5) 组织织袜。该村有个原来在外织袜的技术人员李存勤，合作社出资购买了两台织袜机，由李存勤组成一个织袜小组，每天可织袜子72双，合作社按照织袜的产量付给他及其他工人的工资。当时按照每双袜子2升玉米的价格，由合作社负责销往邻村或外县。

(6) 开展卷烟。北窑村有一个会卷烟的村民叫李春勤，合作社让他负责成立一个5人卷烟小组，由合作社负责购进烟叶等原料和辅助材料，用自制设备制成纸烟，称为"边区造"，由合作社销售于河套沟至大安山一带，当时1斤烟叶可生产纸烟2条，每盒烟能换回1斤玉米，深受群众欢迎。

(7) 组织群众采集制色原料。当地山区生长一种木本植物木榄子，其叶子可用于制染料。合作社组织群众采集木榄子叶，按10斤叶子换1斤小米或玉米的价格，大量收购此种染料原料。将木榄子叶加工熬成膏子销往北平一带，每斤膏子能换回14斤小米。到1948年，该村合作社两年来共生产此种染料膏子20000多斤，仅此项收入折合小米28万斤，极大地改善了群众生活，增加了群众收入。

(8) 合作社还组织畜力搞运输，将北窑村的山货运输出去销售，主要是运往房山县政府所在地张坊，然后换回粮食。合作社还不同程度地扶持村里的小商贩，帮助他们恢复小本生意，使他们的经营、生活有了保障。

此外，合作社积极完成支前任务。1947年，当地政府分派北窑村230双军鞋任务。当时，由于群众经济上比较困难，手里没有现成的做鞋材料（鞋面、鞋底面料和麻线等），合作社得知情况后立即主动派人，冒着危险绕道前往北平，及时采购做鞋子所需要的原材料，提前完成了支前任务。

总之，北窑村农民合作社在党和政府领导下，坚持"为解放战争服务、为生产服务、为群众服务"的方针，扭转单纯赢利分红的错误做法，由消费性质的合作转变为供销合作社，在一年的时间内组织全村劳力上千人，开展多种生产经营活动，创造前所未有的经济成效，获得总收入折合粮食达320000多斤。通过组织合作社不仅实现了"生产自救"，群众的生产生活有了保障，增加了收入，渡过了灾荒；而且有力地支援了解放战争，为解放战争的胜利做出了贡献。同时，合作社自身的经济实力也得到增强，到1947年秋，社员股金由1100万元增加到2300万元，扩大了公积金2216万元。1948年，北窑农民合作社被平西专署授予"合作指南"称号，号召各地学习北窑农民合作社的先进经验。[①]

（二）晋绥边区兴县二区张家湾纺织合作社

1. 张家湾纺织合作社组建的基本情况

1944年6月，张家湾纺织合作社开始建立时，社员入股共49股，每股1000元，股本资金只有49000元。在这49股股金中，贫农及雇工36股，中农11股，富农2股。开始只有一架织布机子，以后增加一架机子，1943年秋季反"扫荡"时停止了织布，前后共织布4个月，净获利25000元，每股分红约500元。由于股本收入在10%左右，所以能吸引很多群众入股，到1945年股本增到70000元。由于合作社是为群众服务的，为了增加贫农股本的比例，更多地吸收贫农的股金，合作社对股本资金由原来的1000元改为100元，因此有更多贫农加入合作社，贫农股金占37%，中农股金占51%，富农股金只占12%。

2. 改革合作社利润分配方案，合作社发展壮大

后来合作社根据工人的意见，对合作社原来的纯利润分配方案进行了改革，实行二八分红，即工人工资分纯利润的八成，股东分纯利润的

---

① 王绍清、侯之扬：《解放战争时期的房良合作社》，《房山文史资料》（第3辑），http://zx.bjfsh.gov.cn/stopic/s_bbehgfgfafhfaiab/s_bbehgfgfeifbfcce/8a2c92bd0bedaa5d010beefef2590004.html。

两成。在股东分红的两成中，拿出少数部分作为奖金，奖励那些努力工作的工人。2∶8 的分配红利办法经社员同意实行后，极大地调动了工人生产热情，仅 9 个月就织布 215 匹，每匹布重 2 斤 4 两，织 1 斤布计工资 170 元，每匹布可得工资 382.5 元，9 个月总共赚工资 82237.5 元。

由于加入合作社能增加群众收入，全村 87 个妇女就有 50 个加入纺织合作社，每人一架纺车，一般每人每天能纺 8 支纱 3 两。到 1945 年上半年，全村共纺纱 400 斤，如果每斤以 300 元计价，仅纺纱一项全村收入就达 12 万元。按当时市价每斗米 600 元计算，纺纱工资收入可买米 33 石 7 斗，全村 63 户家庭，平均每户从纺纱获得的收入折米 5 斗 3 升 4 合，这对于当时村民的艰苦生活起了很大改善作用。这个纺织社共有职员 9 人，其中经理 1 人，负责对外联络；会计 1 人，负责合作社计账计工；纺织干事 1 人，负责社内全部责任；纺织女工 6 人，有 1 名小组长。所有合作社的人员，都在自家吃饭，社内无开支。纺织机运转效率很高，天明开工，天黑才歇工，吃饭也不让纺织机停工，轮流吃饭。这些职员工资归家里，奖励归自己。这个合作社不仅解决了本村穿衣难题，增加了群众的收入，而且提高了妇女的社会地位。[1]

---

[1] 宋玉、竹邮:《一个纺织合作社的发展》，载《晋绥边区财政经济史资料选编》（工业编），山西人民出版社 1986 年版，第 717—719 页。

第九章　制度环境：革命根据地票据发行、流通与管理制度

在中国新民主主义革命三个不同历史时期，无论是土地革命、抗日战争，还是解放战争时期，各革命根据地发行了粮票、米票、饭票、借谷证、公债券、股票等各种票据。从新制度经济学的视角来分析，发行这些票据其实就是制度变迁或制度创新过程。影响制度变迁的因素多种多样，最主要的有制度环境、产品和要素相对价格的变化、市场规模、规范性行为准则等。从最重要的影响因素即制度环境来看，包括宪法、法律、法规、地方规章，以及政策等，它们对革命根据地票据制度创新的影响是重大的。因为任何一项票据制度创新，必须在当时的制度环境规定的空间进行，无法超出制度环境如宪法、法律、规章、政策所限制的范围。在新民主主义革命时期，革命根据地票据制度创新受到哪些制度环境的约束或影响？换言之，革命根据地票据制度安排是依据哪些法律法规或现存的制度来进行的？通过梳理已有的史料，我们发现：不管是在第一次国内革命战争、土地革命时期，还是在抗日战争、解放战争时期，虽然没有专门制定关于发行、管理各种票据的法律法规或制度，但并不说明革命根据地发行、管理各种票据是无章可循的。相反地，革命根据地各种票据的发行、流通、使用和管理都是在一定的制度环境中按照一定的规章进行的。而这些制约或管理根据地票据制度创新的制度环境或现存制度安排，主要体现在两个方面：一方面分散在各个不同时期中共中央及中央政府发布的有关纲领、路线、方针、政策、指示、决议中；另一方面存在于各级党的组织及政府、经济组织发布的有关决定、章程和条例中。

第一节　革命根据地票据流通与管理制度概述

革命根据地票据制度创新的制度环境或管理制度分两个层面，一是中央层面发布的路线、方针、政策，法律法规，及有关决定、决议、方针和指示，这些当时的制度环境或制度安排实际上是最重要的管理票据发行、使用与流通的制度；二是各根据地党、政、军发布的规章、命令、决定、条例、章程，它们中有很多关于票据的管理和规定。

一　中央层面的票据管理制度和规定

中央层面的票据管理制度和规定包括党中央、中央政府及相关部门发布的路线、方针、政策，法律法规，及有关决定、决议、方针和指示等。它们都直接或间接与合作社及股票、公债券、粮票等票据管理制度有关。

（一）与合作社及合作社股票有关的制度

（1）中国共产党在建党之初就开始关注并主张建立合作社，有关决议、报告及文件为根据地合作社的建立提供了理论上的指导。1922年7月，在党的第二次全国代表大会上通过的《关于工会运动与共产党的议决案》明确指出"工人消费合作社是工人利益自卫的组织，共产党须注意组织此种活动"。[①] 根据这个议决案的精神建立了第一批我党领导下的以安源路矿消费合作社为代表的合作社，通过发行股票募集资金来发展经济。1925年，在《中国共产党告农民书》和1926年党中央通过的《农民运动议决案》中，都提出要在农村办消费合作社；1927年毛泽东在《湖南农民运动考察报告》中指出，合作社特别是消费、贩卖、信用三种合作社，确是农民所需要的，号召在农村通过"入股"的形式募集资金建立合作社，发展农村经济，改善人民群众生产生活。

（2）土地革命战争时期，中央政府及相关部门发布的相关文件，为根据地合作社的建立及股票的发行"规定"了基本框架。1933年3月，中华苏维埃共和国临时中央政府发布的《关于组织犁牛站的办

[①] 中共中央党校党史教研室：《中共党史参考资料——党的创立时期》，人民出版社1979年版，第355页。

第九章　制度环境：革命根据地票据发行、流通与管理制度 ┃ 259

法》，对加入犁牛站的入社基金即入股、社员资格等，作出明确规定：
"犁牛站的耕牛农具，可以没收豪绅地主及富农多余的耕牛农具为基础，应以分得该耕牛农具的雇农贫农及红军家属等为该犁牛站的基本站员，大家并可再合股购买添置，以发展犁牛站的组织。"并且还规定："非站员的基本农民群众，如要求加入犁牛站，愿出相当的入站基金，应可加入"。① 该《办法》明确提出通过"合股"购买添置耕牛，非站员群众通过交纳"相当的入站基金"即"入股"，成为基本社员，扩大犁牛社股金，解决根据地犁牛农具不足的问题。1933年4月15日，中华苏维埃共和国临时中央政府土地部又发出训令，强调"必须发动群众入股，大家出本钱添买耕牛农器"。②

特别值得一提的是，临时中央政府1932年4月颁布了《合作社暂行组织条例》，对消费、生产、信用合作社的建立条件，合作社的规模大小、社员入社资格、购买合作社股票，如何分红等事宜作了详细规定，是对根据地合作社及股票管理的第一个规范性的制度。该条例第一条规定，"根据苏维埃的经济政策，正式宣布合作社组织为发展苏维埃经济的一个主要方式，是抵制资本家的剥削和息工，保障工农劳动群众利益的有力武器"；第三条规定，"消费、生产、信用合作社之社员，不仅兼股东，并且是该社的直接消费者、生产者、借贷者，不合此原则者，不得称为合作社。"第五条规定，"每个社员其入股之数目不能超过10股，每股金额不能超过5元，以防止少数人之操纵。"③

《中央苏区南部十七县经济建设大会的决议》也是一个发展合作社的规范性文件。该"决议"明确提出"发展合作社"，"改组各级消费合作社"，"发展社员与股金"，中央苏区各县要在3个月内完成发展"五十万粮食合作社社员，五十万消费合作社社员"的任务。

1933年9月临时中央政府颁布《生产合作社标准章程》、《消费合作社标准章程》、《信用合作社标准章程》，对入股金额、发行股票、股票转让和挂失等作出明确规定，是当时对根据地合作社及股票进行管理

---

① 《中华苏维埃临时中央政府土地人民委员部关于组织犁牛站的办法》，《红色中华》1933年3月3日。
② 史敬棠等：《中国农业合作化运动史料》（上册），三联书店1957年版，第89页。
③ 《合作社暂行组织条例》，载《革命根据地经济史料选编》（上），江西人民出版社1986年版，第87—88页。

的最规范的制度。如《生产合作社标准章程》第九条规定，"本社股金定每股大洋一元，以劳动力为单位，其一个参加生产的劳动力愿入数股者听便"；第十一条规定，"凡交足股金之社员由本社发给股票"；第十二条规定："本社股票概用记名式，盖上本社图记，由管理委员会主任签名盖章"；第十三条对股票的转让规定，"社员如欲转让其股于继承人时，须该继承人仍愿参加本社生产者，方能许可"；第十四条对遗失股票规定，"股票如有遗失，应先报告管理委员会挂失，一面登报声明作废后，再向本社请求补发新股票。"①《消费合作社标准章程》和《信用合作社标准章程》，对社员入股、股金标准、股票及其转让和遗失等规定，与《生产合作社标准章程》的相关规定类似，如《消费合作社标准章程》第十条规定，"本社股金定每股大洋壹元，以家为单位，其一家领入数股者听（便）"；"第十二条：凡交足股金之社员，由本社发给股票及购买证。第十三条：本社股票及购买证概用记名式盖以本社图记，由管理委员会主任及主任签名盖章。第十四条：社员有转让其股票于承继人之权，但须得管理委员会之认可。第十五条：股票及购买证如有遗失情事，应先报知管理委员会挂失，一面登报声明作废后再向本社请求补发新股票。"②

（3）中国新民主主义理论，尤其是新民主主义经济纲领，为根据地合作社的正确发展指明了方向，为根据地合作社及股票发展提供了制度框架。1945年2月毛泽东在《论联合政府》中指出：中国新民主主义阶段的经济，必须是由国家经营、私人经营和合作社经营三者组成的。因此，中国要完成新民主主义革命的任务，必须要发展新民主主义经济，而要发展新民主主义经济，必须发展合作社经济。早在1942年12月，在陕甘宁边区高级干部会议上，毛泽东作了《经济问题和财政问题》的报告，指出了延安南区合作社式的道路，就是边区合作社事业的道路，明确了边区合作社发展的正确方向和具体任务。1943年毛泽东的《论合作社》、《组织起来》两篇重要报告，全面论述了革命根据地合作社的性质和意义，是管理和规范革命根据地合作社及股票最具

---

① 中国社会科学院经济研究所中国现代经济史组：《革命根据地经济史料选编》（上），江西人民出版社1986年版，第264—265页。
② 同上书，第336—337页。

权威性的制度文献。

(二) 与根据地公债有关的制度

这是由中央层面发布的与根据地公债有关的训令、通告、布告、决议和公债条例，它们对根据地公债的发行、利率、还本付息、使用、流通、挂失等作出明确规定，是管理根据地公债的制度安排。

比如，1932年6月25日，临时中央政府专门发出《发行革命战争短期公债券六十万元》的第9号布告，指出：为"保证革命战争的继续胜利与发展，特举行募集短期的'革命战争'公债六十万元，专为充裕战争的用费，规定以半年为归还期，到期由政府根据所定利率偿还本息"；并颁布了《发行革命战争短期公债条例》，该条例对发行公债的目的、数量、公债的利率、还本付息日期、债券面值、转让等事宜作出明确规定。[①] 1932年7月，中华苏维埃共和国中央执行委员会发布第14号训令，决定"在全苏区募集革命战争短期公债六十万元"。[②]

1932年10月21日，中央执行委员会颁布了《发行第二期革命战争公债一百二十万元》的第17号训令，规定了各地债款的分配数目、公债券的发行和收款日期、款项集中地点及动员群众的办法等，同时颁布了《发行第二期公债条例》，明确规定了发行公债的定额、利率、还本付息等事项。[③]

1933年7月22日，《中央执行委员会关于发行经济建设公债的决议》指出："为了有力的进行经济建设工作，中央执行委员会特批准瑞金、会昌、胜利、博生、石城、宁化、长汀八县苏维埃工作人员查田运动大会及八县贫农团代表大会的建议，发行经济建设公债三百万元，并准购买者以粮食或金钱自由交付。除以一部分供给目前军事用费外，以最主要的部分用于发展合作社、调剂粮食及扩大对外贸易等方面。为了确定公债用途及还本付息等项手续起见，特制定发行经济建设公债条例。"[④] 1933年8月12日，毛泽东主席在江西南部十七县经济建设工作

[①] 《革命根据地经济史料选编》（上册），江西人民出版社1986年版，第422—423页。

[②] 《中华苏维埃共和国中央执行委员会训令第14号》，载《革命根据地经济史料选编》（上册），江西人民出版社1986年版，第101页。

[③] 同上书，第422—423页。

[④] 《中央执行委员会关于发行经济建设公债的决议》，载《革命根据地经济史料选编》（上册），江西人民出版社1986年版，第456页。

会议上的讲话，论述了中央发行三百万元经济建设公债的目的、意义和用途，对规范本项经济建设公债的发行及管理，具有重要的意义。而同一时期，由临时中央政府主席毛泽东签署的《发行经济建设公债条例》，明确地规定发行经济建设公债的目的、性质、数量、利率、还本付息的期限等事宜，是发行本项公债的最规范的管理制度。

（三）与根据地粮食票据有关的制度

与根据地粮食票据有关的管理制度，主要是中央层面发布的有关训令、决议和命令，还有借谷"条例"、粮票"条例"等。

一是中央层面发布的与根据地粮食票据有关的训令、决议和命令等，是发行粮食票据必须遵循的制度框架。在土地革命时期，中央苏区向根据地人民的三次借谷运动，先后发布若干布告和训令。譬如，第一次借谷运动，临时中央执行委员会1933年3月发布第二十号训令，决定向根据地人民借谷二十万担；中央内务部1933年3月发布《关于解决粮食问题》的布告，同年5月，中央国民经济部颁发第一号训令《发动群众节省谷子卖给粮食调剂局》。第二次借谷运动：中共中央、中央政府于1934年6月发布《为紧急动员二十四万担粮食供给红军致各级党部及苏维埃的信》。第三次借谷运动，1934年7月，中共中央、中央政府作出《关于在今年秋收中借谷六十万担及征收土地税的决定》。还有临时中央政府相关部门如国民经济部、粮食部等也先后发布了相应的训令和布告，对借谷运动提出了要求和规定。而相应地，发行粮食票据也必须遵守这些制度构架。

二是粮食票据如借谷证、饭票、粮票上附印的"使用说明"或"条例"，对粮食票据的使用、流通作了明确规定，是管理粮食票据的具体制度安排。比如，土地革命时期"中华苏维埃共和国临时中央政府临时借谷证"上的说明（类似"条例"），对借谷的目的、用途、还谷的日期等作出了明确规定："一、中央政府为借给战时紧急军食，暂向群众借谷，特给此证为凭。二、借油盐者可按时价折成米谷，发给此证。三、持此证者，于一九三三年早谷收成后，可向当地政府如数领还新谷。"[①] 1934年3月中华苏维埃共和国中央政府粮食人民委员部发行

[①] 参见洪荣昌《红色票据——中华苏维埃共和国票据文物收藏集锦》，解放军出版社2009年版，第62—66页。

的不同面额的各种米票，其"说明（规定）"完全一样。该"说明"对米票的用途或发行目的、使用范围、流通时间等方面都作了详细规定，现抄录如下：

一、此票是为政府机关、革命团体工作人员及红色战士出差或巡视工作之用；

二、持此票可按票面米数到各级政府机关革命团体及红色饭店等处吃饭，油盐柴菜钱另补；

三、持此票可向仓库、粮食调剂局、粮食合作社兑取票面米数或谷子（以六十八斤米兑一百斤谷计算），如当地仓库、调剂局、合作社谷子缺乏，可向支库按谷米市价领取票面米数的现款；

四、此票适用于××境内，不拘政府机关、革命团体、红色部队、工农民众均可凭票兑米谷，但兑钱者须有当地粮食部及仓库负责人证明；

五、此票自一九三四年三月一日起至同年八月三十一日止为通用期，过期不适用。①

总之，上述中央层面发布的有关训令、决议和命令，还有借谷"条例"、粮票"条例"或"说明"等，就成为发行粮食票据的依据，也是发行、管理各种粮食票据的制度安排。

二 各根据地或地方政府的票据制度

各根据地或地方政府关于票据的专门规定或制度不多，也是散见于各种决议、决定、布告中。但有关发行票据的章程或条例也是管理票据制度的重要制度安排。

（一）各根据地党和政府发布的有关票据发行、流通管理的决议、决定，是根据地票据制度创新的重要制度环境

比如，1930年3月25日，闽西第一次工农兵代表大会通过的《经济政策决议案》明确提出："粮食缺少的地方，组织办米合作社，向白色区域买米，米多的地方，要组织贩卖合作社，运米到别处销售，政府对办米合作社要帮助其进行。"同时要求各地，"普遍发展信用合作社组织，以吸收乡村存款"；按照以下原则发展合作社组织："一、规定

---

① 财政部财政科学研究所、财政部国债金融司：《中国革命根据地债券文物集》，中国档案出版社1999年版，第91页。

合作社条例予以保护。二、各处合作社要纠正过去照股分红之错误，要照社员付与合作社之利益比例分红。三、各地尽量宣传合作社作用，普遍发展各种合作社的组织。四、有乡合作社的地方，要进一步组织区或县合作社。五、政府经常召集合作社办事人开会，讨论合作社进行方法。"① 该决议案要求各地苏维埃政府建立办米合作社，并对如何发展合作社，以及规范合作社分红问题作出规定。这是闽西发展合作社的重要制度规范。又如，1930年9月29日，闽西苏维埃政府发布《关于合作社问题》的通告第3号，规定"富农分子不准加入合作社，其现加入合作社之富农，即刻取消其股东权，并停止分红，其股金无利息，待一年后归还。"②

1930年9月，闽西苏维埃政府发布《关于设立闽西工农银行》的布告，决定设立闽西工农银行，"银行资本定二十万元，分二十万股股金，以大洋为单位，收现金不收纸币。限期九月内募足。"规定募股办法是："各级政府、各工会、各部队组织募股委员会，……除向工农群众募股外，合作社每资本百元至少应买票十元；粮食调剂局每资本百元至少要买票二十元（先交半数、十二月交清）；各级政府、各工会及各机关工作人员，每人至少应买股票一元。"③

1933年12月，湘赣省苏财政部发出了《关于建立公债发行的管理系统》的通知，要求各地加强对发行公债的管理工作。④

1941年2月，陕甘宁边区政府发行建设救国公债500万元，边区政府颁发了《关于发行建设救国公债的布告》和《陕甘宁边区政府建设救国公债实施细则》，对公债的发行、募收原则与经收机关、经收财物标准与办法、募购公债奖励办法和债券的管理，作出了详尽的规定。解放战争时期，晋察冀边区发行了胜利建设公债20亿元边区银行币，冀东行政公署发行了土地债券，苏皖边区政府发行了短期救灾公债9200万元，胶东区发行爱国自卫公债本币20亿元，淮海区发行粮草公

---

① 《经济政策决议案》，载《革命根据地经济史料选编》（上册），江西人民出版社1986年版，第49—50页。
② 《革命根据地经济史料选编》（上册），江西人民出版社1986年版，第307页。
③ 《闽西苏维埃政府布告第7号》，载《革命根据地经济史料选编》（上册），江西人民出版社1986年版，第359页。
④ 财政部财政科学研究所、财政部国债金融司：《中国革命根据地债券文物集》，中国档案出版社1999年版，第21—27页。

债，哈尔滨市发行了8000万元建设复兴公债，东北行政委员会发行了民国三十八年生产建设实物有奖公债1200万份。各解放区发行这些公债的同时，都颁布了发行公债的指示、办法、说明，对发行公债的各个具体环节、公债券的流通管理、兑换、利息和还本付息日期等，都有非常详细的规定。①

这些决议、通告、实施细则中关于合作社、银行的建立，公债、股票的发行原则、流通、使用规定就是革命根据地票据制度创新的重要依据或制度环境。

（二）票据的章程或条例是管理根据地票据的重要制度安排

革命根据地发行的各种票据，包括合作社股票、银行股票、公债券、借谷证、粮票等，票面上都印有关于本票据的使用、兑换、流通等方面的"说明"或"章程"、"条例"，是对根据地各种票据进行有效管理的具体制度设计。比如，在土地革命时期，闽西苏维埃政府1930年5月颁布《合作社条例》，该条例对成立合作社条件、盈利分配、合作社登记、办事人员的选举等作出明确规定。如条例第一条规定，"有下列条件者，始得称为合作社。（甲）照社员付与合作社之利益比例分红，而非照股本分红者。（乙）社员是自愿加入者。"② 差不多在同时，闽西苏维埃政府颁布了《闽西工农银行章程》，就银行资本金、股票、利息、红利分配等作了明确规定：银行资本金总定额20万元，"分作二十万股，每股大洋一元，一次收清"；银行股票"用无记名式，分一股一张，五股一张，十股一张三种"；红利之支配，"逐年赢利，以百分之二十作公积金，百分之二十奖励工作人员，百分之六十归股东照股摊分。"③

1931年，湘鄂西省苏维埃政府为筹措水利经费，发行"水利借券" 80万元，并颁布了《湘鄂西省苏维埃政府水利借券条例》，该条例规定了发行水利债券的目的、还本付息、推销对象等事宜，是重要的票据管理制度。1933年1月、1933年7月、1933年11月，湘赣省苏维埃政

---

① 财政部财政科学研究所、财政部国债金融司：《中国革命根据地债券文物集》，中国档案出版社1999年版，第32—70页。

② 《革命根据地经济史料选编》（上册），江西人民出版社1986年版，第297页。

③ 《关于设立闽西工农银行》，载《革命根据地经济史料选编》（上册），江西人民出版社1986年版，第359—360页。

府曾先后三次发行公债,并颁布了《革命战争短期公债条例》、《第二期革命战争短期公债条例》、《补发第二期革命公债条例》,这三个公债条例对发行公债的目的、公债利率、还本付息、购买要求、发行事宜、债券买卖等事项作出明确规定。湘鄂赣省苏维埃政府从1932年至1933年,先后发行了三期公债,并颁布了《湘鄂赣省短期公债条例》、《湘鄂赣省第二期革命战争公债条例》、《湘鄂赣省经济建设公债条例》,这些条例规定了公债定额、利率、还本日期、买卖抵押、公债面值、公债兑换等事宜。

在抗日战争时期,晋察冀边区发行了300万元救国公债,并颁布了《晋察冀边区行政委员会救国公债条例》;1941年7月至12月,晋冀鲁豫边区发行总额750万元生产建设公债,边区政府公布了《晋冀鲁豫边区生产建设公债条例》;1941年2月,陕甘宁边区政府发行建设救国公债500万元,颁发了《陕甘宁边区政府建设救国公债条例》,对公债的发行、募收原则与经收机关、经收财物标准与办法、募购公债奖励办法和债券的管理,作出了详尽的规定。其他抗日根据地,如豫鄂边区行政公署发行建国公债5万万元至10万万元边币并发布了条例,华南各地民主政府发行了生产建设公债和公债条例。

解放战争时期,晋察冀边区发行了胜利建设公债20亿元边区银行币,冀东行政公署发行了土地债券,苏皖边区政府发行了短期救灾公债9200万元,胶东区发行爱国自卫公债本币20万万元,淮海区发行粮草公债,哈尔滨市发行了8000万元建设复兴公债,东北行政委员会发行了民国三十八年生产建设实物有奖公债1200万份,等等。各解放区发行这些公债的同时,都颁布了"公债条例"或发行公债的指示、办法、说明,对发行公债的各个具体环节、公债券的流通管理、兑换、利息和还本付息日期等,都有非常详细的规定。[①]

综上所述,各根据地党组织和民主政府发布的与根据地票据有关的通告、布告、指示、办法,以及根据地票据上的各种"条例"、"说明",是根据地发行、管理票据的重要制度环境或"法律"依据,因为各种票据的发行、管理,根据地票据的兑换、买卖抵押等,必须按照相

---

① 财政部财政科学研究所、财政部国债金融司:《中国革命根据地债券文物集》,中国档案出版社1999年版,第32—70页。

应的条例进行操作。如果没有这些条例、办法，根据地票据的发行、流通和管理就没有制度框架，没有制度框架或操作程序就是无章可循，所有票据体系势必无法运行。

第二节　革命根据地票据管理运行机制

不管是在土地革命、抗日战争时期，还是在解放战争时期，不同时期根据地票据都有一些管理制度。这些不同时期的票据管理制度其实就是票据运行的游戏规则，它们对根据地票据的发行、流通范围、使用，以及对根据地经济的影响效果起到一个规范、调节和控制的作用。这一过程就是革命根据地票据管理的运行机制。

一　票据发行管理系统的建立及运行

革命根据地票据管理制度的运行要通过一定的组织系统才能发挥作用，这个组织系统就是票据发行管理系统。在各个不同的历史时期，革命根据地票据的发行管理首先要建立相应的管理系统，然后通过该管理系统依据一定的制度，对票据的发行、流通、兑付实施动态管理。

（一）合作社及股票发行管理系统和运行机制

1. 建立合作社要符合《合作社暂行组织条例》规定及合作社章程

在新民主主义革命时期，各种合作社股票主要是通过合作社来发行的。所以合作社就成为股票的主要发行管理系统。但合作社的建立必须符合一定条件。《中华苏维埃临时中央政府关于合作社暂行组织条例的决议》和《合作社暂行组织条例》规定，"合作社组织为发展苏维埃经济的一个主要方式，是抵制资本家的剥削和怠工，保障工农劳动群众利益的有力武器，苏维埃政府并在各方面（如免税、运输、经济、房屋等等）来帮助合作社之发展。"根据《合作社暂行组织条例》的规定，合作社的种类有"消费合作社"、"生产合作社"、"信用合作社"共三种。[1] 成立合作社必须符合《合作社暂行组织条例》第九条规定，如第三条关于合作社的建社资格："消费、生产、信用合作社之社员，不仅兼股东，并且是该社的直接消费者、生产者、借贷者，不合此原则者，

---

[1] 《革命根据地经济史料选编》（上册），江西人民出版社1986年版，第87页。

不得称为合作社"；第五条关于股金："每个社员其入股之数目不能超过10股，每股金额不能超过5元，以防止少数人之操纵"；第六条关于审核登记："凡工农劳动群众所组织之合作社，须先将章程、股本、社员人数、经营项目，向当地苏维埃政府报告，经审查登记后，领取合作社证书，才能开始营业。"①

2. 建立从上至下的合作社组织系统、管理系统和运行系统

1933年9月10日，临时中央政府颁布了3个合作社章程，即《生产合作社标准章程》、《消费合作社标准章程》、《信用合作社标准章程》，这些章程成为根据地建立合作社并开展业务的法律依据。土地革命时期，临时中央政府要求中央革命根据地"每乡建立一个粮食合作社、消费合作社，并各要有社员50万人，股金50万元。"各县要建立相应的联社，省一级要建立合作社"总的领导计划和管理机关——总社"。② 这样一来，合作社就形成一个从上至下的严密的组织和管理系统，也是一个有效的运行系统，即（省一级）合作总社—（县一级）合作联社—（乡一级）合作社。

在合作社内部，也是一个严密的组织系统、管理系统，更是一个运行系统。合作社的内部事务、业务的开展、股票的发行和管理，就是在合作社这个管理系统的严格控制下开展的。以消费合作社为例。首先，分析合作社内部组织机构。合作社内设社员大会、管理委员会、审查委员会。"本社以社员大会为最高组织，由全体社员组织之"；"社员大会须有三分之二社员出席才能开会"。社员大会履行如下职权："1. 选举、罢免或处分管理委员及审查委员；2. 制定或修改本社章程及办事细则；3. 通过或开除社员；4. 审查三个月之营业报告及决算；5. 决定下三个月之营业方针。"③ 合作社管理委员会负责合作社的社务和具体业务经营，审查委员会负责审查合作社的账目及管理委员会的经营行为。其次，看合作社内部票据的发行管理。"本社股金定每股大洋壹元，以家

---

① 《合作社暂行组织条例》，载《革命根据地经济史料选编》（上册），江西人民出版社1986年版，第87—88页。

② 《我们在经济战线上的火力》，载《革命根据地经济史料选编》（上册），江西人民出版社1986年版，第139—140页。

③ 《消费合作社标准章程》，载《革命根据地经济史料选编》（上册），江西人民出版社1986年版，第337—338页。

第九章 制度环境：革命根据地票据发行、流通与管理制度 | 269

为单位，其一家领入数股者听（便）"；"凡交足股金之社员，由本社发给股票及购买证"；"本社股票及购买证概用记名式盖以本社图记，由管理委员会主任及副主任签名盖章"；"社员有转让其股权于承继人之权，但须得管理委员会之可决"；"股票及购买证如有遗失情事，应先报知管理委员会挂失，一面登报声明作废后，再向本社请求补发新股票"。① 由此看出，合作社及股票管理系统比较健全，管理也比较到位有效，运行机制比较完善。

（二）公债发行管理系统和运行机制

公债的发行和管理是一个复杂庞大的系统工程。各根据地在发行公债时，吸取以往发行公债没有组织系统，也没有管理系统的教训，依据各地的实际情况，建立起公债发行的组织系统和管理系统，使公债的发行、管理、兑付做到规范、有序、制度化，发挥公债的应有作用。

1933年12月，湘赣省苏维埃政府财政部根据湘赣省苏维埃政府的决定，发布《关于建立公债发行的管理系统》的通知，指出："第一期公债由于没有专门机构负责，群众自动退还的无凭据，被敌人抢去的亦无证明，以致无法清查。到现在还有数千元没有交款，而公债业已兑完，这是国家的一个损失。根据这个经验教训，此次发行第二期革命公债，必须有系统的发行与有系统的管理、有系统的收款。"为此，要求湘赣省各地：一是各级成立相应的发行机构，"省、县、区、乡必须立即组织公债发行委员会"。二是各级专设公债金库，"省公债发行委员会设立省分库，县附设支金库，区附设财政部，乡设苏维埃政府，各县支库，财政部应完全帮助管理发行"。三是完善公债领取手续，"领公债应详细请领公债凭单，乡到区领由乡苏盖公章，乡苏主席盖私章；区到县领由财政部盖公章，区公债发行委员会主任盖私章；县到省领由县支库盖公章，县发行委员会主任盖私章；各群众团体或直属机关应发给公债凭单，由他们自己填写向同级发行委员会领取。"② 于是，湘赣省各地建立起公债发行的组织系统和管理系统：①省公债发行委员会—县公债发行委员会—区公债发行委员会—乡公债发行委员会。相应地，各

---

① 《消费合作社标准章程》，载《革命根据地经济史料选编》（上册），江西人民出版社1986年版，第336—337页。

② 《建立公债发行管理系统》，载湖南省财政厅《湘赣革命根据地财政经济史料摘编》，湖南人民出版社1986年版，第529页。

级公债发行委员会专设公债金库。②省分库—县支金库—区财政部—乡苏维埃政府。

上述两个管理系统的运行程序是：①关于公债的发行和认购，先由"县公债发行委员会"到"省公债发行委员会"认购一定数额的公债券；再由"区公债发行委员会"到"县公债发行委员会"认购相应数额的公债；最后由"乡公债发行委员会"到"区公债发行委员会"认购一定数额的公债。②关于公债款的缴纳，各"乡公债发行委员会"发行完公债券后，所得款项逐级上交：乡苏维埃政府—区财政部—县支金库—省分库。抗日战争时期，中共晋冀豫区党委1941年8月在《关于推销生产建设公债的指示》中指出，由于公债推销工作时间紧、任务艰巨，"必须立即进行踏实而紧张的组织工作。……应有适当的分工，即依靠政府财政系统—边区政府财政厅、专署、县府财政科，派专人或成立专门组织来主持"；要"组织公债推销委员会"，"普遍深入到群众中推销"。① 抗战时期陕甘宁边区政府发行500万元建设救国公债时，规定"领导公债发行经收工作及其他有关事宜者为财政厅"；同时"委托边区银行、光华商店及各分区县合作社、金库为经收机关"；"各分区县合作社经收人选，由各分区县长负责、物色可靠干部担任，遴选后报由财政厅核准备案"。② 由此可见，其公债发行管理系统比较完备。1945年豫鄂边区发行建国公债，《豫鄂行政公署关于推销公债之办法》非常详细地规定了劝销委员会的工作职责、公债券的保管、债券售出时要办理的各种手续、经销人员交债款的时限、公债销售的存根、公债经销人员的调动等。如劝销办法规定："各行政区县内配的公债券由各该专署县政府负责保管"；"劝销委员或其他人领取债券外出销售时，应签给收据，专署县政府凭收据进行登记"。又如对债券款的规定，"经销人销得之债款，最迟应于15日内连同存根缴交专署（县政府），将原收据领回"；"专署（县政府）收入之债款，应将债款连同存根解缴行政公署不得挪

---

① 财政部财政科学研究所、国债金融司：《中国革命根据地债券文物集》，中国档案出版社1999年版，第35页。
② 《陕甘宁边区政府发行建设救国公债实施细则》，载《中国革命根据地债券文物集》，中国档案出版社1999年版，第40页。

用";"未销出之公债券,专署(县政府)应连册缴还行政公署。"① 由此可见,对公债的发行管理有一套严密的管理系统,这套系统的运作能够保证公债按预定计划正常发行、推销、回收债款并如期兑付公债。

二 票据的发行要经过一定的审批程序

根据地各种票据的发行,不管是粮票、米票、饭票,还是股票、公债券等都有严格的审批程序,是经过各级苏维埃政府及其部门审批后才发行的。如较早成立的闽西银行及其发行的股票,是经过闽西苏维埃政府大会决定并批准的。1930年9月,闽西苏维埃政府在发布《关于设立闽西工农银行》的布告中指出:"大会决定设立闽西工农银行","银行资本定20万元,分20万股股金",每股大洋1元,主要向工农群众募集。② 1931年6月23日,闽西苏维埃政府通知第60号指出,闽西苏维埃政府第三次执委会扩大会议决定"扩大工农银行股金,由各乡再募股二万元"。③ 由此看出,扩大股金并发行股票,是经过闽西苏维埃政府第三次执委会审批的。又如闽浙赣省苏维埃银行,1933年9月,经全省支部书记联席会议及第一次全省贫农团代表大会批准,添招银行股票10万元,以扩大银行资金,发展苏区经济。省苏银行按照省苏政府的指示,"实行股票发行和付息的规定,采取群众自愿集股,每股一元,每张一股"。④ 又如赣东北根据地发行的"红军饭票"同样经过一定审批程序。为解决红军指战员或政府工作人员因公到各地用餐问题,1934年,"闽浙赣省财政部部长张其德、副部长谢文清商量解决办法,决定使用红军饭票,然后向省苏主席方志敏汇报,被批准了,于是便印制和使用红军饭票"。⑤

从1932年6月至1933年7月,临时中央政府曾三次发行革命战争公债和经济建设公债。为发行60万元第一期革命战争短期公债,临时

---

① 《豫鄂行政公署关于推销公债之办法》,载《中国革命根据地债券文物集》,中国档案出版社1999年版,第45—46页。

② 《关于设立闽西工农银行》,载《革命根据地经济史料选编》(上册),江西人民出版社1986年版,第359—360页。

③ 同上书,第364页。

④ 谢文清:《赣东北苏区的经济建设》,载《闽浙皖赣革命根据地》(下),中共党史出版社1991年版,第74页。

⑤ 汤勤福:《闽浙赣根据地的有价证券研究》,《福建论坛》(文史哲版)1997年第5期。

中央政府于1932年6月25日发布第9号布告，指出："现本政府为了充裕革命战争的经费，以保障革命战争的继续胜利与发展，特举行募集短期的革命战争公债六十万元，专为充裕战争的用费，规定以半年为归还期，到期由政府根据所定利率偿还本息"①，并发布由临时中央政府主席毛泽东、副主席项英签署的"革命战争短期公债条例"。同年6月，临时中央政府执行委员会为发行本期公债，发布了第13号训令，对公债的发行办法作了具体规定。1932年10月21日，临时中央政府中央执行委员会发布第17号训令，决定发行第二期革命战争短期公债120万元，并制定了详细的发行办法和发行第二期革命战争短期公债条例。1933年7月11日，临时中央政府人民委员会召开第45次会议，讨论并作出决定："接受八县区以上查田大会及八县贫农团代表大会的请求，发行经济建设公债300万元。"同年7月22日，临时中央政府执行委员会作出《关于发行经济建设公债的决议》，指出：为了有力地进行经济建设，中央执行委员会特批准八县苏维埃工作人员查田运动大会及八县贫农团代表大会的建议，"发行经济建设公债三百万元，并准购买者以粮食或金钱自由交付。"② 由以上所述可以看出，临时中央政府发行的三次公债，都相应地发布了布告、决定和决议，这些布告、决定和决议都是经过一系列会议研究后作出的。也就是说，三次公债的发行都经过严格的审批程序，是依法发行的。不仅是临时中央政府发行公债等票据需要经过审批，各地苏维埃政府或民主政权发行票据也要经过严格审批程序。

湘赣省苏维埃政府从1932年12月至1933年11月，先后共发行了三期公债，发行总额为43万元。第一、第二期发行总额分别为8万元、15万元，其目的是为了充裕战争经费；第二期公债发行后，后来又补发了20万元公债，主要是为了筹集根据地经济建设经费。所以湘赣省实际上发行了三期公债，第三期发行了20万元。但有的资料上记载湘赣省苏发行了两期公债，第三期公债看作是第二期的补充，发行总额是一样的，都是43万元。但不管是发行了两期还是三期，都是经过中央批准才发行的。据记载，"湘赣省在中央政府批准下，向群众发行了两

---

① 《中华苏维埃共和国临时中央政府布告》（第9号），《红色中华》1932年第24期。
② 财政部财政科学研究所、国债金融司：《中国革命根据地债券文物集》，中国档案出版社1999年版，第10—14页。

第九章　制度环境：革命根据地票据发行、流通与管理制度　273

期（含补发一期）公债，金额为 43 万元。"① 1933 年，闽赣根据地闽北分区苏维埃政府"根据闽赣省革委会决议规定"，"发行经济建设公债 20 万元"。② 在这里，闽北分区"根据闽赣省革委会决议规定"发行经济建设公债，其实就是经过批准才发行。1934 年，闽浙赣省苏维埃政府"根据全省工农群众的热烈请求与省苏二次执委扩大会议的决议"，发行公债 10 万元。抗日战争时期，晋察冀边区行政委员会于 1938 年 5 月作出发行救国公债决定，"并依照国民政府募集救国公债的原则，报请国民政府批准后，在边区各地发行。"《晋察冀边区行政委员会救国公债条例》第一条也规定了，发行公债须经过国民政府批准，"晋察冀边区行政委员会为鼓励人民集中财力充救国费起见，呈请国民政府发行公债"。1941 年 7 月，晋冀鲁豫边区政府发行生产建设公债，是经晋冀鲁豫边区临时参议会议决定才发行的。这可从中共晋冀鲁豫区党委《关于推销生产建设公债的指示》中找到佐证，"为发展边区各种建设事业，并紧缩冀钞流通，藉以稳定金融，改善人民生活，并密切人民与政府的联系，边区临参会通过发行建设公债 600 万元，这一措施在今天是万分必要的，全党必须保证它能按期完成"。③ 解放战争时期，中共粤赣湘区党委《给中央的电报》中指出，"目前克服财粮困难应与消灭敌人，开展地区，放在同等重要地位"，"必须动员全党力量克服这一重大困难，目前办法，主要靠推销公粮债券，决定全区发行十五万担，作为渡过困难的主要办法。"④ 经中央批准后，粤赣湘边区发行"公粮债券"。在这期间，中共粤桂边区党委根据华南分局的指示，发行了公粮债券；中共琼崖区党委特请示华南分局同意，以琼崖临时人民政府名义也发行了解放公债。⑤

综上所述，各根据地票据的发行，基本上都严格地按照一定程序进行审批，是依法发行的。

---

① 罗开华、罗贤福：《湘赣革命根据地货币史》，中国金融出版社 1992 年版，第 92 页。
② 财政部财政科学研究所、财政部国债金融司：《中国革命根据地债券文物集》，中国档案出版社 1999 年版，第 29 页。
③ 同上书，第 30、32、34 页。
④ 吴平：《华南革命根据地货币史》，中国金融出版社 1995 年版，第 111 页。
⑤ 同上书，第 113、114 页。

第十章　革命根据地票据制度变迁的特征与绩效分析

　　至此，我们详细考察了中国新民主主义革命三个不同历史时期，即土地革命时期、抗日战争时期、解放战争时期革命根据地票据制度变迁的过程。以上章节研究的内容揭示：中国革命根据地票据制度变迁是从政治制度变迁开始的：以毛泽东同志为代表的中国共产党人，以1927年8月1日"南昌起义"为标志，打响了武装反抗国民党反动派的第一枪，建立农村革命根据地，创立农村包围城市，最后武装夺取政权的道路。为了实现这一目的，就必须有足够的财政收入做后盾。因为，战争不仅仅是政治、军事竞赛，从某种意义上来说更是经济竞赛，就是拼钱拼粮！无论是在土地革命、抗日战争时期，还是在解放战争时期，由于国内外敌人对革命根据地进行残酷的军事进攻和严密的经济封锁，导致革命根据地与外界的经济联系中断，根据地经济几乎停滞。使本来就贫穷落后的农村革命根据地经济严重困难，财政收入极不平衡，开支缺口很大，根据地军民生活异常艰苦。为了打破国内外敌人的军事进攻及经济封锁，破解根据地财政经济压力难题，也为了巩固革命根据地政权，最终取得新民主主义革命的最后胜利，中国共产党领导革命根据地各级民主政府进行了一系列制度变迁，如建立各种合作社，制定一些发展工农业生产的政策措施，成立粮食调剂局和对外贸易局，成立国民经济部。特别是为了适应政治、军事和经济形势发展的需要，在各根据地尝试票据制度创新，即发行各种公债、粮食票据，组织各种形式的合作社并发行股票。纵观革命根据地票据制度变迁过程，我们发现，根据地票据制度创新与演进呈现出一些显著特征；同时，票据制度变迁与根据地经济演进过程有某种互动关系。本章对这一问题作一简要讨论。

第一节 革命根据地票据制度变迁的特征

新制度经济学认为,在现有的制度下,由外部性、规模经济、风险和交易费用所引起的收入的潜在增加不能内在化时,一种新制度的创新可能允许获取这些潜在收入的增加。也就是说,当存在潜在外部利润时,要获取它们就必须进行制度创新或制度变迁,这样才能实现外部潜在利润的内在化,使社会净收益增加。中国新民主主义革命时期,革命根据地票据制度创新,即发行公债券、粮食票据,建立各种合作社并发行股票等,也是为了使外部潜在利润内在化。

一 革命根据地票据制度创新需求的内生性

制度变迁从根本上看是一个内部变化的过程,外部因素虽然重要,但是不能替代内部的动因。革命根据地票据制度创新需求主要是由革命根据地内部因素决定的。制度安排作为一种公共物品,如果没有对一种新的制度安排的内在需求,大规模的制度变迁是不可能发生的,即使设计出新的制度安排也不能生根下来并发挥应有的制度效应。比如,土地革命时期,成立粮食调剂局和对外贸易局,建立粮食合作社并发行合作社股票,整顿税务并成立财政管理机构,建立财政管理体制等制度变迁,既是为了打破敌人的军事"围剿"和经济封锁、发展根据地经济,为前线红军提供足够的军需供给的需要,也是为了促进根据地农业生产的发展、繁荣工商业,改善根据地人民生活的需要。更重要的是,为了建设新民主主义经济,完成新民主主义革命任务,将来过渡到社会主义制度的需要。因为发展不能在一个封闭的环境中进行,革命根据地要不断与外界进行信息交流和各种要素的交流。而成立粮食调剂局、粮食合作社和对外贸易局,就可以实现与外界(敌占区)的信息交流和物资交流,从而达到平抑根据地粮食价格、缩小工农业产品价格"剪刀差",繁荣根据地经济之目的。

至于建立各种形式的合作社,不管是消费合作社、粮食合作社,还是生产合作社、信用合作社,主要的直接目的是解决"调剂余缺、减少奸商富农剥削、发展经济"这一问题才进行的制度创新。首先,合作社经济是建立在个体经济基础之上的劳动群众的集体经济,在一定程度上带有社会主义性质，可以说是半社会主义的经济，它将人民群众分散的劳力、资金、工具等要素集中起来统一使用，能发挥"1+1>2"的集聚效应，对于发展根据地经济发挥了重要作用。其次，因为合作社经济是新民主主义经济的重要组成部分，通过发展合作社经济，通过合作社经济与国营经济的结合，才能巩固和发展社会主义性质的国营经济，才能推动新民主主义经济更快更好发展，才能为革命战争提供必要的军费支持，才能为将来新民主主义经济向社会主义经济过渡奠定物质基础。最后，只有普遍建立和发展合作社经济，才能引导分散的个体农业和手工业向现代化和集体化方向转化，完成由新民主主义革命向社会主义革命的转变。正如毛泽东同志在中共七届二中全会的报告中指出的："单有国营经济而没有合作社经济，我们就不可能领导劳动人民的个体经济逐步地走向集体化，就不可能由新民主主义社会发展到将来的社会主义社会，就不可能巩固无产阶级在国家政权中的领导权。"① 换言之，通过建立合作社经济，能把千百万劳动人民的个体经济团结到合作社中来，能实现中国共产党对农村政权的控制和领导，进而实现将来对国家政权的领导。

正因为在新民主主义革命过程中存在着未解决的重要问题，如国内外敌人的军事进攻和经济封锁，导致革命根据地财政经济困难，部队军费短缺、吃饭都成问题，根据地人民生活困苦，根据地才"内生"地产生了建立合作社并发行合作社股票这种制度创新的要求。而发行粮票、饭票、借谷证等粮食票据、发行各种公债券等，不过是对这些问题和要求的一种反应方式。革命根据地其他的经济制度变迁，如税赋制度变迁，成立财政管理机构，各级成立公债发行委员会，金融制度变迁以及实施鼓励农业、工矿业和商业发展的政策措施，莫不如此。

二 强制性制度变迁与诱致性制度变迁相结合

强制性制度变迁是由政府命令和法律引入和实现的。强制性制度变迁的主体是国家。国家的基本功能是提供法律和秩序，并保护产权以换取税收。中国新民主主义时期，革命根据地票据制度变迁明显地表现为强制性变迁。特别是成立国民经济部、粮食调剂局和财政管理机构等政治制度变迁，建立粮食合作社、消费合作社、生产合作社和信用合作

---

① 《毛泽东选集》第四卷，人民出版社1991年版，第1432页。

第十章 革命根据地票据制度变迁的特征与绩效分析 277

社，发行各种合作社股票、公债券和各种粮食票据等经济制度变迁，是在中共中央、中央政府和根据地各级政府的统一领导下而进行的自上而下的制度变迁，中国共产党和苏维埃临时中央政府的路线、方针、法律、政策、法令主导着制度变迁的方向和路径。国家是合法暴力资源的垄断者，可以比竞争性组织（如初级行动团体）以低得多的费用提供一定的制度性服务，国家还可以凭借其强制力在制度变迁中降低组织成本和实施成本。中国共产党和苏维埃临时中央政府，以及各根据地民主政府对根据地经济制度变迁，特别是对根据地票据制度变迁从整体上进行规划、组织和协调，可以充分利用根据地政府的强制性力量，自上而下地推动票据制度变迁，减少变迁的阻力。中共中央及其领导的各根据地政府利用其强制力和暴力，可以解决经济与社会变迁中出现的种种矛盾和问题，防止社会秩序的混乱和失控。

但是革命根据地票据制度创新，包括发行使用各种公债券、粮食票据，建立各种合作社并发行合作社股票，并不是单纯的强制性变迁，而是强制性制度变迁为主与诱致性制度变迁相结合。譬如，土地革命时期中华苏维埃共和国临时中央政府发行了第一期、第二期、第三期公债，这主要是从上到下，由中央革命根据地将公债任务层层分解落实到各根据地，这是强制性制度变迁。但同时，在推销公债时，临时中央政府要求各地采取政治动员和宣传的方法，实行群众自愿认购的原则，反对任何强迫命令、平均摊派公债的方式推销公债。临时中央政府中央人民委员会于1933年8月28日发布了《关于推销公债方法的训令》，明确提出："各级政府主席团及乡苏主席，必须严格防止平均摊派的错误，要晓得平均摊派是十足的官僚主义，是阻碍公债推销的极端错误办法"。[①] 1933年9月，临时中央政府在给江西、福建、闽赣、粤赣各省苏维埃政府及各级政府的信中，对公债推销中的错误做法提出严厉批评："在另外许多地方，却发生了严重的命令主义摊派错误。人民委员会业已发出第十六号训令，发出布告与宣传大纲，指出充分的动员工作，是推销公债的保证，严厉反对推销公债中的命令主义。"[②] 总之，在推销公债

[①]《中央人民委员会关于推销公债方法的训令》，转引自财政部财政科学研究所、财政部国债金融司《中国革命根据地债券文物集》，中国档案出版社1999年版，第16页。

[②]《纠正推销公债的命令主义——中央政府给各级政府的信》，《红色中华》1933年第113期。

的过程中，根据地党和苏维埃政府通过各种会议、决定或训令再三强调，必须严格执行群众自愿认购的原则，坚决反对强迫命令或平均摊派的推销方式，"鼓励群众自愿地买公债"。同时明确指出，强迫命令"简直是军阀时代土豪劣绅勒派捐款的办法，是破坏苏维埃信仰脱离群众的办法"；"任何强迫购买，平均摊派的官僚主义的方式，都是破坏与阻碍建设公债的发行。"① 所以从认购公债的方式和自愿原则来看，这是诱致性制度变迁。正因为在公债认购方式上实行诱致性制度变迁，采取群众自愿购买的原则，公债的推销受到根据地人民群众的积极响应和大力支持，在不少地方获得很大成绩。临时中央政府在给各地政府的信中表扬了推销公债的先进地区，指出："经济建设公债发行以来，在短期内已得到很大成绩，凡是动员方法好的地方，广大群众热烈起来拥护公债，如瑞金的云集区，福建的才溪区，红坊区等都是好榜样。"② 所以，革命根据地发行各种公债，是强制性制度变迁为主与诱致性制度变迁相结合的制度创新。

同样，革命根据地在不同时期建立各种合作社并发行合作社股票，发行各种粮食票据，也是强制性制度变迁为主与诱致性制度变迁相结合。以建立合作社为例，一方面建立各种类型的合作社是从上至下推行的。土地革命时期，临时中央政府国民经济部发出《关于倡办粮食合作社与建立谷仓问题》的训令，要求在每乡建立一个粮食合作社，要求各县国民经济部帮助各乡、各区政府建造一个谷仓，供粮食合作社储存粮食之用。按照这一要求，全苏区要有入股社员50万人，股金50万元，这些粮食合作社能储存粮食30万担。③ 这是典型的强制性制度变迁。另一方面，从合作社的组织原则来看，"要求各地在自愿和等价的原则下使广大农民普遍开展劳动互助"。④ 所以，坚持自愿原则，是建立合作社的基础。即群众加入合作社要他们自己自愿，不能强迫他们加入；加入何种合作社、入股多少等也要自愿，不可强制摊派入股。加入

---

① 《闽赣省革命委员会训令第二十九号》，《红色中华》1933年第124期。
② 《纠正推销公债的命令主义——中央政府给各级政府的信》，《红色中华》1933年第113期。
③ 《我们在经济战线上的火力》，载《革命根据地经济史料选编》（上册），江西人民出版社1986年版，第140页。
④ 《毛泽东选集》第三卷，人民出版社1991年版，第77页。

合作社，从自愿原则来看，也是诱致性制度变迁。因此，建立合作社是强制性制度变迁与诱致性制度变迁相结合的制度创新。革命根据地发行各种粮食票据，也是以强制性制度变迁与诱致性制度变迁相结合为显著特征的制度创新。

三 政治制度变迁与经济制度变迁相结合

在中国新民主主义革命不同时期，革命根据地发行各种公债、粮食票据和建立各种合作社，这些制度创新一方面是经济制度变迁。譬如，发行革命战争公债和粮食票据，表面上看，其直接目的是为革命战争募集军费或军粮，是经济制度变迁。但另一方面，这一经济制度创新背后，是为了一个军事目的或政治需要：即为了打败国内外敌人，为了推翻三座大山的统治，最终为了建立新中国并实现社会主义和共产主义。因此，从这种意义上来看，发行公债和粮食票据不是单纯或纯粹的经济制度变迁，它们具有重要的政治意义，可以看作是特殊意义的政治制度变迁。同时，从发行公债和粮食票据的主体来看，主要是中国共产党领导下的根据地各级政府或部队；推销公债和征集粮食，这些任务的落实，主要是依靠各级政府层层分解，并进行政治宣传和动员才能完成推销任务。因此，公债和粮食票据制度创新不是单项的经济制度变迁，而是制度结构的演进过程。在这些制度结构的演进中，政治制度变迁（如开辟一个新的根据地，在新根据地建立县或乡政府；成立粮食调剂局和粮食合作社等）与经济制度变迁相互依存相互促进。政治制度变迁为经济制度变迁和经济发展提供条件或开辟道路；经济制度变迁为政治制度变迁提供物质基础或经费支持。所以，我们说，发行公债和粮食票据，是经济制度变迁与政治制度变迁相结合的制度创新。类似地，革命根据地在不同时期建立各种合作社并发行合作社股票，同样也是政治制度变迁与经济制度变迁相结合的制度创新。

四 制度变迁的路径依赖性

中国新民主主义时期革命根据地票据制度创新是在特定的政治、经济、历史和文化背景下进行的，同时也是在特定的法律和制度基础上进行的，这就使制度变迁容易产生自我强化的倾向，形成路径依赖。也就是说，革命根据地票据制度变迁中的一个突出特点就是路径依赖性特别明显。这种路径依赖性既是中国新民主主义革命时期根据地票据制度变迁中显示出来的一个特征，同时又对革命根据地整个制度变迁进程产生深刻影响。路径依赖就类似于人的行为"习惯",一旦养成就很难改变。沿着既有的路径,政治和经济制度的变迁可能进入良性循环的轨道并迅速优化,也可能沿着错误的路径走下去,甚至被锁定在某种无效率的状态中。新制度经济学家诺思指出:"有两种力量会规范制度变迁的路线:一种是收益递增,另一种是由显著的交易费用所确定的不完全市场"①。一方面,初始的选择即使是偶然的,如果能带来"报酬递增",结果就强化了这一制度的刺激和惯性;另一方面,由于交易费用的存在使大量没有绩效的制度变迁陷入闭锁状态而长期存在。所以路径依赖原理揭示:历史是重要的。"人们过去作出的选择决定了他们现在可能的选择。"② 正如诺思指出的:"路径依赖性意味着历史是重要的。如果不回顾制度变迁的渐进演化,我们就不可能理解当今的选择(并在经济绩效的模型中确定它们)"③。历史的重要性"不仅仅在于我们可以向过去取经,而且还因为现在和未来是通过一个社会制度的连续性与过去连结起来的,今天和明天的选择是由过去决定的,过去只有在被视为一个制度演进的历程时才可以理解。"④

路径依赖形成的深层原因有两个方面:一个是利益集团的制约,另一个是非正式制度的影响。任何一项制度安排都会形成某种与这种制度休戚与共的既得利益集团,他们会尽力巩固和维护现存的制度,阻挠制度变迁,哪怕新的制度安排更有效率。因为变革现有制度会损害他们的既得利益。所以制度变迁不可能完全按照新的制度设计进行,而是旧制度得到一定程度的保留,表现出制度变迁的路径依赖性。譬如,在新民主主义不同时期,建立合作社就表现出极强的路径依赖性。在土地革命时期,合作社建立之初,是从上至下,从中央到地方按照上级的命令和指示来执行的;"各地合作社以公家的股金为基础,再加上向群众摊派而得的股金,这时候是带着公营性质的","主要是面向政府,替政府解决经费,一切问题由政府解决。"这是典型的强制性制度变迁。虽然

---

① 诺思:《制度、制度变迁与经济绩效》,刘守英译,上海三联书店1994年版,第127页。
② 诺思:《经济史中的结构与变迁》,上海三联书店1994年版,中译本序。
③ 诺思:《制度、制度变迁与经济绩效》,刘守英译,上海三联书店1994年版,第134页。
④ 同上书,前言部分。

中央政府要求各地在规定时限内完成建立合作社的任务，规定入社社员和入股股金的数额。但在各种类型的合作社"章程"中，明确规定坚持自愿原则，不能强迫社员入股。即使这样，"一九三九年后，提出了'合作社群众化'的口号；但各地仍多用旧方式在群众中去扩大摊派股金，来推行其所谓'群众化'。因此合作社仍被群众认为是摊派负担，而不被认为是群众自己的。合作社的人员，仍然是和公务人员一样，要群众优工代耕。群众看不到合作社对自己有多大利益，反而增加了群众的劳力负担。由于一九四○年以后各地政府生产自给任务的增加，于是有许多合作社的大股东不是人民而是政府机关，合作社对群众利益自然更加无法多去照顾了。"① 从这里可以看出，在合作社建立这种制度创新过程中，表现出明显的路径依赖性。

非正式制度也是形成路径依赖的一个重要因素，因为非正式约束在制度渐进的演进方式中起着重要作用。人们在原有制度条件下所形成的价值观念、行为习惯和文化传统等意识形态是一种相对稳定的因素，当新的制度安排取代旧的制度时，人们相对稳定的意识形态不会立即改变，而是继续存在于人们的头脑中和行为习惯中并对新的制度产生重要影响。路径依赖性在制度变迁中也表现出两种作用：一是积极作用。有些路径依赖可以降低制度变迁中的选择成本，减少变迁中的矛盾和阻力，提高制度变迁的效率。二是消极作用。有些路径依赖是制度变迁的阻碍因素，会增大制度变迁的阻力和矛盾，使制度变迁的成本增加，甚至会使制度变迁扭曲变形，把制度变迁引向旧的制度轨道。

还是以建立合作社为例，如上述，由于在建立之初采取以官股为主，合作社主要面向政府，不是真正意义上的为群众服务的合作社。即使在1942年以后，推广延安南区合作社经验，取消了摊派入股的方式，但群众自愿入股的还是不多，这是群众原有的价值观念阻碍了他们对根据地新式合作社的信任，是非正式制度形成路径依赖的体现，在这里对合作社的发展起消极影响。

又如，革命根据地公债的发行，从土地革命、抗日战争，一直到解放战争，经历了三个不同历史时期的演变。虽然解放战争时期各解放区

---

① 毛泽东：《经济问题与财政问题》，载《毛泽东同志论经济问题与财政问题》，中国人民解放军政治学院训练部图书资料馆编印，1960年，第90页。

和边区政府发行的公债券在制度设计上,包括在发行、流通和管理的各个环节,较土地革命时期发行的公债券有较大的进步和区别,甚至比后者更完善更合理,但仍然带有明显的路径依赖性。以临时中央政府在土地革命时期发行的第一期革命战争短期公债为例。该项公债券背面印有《中华苏维埃共和国发行革命战争短期公债条例》共十条,规定了本期公债的名称、发行数额、利率、还本付息期限、公债的使用、流通管理、经理机关等。解放战争时期,晋察冀边区政府发行胜利建设公债20亿元。债券背面印有"胜利建设公债条例"全文,规定了发行本公债的目的、意义、发行总额、担保、年利率和还本付息时间、使用、流通管理、还本付息的经办机关等。比较"中华苏维埃共和国发行革命战争短期公债条例"与"胜利建设公债条例",可以看出,后者与前者大同小异。因为后者对前者有明显的路径依赖性,或者说,土地革命时期根据地公债条例对解放战争时期的公债条例有重要影响。

同样,解放战争时期,边区政府或解放区发行某项公债时或进行公债制度创新时,要向各级政府发布有关发行公债的命令、通知或指示,明确指出发行本期公债的目的、意义、发行办法和应注意的问题。这是边区政府的一种制度变迁或创新,这种制度创新也受到明显的路径依赖影响。还是以土地革命时期临时中央政府发行第一期公债为例,临时中央政府为发行本期公债,发布了第13号训令,规定了60万元公债的具体发行办法、各地分配数额、集中交款的日期、宣传动员群众的方法、公债券的使用管理等。因此,可以说,土地革命时期临时中央政府发行公债的做法或制度变迁,影响到解放战争时期边区政府发行公债的制度变迁,这是不同历史时期公债制度创新过程中的路径依赖。至于革命根据地粮食票据制度变迁,也经历了土地革命、抗日战争、解放战争三个不同历史时期的演进,同样遵循制度变迁中的路径依赖规律。

第二节 革命根据地票据制度变迁的绩效分析

在新民主主义革命不同时期,革命根据地政府通过发行公债、粮票饭票、建立合作社并发行股票,实施票据制度创新,对推动根据地经济发展、支援革命战争,对中国新民主主义的胜利产生了重大的影响。

一 革命根据地公债制度创新绩效评述

在土地革命、抗日战争、解放战争三个不同时期，中国共产党领导的革命根据地根据当时的实际情况，通过发行公债来充裕战争军费或军粮，缓解财政压力，打破国内外敌人对革命根据地的经济封锁，是中国共产党人革命战争年代在经济建设方面的制度创新和伟大尝试，对革命根据地经济建设、推动中国革命的发展发挥了巨大的作用。

（一）有效地弥补战争经费的不足，有力地支持了革命战争

中华苏维埃共和国临时中央政府从1932年7月至1934年10月，曾先后三次发行公债，第一期发行革命战争短期公债60万元，第二期短期公债120万元，第三期经济建设公债300万元。其他根据地如湘赣省、湘鄂赣省、闽浙赣省苏维埃政府为筹措革命战争经费和经济建设经费，也曾发行三次公债。抗日战争和解放战争时期，各敌后抗日根据地民主政府如晋察冀边区、晋冀鲁豫边区、陕甘宁边区、华东解放区、东北解放区、华南解放区各民主政府，都根据各地实际需要，发行了一些公债，募集革命战争资金，以济战争需要。

上述各革命根据地发行的公债中，募集的钱粮大部分是为了充实革命战争经费，弥补军费或军粮的不足。譬如，土地革命时期，各革命根据地发行的第一、第二期公债，都是专为充裕战争的用费。第三期公债，如临时中央政府发行的经济建设公债300万元中，100万元专门用作供给革命战争经费。抗日战争和解放战争时期，各抗日根据地和解放区发行的公债，带有明显的战时特点，主要也是为了筹措军费和军粮，保障部队的军需供给。又譬如，抗战时期，晋察冀边区临时行政委员会曾发行公债。1938年7月1日，晋察冀边区临时行政委员会颁布"救国公债条例"，规定公债的名称为"救国公债"，发行公债的目的是为了抗日救国募集费用；通过各种形式动员宣传，使群众意识到"多买一份救国公债就是多增加一份抗日力量"、"多买一份救国公债等于多尽一份保卫边区的责任"。这些公债的发行，有效地充裕了战争军费，缓解了根据地财政压力，支持了革命战争，为粉碎敌人的军事进攻和经济封锁作出了巨大贡献。1932年11月7日，中华苏维埃共和国临时中央政府主席毛泽东在临时中央政府成立一周年纪念大会上，向全体选民作的报告中谈到公债问题时指出：财政上最主要的用途，是用在发展革命战争方面，并为充实革命战争的经费，发行第一次革命战争公债60

万元,在广大工农群众拥护之下,很迅速地完成,的确对于发展革命战争给予了莫大的帮助。①

(二) 有力地支援和促进了根据地的经济建设

革命根据地发行的各种公债券,除了主要为革命战争募集军费军粮外,还有一个重要目的,就是为了发展生产,开展根据地的经济建设。

土地革命时期,中华苏维埃共和国临时中央政府1933年7月发行300万元经济建设公债,"这次发行公债与前两次公债不同,这次经济建设公债主要目的是为了发展苏区经济,建立革命战争的物质基础。"②临时中央政府用300万元经济建设公债中的200万元来大力发展对外贸易和调剂粮食,用小部分资金来发展生产合作社、消费合作社等。湘赣省苏维埃政府通过增发20万元革命公债作为经济建设公债,"专门拿来做经济建设事业发展生产,冲破敌人经济封锁,进一步来改善群众生活。"③ 这20万元经济建设公债,8万元用于发展对外贸易,8万元用于调剂粮食,4万元帮助合作社建设。湘赣省苏维埃政府通过发行公债,筹集资金来扩大省工农银行,实现低息借贷;帮助发展各种消费合作社和生产合作社1000多个;"恢复发展锅铁厂、石灰厂,创办樟脑厂及五金矿山,发展赤白贸易,整顿税收,扩大了国家财政收入。"④ 各根据地经济建设公债的推销,使得苏区出现了前所未有的群众性的经济建设热潮,有力地推动了苏区经济的发展。仅在1933年8—9月两个月里,在各革命根据地建立了各种形式的生产、消费合作社共1423个,股金达305000元,建立了粮食调剂分局5个,输出粮食6000担,保障了粮食价格的稳定,调动了苏区人民群众生产积极性,为粉碎敌人的军事"围剿"提供了一定的粮食保障。"在中央革命根据地所属的江西省、福建省和瑞金直属县集中了六十万元的公债谷,各粮食调剂分局收

---

① 财政部财政科学研究所、财政部国债金融司:《中国革命根据地债券文物集》,中国档案出版社1999年版,第12页。

② 《关于推销三百万元经济建设公债宣传大纲》,载《中央革命根据地财政经济史长编》,人民出版社1982年版,第492页。

③ 《少共湘赣省委为参加苏维埃经济建设与经济动员给各级团部指示》,转引自财政部财政科学研究所、财政部国债金融司《中国革命根据地债券文物集》,中国档案出版社1999年版,第23页。

④ 刘吉德、唐武云:《湘赣省革命战争公债券有关问题调查研究》,《中国钱币》2010年第1期。

集公债谷约15000担,粮食贮存达210000担。在对外贸易方面,在八、九、十月三个月内,进出口总额达33万元左右。"① 通过利用发行的公债募集资金,组织消费合作社,使根据地人民群众能用低价购买布匹、食盐、洋油等日用品,一定程度上缓解了革命根据地急需的棉布、药品、食盐等物资供应紧缺的状况。粮食合作社在平抑粮价方面起到重要作用。粮食合作社是通过公债加上群众自愿入股集资而成立的群众性经济组织,具有群众性、开放性、广泛性等特征,在收获季节,粮食合作社通过高于市场的价格收购粮食,在青黄不接时又以低于市场的价格出售粮食。当然,类似粮食这种消费合作社对社员和红军家属实行优惠政策,他们享受优先购买权和优惠价格。这样就确保根据地内粮食价格常年稳定,解决了根据地缺乏粮食的大问题。在农业生产发展方面,中央革命根据地1933年比1932年增加了15%,闽浙赣革命根据地同比增加了20%。② 各根据地通过利用公债组织起来的生产合作社,制造了不少的犁、耙等家具和手工业用品,许多手工业也有不同程度的恢复和发展。③ 所有这些,对于保障红军的供给,发展根据地经济,一定程度改善群众生活,打破敌人的经济封锁,为粉碎国民党反动派的军事"围剿"发挥了巨大的作用。

抗日战争时期,各根据地民主政府发行的公债,有相当数量的公债款主要是用于根据地经济建设的。比如,1942年年初,晋冀鲁豫边区政府发行生产建设公债750万元,并发布"生产建设公债条例",规定公债名称为"晋冀鲁豫边区生产建设公债";募集公债主要用于边区经济建设事业,包括四个方面:一是水利建设;二是工、农、林、畜等生产事业;三是重要公营工业;四是商业。1941年,陕甘宁边区政府发行建设救国公债618万元,此债款当年用于经济建设投资500万元,主要用于:农业方面兴修水利,建设模范农场,购棉种,开林场,改良家畜种子等;工业方面,办制造日用品的各种工厂,贷款给私人开矿、办

---

① 《中央苏区的经济建设及经济情况》,转引自赵效民《中国革命根据地经济史(1927—1937)》,广东人民出版社1983年版,第276页。
② 赵效民:《中国革命根据地经济史(1927—1937)》,广东人民出版社1983年版,第277页。
③ 毛泽东:《我们的经济政策》,载《毛泽东选集》第一卷,人民出版社1991年版,第131页。

工业，以及生产合作等；商业方面，发展消费合作社，帮助公私经营的商店等。其余 118 万元作抗战经费开支。抗日战争自进入相持阶段后，日军把主要兵力投放到敌后战场，不仅对抗日根据地进行疯狂进攻，并且实行经济封锁；同时，国民党顽固派积极反共，特别是 1939 年发动反共高潮后，先后停发了八路军和新四军的军饷，并对我陕甘宁边区实际经济封锁。加之华北地区连年发生严重的自然灾害，1941—1942 年，各抗日根据地和边区处于十分困难的处境，财政经济出现极度困难，军民生产非常艰苦，粮食、棉布、食盐等生活必需品十分缺乏。中国共产党清醒地认识到，要坚持持久抗日，最终取得抗战胜利，必须在各根据地开展大生产运动，加强根据地的农业、工业、商业和对外贸易、财政税收和金融等各项经济工作。1940 年 12 月 25 日，中共中央在党内指示中指出："认真地精细地而不是粗枝大叶地去组织各根据地上的经济，达到自给自足的目的，是长期支持根据地的基本环节。"① 毛泽东指出："发展经济，保障供给，是我们的经济工作和财政工作的总方针。但是有许多同志，片面地看重了财政，不懂得整个经济的重要性；他们的脑子终日只在单纯的财政收支问题上打圈子，打来打去，还是不能解决问题。这是一种陈旧的保守的观点在这些同志的头脑中作怪的缘故。他们不知道财政政策的好坏固然足以影响经济，但是决定财政的却是经济。未有经济无基础而可以解决财政困难的，未有经济不发展而可以使财政充裕的。"他进一步强调发展根据地经济的重要性："如果不发展人民经济和公营经济，我们就只有束手待毙。财政困难，只有从切切实实的有效的经济发展上才能解决。忘记发展经济，忘记开辟财源，而企图从收缩必不可少的财政开支去解决财政困难的保守观点，是不能解决任何问题的。"② 因此，在抗日根据地发行的 21 种公债中，有 11 种公债是为了根据地的经济建设发行的，占公债总数的一半还多，约 52.4%，这对于增强自力更生能力，发展根据地经济，广辟财源，增加财政收入，有力地支援抗战，确保抗日战争胜利具有重大的意义。又以陕甘宁边区为例，边区财政对经济建设的投资逐年增加，1943 年比较

---

① 《论政策》，载《毛泽东选集》第二卷，人民出版社 1991 年版，第 768 页。
② 《抗日时期的经济问题和财政问题》，载《毛泽东选集》第三卷，人民出版社 1991 年版，第 891—892 页。

1942年增加了9倍，边区经济建设获得空前发展：财政收入逐年增加，人民负担逐步减轻，税收增加幅度很大，1943年比较1942年增长8倍，占当年财政收入的15%，[1] 为支援敌后抗战并最终取得胜利提供了可靠的物质保证。

解放战争时期，由于经过十四年抗战，各根据地经济枯竭，人民负担能力减弱。为了取得解放战争的胜利，共产党及其领导下的各根据地民主政府必须克服新形势下出现的财政经济困难，继续贯彻"发展经济，保障供给"的经济财政工作总方针，大力恢复和发展根据地的农业、工业和商业，从发展经济中去保障供给。因此，各根据地发行的公债中有相当部分是用来进行根据地经济建设的。比如，抗日战争结束后，晋察冀边区政府发行胜利建设公债20亿元（晋察冀边区银行币），发行本项公债目的一是为了动员人民集中财力、物力，加强支援前线；二是为了大量回收边币，坚决打击伪钞，以活跃城市贸易金融，开展边区的经济建设事业。又如，东北解放区各级民主政府发行的各种公债中，用于经济建设的占一定比例。由于东北人民遭受日本法西斯残酷的掠夺、摧残和破坏长达14年之久，生活陷入极端困苦的境地。因此，抗战结束后，我党领导的八路军在东北建立民主政权之后，迅速开展大规模的生产运动，恢复东北人民的生产力，改善人民生活，平复他们14年来所遭受的创伤和破坏，就成为摆在共产党面前的重要任务。松江省第一行政公署1946年发行的胜利公债，哈尔滨市1946年发行的"建设复兴公债"8000万元（东北银行地方流通券），东安地区行政公署1946年发行"建设公债"500万元（东北银行地方流通券），大连市政府1946年发行"大连市政建设公债"3亿元（苏联红军票），嫩江省齐齐哈尔市1947年发行了一期"市政建设有奖公债"1亿元（苏军币），这些建设公债主要是用于解放区的经济建设和其他各项社会事业，对于恢复和发展东北解放区的工农业生产、繁荣城乡经济，支援解放战争做出了巨大贡献。

（三）为募集赈灾资金、救济灾民，开展灾后重建工作作出了积极贡献

革命根据地或解放区、边区政府发行的公债券中，有一部分是为了

---

[1] 陈廷煊：《抗日根据地经济史》，社会科学文献出版社2007年版，第237页。

募集赈灾款项、救济灾民而专门发行的；有的是在公债款中划拨一定比例用于救灾。比如，1931年夏天，长江中下游发生了罕见的大水灾，湘鄂西苏区受灾严重，仅监利、沔阳、汉川、江陵苏区95%被水淹没。因此，在当时紧急情况下，修堤堵口、兴修水利就成为根据地党和苏维埃政府的当务之急。于是，湘鄂西省发行了"湘鄂西省苏维埃政府水利借券"[①]，专门募集兴修水利的款项。闽浙赣革命根据地于1934年7月1日发行"闽浙赣省苏维埃政府粉碎敌人五次围攻决战公债"，"其用途以80%作为决战经费，以10%作为开展经济建设之用，以10%用于救济避难的革命群众。"[②]

抗战期间，抗日根据地很多地方曾不同程度地发生旱、涝、虫灾，为了救济受灾群众，支援受灾地区恢复生产生活，一些抗日民主政府于是发行救灾公债。如上述21种公债中，专门用于赈灾的就有豫鄂边区孝感县赈灾公债、冀南行政主任公署救灾公债和定凤滁三县赈灾公债共3种，占公债总数的1/7或14.3%。其实，阜宁县县政府于1941年4月发行的建设公债，其目的是用于修建防潮海堤，这也是为了恢复灾后重建。如果把阜宁县建设公债包含在内，为了赈灾而发行的公债就占整个公债总数的19%。这些赈灾公债有的被用于江河海的治理，有的用于恢复农业生产，还有的用于调剂民粮和安置灾民等。

解放战争时期，有的解放区发生自然灾害，当地民主政府专门发行救灾公债，救济灾民。比如，苏皖边区、华中各地自1945年以来由于连续发生自然灾害，天灾人祸（水旱蝗灾加上敌伪顽烧杀劫掠），灾荒四起，受灾人口达400余万，灾区群众生活极为艰难，各地饿死人的现象时有发生。因此，苏皖边区政府一方面组织灾民进行灾后重建、生产自救；另一方面，决定发行救灾公债9000万元，救济受灾群众。公债用途分两部分：40%直接救济灾民，60%以工代赈。"由于全体党、政、军、民节衣缩食，努力抢救，政府发放贷款、贷粮、平粜、救灾公

---

① 财政部财政科学研究所、财政部国债金融司：《中国革命根据地债券文物集》，中国档案出版社1999年版，第7页。
② 江西财政学院经济研究所、江西省档案馆、福建省档案馆：《闽浙赣革命根据地财政经济史料选编》，厦门大学出版社1988年版，第540页。

债等","使灾荒得以安然度过。"①

二 革命根据地粮食票据制度创新绩效评述

在土地革命战争、抗日战争和解放战争时期，中国共产党领导的革命根据地民主政府，为了服从和满足革命战争和根据地经济建设的需要，有计划、有目的、有控制地发行包括米票、饭票、草料票、借谷证等各种粮食票据，不仅是战时经济的重大举措之一，也是根据地重要的制度创新。各种粮食票据的发行，对支持当时根据地革命战争、经济建设和部队、地方机关的后勤保障工作，并为最终取得新民主主义革命胜利，发挥了极其重要的作用。

（一）粮食票据制度的创新有力地保障了部队、根据地党政机关的粮食供给

"兵马未动，粮草先行"。各根据地发行的粮食票据，确保部队、根据地党政机关的粮食供给，解决了部队、地方工作人员行军打仗和出差的吃饭问题。在当时极为艰苦的战争环境下，部队和地方人员的粮食给养是个大问题。发行粮票，使部队和地方政府工作人员持票即可领粮、借粮、吃饭，确实为流动性很大的部队和地方党政工作人员解决了应急之需。比如，土地革命时期，中央苏区三次向根据地群众借谷共100多万担，为红军反"围剿"战争的胜利发挥了重要作用。1941年"皖南事变"后，抗日根据地外援完全断绝，陕甘宁边区发生粮荒，军粮严重短缺，有的部队甚至出现两天吃不上饭的极端情况。为了解决部队政府机关、学校、人民团体的吃粮问题，陕甘宁边区政府1941年4月曾先后两次向边区群众借粮48000担，才勉强渡过吃饭难关。又比如，解放战争时期，中原解放区曾向当地群众借粮米数十万担；粤赣湘边区党委发行"公粮债券"，向当地群众借粮15万担，为解放战争的胜利提供了军粮保证。

同时，一些根据地民主政府还规定，粮票或借粮证还可抵交当年的公粮或缴纳土地税；或持粮票、借粮证到当地政府粮食机关领取票面数额的粮食，这也是对群众利益的一种保护，赢得了根据地群众的坚决拥

---

① 《日寇投降一年来苏皖边区民主建设成绩》，1946年9月22日，《群众》第十二卷，第9期；财政部财政科学研究所、财政部国债金融司：《中国革命根据地债券文物集》，中国档案出版社1999年版，第53页。

护和支持。因此粮食票据的发行，打破了敌人的经济封锁，有效地保障了土地革命战争、抗日战争和解放战争时期我党领导的人民武装、地方工作人员的粮食给养，有力地支持了各根据地的对敌斗争，为土地革命战争、抗日战争和解放战争的胜利作出了重大的贡献。

（二）粮食票据的发行为壮大人民军队发挥了巨大作用

不管是在土地革命战争时期，还是在抗日战争、解放战争时期，部队粮食的给养是最重要的问题。因此，根据地各地党和政府根据战争和经济建设的需要发行了各种形式的粮食票据，有力地保障和调剂了根据地的军需民食，不仅为部队解决了粮食的供给，而且维护了根据地群众的物质利益。广大人民群众对革命战争和革命军队鼎力相助，革命积极性空前高涨；在借粮给流动性极强的作战部队的同时，纷纷报名踊跃参加革命队伍或送子女、送丈夫到革命队伍，保卫人民民主政权，革命队伍日益壮大。如土地革命战争时期，在第五次反"围剿"战争期间，中共中央和临时中央政府进行了三次大规模的粮食征集运动，仅第三次征集粮食，根据地群众就借谷给红军 60 万担；同时，群众纷纷送子参军，仅 1934 年 5—6 月，红军新战士就增加了 5 万多人。① 又如抗日战争胜利后，10 万人民解放军进入东北，仅 3 年的时间，人民解放军就发展壮大到 100 万之众；在华北，自日本投降到华北全境解放这期间，有近百万人参加人民军队。因此，可以说，共产党领导的根据地进行粮食票据制度创新，为人民军队的发展壮大立下了汗马功劳。

（三）以粮食票据制度为杠杆撬动了根据地的粮食节省运动和大生产运动

在新民主主义革命时期，中国共产党勇于尝试，善于进行制度创新，发行了粮票、饭票、借谷证、借粮收据等粮食票据。借助粮食票据制度这一有力杠杆，基本上解决了部队和地方民主政府的粮食给养这一最重要的问题。根据地军民充分认识到节省粮食对于支持革命战争的重要性。一方面，纷纷响应党和民主政府的号召，节衣缩食，把粮食一颗一颗节省下来，借给或捐献给根据地政府或人民军队。如土地革命战争时期，根据地军民响应苏维埃政府的号召，开展每人每天节省 2 两米运

---

① 赵效民主编：《中国革命根据地经济史（1927—1937）》，广东人民出版社 1983 年版，第 450—451 页。

动,取得了丰硕成果。仅 1934 年夏季第二次粮食收集运动中,共收集 24 万担粮食,其中,从群众节省的捐献中得到 75000 担,向群众借谷 100000 担①,有力地支援了红军的反"围剿"战争。

另一方面,根据地军民按照"发展经济,保障供给"的经济建设总方针,在各根据地开展大生产运动,取得了显著成绩。如陕甘宁边区的大生产运动,在边区军民的共同努力下,边区经济迅速发展起来。农业方面,1943—1945 年军民垦地达 200 万亩以上,仅 1943 年粮食产量就达 181 万多担,除军民消费外还节余 22 万担,1944 年又节余 28 万担;皮棉产量 1943 年、1944 年分别达到 100 万公斤、150 万公斤,能满足边区军民需求的 2/3。其他敌后解放区的大生产运动也取得了很大成就。1943 年,仅晋绥、北岳、太行、太岳、胶东、皖中 6 个地区,扩大耕地面积 600 万亩以上。在晋冀鲁豫边区,1944 年,太行部队开荒 88000 多亩,收获粮食 10 万石。从 1943 年起,边区的许多部队已经做到全年蔬菜和 3 个月粮食的自给,食用油盐、肉类、日常办公、杂费,大部分由生产所得来解决,极大地减轻了边区人民的负担。解放战争时期,各解放区和边区党组织及民主政府,号召各地进一步开展大生产运动并开展节约运动,再次取得了成效。如 1947 年 2 月至 3 月中旬,仅山东省政府省直机关就节约并献出粮食 58505 斤;在政府开展大生产运动的号召下,1947 年东北解放区扩大种生荒及熟荒达 789100 垧;1948 年仅辽北省就扩大耕地面积达 106500 多垧;每垧地的平均产量也由 1947 年的 6.5 担增加到 1948 年的 8 担、1949 年的 8.4 担,农业生产得到迅速恢复和发展,粮食产量也迅速增加,有力地保障了战争供应。② 由于外部环境的变化和压力,及内部要素价格变化,导致制度不均衡,出现了潜在的外部利润。这种潜在的外部利润在现有的制度下无法获得,必须进行制度创新才能使潜在的外部利润得以实现。具体表现就是:由于当时的战争环境,导致根据地粮食短缺,必须进行制度创新,因而发行粮食票据,在根据地开展大规模的粮食节省运动和大生产运动。节省粮食的运动和大生产运动取得显著成效,使根据地军民战胜

---

① 赵效民主编:《中国革命根据地经济史(1927—1937)》,广东人民出版社 1983 年版,第 451 页。

② 李占才主编:《中国新民主主义经济史》,安徽教育出版社 1990 年版,第 295 页。

了严重的物资短缺困难，解决了吃饭穿衣的大问题，根据地财政经济状况有了根本好转，为取得新民主主义革命的胜利奠定物质基础。

(四) 发行粮食票据推动了粮食供给制度变迁：建立起顺畅的粮食供应系统和流通渠道

通过粮食票据制度创新，借助粮票、饭票、粮票、借谷证这些便利的调剂工具，在根据地内部推动粮食供给制度变迁：即建立起比较畅通的粮食供应系统和流通渠道。通过发行粮食票据，一方面为根据地部队及地方政府机关解决了粮食供给问题，方便了部队、机关日常生活；另一方面，维护了根据地群众利益并减轻了人民群众负担。因为根据地群众要纳土地税或交公粮，当部队或机关向根据地群众借粮并发放借粮票据后，群众可凭手里的借米借粮票据抵交公粮，抵交公粮有余还可到仓库兑换粮食。如果没有粮票或借粮证之类的借据收条，群众就得将公粮交到指定仓库。所以各根据地发行粮食票据，为根据地部队及地方机关、学校、社会团体的后勤保障和根据地民众之间的经济往来架起了桥梁，为根据地内部军政民之间的经济活动，特别是粮食供应提供了便利。于是，在根据地内部，推动粮食供给制度变迁：建立起稳定的粮食供给系统。这不仅推动了根据地军政民之间的粮食流通，有效地调剂根据地军需民食，而且对稳定粮食价格，巩固根据地民主政权，为最后赢得战争胜利，起到了极其重要的作用。

(五) 粮食票据对粮食实行集中统一管理发挥重要作用

粮食票据还是各根据地对粮食实行集中统一管理、进行合理调拨的工具。如抗日战争时期，为对军需粮食进行集中统一管理和合理调拨，许多抗日根据地都发行了粮票。在晋察冀抗日根据地，边区政府实行"军用粮票制"：即在实物供给方法上，边区政府按各部队人数、马匹、驮骡应需给养花料数目，给各抗日部队发放适量的军用粮票，在边区范围内，部队走到哪，凭军用粮票都可以向村公所支领公粮，各村照票付粮，并将收到之军用粮票于月终汇呈解区、县政府核销。[①] 因此，凭借粮票能有效地调拨粮食并对粮食进行统一管理。实践证明，这是在特殊的战争环境中打破敌人的经济封锁，保护群众利益，保障部队及地方机关工作人员供给，促进根据地粮食经济发展的一个重要手段，是中国共

---

① 魏宏运主编：《晋察冀抗日根据地》，中国档案出版社1990年版，第42页。

产党领导的革命根据地在粮食供给制度上的一个创举。它不仅为中国新民主主义革命的胜利发挥了重要的作用,而且对新中国成立后的粮食供应政策,包括对短缺经济时期国家粮油票据供应制度产生了深远的影响。

三 革命根据地合作社及合作社股票制度创新绩效评述

中国共产党在土地革命、抗日战争和解放战争三个不同时期,将马克思主义的合作化思想与中国革命的具体实际相结合,在各根据地创造性地建立起合作社并发行合作社股票,这一制度创新是马克思主义中国化的具体体现。不同时期建立的合作社及其股票,极大地改善了根据地军民生产和生活条件,推动了根据地的经济建设,对活跃根据地农村经济、促进根据地生产自救、支持革命战争起到了重要的作用。

(一)合作社的发展推动了根据地经济建设,打破了敌人的经济封锁,为夺取革命战争的胜利奠定了一定的物质基础

(1)合作社生产的大批物资,不仅从根本上解决了根据地军民的日常所需,而且成为对敌进行经济斗争、粉碎敌伪经济封锁的有力武器。首先,通过建立合作社,有利于根据地实行战时物资统制。根据地的主要物资为粮食、盐、棉、猪、油、酒等。如果物资为我切实掌控,此时即可主动输出物资、增加输入,就能有力调剂供求,平衡物价。因此,"切实掌握根据地主要物资,就成为对敌经济斗争胜败的关键。"如何才能掌握这些主要物资呢?"第一,必须通过合作社的形式,把广大群众的经济力量(主要是物资)组织起来;第二,严格贸易统制,加强物资管理;第三,必须正确掌握贸易管理和货币斗争的几个基本原则,三者缺一不可。但其中最基本的条件是群众性合作社的组织。"[①]通过组织合作社,切实掌握根据地主要物资,实行以货易货,达到打击、驱逐伪币的目的;同时,利用合作社收购粮食、棉布、油、猪等重要物资,就基本上控制了根据地市场,控制进出口贸易,实现对重要物资的统治。

其次,通过发展各种合作社,能够打破敌人对根据地的经济封锁。新民主主义革命时期,国内外敌人不仅对我抗日根据地进行疯狂的军事

[①] 中共江苏省委党史工作委员会等:《苏中抗日根据地》,中共党史资料出版社1990年版,第325—326页。

进攻，并且对我根据地实行严密的经济封锁。一是通过发行伪钞，套购我根据地物资并扰乱根据地金融秩序；二是封锁边区，严格禁止军需日用生活品流入根据地，企图从经济上窒息根据地，最终消灭共产党领导的人民武装力量。建立和发展合作社的首要目的，就是实行对敌经济斗争，动员根据地军民开展生产自救，解决军需民用，以支持革命战争。通过建立合作社，把根据地群众分散的人力、资金集中起来，形成一定生产规模，实行统一生产和销售，不仅能提高劳动生产效率，而且通过互助合作还解决了群众劳力、资金不足的问题，同时还能分红，调动了广大人民群众的生产积极性。以纺织业为例，陕甘宁边区到1942年组织纺织合作社27个，平均月产平布1170匹，线毡590条，毛巾346打，洋袜704打；1943年，织布合作社增加到37个，织机179架，生产大布6000匹。在纺织合作社的带动下，陕甘宁边区的民间纺织手工业发展迅速，1942年陕甘宁边区已有纺妇75000人，纺车68000架，织工13000人，织机12000架，织布50000大匹；1943年纺妇人数达133457人，纺车120255架，纺纱417852公斤，织布数量达63334大匹，占边区棉布产量的半数以上。在山东抗日根据地，到1945年全边区通过合作社组织的纺织业有纺车720735架，织机106227张，共生产大布1251837匹。通过合作社带动发展起来的手工纺织业，基本上解决了根据地军民所需要的纱布。1943年，胶东和鲁中区军民所需布匹，达到全部能够自给；到1945年，山东抗日根据地除鲁南区民用布匹只能自给一半（军队所用布匹全部自给）外，其余各区都已做到军民所需布匹全部自给。① 这些军需物资及时送到前方抗日将士手中，为他们解决了过冬御寒的问题。凡八路军、新四军每到一处，合作社就组织生产，供应生活用品和军需物资，不仅供应布匹、棉花，还生产枪支、弹药、地雷等，边区所需要的文具、纸张、油、盐、煤等基本上能做到自给外，有的还行销外地，对打破日寇的经济封锁和保障军需民用起到了巨大的作用。再以陕甘宁边区为例，由于组织合作社生产各种物资，1941年布匹、纸张、煤和石油能部分解决边区军民所需；到1942年，纺织和造纸工具已能够全部自制，纸张已够满足印刷书报所需。到

---

① 李占才：《中国新民主主义经济史》，安徽教育出版社1990年版，第221—223、225—226页。

1944年，火柴能全部自给，石油和肥皂不但能自给，还能接济前方和邻近地区；纸张能满足全区需要的一半，布匹能自给全边区需要的1/3。①

通过手工业合作社生产的大批物资，不仅解决了根据地军民的军需民用，还可以通过各种方法向敌占区出口，换回根据地必需的紧缺物资。如在华中根据地，淮南、淮北两地区卷烟合作社发展很迅速，产量不仅足够供给淮南、淮北的需要，并且可出口销售。以淮南地区为例，本区有群众、新群两烟厂，为官股民股合办的工厂，出产飞马及神龙牌香烟，到1945年，每月能生产烟30000箱，这些烟不仅能满足根据地的需要，并能出口到敌战区。华中抗日根据地的榨油合作社在发展中也有很显著的成绩，产油除在内地销售之外，多余则运输出口。仅据淮南、淮北、苏北三个地区的估计，每年除供给本地区食用外，有二十万担的食油剩余，运输出口。②

（2）合作社推动了根据地的经济建设。革命根据地处于落后的农村地区，发展根据地经济受到资金、技术、设备、劳动力等多方面的限制。通过组织合作社，把群众分散的资金、工具、劳动力集中起来使用，正好解决这方面存在的问题。"凡是对老百姓有好处的事，合作社都可以办，如老百姓要搞生意有的缺钱，有的缺人，有的缺工具，但另一方面也有人有闲钱，有闲的工具与剩余劳力，合作社就想办法把它组织起来，有余钱和闲工具的到合作社生利，有余力的到合作社挣钱，这样一来本大利实人多力量大，生产就能办好了。"以华中根据地淮海区为例，淮海区在抗战前榨油业很发达，油是出口大宗，各乡都有小油坊和小油商。在抗战时期未建立合作社时，榨油事业被少数商人统治起来，小油商无法与大油商竞争。通过组织榨油合作社，"有工具的出工具（主要利用旧有的工具），能做打油事情的（如经理、管账、打油、包饼等）出劳动力，另外动员大家入股，工具、劳动力、资本都可分红利，社员还可吃便宜油，并可分到饼上地。"③

---

① 李占才：《中国新民主主义经济史》，安徽教育出版社1990年版，第223页。
② 中国社会科学院经济研究所中国现代经济史组：《革命根据地经济史料选编》（中册），江西人民出版社1986年版，第487、490页。
③ 江苏省财政厅、江苏省档案馆：《华中抗日根据地财政经济史料选编（江苏部分）》第三卷，中国档案出版社1986年版，第457、462页。

通过组织各种合作社生产农产品和手工业品，推动了根据地经济建设；同时由消费合作社购买各种日用必需品再卖给社员，一定程度上促进了根据地商业的发展，繁荣了根据地经济。组织农业合作社，解决了人力、畜力、农具缺乏的问题，使人力畜力和农具得到充分利用，大大提高了劳动生产率，还有利于精耕细作和农业技术的推广，提高了农业产量。通过开展互助合作可以节省大量的农村劳动力，节省出来的劳动力就可以从事手工业、运输业和商业贸易。以陕甘宁边区为例，延安的吴家枣园全村18户人力组织起来后，开展劳动互助合作的第一年就比前一年多打了120担粮食；淳耀县白源村全村共72户，通过互助合作把全村的男女老少和牲畜都组织起来长年变工，一般的变工、扎工劳动是2人可抵3人，最好的变工、扎工1人可抵2人，全村一年节省出3000个人工和驴工，节省出来的劳动力就从事运盐业务。① 陕甘宁边区1937年的粮食产量为1260000担，1942年合作社经过整顿以后，促进了农业生产，1943年、1944年粮食产量分别达1600000担、1750000担，分别增产27%、39%。1942年合作社整顿后的当年，边区生产粮食细粮达84万担，当年消费62万担，可余粮22万担。② 另据资料介绍，1943年，"全边区棉花种植面积达十五万零二百八十七亩，产棉一百七十三万斤，达到边区需要棉花量的一半以上，牛发展到二十二万零七百八十一头，驴达到十六万七千六百九十一头，羊发展到二百零三万三千二百七十一只。畜牧业的发展，为农业的发展提供了畜力、肥料和资金。一九四四年以后又有新的发展，边区政府提出'耕三余一'的口号，基本上实现了。"③

（二）增加了根据地群众的收入，改善了根据地人民的生活水平

各种合作社促进了根据地经济建设，不仅满足了群众自给的需要，而且提高了根据地人民的生活消费水平。

第一，合作社社员可以凭股票取得股息并分红，获取股红收入。1939年，中央财经部颁发的《各抗日根据地合作社暂行条例示范草案》

---

① 李占才：《中国新民主主义经济史》，安徽教育出版社1990年版，第211—212页。
② 中共西北局研究室：《抗日战争时期陕甘宁边区财政经济史料摘编（第二编农业）》，陕西人民出版社1981年版，第186、86页。
③ 李易方、姬也力：《陕甘宁边区的农业》，载《陕甘宁边区抗日民主根据地（回忆录卷）》，中共党史资料出版社1990年版，第213页。

第三十二条规定，合作社之盈余除弥补亏损及付息外，按下列比例分配：红利占50%，按股分配；公积金30%；公益金10%；救济金和奖励金各占5%。① 1944年春，太行地区索堡合作社，春天入股5元的社员，年底分红要分到180元。② 延安南区新合工厂，是南区合作社分社之一，该合作工厂1943年年底有股金999000元，获毛利2425286.45元，费用871241元，盈余2327115.55元。③ 如果按照盈余的一半作为股红，则为1163557.8元，每元股金分红1.16元。安塞枣湾纺织厂是陕甘宁边区纺织业中合作民营方面的一个典型。据史料记载："自四一年张瑞昌到该厂工作，就强调民办方针，实行自由入股，实物入股，自由退股，帮助本县小型纺织厂及民办社的发展。对厂内，调整干部，吸收工人意见，强调技术，注意由小而大的逐步发展。后半年就开始赚钱，群众每元股金分得红利四十元"。④ 在安徽革命根据地，新行耿道元纺织合作社从1944年4月到1945年3月，共分股红4次：第一次分红每股分红利22.5元，第二次分红每股分红利70元，第三次分红每股分得红利45元，一年来以上三次分红社员共分得40970元，每股100元已分得182.5元。该合作社从1944年4月开办起到1945年3月，共卖出棉花3688斤，若以纱换花计平均给纺户利息200元，总利即达737600元，加上棉花价钱比市价平均每斤便宜30元，一共便宜110640元，仅此一项，合作社给纺户的利益多达848240元。⑤

第二，合作社的生产经营能给社员群众带来工资收入。在华中抗日根据地，1943年春季，半塔杨言德合作社共收购社员纺成的棉纱1万斤，付给社员工资40.8万元；涟水县纺织合作社1944年夏季，向社员发出粮食工资共计76103斤；1944年4月至1945年8月，溧高裕丰纺

---

① 《抗战时期陕甘宁边区财政经济史料摘编·第七编·互助合作》，陕西人民出版社1981年版，第518页。
② 戎伍胜：《太行区经济建设问题》，载《革命根据地经济史料选编》（中册），江西人民出版社1986年版，第276页。
③ 伯森：《延安南区合作社纺织社实行分红制工资的经验》，《解放日报》1944年1月12日。
④ 《安塞枣湾纺织厂办得好》，《解放日报》1945年1月8日。
⑤ 安徽省财政厅：《安徽革命根据地财经史料选》（二），安徽人民出版社1983年版，第288页。

织合作社向参与纺纱、织布的582人发出2256100元工资。① 在山东抗日根据地，纺织合作社妇女每4天能纺棉线0.5斤，可增加收入10—20元，此数可购买粮食约5公斤。仅1944年，整个山东根据地纺织收入达到5.6亿元。在鲁中区某些只有100户规模的村庄，每年纺织收入就高达几十万元。②

第三，合作社使农民收入不断增加。互助合作生产促进了农村经济的发展，主要表现在农民增产、增收和消费水平的不断提高。在陕甘宁边区安塞县四区三乡西营村，1937年全村75人，耕地面积492亩，收粮73.5石，1939年全村84人，耕地面积增加到966亩，粮食增加到150.5石，比1937年增加了104.8%；清涧幸家沟村，全村26户，1941年所获粮食除去消费和负担外，还有盈余42.5石，1943年盈余粮食数目增为81.8石。③ 由于实行互助合作，劳动生产率得到提高，农业生产获得大幅度增长，整个陕甘宁边区耕地由1937年的826万亩，增加到1945年的1425万亩；粮食总产量由1937年的126万石增加到1944年的175万石；尤其是1943年，粮食总产量达到181万石，除了满足当年消费外，还有余粮21万石。④ 根据地群众粮食、布匹等物资的消费量和购买力逐年增加，如延安柳林区四乡，粮食的消费1938年每人0.87石，1943年增加到0.93石；布匹的消费1938年每人为1.91丈，1941年为1.93丈，1942年为2.2丈，1943年为3.0丈。从这些方面足以看出根据地群众经济生活在不断提高。

第四，合作社给根据地群众带来许多实惠。合作社坚持为根据地人民群众服务的方针，它不仅满足群众的生产生活需求，而且出售给群众的必需品一般比市价低，还帮助群众解决困难。例如延安县南区合作社，不仅经营消费领域，同时扩大到与群众生产生活密切相关的生产、运输、供销、借贷各个方面。1942年，南区合作社为支持群众春耕生产，以成本价卖给群众1500页铧、450把锄头。仅组织妇女纺纱一项，每月可使800余户家庭增加收入十余万元。此外还组织运输队为群众运

---

① 黄爱军：《华中抗日根据地手工业合作社的地位和作用》，《考试周刊》2007年第30期。
② 李占才：《中国新民主主义经济史》，安徽教育出版社1990年版，第226页。
③ 同上书，第218页。
④ 黄正林：《陕甘宁社会经济史（1937—1945）》，人民出版社2006年版，第302页。

回食盐1080驮，并将群众的土产100余万元输出去。"在1942年内，南区合作社还安置难民340户，替人民支教育费1.9万元，替银行推销储蓄券两万元，替政府代收牲畜税两万元，收集民间公债4万元、储蓄券3.4万元以当作现金向合作社入股。南区合作社发展了南区人民的农工商业，照顾了南区人民经济利益的各个方面，成为南区人民的经济中心。"①

（三）组织灾民开展生产自救，救济灾民取得成效

抗日战争和解放战争时期，敌后抗日根据地和解放区不仅遭受国内外敌人的疯狂扫荡、蹂躏带来的空前灾难，许多地方还连年遭受水灾、旱灾和虫灾等自然灾害。在根据地党和民主政府领导下，各地合作社通过各种形式组织灾民生产自救，战胜了灾荒，克服了困难。如1939年8月，河北中南部连续下暴雨，加之日军故意破坏，决堤150多处，造成有史以来特大水灾，受灾范围波及50多个县，给灾区人民造成生产生活上的极大困难和损失。冀中区根据地党和政府指示各级合作社，组织运输队从其他根据地购买粮食和种子共1500万公斤，以市价8折的优惠价格出售给合作社成员，并向运输队员发放运费，解决了250000名灾民的饥荒问题。据记载："1939年严重的大水灾后，合作社调剂了粮食十万石，售价低于市价五分之一，救济了二十五万灾民。"② 与此同时，各级合作社还组织灾民开展多种经营，如纺纱织布、生产硝盐等，合作社帮助社员群众购买各种原料并负责收购产品销售出去，当年收购灾民群众硝盐500万公斤、土布900多万匹，给灾民带来了收入，为战胜灾害奠定了基础。

1942年8月至1943年8月，河北省中南部发生长达一年之久的旱灾。太行区一方面通过合作社购回粮食，廉价出售给灾民，并对特困户发放救济粮，帮助灾民渡过灾荒；另一方面，组织灾民开展生产自救，通过向灾民发放棉花、纺织工具，回收棉布并发给工资，很大程度解决了灾民生活困难问题。太行区1942—1943年共组织灾区妇女15万人，将60万公斤棉花纺成纱线，仅此一项给灾民带来收入折成小米共

---

① 李占才：《中国新民主主义经济史》，安徽教育出版社1990年版，第228页。
② 宋邵文：《晋察冀边区的经济建设》，载《革命根据地经济史料选编》（中册），江西人民出版社1986年版，第164页。

30000余石，每名妇女纺织收入能养活1—2.5人。同时，合作社还组织灾民开展其他形式的自救，如烧石灰、挖中草药、搞编织等，为灾区群众增加了不少收入。① 1943年春，鲁南数以千计的灾民因不堪敌伪及国民党反动派的苛政，纷纷来到安徽抗日根据地谋生，由于灾民中妇女多半会纺纱织布，半塔合作社就把纺车、棉花发给她们，让她们为合作社纺纱谋生。当年春季共收纱10000斤，付出工资408000元，其中有粮食工资300石，豆饼工资1000片，粮食每石比市价低100元，并且都是预支的。② 实践证明，合作社是敌后各根据地人民战胜灾荒的重要组织形式。

（四）合作社不仅把农民组织起来，而且把一切能够团结的力量都团结起来，为取得新民主主义革命的胜利奠定了广泛的群众基础

合作社是为群众谋利益的，是为了维护农民群众的利益才组织的。毛泽东1943年10月在边区高干会上的讲话中指出："合作社的性质，就是为群众服务，这就是处处要想到群众，为群众打算，把群众利益放在第一位。这是我们与国民党的根本区别，也是共产党员革命的出发点和归宿。从群众中来，到群众中去，想问题从群众出发又以群众为归宿，那就什么都能办好。"③ 1944年7月，《西北局关于贯彻合作社联席会决议的决定》指出："合作社是为广大群众服务的民营组织，而今天组织人民，发展边区经济，就是合作社为群众服务的基本方向；只有进一步发展生产，人民的文化卫生事业才有物质基础。因此，合作社发展的主要方向，就应是广大农村，而不应集中在城市，有些地方把区、乡合作社合并到城市，或集中在一处是不妥当的，是脱离群众而妨碍合作社发展的，应即改正。"④ 1942年各根据地整顿合作社后，新的互助合作组织在内容和形式上都体现了群众的意愿与利益，"因为各种合作社的业务，都是由广大群众拿出自己的钱组织起来，集中经营的，在社务上是由社员自己推选他们所信任的人来管理的；它是为着大家的利益与

---

① 邵英彪：《根据地合作社在抗日战争中的历史作用》，《河北供销与科技》1995年第8期。
② 刘顺元：《介绍半塔杨言德合作社》，载《安徽革命根据地财经史料选》（一），安徽人民出版社1983年版，第433页。
③ 《论合作社》，载《毛泽东同志论经济问题与财政问题》，中国人民解放军政治学院训练部图书资料馆编印，1960年，第149页。
④ 《西北局关于贯彻合作社联席会决议的决定》，《解放日报》1944年7月9日。

生活的改善，去实行抑制资本剥削，抵制奸商投机垄断，起了调剂农村经济的积极作用。"总之，通过互助合作这种形式，合作社把分散的个体农民的资金、劳力、生产资料集中起来统一使用，不仅解决了个体农民在生产过程中缺乏劳动力、资金和生产资料的问题，而且能够增加农民的收入、改善农民的生活水平，给根据地群众带来很多实惠；同时，对于组织人民、教育人民都具有重要意义。所以，"它是一种有组织的经济力量。经过这种经济组织，可以教育广大人民并坚定广大人民的抗战信心。"①

根据地合作社是各阶层人民大众的经济组织，具有统一战线的性质。1939年中央财经部颁布的《各抗日根据地合作社暂行条例示范草案》第三章第十八条，对社员入社资格作了规定："凡本地区之居民除汉奸卖国贼外，不分阶级、职业、性别、信仰，均可入股为合作社社员，并得享有同样之权利与义务。"② 因此，只要不是汉奸卖国贼，凡是拥护抗日的农民、工人、地主、富农和资本家，都可以参加合作社。各阶层群众都可以自由加入、退出合作社，并且股金不限制，按期结算，按股分红；不管入股多少，都是平等地享有社员的权利，一个社员只享有一个表决权。"我们的合作社是可以自由入股自由退股的，农民入股一千二千，商人地主入股三万五万，都是一个社员，民主的合理的分红，但是不论你入多少，你都不能操纵这个合作社。为了彻底打败日本帝国主义，我们和各阶层团结一致，只要不是搞封建剥削，搞高利贷，搞投机生意。不论是地主、商人、农民的资本，都可以自由入进来，目的是建立民主的经济，人民大众的经济。"③ 所以，"合作社是广大群众的，又是统一战线的。就是说，不论地主或商人，都可以加入进来，但是最重要的是，要合作社有广大群众。如果商人地主和农民是一样多的，这就不是广大群众的合作社。合作社内的社员成分要适合中国这样社会：地主、商人是少数，农民、工人是多数，只有这种由广大人民组织起来的合作社，才能做到为广大人民服务，才不会为少数人把持

---

① 刘景范：《两年来边区合作社工作总结及今后边区合作社的任务》，载《抗战时期陕甘宁边区财政经济史料摘编·第七编·互助合作》，陕西人民出版社1981年版，第68—69页。
② 《各抗日根据地合作社暂行条例示范草案》，载《抗战时期陕甘宁边区财政经济史料摘编·第七编·互助合作》，陕西人民出版社1981年版，第517页。
③ 高岗：《合作社要为群众办事》，《解放日报》1944年7月2日。

操纵，投机取利。"[1] 如靖边新城区五乡合作社，1943年成立时有贫农、中农、富裕中农共22人，地主、富农共9人；到1944年时，合作社社员占全乡户数的75%。[2] 所以，合作社是各阶层人民大众的经济组织，它不仅能发展民主的、人民大众的经济，而且能够把人民大众组织起来，团结一切能够团结的抗日力量，为打败日本侵略者奠定了广泛的群众基础，为取得抗日战争胜利做出了巨大贡献。

---

[1] 高自立：《合作社联席会议总结报告》，1944年7月，载《抗战时期陕甘宁边区财政经济史料摘编·第七编·互助合作》，陕西人民出版社1981年版，第65—66页。
[2] 闫庆生、黄正林：《论陕甘宁抗日根据地的合作社》，《甘肃理论学刊》1998年第6期。